LES
GRANDS ÉCRIVAINS
DE LA FRANCE

NOUVELLES ÉDITIONS

PUBLIÉES SOUS LA DIRECTION

DE M. AD. REGNIER

Membre de l'Institut

OEUVRES

DU

CARDINAL DE RETZ

TOME I

IMPRIMERIE GÉNÉRALE DE CH. LAHURE
Rue de Fleurus, 9, à Paris

ŒUVRES
DU CARDINAL
DE RETZ

NOUVELLE ÉDITION

REVUE SUR LES PLUS ANCIENNES IMPRESSIONS
ET LES AUTOGRAPHES

ET AUGMENTÉE

de morceaux inédits, des variantes, de notices, de notes, d'un lexique des mots
et locutions remarquables, d'un portrait, de fac-simile, etc.

PAR M. ALPHONSE FEILLET

TOME PREMIER

PARIS
LIBRAIRIE HACHETTE ET Cie
BOULEVARD SAINT-GERMAIN, 79

1870

AVERTISSEMENT.

Les *OEuvres du Cardinal de Retz*, éparses jusqu'à présent, sont réunies pour la première fois dans cette édition. Nous ne les rangeons pas dans l'ordre chronologique, c'est-à-dire d'après les dates où les divers ouvrages ont été composés : d'abord le temps où ils furent écrits est souvent incertain; puis cet ordre gênerait le classement méthodique. Nous commençons par les *Mémoires*, la seule œuvre qui place notre auteur parmi les grands écrivains de la France, la seule qui ait donné un durable éclat au nom de Retz et ajouté une vraie gloire à la célébrité antérieure de la famille, au renom peu honorable des anciens favoris de Catherine de Médicis, de ces étrangers tristement mêlés à nos discordes civiles, qui avaient grandi sur les ruines de notre patrie sans justifier par le mérite, la hauteur du talent, les vertus, leur élévation scandaleuse aux premières dignités de l'armée et de l'Église.

Le texte des *Mémoires*, comme nous le montrons dans la *Notice* qui les précède, laissait beaucoup à désirer, quoiqu'ils aient été l'objet de vingt éditions avant la nôtre. Pour les seize premières, les éditeurs, presque tous anonymes et restés inconnus, n'avaient eu à leur disposition que des copies plus ou moins inexactes. Les quatre dernières ont été données d'après le manuscrit autographe de Retz, conservé à la Bibliothèque impériale[1] ; mais, malgré cela, elles sont loin d'être irréprochables. La lecture de ce manuscrit n'est pas toujours chose facile : l'écriture est mauvaise, souvent raturée, altérée par des surcharges. Considérant la constitution du texte comme notre tâche la plus importante, nous n'avons rien négligé pour arriver à le reproduire avec une scrupuleuse fidélité. Nous avons pu nous servir pour cela d'une première collation menée jusqu'à la fin de la première moitié environ par le regrettable M. Sommer ; nous en avons fait nous-même une autre complète ; et après la nôtre, une troisième encore est faite sur les épreuves. On pourra voir par le double spécimen comparatif donné ci-après, p. 53-65, combien ce soin attentif était nécessaire, combien, pour la pureté du texte, nos devanciers nous avaient laissé à faire.

Pour les *variantes*, on remarquera une très-grande différence entre nos premières pages et toute la suite de l'ouvrage. Dans la *Notice* des *Mémoires* (p. 47-53), nous avons dit à quoi elle tient. Le manuscrit original a au commencement (voyez ci-après, p. 79-128) une longue lacune ; pour cette partie où le texte autographe nous manque, nous avons généralement adopté celui de l'édition qui nous inspirait le plus de confiance, celle de 1719 ; mais en même temps nous avons placé au bas des pages un relevé complet des variantes qu'offraient les autres éditions, et ainsi nous avons mis le lecteur en état de choisir les leçons qui lui conviendraient le mieux, choix qui pouvait n'être pas toujours conforme au nôtre. La tâche devenait plus simple à partir de l'endroit où commence le manuscrit original, dont l'histoire et la découverte sont racontées dans la *Notice* (p. 33-47) :

---

1. On en trouvera la description plus loin, à la note 1 qui commence à la page 38.

AVERTISSEMENT.

nous n'avions plus qu'à suivre aussi fidèlement qu'il nous était possible le texte autographe, et sans jamais substituer nos hypothèses, sous prétexte de correction ou d'interprétation, à la pensée ou au style de l'auteur, à déchiffrer la rédaction définitive sous les retouches diverses que Retz lui-même, ou, ce qui est plus grave, des mains étrangères ont fait subir au manuscrit. Dès qu'une fois nous avons ce manuscrit pour guide, la plupart des variantes, comme nous le disons ailleurs (p. 52), perdent tout intérêt, et nous nous bornons à celles qui, tirées soit de nos quatre copies (voyez p. 48-52), soit des premières éditions, peuvent faire croire à des rédactions antérieures, différentes çà et là du texte autographe que nous possédons. Si aux variantes de ce genre nous en avons ajouté un petit nombre d'autres, c'est qu'elles nous ont paru ou intéressantes pour l'histoire de la langue, ou curieuses à relever pour leur étrangeté même.

Établir un bon texte était, nous venons de le dire, notre premier devoir, et un devoir qui présentait des difficultés toutes particulières; mais nous en avions un autre encore, qui en offrait de plus grandes peut-être : nous voulons parler du commentaire historique, tâche à la fois nécessaire et délicate pour un livre comme celui de Retz, pour un auteur de son caractère. Nous disons dans la *Notice* des *Mémoires* (p. 65 et suivantes) comment nous nous sommes efforcé de l'accomplir; nous y exposons aussi les motifs qui nous ont empêché de faire de notre annotation une simple annexe aux notes inédites de M. Bazin, mises à notre disposition par MM. Hachette. Nous les avons toujours consultées avec l'attention que mérite tout ce qui vient d'un homme d'autant d'esprit et de goût; nous les citons parfois, nous y renvoyons; mais, tout en reconnaissant ses rares qualités, nous partageons sur sa méthode l'avis de M. Cousin[1], et particulièrement sur sa critique des *Mémoires de Retz* celui de M. Sainte-Beuve[2] : nous ne pouvions donc adopter son commentaire, l'imprimer au bas des pages sans l'accompagner de nos fréquentes réserves, objections et contradictions, sans le compléter par le renvoi aux sources, là où faire se pouvait (M. Bazin, on le sait, n'a pas coutume de les indiquer), et par les additions dues à nos propres recherches : tout cela eût fait un enchevêtrement de notes, fastidieux, croyons-nous, pour le lecteur. Au reste, nous ne le priverons pas du travail ingénieux et intéressant à divers égards de l'historien de Louis XIII et du ministère de Mazarin. D'après une convention arrêtée entre MM. Sallard, ses neveux et héritiers, et feu M. Hachette, nous le publierons tout entier, avec renvois à nos tomes, pages et lignes, dans un supplément de notre édition.

Dans notre propre commentaire, que nous ayons à confirmer ou à contredire le récit du Cardinal, nous n'avancerons rien sans citer nos sources et nos autorités, souvent inédites; et, outre les éclaircissements contenus dans les notes qui accompagneront le texte, nous donnerons, dans des appendices partiels, à la fin des volumes, un certain nombre de pièces justificatives et de documents importants relatifs aux faits rapportés dans les *Mémoires*.

A la suite des *Mémoires* nous placerons les *Pamphlets* composés par Retz au temps de la Fronde. Comme l'a dit avec beaucoup de sens M. Eugène Crépet[3], ces

---

1. Voyez l'*Avant-propos* de *la Jeunesse de Mazarin*, p. xvii et xviii, 1865, in-8º.
2. Voyez ci-après, p. 66.
3. Voyez ses deux intéressants articles insérés dans la *Revue moderne* du 25 mai et du 10 juin 1869.

AVERTISSEMENT.

pamphlets, « trop négligés par la critique, ont, à divers titres, une grande importance pour l'histoire politique et littéraire du temps, comme pour la biographie de Retz. » Jusqu'ici ces libelles n'ont pas été complétement recueillis. M. Aimé Champollion en a donné en appendice quatre, aux tomes III et IV de son édition des *Mémoires* de 1859; M. Moreau quatre aussi, mais différents, dans son *Choix de Mazarinades* (tome II, p. 254, 259, 359, 386). Le nombre de ces pièces, qu'on peut, selon nous, attribuer assez sûrement au Coadjuteur, Paul de Gondi, est de douze à quinze environ : deux ou trois sont d'une authenticité douteuse. En outre, il en est plusieurs, écrites par Joly, Caumartin, Portail, qui, de l'aveu même de Retz, ont été inspirées par lui, et où peut-être, çà et là, on peut reconnaître la marque, la griffe du redoutable factieux. Nous donnerons ces divers factums, en discutant le degré d'authenticité de chacun d'eux.

Aux *Mazarinades* succéderont les *OEuvres mêlées*. En tête, la *Conjuration de Fiesque*, qui est aussi, à nos yeux, comme un essai de pamphlet, une sorte de libelle dirigé contre Richelieu et dissimulé sous la forme de l'impartiale histoire, mais qui par la pensée, en plus d'un endroit, et par le style déclamatoire, trahit les intentions satiriques de l'auteur. Aussi le ministre ne s'y trompa-t-il pas : il l'appela « un dangereux esprit. » Cette œuvre des jeunes années, remaniée probablement dans l'âge mûr, et qui ne fut imprimée qu'en 1665, sera suivie de la *Thèse de bachelier ès arts* de Gondi, alors élève des Jésuites : *Conclusiones ex universa philosophia* (voyez ci-après, p. 117, note 3); de plusieurs *Discours* prononcés au nom du clergé, soit du clergé de France, comme à la fin de l'assemblée générale de 1645 et 1646 (voyez p. 265, note 2), soit du clergé de Paris, à l'occasion du retour du Roi dans sa capitale en 1652 ; puis enfin de quelques *Mandements* épiscopaux.

Après ces pièces, dont quelques-unes sont aussi politiques qu'ecclésiastiques, viendront les *Sermons* de Retz. On n'en a encore publié qu'un seul entier, celui qui fut prononcé le 25 août 1648, la veille de la Journée des barricades, et des fragments de deux autres[1] ; nous avons réuni jusqu'à présent quatre sermons entiers, et un fragment d'un cinquième.

Nous ferons suivre les sermons d'un nombre considérable de *factums*, *mandements*, *lettres circulaires*, se rapportant à la lutte que Retz, pendant sa détention à Vincennes ou à Nantes, et après son évasion de cette dernière prison, a soutenue au sujet de l'archevêché de Paris : véritable fronde ecclésiastique, presque aussi ardente que la première, et encore imparfaitement connue[2]. Ces pièces, avec la *Correspondance* de Retz, en très-grande partie inédite, formeront le complément naturel des *Mémoires*, qui, on le sait, s'arrêtent en 1655 : Retz ne mourut qu'en 1679, c'est-à-dire vingt-quatre années après.

Tel doit être, avec le *Lexique de la langue de Retz*, le contenu de cette première édition des *OEuvres* du célèbre cardinal. Elle présentera sous ses différents aspects cet esprit « ondoyant et divers, » sur lequel un jugement absolu est si difficile. La *Notice biographique*, qui a sa place marquée à la suite de cet *Avertissement*,

---

[1]. Un de ces fragments est dans la thèse des *Prédicateurs avant Bossuet*, par M. Jacquinet ; et un autre à la suite de l'édition des *Mémoires*, de 1837, de M. Champollion-Figeac.

[2]. M. Champollion-Figeac a publié quelques-uns de ces opuscules dans l'édition de 1837 ; nous en avons entre les mains un nombre bien plus considérable, et nous pouvons ajouter que, parmi eux, plusieurs sont plus importants que ceux qu'il a donnés.

sera publiée à la fin de notre travail, afin que nous puissions, jusqu'au dernier jour, profiter de ce que nos recherches ou celles d'autrui[1], ou même cet auxiliaire souvent heureux qu'on nomme le hasard, pourraient nous fournir d'utile ou d'intéressant à savoir. Nous avons l'intention, pour cette notice, de passer très-rapidement sur la partie de la vie racontée par Retz lui-même et que nous aurons eu à discuter dans les notes des *Mémoires*, et de réserver nos développements pour les derniers temps, encore peu connus, de cette existence agitée.

Un portrait de Retz, la vue des divers châteaux ou maisons qu'il a habités, ses armoiries, des *fac-simile* formeront l'*Album* que nos éditeurs ont l'habitude de joindre aux œuvres de chacun des auteurs de la Collection des *Grands écrivains*.

Avant de terminer cet *Avertissement*, nous tenons à offrir l'assurance de notre gratitude à M. le comte Caffarelli et à M. de Chantelauze, qui ont mis libéralement à notre disposition les anciennes copies des *Mémoires* dont ils sont possesseurs. Nous devons aussi des remercîments à M. Ad. Regnier fils et à M. Coster, pour l'assistance attentive et diligente qu'ils veulent bien nous prêter, soit pour la vérification des citations de notre commentaire, soit pour la collation des textes manuscrits ou imprimés : ils seront pour beaucoup dans le mérite d'exactitude qui recommandera, nous l'espérons, notre travail. D'autres personnes encore nous ont obligé, soit en nous aidant de leurs lumières dans telle ou telle de nos recherches, soit en nous ouvrant avec un bienveil-

1. A ce propos, nous sollicitons toutes les personnes qui auraient sur Retz des documents inédits, ou qu'elles peuvent croire rares et peu connus, de vouloir bien nous les communiquer, ou du moins nous permettre d'en prendre connaissance, et, s'il y a lieu, copie.

lant empressement les dépôts confiés à leur garde : nous serons heureux de saisir là où elles s'offriront à nous, dans le cours de notre édition, les occasions de reconnaître nos dettes envers elles. Quant à notre directeur, M. Regnier, il nous serait difficile de le remercier autant que nous le voudrions; nous nous associons de grand cœur aux témoignages de gratitude que lui ont rendus tous les collaborateurs qui nous ont précédé dans la publication de ces classiques français; en ce qui nous touche, nous pouvons dire, avec un critique éminent[1], que si la Collection des *Grands écrivains de la France* est « un monument fait pour durer, » c'est, en grande partie, grâce à M. Regnier, qui « a voué à cet immense travail son nom, son zèle, sa patience, sa science ».

ALPHONSE FEILLET.

Mai 1870.

1. M. Cuvillier-Fleury. Voyez le *Journal des débats* du 23 décembre 1868.

MÉMOIRES

DU

CARDINAL DE RETZ

NOTICE.

Les *Mémoires* du cardinal de Retz parurent en 1717 (probablement en septembre[1]), sous la rubrique de *Nancy et Amsterdam*; et, quelques mois après, une nouvelle édition était publiée, n'ayant pour nom de lieu qu'*Amsterdam*. Le succès fut tel que l'année suivante vit cinq éditions nouvelles[2], dont plusieurs, quoique portant au titre des noms de villes étrangères, ont été imprimées en France ; elles ont toutes été faites, à en juger par l'incroyable négligence de l'impression[3], avec

---

1. Nous n'avons nulle part trouvé la date indiquée d'une manière précise ; mais on lit dans le *Journal historique de Verdun* (novembre 1717, p. 315) : « Il paroit depuis *deux mois* un ouvrage imprimé à Nancy chez Jean-Baptiste Cusson, libraire sur la Place, qui a pour titre *Mémoires de M. le cardinal de Retz*. Il est en trois tomes octavo, le 1er de 354 pages, le 2d en contient 359, et le 3e 389, sans aucune table ni préface ; » et plus loin (p. 318) : « Je viens d'apprendre qu'on imprimoit à Amsterdam, chez Jean-Frédéric Bernard, libraire, les *Mémoires du cardinal de Retz*, en 5 volumes octavo, sur un manuscrit en très-bon ordre. »

2. Selon M. Aimé Champollion-Figeac (p. LXV, tome I, édition de 1859), on devrait même en compter une sixième, publiée à Lyon, en 3 volumes in-12, édition qu'il déclare n'avoir rencontrée dans aucune bibliothèque. Comme lui, nous l'avons cherchée vainement. Nous dirons dans la *Notice bibliographique* comment nous nous expliquons qu'elle soit introuvable.

3. Les divers critiques du commencement du dix-huitième siècle dont nous avons pu lire les jugements, sont unanimes à cet égard : « éditions pleines de fautes grossières et sans nombre, d'après des copies subreptices et faites à la hâte, » dit celui de la *Bibliothèque ancienne et moderne* (tome VIII, p. 462), en parlant des éditions antérieures à 1719.

une hâte extrême, sans autre souci que de répondre le plus vite possible à l'impatience du public. En 1719, il en paraît une encore, plus soignée et plus complète que les précédentes. Puis l'enthousiasme semble se refroidir : les éditions suivantes ne viennent qu'après un certain intervalle, et sont datées de 1723, 1731, toujours Amsterdam; de 1751 et 1777, Genève. Ce n'est qu'assez longtemps après que l'on en publia, sans déguisement, en France, à Paris : 1817, 1820, 1825, 1828[1]. Mais, pour l'histoire bibliographique des *Mémoires*, l'année mémorable est 1837 : c'est alors qu'on découvrit le manuscrit autographe du cardinal de Retz, ou plutôt qu'on en reprit possession, et, depuis ce temps, quatre éditions nouvelles, dues à MM. Champollion, sont venues s'ajouter, en 1837, 1843, 1859, 1866, aux seize éditions précédentes.

On doit regretter que les *Journaux* ou *Mémoires* des trois bourgeois, Barbier, Marais et Buvat, si curieux comme reflets de l'opinion publique, aient précisément des lacunes aux années où parurent, sous la Régence, les *Mémoires de Retz*. Heureusement nous sommes à peu près dédommagés de leur silence par le récit très-complet d'un personnage officiel. René-Louis Voyer, marquis d'Argenson, petit-fils d'un des plus intimes amis de Retz, le fidèle Caumartin, nous apprend, avec d'intéressants détails, comment l'ouvrage fut accueilli[2].

1. Ces éditions correspondent à une époque de lutte parlementaire fort ardente. Voyer d'Argenson, le même qui réédita en 1825 les *Mémoires du marquis d'Argenson, ministre sous Louis XV* (voyez la note suivante), était alors un des membres influents de l'opposition. Fut-il complétement étranger à cette publication de nos *Mémoires*? Elle paraît en tout cas bien d'accord avec l'esprit et e souffle de l'époque. Il est à remarquer qu'à toutes les périodes de politique agitée, les *Mémoires de Retz* ont été regardés comme un livre de circonstance, et ont eu une sorte de regain de popularité. Benjamin Constant, sous le Directoire, disait qu'il ne pouvait plus lire que deux auteurs : Machiavel et Retz : voyez M. Sainte-Beuve, *Causeries du lundi*, tome V, p. 36.

2. Voyez son livre intitulé : *Essais dans le goût de ceux de Montaigne*, Amsterdam, 1785, in-8°, p. 67-86. Ces *Essais*, composés en 1736, ne furent publiés qu'en 1785, sous la rubrique d'Amsterdam, par le fils de René-Louis d'Argenson, le marquis de Paulmy; une seconde édition parut en 1787, sous le titre de : *Loisirs d'un mi-*

NOTICE.

Lorsque, en 1717, le Régent sut qu'une copie de la *Vie* du fameux frondeur était livrée à l'impression et sur le point de paraître, il demanda au lieutenant de police, Marc-René Voyer d'Argenson[1], « quel effet ce livre pouvoit produire :

« Aucun qui doive vous inquiéter, Monseigneur, répondit « d'Argenson, qui avoit lu la copie conservée dans sa famille « (*chez les Caumartin*). La façon dont le cardinal de Retz « parle de lui-même, la franchise avec laquelle il découvre « son caractère, avoue ses fautes et nous instruit du mauvais « succès qu'ont eu ses démarches imprudentes, n'encouragera « personne à l'imiter : au contraire, ses malheurs sont une « leçon pour les brouillons et les étourdis. On ne conçoit pas « pourquoi cet homme a laissé sa confession générale par écrit. « Si on l'a fait imprimer dans l'espérance que sa franchise « lui vaudroit son absolution de la part du public, il la lui « refusera certainement. »

« Mon père, ajoute l'auteur des *Essais*, pouvoit avoir raison de penser ainsi sur l'effet que feroient ces *Mémoires*; cependant ils en firent un tout contraire. L'air de sincérité qui règne dans cet ouvrage séduisit et enchanta. Quoique le style n'en soit ni pur ni brillant, on les lut avec avidité et plaisir ; bien plus, il y eut des gens à qui le caractère du cardinal de Retz plut au point qu'ils pensèrent sérieusement à l'imiter, et comme le Coadjuteur n'avoit point été dégoûté du personnage de frondeur et de brouillon en lisant dans l'histoire la mauvaise fin qu'avoient faite les Gracques, Catilina et le comte de Fiesque, de même ses disgrâces ne rebutoient point ceux qui voulurent le prendre pour modèle, quoiqu'ils eussent peut-être encore moins d'esprit et de talent que lui pour l'intrigue. »

---

nistre ou Essais, etc., Liége, 2 volumes in-8°. Dans la première édition, on laisse parler le marquis René-Louis d'Argenson; dans la seconde, c'est M. de Paulmy, *le ministre*, qui a la parole. Ce travail fut encore une fois retouché par l'arrière-petit-neveu, le marquis Voyer d'Argenson, député sous la Restauration, et parut en 1825, comme nous venons de le dire (p. 4, note 1). Une dernière réimpression a été publiée en 1858 (Paris, Jannet, 5 volumes petit in-12).

1. C'était le père de l'auteur des *Essais*; il avait épousé en 1693 Marguerite Lefèvre, fille aînée de Caumartin.

Ce témoignage est confirmé par celui du grave commentateur Brossette : « Ô le terrible homme, écrit-il à J. B. Rousseau[1], que ce Coadjuteur! Son livre me rend ligueur, frondeur et presque séditieux par contagion, moi qui suis ennemi de toute cabale. » On lisait les *Mémoires* même dans les couvents, avec la permission des supérieurs, comme le prouve un exemplaire de l'édition de Nancy-Amsterdam (1717), enrichi, par quelque amateur à qui il appartint, d'environ quatre-vingts portraits, et que la Bibliothèque impériale garde dans sa *réserve*[2]. Lemontey rapporte, dans son *Histoire de la Régence* (Paris, 1832, tome I, p. 183 et 184), qu'on « les rencontrait, avec ceux de Joly et de Mme de Motteville, sur la toilette des femmes et sur le comptoir des marchands. C'était le roman de toutes les têtes, le rêve de toutes les nuits. Chacun les adaptait aux circonstances du moment, prenait ou assignait les rôles, et déjà prédisait les événements. Les bourgeois, à leur lever, s'étonnaient toujours, et peut-être avec chagrin, de ne pas trouver des barricades. Le public suça avidement ce qu'il y avait de dangereux dans les deux ouvrages (*Retz et Joly*) : celui du Cardinal, étincelant d'esprit et d'originalité, plaît aux littérateurs et aux gens du monde.... » Les éditions disparaissaient avant que les critiques eussent eu le temps de les juger dans les recueils périodiques, alors généralement trimestriels. « J'avois résolu de parler un peu au long de ces *Mémoires* dans ce volume (*Bibliothèque ancienne et moderne*, tome VIII, 1718, p 463) ; mais comme j'apprends que cette édition (5 *petits volumes in-*12, *Amsterdam* 1718) est entièrement vendue, aussi bien que celles qu'on en avoit faites en France), et qu'on en attend une édition beaucoup plus complète (car celle-ci est pleine de lacunes), et plus correcte aussi, j'ai cru qu'il valoit mieux attendre à en parler à une autre fois. » Se bornant, en conséquence, à quelques critiques

---

1. *Lettres de Rousseau sur différents sujets de littérature* (Genève, 1750, 3 volumes petit in-12), tome II, p. 232.
2. On lit sur la page de titre de cet exemplaire : « P. Dominique de Béthune, capucin, pour le couvent de Béthune, avec permission du R. P. J.-François d'Abbeville. » Ce nom est suivi d'une abréviation (*prõal*), qui nous paraît être celle de *provincial*. Plus bas est une †, avec les mots : *Requiescat in pace!*

missible, on n'a pas jusqu'ici, selon nous, fait ressortir toute l'importance que tire le pamphlet-mémoire de Sénecé, soit de l'ensemble des circonstances dans lesquelles il parut, soit de la personne même de son auteur.

Antoine Bauderon de Sénecé, fils d'un lieutenant général au présidial de Mâcon, acquit, en 1673, après avoir été attaché à la maison du cardinal Mazarin, la charge de premier valet de chambre de la reine Marie-Thérèse, et, lorsqu'elle fut morte, il s'attacha à la duchesse d'Angoulême : triple domesticité à laquelle il fait lui-même allusion en s'appliquant un vers de la *Proserpine* de Quinault (acte II, scène 1) :

> Où n'ai-je point porté la honte de mes fers?

Ses *Contes* en vers lui avaient donné une certaine réputation. Il devait donc, et par suite de ses anciennes fonctions et pour son esprit, être bien accueilli à la cour. Exprima-t-il le mécontentement qu'il ressentait des traits lancés contre son premier maître Mazarin? S'offrit-il au Régent pour servir sa politique contre les *Mémoires?* Lui demanda-t-on l'aide de sa plume? Silence absolu de tous les contemporains à ce sujet. Nous croyons, malgré ce silence, qu'il faut reconnaître à sa dissertation un caractère semi-officiel. Elle parut dans le *Nouveau Mercure* (août 1718, p. 3-38). En voici le titre :

Remarques historiques suivies de quelques observations critiques sur un livre intitulé : Mémoires de M. le Cardinal de Retz, *par M. de Sénecé, premier Valet de Chambre de la feue Reine*[1].

L'intérêt qu'offre cette pièce pour le sujet qui nous occupe, et le peu de notoriété qu'elle a eu jusqu'à présent, nous engagent à en donner une analyse assez étendue.

Le factum de Sénecé est une attaque violente et passionnée, plutôt qu'une dissertation critique. L'auteur débute par des considérations générales : Le « mensonge, si détesté dans la spéculation, est devenu, dans la pratique, les délices et la

---

1. Cette dissertation est reproduite dans les *OEuvres de Sénecé* (2de édition, 1806, et édition Jannet 1855), et au tome IV d'une compilation intitulée : *Amusements du cœur et de l'esprit* (1740-1775, 15 volumes in-12, Amsterdam).

principale occupation de l'esprit humain.... Le plus grand art de tous est celui de savoir déguiser son artifice.... Il semble que ce que l'on appelle gens de lettres aient abandonné la vérité aux idiots, et considéré le mensonge comme le champ le plus propre à moissonner de la gloire.... » Suivent de nombreux exemples, empruntés pêle-mêle à tous les genres de littérature et à toutes les époques.

Après la poésie et le roman, poursuit-il, « nos gens se ruèrent sur l'histoire, et la mirent en lambeaux. Il falloit bien satisfaire à la démangeaison d'écrire, à l'avidité des libraires pour le gain, à l'amour du François pour la nouveauté, car il en veut à quelque prix que ce soit, et à la barbe de Salomon. » De là les Maimbourgs et les Varillas. Puis « l'industrie des auteurs, chassée de tant de postes différents, s'avisa, pour dernière ressource, de se jeter à corps perdu dans le retranchement de ce que l'on appelle *Mémoires* ou *Commentaires* (*ceux de Bassompierre, de Rochefort, de Grammont, d'Aragon*[1], *etc.*), » et « cette généalogie de mauvais livres » aboutit aux *Mémoires du cardinal de Retz*, à une de « ces fraudes lucratives par lesquelles les auteurs et les libraires, sous l'amorce d'un beau nom, ont coutume d'imposer à la crédulité des lecteurs. »

Sénecé donne alors contre l'authenticité des *Mémoires* quelques preuves qu'il tire de l'ouvrage même, et dont nous parlerons plus loin; ensuite il s'attaque à la composition, qu'il trouve, non sans raison, très-inégale : « J'y ai remarqué, dit-il, deux assez beaux endroits et raisonnablement bien touchés : l'un, dans le premier volume, qui concerne les degrés par lesquels la puissance arbitraire est arrivée en France à son apogée; et l'autre, dans le quatrième tome, qui est la description du conclave où le pape Alexandre VII fut élevé au pontificat. Le premier est une matière rebattue, et pillée dans les libelles de nos François réfugiés[2]; le second n'est qu'une espèce de traduction de la relation italienne du conclave du pape Chigi, qui est imprimée, avec plusieurs autres conclaves, dans une compilation, etc. »

1. Lisez : *d'Artagnan?*
2. On pourrait, ce nous semble, objecter à Sénecé, s'il ne niait

Selon le critique, le reste de l'ouvrage ne présente qu'« un chaos, une obscurité perpétuelle et impénétrable, si ce n'est à force de contention d'esprit; » et à ce sujet il rappelle, avec assez d'à-propos, la conversation, rapportée dans les *Mémoires*, que Retz eut un jour avec le duc Charles de Lorraine, et où « ils se payèrent réciproquement d'un profond galimatias,... dont ils rirent ensuite de bon cœur. »

« On y affecte, ajoute Sénecé, une manière de parler qui, à force de raffinement et de choix dans les termes, n'est rien moins que naturelle ni du bel usage de la cour, dont celui que l'on fait parler avoit une si grande pratique. Il s'y rencontre nombre de mots dont Richelet ou Furetière ne firent jamais mention. Vous voyez, presque à chaque page, que l'auteur, qui sent son embarras, est obligé de vous dire : *Je m'explique*[1]; et quand il s'est expliqué, il se trouve encore que son explication en demanderoit une autre. » Ses « expressions favorites... : *Je savois le dessous des cartes, je connoissois le dedans de la machine*, » soulèvent la bile des lecteurs délicats.

Si nous pouvons trouver quelque exagération dans les reproches d'obscurité et de mauvais goût, il n'en est pas de même de l'observation sur les sources où l'on a puisé pour la composition des *Mémoires*. Sénecé met habilement le doigt sur un côté faible de Retz, lorsqu'il dit qu'on « a fait un extrait si fidèle du *Journal du Parlement*, que jusques à la distribution de l'ouvrage, et presque partout aux mêmes termes, on ne s'en est point écarté[2]. » Mais si ce premier point est exact, c'est passer les bornes et méconnaître le rare mé-

l'authenticité, que les libelles des Français réfugiés sont en général postérieurs à la mort de Retz, et surtout à la composition de ses *Mémoires*, puisque ces pamphlets n'ont paru presque tous qu'après 1680.

1. Ces mots se rencontrent, en effet, assez souvent dans les *Mémoires*; les autres expressions que va citer le critique sont beaucoup plus rares qu'il ne veut le dire.

2. Nous aurons plus d'une fois, dans les notes, l'occasion de montrer que, dans le *Journal du Parlement*, Retz a copié servilement jusqu'à des fautes d'impression; mais il s'est encore moins gêné, pour les emprunts, avec un autre livre intitulé : *Histoire de mon temps*.

rite de l'ouvrage que d'ajouter : « Je ne fais aucun doute que l'auteur des *Mémoires* n'ait mis en œuvre ces matériaux avec la liaison de quelques épisodes qu'il y a cousus, partie inventés et partie véritables, et le tout cimenté par la malignité qui se trouve répandue dans les pasquinades de ce temps-là, qui se sont conservées dans les bibliothèques des curieux : à quoi, pour donner un plus grand air de vérité originale, on a artificieusement affecté de semer quelques lacunes, qui pussent faire juger qu'elles partent de quelque manuscrit curieux, auquel l'auteur n'avoit pas mis la dernière main ou qui n'avoit pas été assez soigneusement conservé, car nos beaux esprits, sur toutes choses, sont curieux de lacunes. »

Examinant enfin le caractère que les *Mémoires* donnent à Retz, le critique le trouve odieux, soit, au point de vue moral, pour sa conduite scandaleuse, soit, au point de vue politique, à cause de tous ses changements de parti : « Que l'on me donne un exemple, dans les siècles anciens ou dans les modernes, d'un homme d'un haut rang, piqué de l'ambition de se faire un grand nom, qui ait voulu écrire sa vie avec de pareilles taches, et qui se soit fait un plaisir de se peindre en laid à tous les siècles à venir. Il n'y a qu'un fonds de piété chrétienne et d'humilité profonde qui ait pu obliger saint Augustin à faire une confession publique de ses fautes, qui n'approchoient pas des crimes que l'on nous représente ici; » et le saint évêque d'Hippone « gémissoit de ses fautes les plus légères : cet Augustin moderne tire vanité de ses plus grands crimes. » Qu'on ne m'allègue point, ajoute Sénecé, qui va au-devant de toutes les objections, qu'on ne m'allègue point que les *Mémoires* étaient destinés à une amie, et non au public : « Amie tant qu'il vous plaira ; il n'y a personne de bon sens qui aime à faire des confidences si complètes de sa turpitude. »

Satisfait de son long réquisitoire, il termine par un vœu fanfaron, qu'il embellit d'un calembour. Comme Caligula, qui désirait « que le peuple romain n'eût qu'une seule tête, pour la pouvoir abattre d'un seul coup, » il voudrait que « tous ces *romans* mitigés, que l'on débite sous le titre de *Mémoires*, fussent réduits à un seul, afin de les pouvoir tous confondre par la seule censure de celui *qu'il* attaque. »

Sénecé et d'Argenson n'étaient pas seuls à se montrer sévères contre ce livre, et il semble bien que les circonstances politiques ont beaucoup plus servi au succès des *Mémoires* que leur mérite réel, que ce talent de narrateur, ce charme de style qui, pour nous postérité, met Retz à juste titre parmi les grands écrivains de la France. Une lettre de J. B. Rousseau à Brossette nous est un indice frappant de cette sévérité des contemporains. Un mot que nous avons cité plus haut, à propos des *Mémoires de Joly*, a déjà pu faire pressentir le jugement rigoureux du lyrique : « Vienne, 26 mars 1718.... J'ai lu les *Mémoires* d'un bout à l'autre avec plus de curiosité, je l'avoue, que de satisfaction. C'est un salmigondis de bonnes et de mauvaises choses, écrites tantôt bien, tantôt mal, entremêlées de beaucoup de particularités curieuses, mais d'un bien plus grand nombre de détails peu intéressants et fort ennuyeux. Le tome premier est semé de quantité de traits fort jolis et de pensées très-solides à propos de bagatelles, et les autres ne sont rien que du verbiage à propos de choses sérieuses. L'impression que l'on m'a prêtée est très-fautive; mais l'obscurité en beaucoup d'endroits vient plus de l'auteur que de l'imprimeur. Ce qui m'en étonne le plus, c'est de voir qu'un cardinal, prêtre, archevêque, homme de qualité et assez âgé, puisse se représenter lui-même, comme il le fait dans le premier volume, duelliste, concubinaire, et, qui pis est, hypocrite de dessein formé : ayant pris la résolution, dans une retraite faite au séminaire, d'être méchant devant Dieu et honnête homme devant le monde[1]. C'est ce qu'il semble avoir oublié dans le reste du livre, où je lui vois des principes d'honneur qui gâtent souvent ses affaires. En un mot, il me paroît que cet homme n'étoit ni assez bon pour un citoyen, ni assez méchant pour un factieux. On diroit que les derniers volumes ne sont pas de la même main que le premier. Avec tout cela, je suis persuadé qu'ils sont effectivement du cardinal de Retz. M. le prince Eugène en a depuis longtemps un exemplaire manuscrit. Tels qu'ils sont, c'est un livre à avoir[2]. »

1. On dirait que cette partie de la lettre de Rousseau a servi de matière à l'amplification de Sénecé contre le caractère moral du cardinal de Retz.
2. *Lettres de Rousseau sur différents sujets de littérature* (Genève. 1750, 3 volumes), tome II, p. 242.

Le jugement public de la critique de ce temps est loin d'être unanime sur l'œuvre du Cardinal, et, à divers égards, il s'accorde assez avec la lettre confidentielle du poëte. On l'a dit avec raison : il faut au génie de l'écrivain ajouter l'effet du temps ; c'est la postérité qui, laissant dans un juste oubli les œuvres médiocres, donne leur vrai prix et leur consécration durable à celles qui méritent de survivre. Les contemporains, presque toujours, exaltent ou abaissent au delà de la juste mesure. Nous avons recherché et lu avec soin les journaux littéraires publiés de 1717 à 1720 ; il s'en faut de beaucoup que les *Mémoires de Retz* rencontrent partout la même faveur : l'appréciation tant de l'homme que de l'écrivain est fort diverse. D'abord le *Journal des savants* garde absolument le silence. On n'en est pas surpris en se souvenant que, déjà à cette époque, il appartenait à l'État : le chancelier de Pontchartrain l'avait acheté en 1701, et avait nommé, pour la rédaction, une commission, qui, à partir de 1715, se réunit chez l'abbé Bignon, neveu du Chancelier. Les *Mémoires de Trévoux*[1], organe des jésuites, parlent du livre incidemment, sous la rubrique de *Nouvelles littéraires de Paris* (novembre 1717, p. 1933 et 1934) : « On a enlevé fort vite trois éditions des *Mémoires du cardinal de Retz*. Je voudrois pouvoir douter qu'ils sont de lui ; ils sont écrits avec beaucoup de feu ; le style, sans être exact, a de grandes beautés, il attache, il enchante ; mais si l'ouvrage se fait estimer, il donne une étrange idée de l'auteur. Est-il possible qu'un homme, qu'un grand prélat, un cardinal ait voulu se représenter à la postérité avec des traits si odieux ; que, content de la réputation d'un homme intrigant, il lui ait sacrifié tout le reste ; que, dans un ouvrage où il médit de tout le monde, il se soit décrié lui-même plus qu'aucun autre ? Je sais de bonne part que son imagination vive et fertile embellissoit presque toujours ses narrations : elles tenoient plus de la fiction que de l'histoire. Un jour on le lui fit remarquer dans une occasion importante : « Que voulez-vous, dit-il, à force

---

1. *Mémoires pour l'histoire des sciences et des beaux-arts*, plus connus sous le nom de *Mémoires de Trévoux* (quelquefois *Journal de Trévoux*), Trévoux et Paris, 1701-1767, 265 volumes petit in-12.

« de raconter ces circonstances, je me suis persuadé insensi-
« blement qu'elles sont vraies, et j'ai oublié qu'elles sont de
« mon invention. » Je soupçonne qu'avec la même sincérité
il eût avoué que ses *Mémoires* sont un ouvrage plus roma-
nesque qu'historique. »

Le *Journal historique* de Verdun[1] (1717, tome II, p. 315) exprime d'abord des regrets au sujet des lacunes, beaucoup moins pardonnables, dit-il, dans un ouvrage du siècle passé que celles qu'on rencontre dans les écrits de Tite-Live et de Pétrone; puis il ajoute : « Ce livre doit être estimé pour la beauté du style et la pureté du langage. Si véritablement, comme le libraire l'assure, cet ouvrage a été écrit par ce cardinal, il faut convenir que c'étoit un grand génie, mais un de ces génies qui emploient indifféremment toutes sortes de moyens pour s'acquérir un grand nom et une réputation bien différente de celle que se sont acquise les prélats de la primitive Église, puisqu'il confesse avoir eu beaucoup de part aux troubles des Frondeurs, et avoir conspiré l'assassinat de Richelieu.... »

Comme les feuilles, alors étrangères, de Trévoux et de Verdun, les feuilles littéraires de la Hollande s'expriment fort librement. L'*Europe savante*[2], qui, en 1718, avait déjà annoncé les *Mémoires*, donne, en février 1719 (tome VII, p. 173 à 301), une analyse, de plus de cent pages, dans laquelle elle suit pas à pas le récit en l'abrégeant. On sait que ces sortes de résumés étaient alors le procédé habituel de la critique. Son analyse

---

1. Ce journal, qui s'appelait d'abord *la Clef du cabinet des princes de l'Europe*, prit de 1707 à 1716 celui de *Journal historique sur les matières du temps* (Verdun); et de 1717 à 1776 il mêla les deux titres : *Suite de la Clef* ou *Journal historique*, etc.; 145 volumes in-8°. Il parut à Luxembourg de 1704 à 1706, à Verdun de 1707 à 1716, et à Paris de 1717 à 1776.

2. Ce recueil (1718-1720, la Haye, 12 volumes in-8°) est regardé, dit M. Hatin dans sa *Bibliographie de la Presse périodique française* (1866), comme un des meilleurs de ce genre qui aient été publiés. C'était l'œuvre d'une société qui avait pour chef l'auteur du *Chef-d'œuvre d'un inconnu*, Themiseul de Saint-Hyacinthe, et pour principaux membres le savant hollandais Juste Van Effen, et les trois frères de Pouilly, de Barigny et de Champeaux.

terminée, elle ajoute : « Ses *Mémoires* sont pleins de maximes : il y en a qui sont certaines; il y en a aussi qu'on lui disputeroit. Dans ses réflexions, ordinairement il est prolixe; il lui arrive même assez fréquemment de parler en homme qui est trop au fait de ce qu'il dit pour se donner la peine d'y mettre les autres. Il s'oublie volontiers dans sa narration, dans ses conjectures et dans ses raisonnements; mais de temps en temps il a d'heureuses saillies, des *réveils lumineux*[1]. Son style est vif, net, concis : autant de mots, autant de choses; d'un sujet, on est bientôt passé à un autre. En amour, il aimoit le changement, il n'avoit pas toujours la prudence de cacher ses galanteries, et il a l'indiscrète vanité de nommer beaucoup de dames qui n'étoient pas inexorables à ses vœux : caractère peu digne d'un honnête homme. Achevons son portrait en remarquant qu'il n'avoit pas toute la force d'esprit ni toute la hardiesse de cœur qu'il vouloit faire croire. Dès qu'il se vit dans le danger, il eut peur; dès qu'il fut dans l'adversité, elle l'abattit. Il est presque inconcevable avec quelle ardeur et quel applaudissement ses *Mémoires* ont été reçus du public, surtout en France.... A entendre parler certaines personnes, il n'y avoit point de livre mieux écrit à tous égards que les *Mémoires du cardinal de Retz.* Cependant on trouve dans ce livre des mots hasardés, des phrases obscures, équivoques, qui n'ont point de construction, des verbes auxquels on attribue un régime qu'ils n'ont point, des périodes chargées et d'une longueur très-fatigante. Ces *Mémoires* contiennent de l'utile, de l'agréable et du superflu. Ils instruisent, ils amusent, ils ennuient. » C'est, on le voit, avec plus de modération dans la forme, le jugement de Sénecé et de J. B. Rousseau.

Le *Journal littéraire*[2] annonce aussi les *Mémoires* en 1718, et les juge en 1719 (tome X, 2ᵉ partie); l'analyse

1. Ces mots sont ainsi imprimés en italique, sans doute parce qu'ils sont empruntés à Retz (*Portrait de Mme de Longueville*).
2. La Haye, 1713-1736, 24 volumes in-12. Le *Journal littéraire* rivalisait avec l'*Europe savante*, et parmi ses collaborateurs nous en voyons qui travaillaient à cette dernière feuille : Saint-Hyacinthe, Van Effen; en outre, Sallengre, S'Gravesande, de Joncourt, la Barre de Beaumarchais.

est beaucoup plus courte (de la page 313 à la page 324) :
« A en juger par ses écrits, dit l'auteur de l'article, *Retz*
étoit un de ces hommes extraordinaires qu'on voit paroître si
rarement sur la face de la terre. Esprit juste et droit, il
savoit démêler les sophismes les plus ingénieux ; prudent, il
savoit céder quand il le falloit, et distinguer la constance de
l'opiniâtreté ; sublime, rien n'étoit au-dessus de sa portée ;
profond et supérieur, il semble qu'il se joue des matières les
plus difficiles, et qu'il écrive en badinant ce que la plupart des
hommes doivent méditer pour entendre. » Après cet éloge
général, le critique extrait, comme exemples, en se servant
le plus souvent des termes mêmes du Cardinal, l'état de la
France sous Mazarin, le caractère du surintendant Émeri,
les intrigues à Paris et à la cour, le tableau des courtisans au moment des premières barricades ; puis il examine
avec éloge certaines maximes, et, en faisant quelques citations, les portraits de la fameuse galerie. C'est le seul critique
qui soit complétement et sans réserve favorable au livre et à
l'auteur.

La *Bibliothèque ancienne et moderne*[1] revient à deux reprises (tome VIII, 1718, p. 462-464 ; et tome XI, 1719, p. 233-236) sur l'ouvrage de Retz, sans rien dire de bien précis,
et en parlant surtout de ce que les éditions laissent à désirer.
On peut cependant détacher quelques lignes : « Le Cardinal
n'y dissimule point ses fautes tant contre la morale que contre
a politique ; mais on ne doit pas s'imaginer que ce sont ici
des *confessions*, comme celles de saint Augustin.... L'archevêque de Paris ne marque guère, dans ce qu'on a vu, de
chagrin de ses maximes et de sa vie libertines. Il semble
presque en rappeler la mémoire avec plaisir, et n'avoir de la
douleur que pour les fautes qu'il commit dans les intrigues
infinies dont il se mêla. Au moins il ne nous conduit point
dans ces volumes jusqu'au temps de sa retraite, où il dut
faire pénitence des péchés de sa jeunesse. »

1. Ce recueil (1717-1727) était dû surtout au savant J. Leclerc ;
il forme 29 volumes in-12, dont le dernier contient les tables. C'était la suite de la *Bibliothèque universelle et historique* du même écrivain (1686-1693, 26 volumes in-12).

Les autres recueils de l'époque ne contiennent que des annonces, comme nous en voyons aujourd'hui à la fin des *faits divers* de nos journaux. On en pourra lire une de ce genre dans le numéro du 4 mars 1719 (tome IX, p. 140) des *Nouvelles littéraires*[1], journal publié à Amsterdam par l'éditeur Henri du Sauzet, qui mit en vente, avec J. F. Bernard, l'édition des *Mémoires* de 1719; une autre dans les *Nouvelles de la république des lettres*[2], mai et juin 1718 (tome LVI, p. 395). L'*Histoire critique de la république des lettres*[3], juillet 1718 (tome XV, p. 397), en annonçant une nouvelle édition de J. F. Bernard, donne ce curieux détail : « Les lacunes ne pourront jamais se remplir que lorsqu'on aura l'original, qui est à Paris[4], et qu'on auroit déjà eu si le prix qu'on y met n'étoit exorbitant. »

Nous avons vu (p. 15) que J. B. Rousseau, s'appuyant sur l'existence d'un manuscrit, ne mettait pas en doute, non plus

---

1. La Haye, 1715-1720, 12 volumes petit in-12. Ces nouvelles étaient extraites de tous les journaux du temps.

2. Amsterdam, 1684-1718, 56 volumes in-12. Ce recueil est suffisamment recommandé par le nom de son auteur, l'illustre Bayle.

3. Utrecht et Amsterdam, 1712-1718, 15 volumes in-12, publiés sous la direction de Philippe Mason, réfugié français et ministre de l'Église française à Dort.

4. Outre le manuscrit autographe de Lorraine, dont nous avons déjà dit un mot et dont il sera longuement parlé dans la suite, il se peut, comme nous le dirons (p. 35, note 1), qu'il y en ait eu d'autres, écrits de la main du Cardinal, et contenant des rédactions un peu différentes. Ici il est question simplement d'un original qui est à Paris. Nous trouverons ailleurs une supposition plus précise, qu'elle soit fondée ou non, un nom de possesseur : la princesse de Conti douairière (voyez ci-après, p. 25). Quant à un autre manuscrit qu'on disait appartenir aux Caumartin, on ne nous apprend pas si c'était un original; nous croirions plutôt que c'était une copie (voyez encore ci-après, p. 28-30, p. 40, 45 et 46). C'était aussi une simple copie que possédait M. d'Audiffret, ministre de France en Lorraine (voyez ci-après, p. 28, note 1); il l'avait eue, dit Lenglet du Fresnoy, « par le moyen de quelques-unes des religieuses du pays » (*Méthode pour étudier l'histoire*, tome IV, p. 146).

que d'Argenson, l'authenticité des *Mémoires*[1] ; mais Sénecé, cité plus haut, et d'autres critiques ou la niaient, ou en doutaient. Entre ces opinions contradictoires, que pensaient et que pouvaient penser les contemporains? Comme nous l'avons dit dans notre *Avertissement*, nous donnerons ici la parole à M. Bazin et citerons la réponse très-développée qu'il fait à cette question. Seulement, comme ce morceau que nous lui empruntons est déjà assez ancien (il a été écrit vers 1846), nous y joindrons, dans des notes, avec nos initiales (A. F.), ce que les travaux plus récents et nos propres recherches nous ont permis d'ajouter. Ces notes ne feront qu'établir notre conformité d'opinion avec M. Bazin, au sujet des *Mémoires de Retz*, sauf un point assez important, comme on le verra dans la note suivante.

« D'abord est-il certain que les *Mémoires* soient de Retz ?

« A cet égard, il faut dire que, jusqu'à nos jours, l'affirmative, assez généralement adoptée depuis un siècle, *n'avait à s'appuyer sur aucune preuve extérieure, sur aucune sorte de témoignage*[2].

---

1. Deux mois avant, Rousseau doutait : voyez plus loin la note 2 de la page 24.
2. « Aucune sorte de témoignage, » c'est trop dire. M. Bazin lui-même en cite plusieurs, qui, sans être de formelles et positives affirmations, rendent cependant très-probable l'existence du manuscrit de Retz. Ce sont, on le verra, ceux de d'Argenson, de J. B. Rousseau, de Brossette, du P. Griffet, de la duchesse d'Orléans. A ces témoignages nous joindrons bientôt ceux de Lenglet du Fresnoy (déjà nommé), en 1729; de Hénault, en 1744; de Voltaire, vers la même date. Mais il en est un autre qui aurait pu, depuis plus d'un siècle (1751), mettre un terme à toute incertitude sur l'authenticité des *Mémoires :* je veux parler d'un passage capital de dom Calmet, le savant historien de la Lorraine, qui a échappé, nous ne savons comment, à l'attention de tous ceux qui se sont occupés de Retz, comme à celle de M. Bazin, qui pourtant cite pour autre chose (voyez plus loin, p. 34) l'ouvrage de dom Calmet dont nous tirons ce qui suit : « Il (*Retz*) composa, étant à Commercy, ses *Mémoires*, dit le célèbre bénédictin, qui ont été imprimés en 3 volumes in-8º, à Nancy, chez J. B. Cusson, en 1717. *L'original de ces* Mémoires, *écrits de sa main, se conserve dans l'abbaye*

« Nul contemporain du cardinal de Retz n'avait su, n'avait dit qu'il eût écrit des *Mémoires* de sa vie.

« Mme de Sévigné même, l'involontaire et charitable biographe de sa vieillesse, disait positivement le contraire, puisqu'elle écrivait à sa fille, et cela le 5 juillet 1675 : « Con-« seillez-lui fort de s'occuper et s'amuser à *faire* écrire son « histoire; tous ses amis l'en pressent beaucoup; » puisqu'elle revenait sur ce sujet, le 24 juillet, en expliquant, pour se justifier d'une telle instance, qu'il y avait concert de tous ses amis, et comme une conspiration, une cabale, à cette fin : « On m'avoit dit de le faire aussi (*de le lui conseiller de mon* « *côté*), et tous ses amis ont voulu être soutenus, afin qu'il « parût que tous ceux qui l'aimoient étoient dans le même « sentiment[1]. »

« Et dans les quatre ans qui suivent jusqu'à la mort du Cardinal, pas un mot de son amie ne vient donner lieu de penser qu'il se soit rendu à ce désir. Tout en repousse l'idée.

« 28 mai 1676 : « Je suis toujours en peine de la santé de « notre cardinal; il s'est épuisé à lire : eh, mon Dieu! n'a-« voit-il pas tout lu ? »

« 5 août 1676 : « M. le cardinal de Retz vient de m'écrire

---

de Moyen-Moûtier. » (*Bibliothèque Lorraine*, col. 429, Nancy, 1751, chez A. Leseure, tome IV de l'*Histoire de Lorraine*.) — C'est là, en effet, à Moyen-Moûtier, que pendant la Révolution française on trouva le manuscrit. Dom Calmet, qui fit ses études dans cette abbaye, et y enseigna la philosophie et la théologie, l'y avait probablement vu de ses yeux. Nous aurons à dire plus tard que dom Calmet fut étroitement lié avec Humbert Belhomme, qui aida, dit-on, Retz à écrire ses *Mémoires*, et en fut le dernier légataire. Ce témoignage précis est donc des plus significatifs. A. F.

1. Nous avons corrigé les citations de Mme de Sévigné d'après le texte de la collection des *Grands écrivains*. — A propos de ce passage-ci, qu'on y lit au tome III, p. 526, Perrin, en 1754, a mis en note : « C'est aux instances des amis de M. le cardinal de Retz que le public est redevable des *Mémoires* de sa vie, qui n'ont été imprimés que longtemps après sa mort, et avec des lacunes considérables. » Si, comme il n'est pas douteux, Perrin veut parler des instances faites en 1675, son assertion nous paraît un peu risquée. Notre opinion est, comme on le verra plus loin, que les *Mémoires* étaient écrits bien avant les sollicitations dont parle Mme de Sévigné. A. F.

« et me dit adieu pour Rome.... Je suis en peine de sa santé : « il étoit dans les remèdes ; mais il a fallu céder aux instantes « prières du maître, qui lui écrivit de sa propre main[1]. »

« 28 juillet 1677, après le retour de Rome : « Il est revenu « un gentilhomme de Commerci..., qui m'a fait peur de la « santé du Cardinal : ce n'est plus une vie, c'est une lan- « gueur. »

« 12 octobre 1677 : « Je ne suis point du tout contente de « ce que j'ai appris de la santé du Cardinal : je suis assurée « qu'il n'ira pas loin, s'il demeure là (*à Commercy*) ; il se « casse la tête d'*application*. »

« Rien de cela n'indique assurément, même à mots couverts, qu'il se fût mis à écrire ses *Mémoires*, et que ses amis en fussent instruits.

« Ajoutons qu'il revint à Paris dans l'été de 1678, et qu'il y mourut un an après. Nulle mention encore de cette œuvre pendant son séjour.

« Il n'en est pas plus question après sa mort. Personne ne dit, personne n'écrit, personne n'imprime en France, hors de France, que le Cardinal a laissé des *Mémoires*[2].

---

1. Il nous semble que M. Bazin s'arrête ici trop tôt ; voici la suite : « J'espère que le changement d'air et la diversité des objets lui fera plus de bien que la résidence et *l'application dans sa solitude.* » A. F.

2. Nous avons un instant espéré rencontrer des témoignages, à joindre à celui de dom Calmet (voyez ci-dessus, p. 21, note 2), dans le *Voyage littéraire de dom Thierry Ruinart en Lorraine et en Alsace*, pendant les vacances de 1696, et dans celui de *dom Martène* et de *dom Durand* dans les mêmes provinces, en 1708 et 1709. Les bénédictins Ruinart, Martène et Durand étaient allés fouiller toutes les bibliothèques et les archives des couvents de ces contrées pour leurs recherches historiques. Ils s'arrêtèrent à Commercy, à Saint-Mihiel, à Moyen-Moûtier, à Senones, s'entretinrent avec Humbert Belhomme, le possesseur du manuscrit autographe de Retz ; mais nous n'avons trouvé dans leurs livres, quelque attentive qu'ait été notre recherche, aucune indication directe ou indirecte, aucune allusion, même voilée, au précieux original. Le *prudent* Belhomme, c'est la qualité dont le loue Martène, ne voulut probablement rien dire du vivant de Louis XIV, et ne s'ouvrit à son ami, à son compatriote et voisin, dom Calmet, qu'après 1715. — On peut voir

24   MÉMOIRES DU CARDINAL DE RETZ.

« Dès lors, le jugement de leur authenticité, lorsqu'ils parurent en 1717, était chose de pure appréciation, d'argument, de conjecture, où l'opinion, même la plus générale, n'obligeait personne.

« À ce moment, soixante-deux ans après les derniers faits du récit, trente-huit ans après la mort du personnage, il restait bien peu de gens qui eussent vu les uns, qui eussent connu l'autre. La famille du Cardinal était éteinte; ses amis remplacés dans le monde par des héritiers indifférents. Le livre arrivait imprimé de Nancy, c'est-à-dire de pays étranger. Le libraire ne prenait pas seulement la peine d'expliquer d'où il le tenait[1]. Sans autorité, sans certificat d'origine, il le présentait au public comme ce qu'on pouvait trouver « de plus cu« rieux, de plus instructif et de mieux écrit. » Malheureusement, les publications les plus misérables, les plus grossiers mensonges s'annonçaient, venant de l'étranger aussi, avec la même confiance.

« Cependant l'ouvrage fut, presque universellement, reçu comme venant du Cardinal.... Il pouvait passer pour être dans les mains de tout le monde, et nul ne songeait à en contester l'origine, quoiqu'elle ne fût pas davantage attestée.

« Un seul témoignage de ce temps, enfermé alors dans une lettre privée, porte sur l'authenticité de l'œuvre. C'est celui du poëte J. B. Rousseau, alors à Vienne, qui affirmait le 26 mars 1718 que « le prince Eugène en *avait* depuis longtemps un « exemplaire manuscrit[2]. » Suivant Brossette, à qui cette lettre

pour ces *Voyages*, dont le premier est écrit en latin, les œuvres de ces bénédictins, ou, pour plus de commodité, l'édition collective qu'en a donnée M. l'abbé Marchal, dans le *Recueil de documents sur l'histoire de Lorraine*, tome VIII, Nancy, 1862. A. F.

1. Voyez, dans notre *Bibliographie des Mémoires*, les *Avertissements* des deux premières éditions. A. F.

2. Nous avons déjà cité (ci-dessus, p. 15) cette phrase, qui infirme ce que le même Rousseau dit dans une autre lettre, antérieure de deux mois, dont M. Bazin, pour instruire complètement cette question d'authenticité, eût dû parler également. Cette lettre antérieure est datée de Vienne, 25 janvier 1718. « J'ai beaucoup de curiosité, écrit-il à Brossette, de voir les *Mémoires du cardinal de Retz*, qui doivent être excellents, s'ils sont véritablement de ce

s'adresse, « le manuscrit original étoit entre les mains de la « princesse de Conti douairière[1], » qui l'avait prêté à sa bru, et c'était d'une copie faite pour celle-ci qu'on avait tiré la copie du libraire.

« Tous les autres motifs de croire que les *Mémoires* étaient véritablement de la main du cardinal de Retz résultaient de la lecture du livre, où l'opinion contraire, quoique ayant peu de partisans, puisait aussi ses raisons pour ne le croire pas.

« Cette dernière thèse fut en effet soutenue publiquement, dans le *Mercure*, dès le mois d'août 1718, par le poëte Sénecé, ancien valet de chambre de la Reine femme de Louis XIV[2]. Sénecé partait d'un excellent principe, de la haine et du mépris pour les romans, les anecdotes et les mémoires supposés ; mais il n'y mettait nul discernement : il confondait, par exemple, dans la même réprobation les *Mémoires de Bassompierre* et les *Mémoires d'Artagnan* ; il ne faisait pas de différence entre Hamilton et Sandras de Courtilz.

« Pour tout ce qui était des *Mémoires du cardinal de Retz* : 1° il y avait trouvé trois erreurs de fait[3], ce qui est bien peu ;

---

prélat, le plus bel esprit et le plus intrigant de son siècle. Vous me ferez un sensible plaisir de me les envoyer, lorsque l'édition en sera achevée. Je suis très-surpris de n'en avoir point ouï parler en ce pays-ci, et encore plus qu'ils soient demeurés cachés depuis le temps que ce cardinal est mort. Je croirois volontiers qu'il ne les a jamais écrits : ses occupations pendant qu'il a été dans l'intrigue, et sa dévotion depuis sa retraite, me paroissent peu compatibles avec un travail comme celui-là. Mais ils pourroient fort bien être de l'abbé de Caumartin, dont le père, qui étoit dans l'intime confidence du Coadjuteur, lui a laissé tout ce qu'il faut pour faire de très-excellents *Mémoires de la minorité*. » (*Lettres de Rousseau, etc.* Genève, 1750, tome II, p. 226.) A. F.

1. Brossette à J. B. Rousseau, Lyon, 28 février 1718. (*Ibidem*, tome II, p. 232.)

2. Nous avons déjà analysé en partie cette dissertation, dont M. Bazin, à notre avis, n'a pas fait ressortir assez toute l'importance. Nous avions réservé à dessein, pour cette place, la discussion historique, nous proposant de n'y entrer qu'à la suite de M. Bazin. A. F.

3. Voici les trois erreurs que relève Sénecé : la première, c'est qu'il est dit que Mazarin était d'une naissance basse, ce qui ne peut

2° il n'y reconnaissait pas le style du siècle de Louis XIV ni celui dont le cardinal de Retz avait usé ailleurs ; 3° le caractère du Cardinal y était trop odieux. A ces trois preuves, tirées du livre, Sénecé en ajoutait deux autres venues du dehors : d'abord un abbé de la province où étaient les biens de la maison de Retz avait dit, deux ans auparavant, qu'on lui avait demandé des *Mémoires* pour une histoire du Cardinal qui se fabriquait en Hollande[1] ; ensuite il avait lui-même,

être vrai à toute rigueur; la seconde, c'est que, dans les *Mémoires*, on fait vivre le duc d'Angoulême, fils de Charles IX, jusqu'en 1651, quoiqu'il fût mort le 24 septembre 1650 ; qu'on lui donne alors quatre-vingt-dix ans, bien qu'il n'en eût pas encore soixante-dix-huit au moment de sa mort; qu'on dit qu'il passa les dernières années de sa vie dans son lit, tandis que le duc d'Angoulême jouit jusqu'à la fin de ses jours d'une parfaite santé, et même épousa, en 1644, la jeune Françoise, de la maison de Nargonne, qui lui a survécu plus de quarante ans ; la troisième est que l'auteur des *Mémoires* assure que le cardinal de Retz, étant au Palais, et ayant la tête prise entre deux battants de porte que poussait vivement l'un contre l'autre le duc de la Rochefoucauld, fut tiré de cette cruelle position par un nommé Noblet : or ce Noblet a dit vingt fois à Sénecé que ce n'était pas dans cette circonstance, ni au Palais, mais bien dans la rue de l'Arbre-Sec, qu'il avait sauvé le Coadjuteur, en relevant un mousquet qu'un artisan allait tirer sur lui à bout portant. A. F.

1. Voici le passage de Sénecé, qui a son importance à cause du nom de cet abbé de Bretagne, mais dont l'autorité se trouve affaiblie par quelques erreurs : « Vous avez connu M. l'abbé Charrier, qui n'est mort que depuis quelques mois. C'étoit un homme sorti d'une famille des plus distinguées de Lyon, d'une probité connue, et dont le mérite lui avoit procuré l'abbaye de Quimperlay dès le ministère du cardinal de Richelieu. Son abbaye étoit en Bretagne, pays où sont situés les plus grands biens qui ont appartenu à la maison de Retz, et où j'estime que notre cardinal étoit né. Il n'y a pas encore deux ans que cet abbé, étant en notre province, assuroit que l'on verroit bientôt paroître une Histoire du cardinal de Retz, et qu'il avoit reçu des lettres d'Hollande par lesquelles certain homme de sa connoissance le prioit de lui vouloir envoyer des Mémoires qui pussent aider à ce dessein. » L'abbé Charrier dont il est question ici ne peut être celui qui accompagna Retz à Rome; c'est de son neveu qu'il s'agit : le premier mourut avant le

Sénecé, entendu le Cardinal réciter des fragments de sa *Vie*, en latin, et de mémoire, sans qu'ils eussent jamais été écrits : ce qui donnait lieu de douter qu'il eût écrit plus tard en français.

« Tout cela n'était pas fort concluant pour la négative ; mais l'affirmative n'était guère mieux pourvue de renseignements.

« La première eut bientôt à s'appuyer des *Mémoires de Guy Joly*, publiés en 1718, « pour servir d'éclaircissement et de « suite aux *Mémoires du cardinal de Retz.* » Joly, ancien conseiller au Châtelet de Paris, attaché à la personne du cardinal de Retz pendant de longues années, par cette espèce de domesticité que des gentilshommes et des magistrats acceptaient sans honte chez les grands, Joly qui ne l'avait quitté qu'en 1665, racontait que, durant son séjour à Commercy de 1662 à 1664, le Cardinal avait fait semblant de vouloir écrire l'Histoire de sa Vie *en latin*, mais qu'il s'était toujours contenté d'en réciter deux ou trois pages, faites dès le temps de sa prison à Vincennes [1], « auxquelles, dit Joly, ceux qui le connois- « sent peuvent assurer qu'il n'ajoutera pas grand'chose pendant « tout le reste de sa vie, à cause de sa paresse naturelle et de « son penchant pour les plaisirs [2]. » Ce qui n'empêcha pas ces *Mémoires*, complément ou correctif non méprisable de ceux

Cardinal, qui lui avait cédé son abbaye de Quimperlay, et qui, après la mort de l'oncle, la fit échoir à l'abbé Charrier neveu ; ils ne la possédaient pas du temps de Richelieu (première erreur) ; Retz n'est pas né en Bretagne (seconde erreur). L'abbé Charrier neveu mourut bien effectivement en septembre 1717, et par conséquent quelques mois (dix ou onze) avant l'écrit de Sénecé. Il était assez désigné par les relations étroites de son oncle avec Retz, pour qu'on s'adressât à lui quand on voulait avoir des renseignements sur le Cardinal. Selon toute vraisemblance, c'était lui, comme on le verra dans la *Notice bibliographique*, qui avait composé l'abrégé de la vie du Cardinal qui est en tête de l'édition des *Mémoires* imprimée à Lyon. A. F.

1. Ces pages latines étaient probablement ce que Retz appelle le *Partus Vincennarum*. Voyez les *Mémoires*. A. F.

2. *Mémoires de Joly*, Collection Michaud, tome XXVI, p. 151. On pouvait opposer à cet argument de paresse, que Chateaubriand reproduisait à tort contre les *Mémoires de Talleyrand*, le goût très-prononcé de Retz pour écrire. A. F.

du Cardinal, d'être imprimés désormais constamment en compagnie du livre dont ils niaient si positivement l'origine.

« Par le chemin, cette origine, acceptée tous les jours davantage dans le public, recevait quelque confirmation positive.

« Ainsi, dès le commencement, la seconde femme du frère de Louis XIV, Élisabeth-Charlotte, princesse palatine, écrivait en Allemagne : « Les moines de Saint-Mihiel possèdent en origi« nal les *Mémoires du cardinal de Retz*. Ils les ont fait impri« mer et on les vend à Nancy ; mais il manque dans cet exem« plaire beaucoup de choses. Il y a une dame à Paris, nommée « Mme Caumartin, qui en possède un manuscrit où il ne man« que pas un mot. Cependant elle refuse avec entêtement de les « communiquer, pour qu'on puisse compléter les autres[1]. »

1. Cette lettre porte la date du 14 octobre 1717, et elle est imprimée dans un recueil de fragments de lettres de la duchesse d'Orléans, publié à Hambourg en 1788, in-8º, p. 25. A ce témoignage nous pouvons en joindre un autre, que nous avons annoncé plus haut, et qui a été écrit plus tard, mais imprimé plus tôt que celui de la Palatine. M. Bazin ne paraît pas l'avoir connu. L'abbé Lenglet du Fresnoy, dans sa *Méthode pour étudier l'histoire*, Paris, 1729 (tome II, p. 290), dit : « C'est en vain que l'on a prétendu qu'ils (les *Mémoires de Retz*) ne sont pas de ce grand homme : on sent à les lire qu'ils viennent d'une main de maître, et qui a eu part à tous les grands mouvements qu'il y décrit. *Les manuscrits qui s'en trouvent en Lorraine, et qui ont été faits sur les originaux de ce cardinal*, prouvent qu'il en est l'auteur. Comme il s'étoit retiré dans sa terre de Commerci, il s'y occupa, dans son loisir, à mettre par écrit les événements auxquels il avoit eu part. Né avec un grand goût pour les intrigues et les révolutions, il développe avec beaucoup d'adresse toutes celles dans lesquelles il avoit été mêlé. Il avoit eu la foiblesse d'y marquer jusques à ses passions, c'est-à-dire ces mouvements secrets peu convenables à son caractère, et qu'on devroit chercher à se cacher soigneusement à soi-même, loin de les faire connoître aux autres et d'en faire trophée dans le public. Mais on savoit qu'il avoit été cardinal habile, et politique intrigant ; il vouloit encore que l'on n'ignorât point qu'il avoit été galant : c'étoit sa vanité. Il confia son manuscrit original à des religieuses, qui le copièrent et firent main basse sur tout ce qui ne convenoit point à la pourpre romaine : c'est ce que j'ai appris de M. d'Audiffret, ministre du Roi à la cour de Lorraine, l'un des hommes les plus

« Cet *on dit*, plus circonstancié déjà que celui de Brossette, devait trouver plus tard sa confirmation et être rectifié dans un autre écrit, venu de bon lieu. En 1736, un ancien intendant de province, qui se préparait par la retraite à devenir ministre, René-Louis de Voyer d'Argenson, s'amusait, en son particulier, à composer un livre, que son fils eut le malheur d'appeler, en le publiant (1785) : *Essais dans le goût de ceux de Montaigne.* Or c'était le petit-fils de cette Mme de Caumartin, inconnue à la duchesse d'Orléans, c'est-à-dire de Catherine-Madeleine de Verthamon, seconde femme (1664) de Louis-François Lefèvre de Caumartin, si souvent nommé dans les *Mémoires* du Cardinal, comme son ami le plus intime. Mme de Caumartin n'avait pu entrer dans cette affection de son mari qu'après le retour du Cardinal en France et sa réconciliation avec la cour (1665); et il ne paraît pas qu'elle s'y fût associée bien chaudement. Son mari mourut en 1687, et elle en 1722. Une de ses filles avait épousé, en 1693, Marc-René d'Argenson, lieutenant général de police et garde des sceaux, père du ministre, auteur des *Essais*. Celui-ci, né en 1694, avait donc connu jusqu'à l'âge de vingt-huit ans sa grand'mère, contemporaine au moins de la vieillesse du cardinal de Retz. Il laisse voir que, dans ses entretiens, elle lui en avait donné une assez mauvaise idée, ce qui ne nous regarde pas. Mais, ce qui nous importe, il affirme positivement que ses parents de Caumartin « avoient eu quelque part à la publication » des *Mémoires* du Cardinal pour « avoir confié à des personnes in-« discrètes le manuscrit de ces *Mémoires* conservé dans leur « maison[1]. » Seulement il ajoute que ce manuscrit avait été

vertueux, les plus officieux et les plus intelligents qui soient employés par la cour de France auprès des princes étrangers. C'est donc sur un de ces manuscrits que la première édition de ces *Mémoires* a été faite; et c'est ce qui a occasionné les lacunes qui s'y trouvent. » — Voyez aussi au tome IV du même ouvrage, *Catalogue des historiens*, p. 146 et 147. A. F.

1. Nous sommes tenté de croire que la copie incomplète de M. Caffarelli (voyez ci-après, p. 50-52) pourrait être un des volumes des Caumartin. Nous dirons ailleurs les raisons sur lesquelles repose notre hypothèse. Cette copie, en tout cas, a été faite avant les modifications introduites dans le texte imprimé. A. F.

trouvé chez les religieuses de Commercy[1], sans dire comment il était sorti de chez elles pour passer à l'hôtel de Caumartin.

« Du reste, il faut remarquer que ces deux témoignages, qui s'accordent seulement sur le fait de la possession d'*un* manuscrit par les Caumartin, et qui se contredisent sur l'origine de celui qui avait servi à l'impression, n'eurent de publicité l'un et l'autre que bien longtemps après : celui de la duchesse d'Orléans en 1788, celui de d'Argenson en 1785.

« L'authenticité des *Mémoires* n'en restait pas moins, dans l'opinion commune, hors de doute. Il n'était pas heureusement venu à Voltaire[2] la fantaisie de nier qu'ils fussent du cardinal de Retz, ce qui aurait pu avoir des suites. Cette tentative était restée le tort obscur de quelques écrivains subal-

---

[1]. Ceci confirmerait la tradition rapportée plus haut par Lenglet d'après M. d'Audiffret, ministre du Roi à la cour de Lorraine; Lenglet toutefois ne dit pas à quelle ville appartenaient ces religieuses. De son côté, M. Dumont s'est aussi occupé de cette question dans son *Histoire de Commercy* (tome II, p. 169 et 170) : Ceux, dit-il, qui attribuent les ratures aux religieuses « auraient dû se demander s'il était certain, qu'à la mort du Cardinal, il s'en trouvât à Commercy; et, comme il n'y en avait point, ils eussent sans doute renoncé à cette explication peu plausible. D'ailleurs, pourquoi leur aurait-on prêté cet ouvrage, au-dessus de leur portée et contraire à leurs pudiques habitudes? Dom Hennezon ou ses successeurs n'étaient pas hommes à laisser le soin délicat d'une correction littéraire à des femmes inexpérimentées. » A. F.

[2]. Voltaire reconnaît l'auteur dans son œuvre : selon lui, les *Mémoires de Retz* sont « écrits avec un air de grandeur, une impétuosité de génie et une inégalité qui sont l'image de sa conduite. » (*Le Siècle de Louis XIV*, chapitre IV.) — « Plusieurs endroits de ses *Mémoires*, dit-il ailleurs dans le même ouvrage (*Catalogue des écrivains*), sont dignes de Salluste; mais tout n'est pas égal. » — *Le Siècle de Louis XIV*, publié seulement en 1752, fut commencé vers 1736. Le président Hénault, dans son *Abrégé chronologique de l'histoire de France* (1744), où il se montre si sévère pour la conduite de Retz, n'exprime pas non plus le moindre doute sur l'authenticité de l'ouvrage : « Ses *Mémoires*, dit-il à l'année 1679, date de la mort du Cardinal, sont très-agréables à lire; mais conçoit-on qu'un homme ait le courage ou plutôt la folie de dire de lui-même plus de mal que n'en eût pu dire son plus grand ennemi? » A. F.

ternes, comme le faux Vigneul Marville et le Duchat[1]. Les plus capables de discussion sérieuse acceptaient la chose comme avérée, et se trouvaient heureux d'en recueillir quelque circonstance accessoire. Ainsi l'éditeur des *Mémoires du prince de Tarente* (Liége, 1 volume in-8°, p. 337), le P. Griffet, écrivait en 1767 : « Le cardinal de Retz s'est peint lui-même dans « ses *Mémoires*, tel qu'il était avant sa retraite, avec des traits « que l'on ne peut imiter et une sincérité que l'on a peine à « comprendre.... Le cardinal de Retz était damoiseau, c'est-à-« dire seigneur, de Commercy. C'est là qu'ils (*ces* Mémoires) « ont été composés. Il en remit le manuscrit original à dom « Enesson (*sic*), abbé régulier de Saint-Mihiel, qu'il avait choisi « pour son confesseur. Ce religieux, les ayant examinés, trouva,

1. Le vrai nom de cet avocat-chartreux-littérateur est, comme l'on sait, d'Argonne (Noël, dit Bonaventure). Il s'est occupé de Retz en quelques mots, dans ses *Mélanges d'histoire et de littérature*. Ces *Mélanges* sont remplis d'anecdotes curieuses, mais dont beaucoup sont hasardées. Voici en quels termes Vigneul Marville, sans prendre la peine de nous donner ses raisons, nie que le Cardinal soit l'auteur des *Mémoires :* « *La Conjuration du comte Jean-Louis de Fiesque* est, dit-il (tome II, p. 62, nouvelle édition, 1713, 3 volumes in-12), un petit ouvrage d'assez mauvais goût, qu'on a faussement attribué au cardinal de Retz. Cette Éminence, qui n'a jamais voulu écrire sa propre histoire, qu'il avoit composée dans son esprit, n'avoit garde de nous en donner une qui ne lui feroit point d'honneur. » Puis il continue, en quelques lignes, son jugement superficiel et erroné tant sur le fait que sur le livre de la conjuration. — C'est en s'appuyant sur une pareille autorité, en y ajoutant un argument tiré du style, que le Duchat nie, à son tour, l'authenticité des *Mémoires :* « S'il s'en faut rapporter à ce que dit V. M. (*Vigneul Marville*), que le cardinal de Retz n'a jamais voulu écrire sa propre histoire, qu'il avait composée dans son esprit, les *Mémoires* qui depuis quelques années ont paru sous son nom ne sont pas de lui. Aussi a-ce toujours été mon sentiment, et cela par plusieurs raisons, principalement parce que le style de ces *Mémoires* est plus nouveau que ne l'est le temps où a vécu cette Éminence. V. M. confirme (p. 89) ce qu'il a avancé (p. 62), et y ajoute que c'étoit en latin que le Cardinal avoit composé toute l'histoire de sa vie, sans en rien mettre par écrit. » (*Ducatiana* ou *Remarques de feu M. le Duchat sur divers sujets d'histoire et de littérature*, Amsterdam, 1738, tome II, p. 298 et 299.) A. F.

« dans les endroits où il décrit les péchés de sa jeunesse, des
« détails et des expressions qui lui parurent trop libres pour
« un homme élevé aux premières dignités de l'Église, et il eut
« soin de les effacer si parfaitement qu'il a été impossible de
« les déchiffrer ; c'est de là que sont venues les lacunes que
« l'on trouve dans le premier volume [1]. »

« Avec tout cela, et s'il n'était survenu aucune preuve qu'on pût appeler formelle, établissant le fait, ignoré de tous pendant la vie du cardinal de Retz, ignoré de tous trente-huit ans depuis sa mort, qu'il eût écrit et laissé des *Mémoires*, le débat sur l'authenticité de ceux qui furent publiés en 1717 nous semblerait encore ouvert, presque comme le lendemain de la publication, et nous nous croirions là-dessus la liberté de notre avis. Or il serait tout entier, absolument et sans réserve, pour reconnaître, par la seule étude du texte et par l'assez ample connaissance où nous sommes parvenu du sujet, que nul autre homme au monde, ni contemporain, ni venu plus tard, n'aurait pu se mettre si complétement à la place du personnage et répandre dans toutes les parties de son récit l'inspiration constante, toujours reconnaissable, jamais en faute, d'un caractère emprunté. Cette transformation est au-dessus de l'art, et il n'y a pas de masque là où l'on sent partout la chair. Un autre signe, non moins infaillible, c'est que de toutes les inexactitudes que nous avons pu relever, il n'y en a pas une qui soit involontaire, qui trahisse l'ignorance des temps, des lieux et des personnes, pas une de ces bévues où se laissent prendre, surtout dans les détails secondaires, les faussaires les plus habiles et, si l'alliance des mots n'est pas trop forte, les plus consciencieux [2].

---

1. Le P. Griffet semble répéter ici (en 1767) une assertion de dom Calmet, qui se trouve à la suite du passage, cité plus haut (p. 21, note 2), où il est dit que les *Mémoires*, écrits à Commercy, étaient conservés à Moyen-Moûtier : « Dom Hennezon, qui avoit été le premier dépositaire de ces écrits, étant prié d'en envoyer une copie à Mme de Caumartin, qui les souhaitoit, en retrancha ce qui lui parut trop libre et trop peu intéressant pour l'histoire. C'est ce qui m'a été raconté par le religieux même qui fit cette copie. » (*Bibliothèque Lorraine*, col. 499.) A. F.

2. Nous croyons pouvoir porter le même jugement des inexac-

« Mais une découverte récente nous dispense de raisonner et de conclure. Un manuscrit que les gens à ce connaissant déclarent autographe atteste, plus que suffisamment, ce que nous voudrions prouver. Enseveli dans un dépôt longtemps sacré, il en est sorti aux jours de notre Révolution, pour entrer, après quelques aventures, dans un dépôt public. Une édition première (1837, dans la Collection Michaud et Poujoulat), puis une seconde (1843)[1], ont reproduit le texte de ce manuscrit, dont le premier éditeur[2] a maladroitement embrouillé l'histoire, mais dont l'existence confirme, avec toutes les conditions de l'évidence judiciaire, un fait jusque-là, et malgré le préjugé de l'opinion générale, susceptible de controverse.

« Quelques mots sur ce manuscrit :

« Il était, avant la révolution de 1789, dans la bibliothèque de l'abbaye de Moyen-Moûtier, au diocèse de Toul (arrondissement de Saint-Dié, département des Vosges), tout près de Senones[3].

« Qui l'y avait mis? On ne le dit pas : nous croyons le savoir. Un de ceux qui prêtèrent leur plume au Cardinal pour en

titudes que nous avons trouvées, de notre côté, après M. Bazin. A. F.

1. Une troisième et une quatrième ont été publiées dans la Collection Charpentier, en 1859 et en 1866, 4 volumes in-18. A. F.

2. M. Champollion-Figeac. A. F.

3. Voici sur cette abbaye quelques détails, empruntés au *Voyage littéraire de dom Ruinart* (1696), dont nous avons déjà parlé (ci-dessus, p. 23, note 2) : « 1696, 13 septembre. Le monastère de Moyen-Moûtier, situé entre deux montagnes, dans la solitude des Vosges, doit son nom à la place qu'il occupe au milieu de quatre autres maisons conventuelles (Saint-Sauveur au nord, Saint-Dié au sud, Senones à l'est, et Étival à l'ouest). Il est arrosé par un petit ruisseau appelé le Rabodeau (*Rapodus*). Moyen-Moûtier n'a rien perdu de sa haute célébrité. Des murs épais en forment le circuit; ses bâtiments ont de l'élégance; mais ce qui vaut mieux que tout le reste, c'est que l'observance régulière y est en vigueur, sous la conduite d'un abbé formé au sein de notre congrégation, dom Aigulfe Alliot, qui n'a rien négligé pour rendre à l'abbaye son antique splendeur. » (Pages 45-48.) Plus loin (p. 103), Ruinart donne un plan des diverses abbayes des Vosges, dans lequel, par suite d'une erreur évidemment typographique, Saint-Dié se trouve placé au nord et

écrire une partie, soit sous sa dictée, soit sur une première rédaction, était, suivant le témoignage de dom Calmet, un religieux nommé Humbert Belhomme[1]. Or ce religieux, dont la demeure et l'emploi ne sont pas indiqués, était ou devint abbé de Moyen-Moûtier, dont il a laissé l'histoire en latin, finissant à 1720[2]. Il y a grandement lieu de penser que le

Saint-Sauveur au sud : nous le reproduisons, en rétablissant la véritable orientation. A. F.

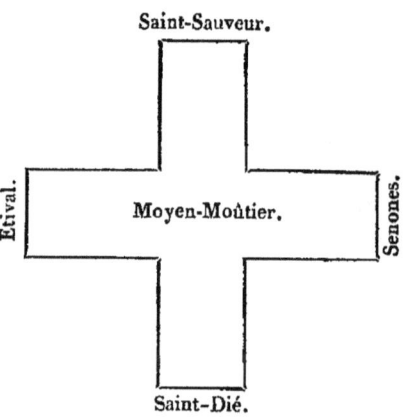

1. D'après dom Calmet, et d'après des notes fournies par M. Denis, maire de Commercy, M. Champollion croyait que dom J. Picart, bénédictin de Brueil (faubourg de Commercy), tenait parfois la plume lorsque Retz était à Commercy, et Belhomme lorsque le Cardinal habitait Saint-Mihiel. Il en résulterait que le second volume a été écrit à Commercy, puisque c'est dans celui-là seulement qu'il y a de l'écriture de Picart, et que le troisième fut composé à Saint-Mihiel, puisqu'on n'y trouve, avec l'écriture du Cardinal, que celle de Belhomme ; mais cette opinion nous semble victorieusement réfutée par M. Dumont : il pense que tout a été écrit à Commercy. (*Histoire de Commercy*, tome II, p. 167.) Voyez ci-après, p. 38 et 39. A. F.

2. Né en 1653, à Bar-le-Duc, le jeune bénédictin Humbert Belhomme montra de bonne heure une aptitude remarquable pour l'enseignement de la philosophie et de la théologie, et Retz l'attira aux conférences qui se tenaient dans son château de Commercy. I fut nommé, en 1703, abbé de Moyen-Moûtier, dont il enrichit la bibliothèque, la plus belle de la province, même auprès de celle de Senones, augmentée par dom Calmet. Belhomme mourut en 1727

manuscrit auquel il avait coopéré lui était resté, et qu'il l'avait enfermé dans son monastère[1]. Trouvé là par le commissaire du pouvoir exécutif du canton de Senones, il fut porté à Épinal, et envoyé par les administrateurs du département des Vosges au ministre de l'intérieur[2]. Le ministre le

à soixante-quatorze ans. On lui doit l'*Historia mediarni monasterii in Vosago*, Strasbourg, 1724, in-4°, figures. On peut voir dans Moréri et dans M. Dumont, *Histoire de Saint-Mihiel* (tome IV, p. 321), des notices sur ce personnage. — Belhomme n'avait que vingt-cinq ans lorsque Retz quitta Commercy, pour la dernière fois, avant de mourir. En parlant de son titre d'abbé, M. Bazin eût dû se contenter du mot *devint*. D'après dom Ruinart (p. 126), dom Humbert Belhomme était, en 1696, prieur du monastère de Saint-Epvre, à Toul, où dom Ruinart le vit le 19 octobre. Les archives, dit-il, sont « riches en bulles de papes, diplômes de rois et princes et en chartes; nous en tirâmes tout ce qui nous convint, par l'obligeance du prieur dom Humbert Belhomme, qui lui-même nous copia beaucoup de choses, et nous passâmes à cette opération le reste du jour et la journée entière suivante. » — Voici le jugement que dom Martène porte de Belhomme, douze ans plus tard, en 1708 : « (Le 17 septembre, nous arrivâmes à Moyen-Moûtier.) Comme nous mettions pied à terre, le R. P. abbé, dom Humbert Belhomme, président de la congrégation de Saint-Venne, et recommandable par son érudition et par sa *prudente* conduite, vint aussitôt à nous et nous donna toutes les marques d'amitié qu'on peut attendre d'un bon cœur.... La bibliothèque, où il a déjà mis plus de dix mille francs de livres, ajoute-t-il plus loin, sera aussi une des meilleures du pays. » (2ᵈᵉ partie, p. 135 et 136.) A. F.

1. Cette opinion de M. Bazin nous semble probable; mais nous sommes très-porté à croire, nous l'avons déjà dit (p. 20, note 4), qu'outre ce manuscrit, il y en a eu d'autres, également autographes. La copie incomplète de M. de Chantelauze et la copie complète de MM. Hachette (voyez ci-après, p. 48 et 49) pourraient bien avoir été faites toutes deux sur un texte de la main de Retz, qui constituerait une première rédaction des *Mémoires*, assez différente du manuscrit autographe qui est aujourd'hui à la Bibliothèque impériale. Parmi les différences, il y en a, si nous ne nous trompons, un bon nombre qu'on ne peut guère considérer comme imputables à une révision ou dues à des copistes. A. F.

2. « Il existe aux Archives de l'Empire (canton d'Épinal), dit M. Champollion, une note ainsi conçue : « (Les administrateurs du département des Vosges) envoient les *Mémoires du cardinal de Retz*,

remit, sur l'invitation du directeur Barras, à un de ces curieux privilégiés qui se trouvent dans tous les temps pour intercepter les découvertes utiles et en frustrer le public; mais il eut le soin d'avertir les conservateurs de la Bibliothèque nationale de l'envoi qu'on lui en avait fait, du prêt qu'il en avait dû faire lui-même, et leur promit qu'aussitôt que l'emprunteur s'en serait servi pour donner à son profit une nouvelle édition des *Mémoires*, le manuscrit leur serait remis. Sa lettre est du 22 janvier 1797 [1].

en quatre volumes, tels que le commissaire du directoire exécutif du canton de Senones les a trouvés dans la bibliothèque de l'abbaye de Moyen-Moûtier. » (*Notice* placée en tête des *Mémoires de Retz*, dans la Collection Michaud, 1837, p. 12.) — Nous avons demandé aux Archives communication de cette pièce, et on n'a pu la retrouver, dit le bulletin de recherche qui nous a été remis, signé de MM. S. Schneider et E. Boutaric. Qu'est-elle devenue?

1. C'est la date en style grégorien : l'original porte celle du 3 pluviose an v. Voici la lettre du ministre :

« Je vous préviens, citoyens, que j'ai remis au citoyen Barras, président du directoire exécutif, le 21 du mois de nivose dernier, quatre volumes manuscrits des *Mémoires du cardinal de Retz*, qui avaient été demandés par les citoyens Réal et Botot[a], pour une nouvelle édition de ces *Mémoires*. L'administration centrale du département des Vosges, qui m'a adressé ces manuscrits, m'a observé que le troisième volume n'est qu'une copie du deuxième, faite par une main étrangère; ainsi le troisième volume original manque[b]. Comme la Bibliothèque nationale est le dépôt des manuscrits les plus précieux, j'ai demandé que ces quatre volumes des manuscrits du cardinal de Retz y fussent remis par les éditeurs aussitôt leur travail fini.

Salut et fraternité,

BENEZECH. »

Nous empruntons encore cette lettre à la *Notice* de M. Champollion (p. 12) : lorsque nous avons voulu voir l'original à la Biblio-

a. Botot, secrétaire de Barras, fut proscrit à la suite de la machine infernale; Réal, avocat-journaliste et confident intime de Barras, était, en 1797, commissaire du Directoire près le département de Paris.

b. C'était une erreur : un volume, le quatrième, est bien en effet une copie du second; mais le manuscrit original va jusqu'à la fin, c'est-à-dire aussi loin qu'est allé l'auteur dans son récit : voyez ci-après, p. 39 (à la fin de la note 1 de la page 38).

« L'éditeur annoncé, Pierre-François Réal, vécut trente-sept ans encore, fut conseiller d'État, préfet de police, exilé, garda le manuscrit, l'emporta en exil[1], le rapporta en France,

thèque impériale, on n'a pu, malgré les recherches actives ordonnées avec une grande obligeance par l'administrateur, M. Taschereau, le retrouver. Qu'est-il devenu? Faute de mieux, l'administration a bien voulu nous communiquer le registre des procès-verbaux du conservatoire de la Bibliothèque impériale. Voici ce qu'on lit dans le 6e registre, p. 76 : « Séance du 23 juillet 1834. — Les conservateurs du département des manuscrits annoncent que les *Mémoires* manuscrits *du cardinal de Retz*, consistant en quatre volumes, dont trois sont autographes, *Mémoires* dont l'envoi à la Bibliothèque avait été annoncé, le 3 pluviose an v de la République, par le ministre de l'intérieur, et qui étaient restés depuis, malgré d'itératives réclamations, entre les mains de feu le comte Réal, ont été enfin remis au département des manuscrits, sur les nouvelles démarches faites par les conservateurs auprès des héritiers de M. Réal au moment de sa mort. Les conservateurs ajoutent que les manuscrits sont en très-mauvais état, que MM. Lacabane et Champollion sont occupés à les dépouiller, à les comparer avec diverses éditions qui en ont été données, et les conservateurs demandent, pour ces employés, l'autorisation de publier le résultat de leur travail littéraire, soit isolément, soit avec une nouvelle édition de ces *Mémoires*. Cette autorisation est accordée. » Ce procès-verbal est signé par J. J. Champollion-Figeac, comme secrétaire, et par Letronne, comme président du conservatoire. A. F.

1. Cet exil eut lieu à l'époque de la Restauration, pour punir Réal de la part considérable qu'il avait prise à l'assassinat du duc d'Enghien. Réal emporta les manuscrits avec lui en Amérique. — Il s'agit probablement de cette odyssée des *Mémoires*, mal connue quant aux détails, dans une lettre très-curieuse de Beyle (Stendhal) : « A propos de *Mémoires*, je vous conterai une anecdote peu connue, même en France, sur les *Mémoires du cardinal de Retz*, l'un des chefs-d'œuvre de notre littérature. On dit que le Cardinal, quoique écrivant dans sa vieillesse, avait raconté plusieurs anecdotes galantes. Jamais les femmes n'ont eu tant d'influence en France que du temps de la Fronde. Une autre raison rendrait ces anecdotes extrêmement précieuses, c'est que la galanterie se ressentait encore alors des mœurs fortes du moyen âge ; il y avait une chaleur de passion, *une sincérité de dévouement* (sic) qui, plus tard, ont disparu de la haute société européenne.

« Les *Mémoires du cardinal de Retz* passèrent, avant d'être puet mourut sans l'avoir restitué ni en avoir fait aucun usage. La Bibliothèque le reprit en son héritage en 1834[1], et il

bliés, par un couvent de religieuses de Lorraine. Ces bonnes religieuses effacèrent avec le plus grand soin toutes les anecdotes galantes. A l'époque du Directoire, Rewbell, l'un des directeurs, se fit prêter par la Bibliothèque nationale le manuscrit original des *Mémoires*, et s'assura qu'avec de l'*acide muriatique* et de l'eau, il serait possible de faire disparaître l'encre avec laquelle les religieuses de Lorraine avaient effacé un grand nombre de lignes.

« Au moment où le directeur Rewbell était occupé de sa découverte, survint la révolution qui le renversa. La France fut privée d'un magistrat médiocre; mais ce qu'il y a de vraiment fâcheux, c'est que, dans la bagarre, le manuscrit des *Mémoires* fut égaré. Il se trouve aujourd'hui peut-être chez quelque épicier, qui le distribue comme du vieux papier. » (*Lettre* LXXV, à Monsieur ......, à Londres, Paris, 5 août 1822. *Correspondance inédite de Stendhal*, 1855, Paris, p. 188.) — Au lieu de *Rewbell*, lisez *Réal* : Beyle a mal entendu ou s'est mal rappelé le nom du héros de son aventure, qui est vraie au fond. On voit sur le manuscrit, à plusieurs pages, des traces certaines de lavage avec des réactifs; nous indiquerons plusieurs d'entre elles. A. F.

1. Ces quatre volumes font aujourd'hui partie de ce qu'on appelle la *réserve* du département des manuscrits; ils portent les numéros 10325, 10326, 10327, 10328 du Fonds français (anciennement 2371[1.2.3.4.] du Supplément français). La cote X, 2, n°s 28, 29, 30, 31, inscrite à l'intérieur de ces volumes, et encore visible sous une bande de papier qui la recouvre, indique probablement leur numéro d'ordre dans la bibliothèque de Moyen-Moûtier. Le quatrième volume n'est qu'une copie du tome II original; elle est du reste sur un papier tout à fait semblable à celui des *Mémoires* autographes : c'est un format in-4°, doré sur tranche. Les volumes sont reliés, le premier et le troisième en parchemin, le second en satin blanc, et tous enfermés dans des étuis rouges; la copie est reliée en basane; la pagination se suit depuis le commencement jusqu'à la fin; la dernière page porte le chiffre 2818, la première le chiffre 259; les 258 premières pages sont arrachées; il y a encore plusieurs autres petites lacunes, que nous indiquerons à leur lieu.

Le premier volume est entièrement de la main du Cardinal, et, par suite, d'une écriture difficile et mauvaise[a]; le second contient

[a]. Tallemant des Réaux (tome V, p. 181) dit au sujet de l'écriture de Retz : « Quand il écrit, il fait toujours des arcades; il n'y a pas une ligne droite, et ce n'est que du griffonnis. »

servit enfin à une édition donnée par un bibliothécaire en 1837.

« Maintenant il est certain que ce n'est pas sur ce manuscrit qu'a été faite l'édition de 1717[1]. L'éditeur de 1837 en con-

36 feuillets de la main de dom Jean Picart, et 7 autres d'une écriture que l'on croit être celle de dom Humbert Belhomme, dit M. Dumont, que ses études sur Commercy et Saint-Mihiel ont familiarisé avec l'écriture des scribes de Retz : le troisième est de la main du Cardinal, à l'exception de 5 pages (à partir du folio 1797), que l'on attribue aussi à Humbert Belhomme; mais l'écriture (dit toujours M. Dumont, et après vérification, nous sommes de son avis) est bien différente de celle qui est attribuée à ce moine dans le second volume; elle me paraît, ajoute-t-il, être incontestablement de dom Robert Desgabets.

La coopération de ces moines secrétaires se borne à ces quelques pages, quoique généralement on ait supposé qu'ils avaient tenu la plume plus souvent. M. Dumont pense qu'on doit s'applaudir qu'il n'en ait pas été ainsi : « Leurs scrupules n'auraient pu que nuire aux précieuses indiscrétions du spirituel écrivain. Dom Didelot, notre contemporain, rapportait avoir ouï dire à dom Barrois, neveu et successeur de dom Belhomme, que, quand dom Jean Picart prêtait sa plume pudibonde au Cardinal, et que celui-ci en était arrivé à quelque aventure graveleuse, le moine scandalisé faisait un appel à la pudeur du prélat, qui, moins scrupuleux, lui disait : « J'ai fait cela, ainsi point de honte de le dire. » Cette anecdote se trouve justifiée par l'état du manuscrit : par exemple, à la page 1195 (2d volume), contenant la description du combat à coups de chandeliers avec Mme de Guémené, dom Picart cède la plume au Cardinal, qui la lui rend aussitôt après. L'interruption n'a pas une page entière, et paraît bien avoir eu pour cause des scupules de conscience. — Voyez M. Dumont, dans son intéressante *Histoire de Commercy*, 1843, tome II, p. 160 et 167.

La copie du second volume, qui se trouve à la Bibliothèque impériale avec le manuscrit autographe, semble à M. Dumont avoir été faite par dom Jean Picart, quoique son écriture ordinaire, « qui m'est parfaitement connue, » dit-il, diffère de celle-là, qui est plus maigre. La dissemblance vient peut-être de la différence de vitesse en écrivant. Quoi qu'il en soit, cette copie paraît évidemment avoir été faite du temps du Cardinal et pour lui. A. F.

1. Ni les deux éditions de 1717, ni aucune des suivantes, antérieures à 1837 : une collation attentive nous l'a démontré d'une

clut que le manuscrit autographe était celui de Mme de Caumartin, qui l'a gardé jusqu'à sa mort sans le montrer, pendant qu'on en imprimait un autre, et après la mort de laquelle on l'aurait fait porter à Moyen-Moûtier. Cela est dit pour se mettre d'accord avec la phrase que nous avons rapportée de la duchesse d'Orléans, princesse palatine (*voyez plus haut, p.* 28 *et* 29); mais par là on se met en désaccord avec le témoignage de d'Argenson, donné de plus près, et le renvoi à l'abbaye est absurde.

« Ce qui est beaucoup plus clair, c'est que l'original a été gardé par Belhomme, l'un des confidents et copistes, que Mme de Caumartin, ou plutôt son mari (car il survécut huit ans au Cardinal), en reçut une copie mise au net; que, comme dit son petit-fils, le mari, ou la veuve, laissa copier sa copie, et qu'ainsi l'ouvrage arriva jusqu'aux libraires, sans déplacement aucun du texte caché à Moyen-Moûtier [1].

manière incontestable; quatre éditions seulement (1837, 1843, 1859, 1866) ont été publiées jusqu'ici d'après ce manuscrit. A. F.

1. Nous avons dit déjà que dom Calmet, abbé de Senones, avait révélé l'existence du manuscrit à Moyen-Moûtier, dès 1751, vingt-quatre ans après la mort du *prudent* Humbert Belhomme. — M. Dumont partage l'opinion de M. Bazin et la nôtre, au sujet du texte conservé dans cette abbaye : « A la mort du Cardinal, le manuscrit devait appartenir à sa famille, ou, si l'on veut, à Mme de Caumartin.... Mais, quoi qu'on ait pu dire, il ne sortit jamais des mains des moines, qui n'en donnèrent qu'une copie à cette dame, ainsi que l'atteste dom Calmet (*Bibliothèque Lorraine*, article GONDI), qui le tenait du religieux qui fut chargé de ce travail. Dom Hennezon, confesseur du prélat, et dom Belhomme, qui avaient vécu dans son intimité, se considérèrent volontiers comme ayant des droits exclusifs à ce précieux souvenir du grand homme. Soit qu'ils aient adroitement voulu en enrichir leur monastère, soit que le Cardinal les y ait autorisés, soit enfin que, dans l'intérêt prétendu de la religion, ils aient voulu atténuer le scandale qui pouvait résulter de la publication de ces *Mémoires* d'un homme d'Église, ils les conservèrent. Dom Belhomme, qui survécut à dom Hennezon (mort en 1689), ayant été nommé abbé de Moyen-Moûtier en 1703, eut bien soin de les emporter, et ils restèrent après lui dans son monastère. Voilà pourquoi on les y trouva, lorsqu'en l'an v le directoire exécutif de Senones s'en empara pour les mettre à la disposition du gouvernement. » (*Histoire de Commercy*, tome II, p. 168.) M. Bazin,

« Les *Mémoires* reconnus écrits par le Cardinal, quand l'ont-ils été ? Sur ce point, l'absence complète de renseignements laisse le champ aux conjectures ; mais, pour les faire au moins raisonnables, il faut avoir en vue les faits.

« Les *Mémoires* finissent en 1655. Depuis lors jusqu'en 1662, le Cardinal continue sa vie errante dans les pays étrangers.

« De 1662 à 1664, il fait son séjour à Commercy, chez lui, en repos, vivant selon sa condition, ayant ses aises. C'est le temps où, suivant Joly, il feignait de vouloir écrire sa vie en latin, « faisant montre d'un grand calepin qu'il feuilletoit avec « toutes les marques extérieures d'une grande application[1]. »

« Au mois de juin 1664, il vint à Paris, après avoir salué le Roi à Fontainebleau, puis il retourna à Commercy. Il fit un second voyage à Paris, au mois de mars 1665, pour prendre les ordres du Roi, qui l'envoyait à Rome. Il était dans la ville sainte au mois d'octobre 1665, et la quitta au mois d'octobre 1666. Il fut rappelé de Commercy dès le mois de mars 1667, pour aller prendre part à l'élection du successeur d'Alexandre VII (20 juin), après laquelle il revint encore à Commercy. Au mois d'avril 1668, il fit un voyage à la cour ; il y était encore au mois d'août. Il fut renvoyé à Rome au commencement de 1670.

« La fin de 1670 et l'année 1671 se passèrent encore à Commercy.

« En 1672, il est malade à Paris tout l'hiver. Après Pâques, il retourne à Commercy, et on le revoit à Paris dans l'automne de 1674.

« Ici, et non plus tôt, se place sa retraite, c'est-à-dire l'abandon de la vie seigneuriale, la réforme de toute dépense, la résolution de s'enfermer dans un couvent, le désir de renoncer à la pourpre. L'exécution est du 18 juin 1675. Le Cardinal part pour Saint-Mihiel.

« Mais sa retraite à Saint-Mihiel ne dura pas longtemps : de

---

lorsqu'il préparait, vers 1846, ses notes pour une édition de Retz, a-t-il eu connaissance du travail de M. Dumont, publié en 1843 ? Il ne le dit nulle part. A. F.

1. Voyez les *Mémoires de Joly* (Collection Michaud, tome XXVI, p. 151). A. F.

juin à novembre seulement, c'est-à-dire au plus cinq mois[1].
Le Pape ne permet pas qu'un cardinal demeure dans une abbaye qui ne soit pas sienne.

« Dès le mois de novembre 1675, il est à Commercy « comme « à l'ordinaire, » dit Mme de Sévigné[2].

« De novembre 1675 jusqu'en août 1676, séjour à Commercy. En août 1676, voyage à Rome, d'où il revient en novembre. De novembre 1676 jusqu'à l'été de 1678, à Commercy.

« De 1678 jusqu'à sa mort, 24 août 1679, à Paris.

« Déjà, par le simple relevé des dates, nous avons vu disparaître cette longue solitude à Saint-Mihiel dont on a souvent parlé, et qui avait pu être occupée par la composition des *Mémoires*.

« Mais que ce soit à Saint-Mihiel ou à Commercy, le Cardinal les aurait-il écrits après sa retraite, sa conversion, dans le temps où ses plus intimes amis le croyaient plongé dans la plus sincère dévotion, et le savaient malade, languissant ?

« Évidemment non. Une pareille résurrection de verve juvénile, couverte par tant d'hypocrisie, est au-dessus des forces humaines. Il faut donc les croire antérieurs à 1675, antérieurs à ce temps où Mme de Sévigné écrivait qu'il avait « hor- « reur de sa vie passée[3]. » Car cette vie passée, il l'aimait, il s'y replongeait avec délices quand il écrivit ses *Mémoires*.

« De 1675, en remontant jusqu'à 1665, on compte dix ans,

---

1. Nous croyons volontiers que ce fut alors qu'il revit ses *Mémoires*, que l'abbé Hennezon les lui fit émonder, et que, découragé par les observations du bénédictin, et peut-être aussi, au point où il était parvenu, par les difficultés de la tâche et la nature même du sujet, il renonça probablement à les achever. A. F.

2. Tome IV, p. 232. Cette lettre est du 13 novembre 1675; M. Bazin eût pu en citer une autre, antérieure et intéressante, du 23 octobre (tome IV, p. 198) : « Notre cardinal non-seulement est *recardinalisé;* mais vous savez bien qu'en même temps il a eu ordre du Pape de sortir de Saint-Mihiel : de sorte qu'il est à Commerci. Je crois qu'il y sera fort en retraite.... Le voilà revenu à ce que nous souhaitions tous. Sa Sainteté a parfaitement bien fait, ce me semble : la lettre du Consistoire est un panégyrique. » Voyez aussi la lettre du 6 novembre, p. 218. A. F.

3. 9 octobre 1675, tome IV, p. 172.

mais qui ne sont pas de loisir : deux voyages à Rome, un séjour à Paris, de fréquents accidents de maladie, constatés par ses amis, ne permettent guère de croire qu'il y ait eu le temps, la liberté d'esprit, la verdeur de souvenirs nécessaires pour entreprendre et achever cette œuvre telle que nous la voyons. Cependant il n'est aucunement impossible que, l'ayant écrite auparavant, il l'ait alors, et à divers intervalles, revue, copiée, fait copier; et c'est ce que confirmeraient quelques indications de fait des années 1670, 1671, 1673 et suivantes, appliquées à des personnages dont elles fixent la dernière condition, et facilement intercalées, dans une rédaction première, par qui tient son ouvrage sous sa main. Exemple : « Boutteville, *présentement* maréchal de Luxembourg, » ce qui se rapporte à 1675 [1].

[1]. Réunissons les divers faits que M. Bazin peut avoir ici en vue, et sur lesquels il me semble qu'il passe trop vite; il les emprunte, je suppose, à l'édition de M. Champollion (1837). Sans reparler de l'exemple de Luxembourg, nous voyons Retz, dès les premières pages du manuscrit, parler de *feu Mme de Choisy*, morte en 1670; plus loin, de l'abbé, *présentement cardinal*, *d'Estrées*, nomination qui eut lieu en 1671; ailleurs, du jeune d'Avaux, *présentement président de Mesmes :* il fut président en 1650 et mourut en 1673; de même encore de Miossens, *présentement maréchal d'Albret :* nommé maréchal en 1673, Miossens mourut en 1676.

Tout en partageant l'opinion de M. Bazin, nous ferons remarquer que son hypothèse présente quelques difficultés. Si Retz a ajouté *présentement* pour Luxembourg et d'Albret, après 1673 et 1675, de même qu'il ajoutait *feu* à Mme de Choisy après 1670, comment n'a-t-il pas mentionné de même la mort de d'Avaux de Mesmes, en 1673? Nous sommes là en face d'une contradiction que M. Bazin n'a pas relevée, et nous déclarons ne pouvoir nous l'expliquer raisonnablement que par un oubli de Retz au temps de ses retouches. Voici deux autres faits dignes de remarque et s'accordant mal quant aux dates : au mois de novembre 1650, Retz dit, à propos d'un voyage à Fontainebleau qu'on conseillait à Monsieur, avec dessein de l'arrêter : « J'ai su depuis que je n'avois pas tout-à-fait tort, et M. de Lyonne *me dit à Saint-Germain, un an ou deux devant qu'il mourut....* » La mort de Lyonne est du 1er septembre 1671 : ce passage, s'il n'a pas été intercalé, semblerait donc indiquer une rédaction assez tardive. Mais, quelques pages plus loin, il est raconté que Mazarin chercha à brouiller le Coadjuteur et

« Nous croyons, nous, que cette rédaction première est encore antérieure à 1665, à la réconciliation complète du Cardinal avec le Roi. Nous la jugeons plus voisine des faits qu'elle raconte, et il nous semble que la passion qui l'anime tout entière n'est pas une tardive réminiscence, un retour miraculeux de l'homme vieilli dans le passé. Nous pensons que le Cardinal a écrit ses *Mémoires*, soit dans les sept années de sa vie vagabonde, où il n'avait vraiment rien de mieux à faire, soit dans les deux ans de son premier séjour à Commercy[1], où il aurait

Mlle de Chevreuse, au moyen du duc d'Aumale, qui, n'ayant pu réussir, songeait à faire assassiner Retz. D'après le récit, le duc d'Aumale le conjura de ne pas publier sa tentative d'assassinat : « Je le lui promis et je lui ai tenu parole ; et je n'y manque aujourd'hui que parce que je me suis fait vœu à moi-même de ne vous celer quoi que ce soit, et parce que je suis persuadé que vous aurez la bonté de n'en parler jamais à personne. » Il nous semble qu'Aumale devait être encore vivant lorsque ces lignes furent écrites ; car autrement le Cardinal n'eût-il point parlé de sa mort sans postérité qui pouvait paraître rendre moins coupable ou moins choquante la violation de la parole qu'il avait donnée? Or le duc d'Aumale, devenu duc de Nemours par la mort de son frère, mourut en 1659. Ce passage des *Mémoires* donne peut-être quelque poids à l'opinion qui en place la rédaction, au moins partielle, avant le retour du Cardinal en France. A. F.

1. Comme M. Bazin, nous croyons que la première rédaction des *Mémoires* est antérieure à 1665. A ses arguments en faveur de cette hypothèse, on peut encore, selon nous, joindre celui-ci : la grande ressemblance entre la *Conjuration de Fiesque*, publiée en 1665, et le commencement des *Mémoires*, où sont racontées les diverses conspirations contre le cardinal de Richelieu. C'est bien souvent, avec la différence exigée par les sujets, le même ton, le même style, les mêmes discours. Nous aurons l'occasion de revenir sur cette ressemblance dans le commentaire des *Mémoires*, et surtout dans le volume où sera publié cet opuscule du Cardinal : d'après les rapprochements que nous aurons à faire, on verra, pensons-nous, que les deux ouvrages ont dû occuper simultanément la pensée de Retz, que l'un peut être regardé comme une sorte de préface de l'autre, et que, par conséquent, la première rédaction des *Mémoires* date vraisemblablement de 1660 à 1665, au plus tard. Ce que nous avons dit à la fin de la note précédente nous mènerait même un peu plus haut. A. F.

fait réellement, et en se cachant de Joly, ce que celui-ci croyait une feinte. Nous avons encore pour appuyer cette opinion un fait matériel, un seul, mais important : c'est que nulle part le Cardinal ne répond, soit directement, soit par allusion, à des livres sur les mêmes faits, publiés plus tard, comme les *Mémoires de la Rochefoucauld*, qui sont de 1662 [1].

« Suivant nous, il aurait rapporté une partie au moins de son œuvre en rentrant en France; il l'y aurait peut-être continuée après son retour. Il l'aurait cependant tenue bien soigneusement cachée, même de ses plus confidents amis, par le motif très-plausible que la moindre indiscrétion là-dessus aurait pu lui coûter cher, la Reine, mère du Roi, y étant si cruellement outragée, tort que Louis XIV ne pardonna jamais. A différentes époques, et se trouvant en sûreté, il l'aurait revue, corrigée, fait transcrire; il aurait employé à ce travail des religieux dépendant de lui, et, de leur nature, gens secrets, sans relation hors de leur couvent. L'original, ou le dernier original, serait resté à Moyen-Moûtier, d'où il ne fallait pas moins qu'une révolution pour le tirer. Une copie en aurait été remise, après la mort du Cardinal, à son ami de Caumartin. Personne de cette famille, du vivant de Louis XIV, n'aurait osé en dire mot. Le Roi meurt en 1715; on se serait enhardi. La copie de Caumartin, ou bien quelque autre copie laissée en Lorraine, aurait servi à l'impression de 1717, et la malice prudente du Cardinal aurait reçu la satisfaction posthume qu'il s'était de long-temps préparée [2]. »

---

1. Aux *Mémoires de la Rochefoucauld* on peut joindre, comme exemple, ceux *de Montrésor*, qui furent publiés avec d'autres pièces dans un recueil de 1663, et que Retz, comme on le verra dans notre commentaire sur la première partie de ses *Mémoires*, ne paraît pas avoir connus. A. F.

2. Plusieurs passages des *Mémoires* montrent, à n'en pas douter, que Retz comptait sur une indiscrétion. Peut-être avait-il recommandé à son ami et secrétaire, Humbert Belhomme, de la risquer après la mort de Louis XIV. En tout cas, n'est-ce pas le public que Retz avait en vue dans cet endroit de ses *Mémoires* où il est question de la lettre furieuse qu'il écrivit au Pape pour son chapeau de cardinal? « La sagesse de l'abbé Charrier, qui la supprima à Rome, fit qu'elle me donna de l'honneur par l'événement : parce

« A quelle dame les *Mémoires* sont-ils adressés ?

« Question sans importance, puisqu'il n'y a rien, absolument rien de personnel, dans tout le cours des *Mémoires*, à la destinataire anonyme.

« Il ne fallait pas grand effort de recherche pour trouver Mme de Caumartin, chez qui l'on rencontrait une copie. Mais son petit-fils dit positivement qu'il ne sait pas quelle est cette dame[1] : ce ne saurait donc être sa grand'mère.

que tout ce qui est haut et audacieux est toujours justifié et même consacré par le succès. Il ne m'empêcha pas d'en avoir une honte véritable ; je la conserve encore, et il me semble que *je répare en quelque façon ma faute en la publiant.* » Ailleurs il dit encore : « Sur le tout, je vous dois la vérité, qui ne me servira pas beaucoup *dans la postérité* pour ma décharge, mais qui au moins n'y sera pas inutile pour faire connoître que la plupart des hommes du commun qui raisonnent sur les actions de ceux qui sont dans les grands postes, sont au moins des dupes présomptueux. » Nous pourrions multiplier ces citations ; nous n'ajouterons que celle-ci, où Retz semble prévoir la mise au jour qu'il a préparée : « Comme tout ce qui *est écrit peut être vu par des accidents imprévus*, permettez-moi, je vous supplie, de ne point entrer dans le détail de tous les autres commerces que j'eus après celui-là (*il s'agit de diverses tentatives d'évasion de Vincennes*), et dans lesquels il faudrait nommer des gens qui vivent encore. » — Le critique de l'*Europe savante* (février 1719, tome VII, p. 173) n'oublie pas de signaler cet évident dessein de publicité, et de nous dire que, tout en adressant ses *Mémoires* à une dame de ses amies, qui les lui avait demandés et à qui il ne put les refuser, le cardinal de Retz « n'a pas prétendu les écrire pour elle seule. » Nous ne serions même pas surpris qu'en attendant l'impression, et pour la rendre plus certaine et multiplier tout de suite ses confidents, l'auteur eût pris soin de faire faire lui-même un certain nombre de copies. A. F.

1. *Essais* de d'Argenson, p. 84. — Il y a diverses circonstances où, s'il se fût adressé à Mme de Caumartin, il eût été, ce nous semble, bien difficile à Retz de ne pas trahir le secret : je veux parler des passages où il s'agit de Caumartin, de son mariage, de ses qualités, de son amitié dévouée. Tout particulièrement lorsque l'auteur dit qu'il veut que ses *Mémoires* servent d'instruction « à Messieurs vos enfants.... pour leur apprendre qu'il n'y a que la continuation du bonheur qui fixe la plupart des amitiés, » la noble conduite de Caumartin méritait bien qu'il la signalât, sans taire le nom, à sa veuve et à ses enfants, comme une rare et glorieuse exception. A. F.

« Nous croyons qu'il n'y a en ceci nul mystère ; que le Cardinal a seulement employé une forme de récit plus commode, plus familière, plus piquante, en s'adressant à quelqu'un, comme ont fait presque tous les auteurs de Mémoires ; qu'il a pris une dame parce que cela était plus galant ; que peut-être en avait-il une en vue, mais qu'on perdrait bien gratuitement son temps à la chercher parmi celles qui ont pu être au nombre de ses amies [1]. »

Il nous reste à dire quelques mots sur la présente édition. L'existence du manuscrit autographe empêchait toute hésitation sur la manière de constituer le texte. Ce manuscrit est très-probablement la dernière rédaction, s'il y en a eu plusieurs, que Retz ait faite de ses *Mémoires* : on peut le conjecturer, avec une certitude presque absolue, et par l'orthographe du nom de famille *Rais* (au lieu de *Rets* ou *Retz*), orthographe qui ne fut adoptée par le Cardinal qu'après 1670, et par des détails de style, des corrections qui ne se trouvent ni dans les éditions antérieures à 1837, c'est-à-dire faites avant la reprise de possession du manuscrit autographe, ni dans les quatre copies que nous avons pu consulter. Sauf un certain nombre de pages déchirées au commencement, le manuscrit de la Bibliothèque impériale n'a que de petites lacunes dans le courant du récit. Nous n'avions donc rien de mieux à faire que de le suivre très-fidèlement. Pour les premières pages des *Mémoires*, qui manquent au manuscrit, nous avons adopté l'édition de 1719, parce qu'elle est la première parmi les anciennes éditions qui soit complète pour cette partie, et qu'en outre, selon la remarque de plusieurs critiques hollandais et de Lenglet du Fresnoy [2], elle a été faite avec soin, tan-

---

1. Ici finit l'emprunt que nous avons fait à M. Bazin. A. F.

2. « La bonne édition est celle de 1719, d'Amsterdam, en 4 volumes. » (Lenglet du Fresnoy, *Méthode pour étudier l'histoire*, tome IV, *Catalogue des historiens*, p. 147.) — Parmi les journaux littéraires de Hollande, nous nous contenterons de citer l'*Europe savante*, où il est dit, au tome VII (1719, p. 302) : « L'édition des *Mémoires de Retz* qui vient de paroître à Amsterdam en 4 volumes in-8° est la meilleure de toutes, à cause de la netteté du caractère et du soin qu'on a pris pour la correction, etc. »

dis que les éditions de 1717 et surtout celles de 1718 portent, nous l'avons déjà dit, des traces évidentes de grande précipitation.

Outre le manuscrit autographe, nous avons consulté les quatre copies anciennes que nous venons de mentionner.

L'une, aussi complète que le manuscrit original, offre de nombreuses variantes; c'est sur cette rédaction que semblent avoir été faites l'édition d'Amsterdam de 1717 et deux éditions de 1718, que nous désignons dans les notes par les lettres que la direction de la Bibliothèque impériale a adoptées pour son catalogue (1717 A, 1718 B et 1718 F). Cette copie, qui paraît être de la fin du dix-septième siècle ou du commencement du dix-huitième, appartient à MM. Hachette, qui l'ont achetée, en vue de notre édition, à la vente de la bibliothèque de M. Victor Luzarches, ancien maire de Tours. Elle comprend 729 folios grand in-4°, de plusieurs écritures différentes, mais toutes très-soignées. Consulté par nous, M. Luzarches, homme de lettres connu, nous a répondu qu'il ignorait d'où venait ce manuscrit[1]. Après l'en-tête de la première page : « *Histoire ou Mémoires de Monsieur le cardinal de Retz*, » il porte ces mots : *N^a. Tout ce qui précède est arraché, et tout ce livre est écrit de la propre main de Monsieur le Cardinal.* « Tout ce livre » veut dire « l'original de notre copie. » C'est bien sur un original de la main du Cardinal que cette copie a été prise. Ce qui le prouve, c'est que, quand elle indique, comme elle le fait en divers endroits, qu'il y a une lacune d'un certain nombre de lignes, le nombre marqué correspond exactement avec celui des lignes du manuscrit autographe de Retz, dont l'écriture a le caractère particulier d'être fort peu serrée; si le scribe avait copié une copie, et

---

[1]. L'origine du manuscrit, si nous le supposons tourangeau, pourrait s'expliquer peut-être ainsi : la famille des Voyer d'Argenson, alliée aux Caumartin, est originaire de Paulmy, en Touraine; Argenson, une autre de leurs propriétés, est aussi voisin de Chinon. Des copies du manuscrit Caumartin ont pu, vers la fin du dix-septième siècle, au commencement du dix-huitième, se répandre de chez eux dans la Touraine. C'est une conjecture que nous livrons au lecteur, sans y attacher d'importance.

non un original, nous trouverions certainement d'autres comptes de lignes.

Le second manuscrit, très-incomplet, ne répondant qu'au premier volume du manuscrit autographe, qu'il reproduit en 198 folios in-4°, appartient à M. de Chantelauze; il vient de la bibliothèque de Louis le Bouthillier de Villesavin, dont il porte à la première page les armes gravées avec la devise [1]. En le comparant au manuscrit Hachette, on le trouve à peu près identique : il n'y a que de légères différences, venant plutôt de l'un et de l'autre copiste que de la diversité de l'original : celui-ci a dû être le même. En tête se lit aussi le *Nota* du manuscrit Hachette et l'avis qui le suit; de plus le volume se divise pareillement en cahiers, arrivant juste aux mêmes coupures du texte.

La troisième copie, également in-4°, est celle de la Bibliothèque impériale, trouvée, en même temps que le manuscrit autographe, dans l'abbaye de Moyen-Moûtier; elle porte par conséquent avec elle le cachet de son authenticité, dont au reste, à lui seul, le papier, à tranche dorée, semblable à celui de l'original venu du même lieu, serait déjà une preuve suffisante. Elle ne commence qu'avec le second volume du manuscrit autographe, et pour cette partie, où nous avons pu

[1]. Voici une notice sur ce Bouthillier de Villesavin qui nous a été communiquée par le savant héraldiste, M. Joannis Guigard, et qui figurera, ainsi que les armes de Louis Bouthillier de Villesavin, dans un livre curieux qu'il prépare depuis longues années : l'*Armorial du Bibliophile* : « Louis Bouthillier, marquis de Villesavin, troisième fils d'Armand-Léon de Bouthillier et d'Élisabeth Bossuet. La maréchale de Clérembault, sa tante, l'institua, en 1732, son principal légataire. Il épousa, le 9 juillet 1709, Antoinette Legouz, fille de Benoît Legouz Maillard, second président au parlement de Dijon, et d'Anne Berthier. Il avait été d'abord colonel du régiment de Quercy; puis, en mai 1732, il devint colonel du régiment de Cambrésis. Sa bibliothèque était riche et surtout remarquable par les manuscrits qu'elle contenait. » Tout porte donc à croire, et surtout l'âge et le goût de Bouthillier, qu'il avait cette copie avant la publication des *Mémoires de Retz;* elle pourrait bien venir de la même source que la copie Hachette : le château de Villesavin étant situé dans le Loir-et-Cher, commune de Vernou, arrondissement de Romorantin, c'est-à-dire non loin de la Touraine.

la comparer à la copie complète de MM. Hachette, elle offre avec celle-ci de grandes différences, sans être cependant entièrement semblable au manuscrit autographe de la Bibliothèque. Il y a dans ce manuscrit-copie de Moyen-Moûtier d'assez nombreuses ratures, d'une lecture absolument impossible, considérables quelquefois par leur étendue, faites évidemment à dessein, probablement par l'abbé Hennezon, si on s'en rapporte à dom Calmet et à la tradition que nous jugeons la plus vraisemblable, ou par des religieuses, selon M. d'Audiffret et le P. Griffet; mais, en revanche, il renferme plusieurs passages qui ne se trouvent pas dans le manuscrit autographe : d'où, il nous semble, on peut conclure qu'il y a là une seconde rédaction des *Mémoires*, très-différente des manuscrits Hachette et de Chantelauze, et assez semblable à la rédaction, selon nous, dernière et définitive, que nous offre notre original, mais cependant pas tout à fait la même : ce serait une rédaction intermédiaire.

Cette hypothèse est confirmée par l'existence d'une autre copie qui se rapproche généralement de la copie appartenant à la Bibliothèque impériale. Cette quatrième renferme les passages de la copie de Moyen-Moûtier qui ne se trouvent pas dans le manuscrit autographe; mais elle a sur celle-ci l'avantage de n'être pas défigurée par les ratures volontaires dont nous avons parlé : elle a donc dû être prise sur la seconde rédaction, celle que nous avons appelée intermédiaire, avant qu'on lui eût fait subir ses mutilations.

De tous les manuscrits que nous connaissons, ce dernier nous paraît le plus précieux, après le manuscrit autographe, bien entendu. Outre l'intérêt qu'a pour nous sa version du texte, il se recommande, comme nous allons le voir, par diverses annexes importantes. C'est un volume grand in-folio, qui se compose de 493 feuillets, et comme les copies de MM. Hachette et de Chantelauze, il est relié en veau plein, avec la tranche rouge, de même que la plupart des manuscrits de cette époque, caractère bien connu des amateurs. Il appartient à M. le comte Caffarelli, ancien député, qui a bien voulu nous le communiquer très-libéralement, comme Madame sa mère l'avait déjà prêté à M. Victor Cousin, dans le temps où il s'occupait de *Madame de Longueville*. C'est sur des feuillets insérés dans le volume que M. Cousin a trouvé un des deux exemplaires originaux du *Traité d'Union* conclu entre les Frondeurs pour la délivrance du prince de Condé (1651), traité revêtu de leurs propres signatures et encore orné du cachet de cire à demi brisé et du lacet de soie qui le fermait. De plus, au commencement, est annexée une *Instruction générale du Hérault allant vers le Parlement, les Corps de ville et le prince de Conty, à Paris, le 12 février 1649*; et, à la fin, une *Protestation du Cardinal de Retz contre le projet d'aliénation du domaine de Belle-Isle* (29 avril 1660). En tête du volume est un document de tout autre nature : quatre feuillets de papier in-folio, dont un blanc, et trois écrits, où se lisent trente-huit observations critiques sur le texte même des *Mémoires de Retz;* on y propose des modifications, des suppressions, quelquefois une autre rédaction. Ces trente-huit observations, toutes présentées dans le style direct et s'adressant assez familièrement à l'auteur, se rapportent par des renvois à des passages du manuscrit marqués de numéros correspondants à ceux des observations : quelques-unes ont une valeur véritable. Nous les avons toutes recueillies soigneusement, et on les trouvera dans le commentaire du texte avec cette indication : *Note du manuscrit Caffarelli.* Outre ces notes critiques, le texte même de la copie porte assez fréquemment des corrections en interligne, que nous indiquons également, quoique souvent nous ne les jugions pas heureuses, mais seulement propres à diminuer le relief du style. Enfin, entre le folio 248 et le folio 249, se trouve un feuillet de petit format, couvert d'une écriture assez semblable à celle des annotations du texte; ce feuillet contient, avec les ratures qui se rencontrent d'ordinaire dans un premier jet, le récit d'un épisode où Caumartin a une conversation intime avec le Coadjuteur au sujet de l'introduction dans le Parlement du député envoyé par l'Archiduc. La manière dont ce récit est conçu, le rôle patriotique qu'on y donne à Caumartin, l'insertion, au commencement du volume, des observations critiques sur le texte, la possession de l'exemplaire du traité, qui, d'après les conventions, était revenu entre les mains de Retz après son entière exécution, et qu'il n'a dû confier qu'à un de ses intimes et très-sûrs amis : voilà autant de raisons qui nous portent à penser, sans que nous puissions ni osions aller jusqu'à l'affirmation, que cette copie pourrait bien être celle que Retz avait fait envoyer à Caumartin, en lui demandant son avis sur l'ouvrage. On comprend qu'elle aurait pour nous, si cette conjecture était fondée, le plus haut prix.

Nous noterons avec soin les variantes de ces quatre copies, qui toutes ont, en tant que copies, leur cachet plus ou moins marqué d'authenticité, je veux dire de rédactions puisées à des sources authentiques. Quant aux seize éditions publiées avant le temps où fut retrouvé le texte même écrit par l'auteur, on en a fait, suivant l'habitude de nos éditeurs, qui n'épargnent aucuns frais pour donner à cette collection la plus grande perfection possible, la collation avec le manuscrit autographe. Mais, comme toutes ces éditions n'ont été données qu'après la mort de Retz, d'après des copies dont rien ne garantit l'exactitude, et qu'elles n'ont par conséquent aucune autorité, nous nous sommes bien gardé d'encombrer notre annotation du fatras de variantes qu'elles fournissent : elles en ont, on peut le dire sans hyperbole, pour presque toutes les lignes du texte. Nous n'avons conservé que celles qui nous ont paru propres soit à prouver ou du moins à faire conjecturer des différences de rédaction remontant à d'anciennes copies, soit à intéresser au point de vue littéraire ou philologique ; nous y avons joint çà et là, comme des objets de curiosité, celles qui, signalant des bévues particulièrement étranges, pouvaient le mieux faire ressortir l'imperfection souvent incroyable des précédentes éditions [1].

[1]. Une *Notice bibliographique*, placée à la fin des *Mémoires*, indiquera la valeur relative de chacune des vingt éditions qui ont précédé la nôtre, leur parenté entre elles et avec le manuscrit autographe ou les copies de nous connues, les moyens de distinguer les unes des autres les cinq éditions de 1718, etc. Une dernière collation avec le manuscrit autographe, faite au fur et à mesure sur les épreuves, aura probablement alors achevé de dissiper quelques doutes qui nous restent encore au sujet de certaines éditions. — A la fin de la présente *Notice* sur les *Mémoires*, immédiatement avant le commencement du texte, nous plaçons une liste sommaire, sans explications ni appréciations, des quatre manuscrits, et des vingt éditions antérieures à la nôtre. Pour les éditions, nous nous

Nous avons fait une exception pour la partie qui précède le commencement actuel du manuscrit autographe conservé à la Bibliothèque impériale. Pour ces pages arrachées du volume original, nous suivons l'édition de 1719, à peu d'exceptions près, exactement indiquées; mais, comme nous ne pouvons, quoiqu'elle soit plus soignée et un peu moins défectueuse que les autres, en regarder l'autorité comme décisive, il nous a paru sage de donner au bas du texte, comme moyen de comparaison, les leçons différentes des autres impressions.

Nous venons de dire que nous signalerions, à l'occasion, les plus choquantes altérations des éditeurs. Mais, pour qu'on puisse, dès à présent et d'ensemble, prendre une idée du pitoyable état où l'on avait mis d'abord le livre de Retz, nous croyons devoir réunir ici comme spécimen, en les mettant en regard du texte adopté par nous, qui est, sauf les cinq premiers exemples qui vont suivre, la reproduction fidèle du manuscrit original, un certain nombre d'altérations graves, singulières pour la plupart, empruntées toutes à la 1re partie seulement, qui est comprise tout entière dans le tome I du manuscrit. A ces altérations il faut joindre, d'une part, beaucoup de noms propres écorchés, comme : *la Ferté*, pour *la Frète; de Vienne*, pour *de Piennes; la Chapelle*, pour *la Capelle; de Poissy*, pour *de Boisy;* Mr *de Gravelle* ou Mme *de Grouvelle*, pour Mme *de Gravelle;* M. *de Parci*, pour *Monsieur de Paris*, etc.; et, d'autre part, de très-fréquentes et parfois fort graves omissions, d'une demi-ligne, d'une ligne et même plus.

Texte de notre édition, conforme au manuscrit à partir du 6e exemple.	*Texte des anciennes éditions.*
Il ne pouvoit se mettre dans l'esprit que M. le cardinal de Richelieu dût seulement songer à un homme qui étoit vraiment son cousin germain,	

bornons, dans cette liste, à indiquer le lieu et la date de l'impression, le nom du libraire, quand il y en a un, le nombre des volumes, et les chiffres et lettres qui, dans le Catalogue de la Bibliothèque impériale, les distinguent les unes des autres.

| *Texte de notre édition.* | *Texte des anciennes éditions.* |

mais qui n'avoit apporté dans son alliance qu'*une roture fort connue.*

qu'*un naturel fort connu* (1718 C, 1718 E).

Marion de l'Orme, qui étoit un peu moins qu'une prostituée, fut un des objets de son amour (de Richelieu), et elle *le* sacrifia à des Barreaux.

et elle *se* sacrifia à des Barreaux (1717, 1718 B, 1718 F).

Dès que j'eus repris la résolution de me mettre à l'étude, j'y pris aussi celle de reprendre les *errements* de M. le cardinal de Richelieu.

de reprendre les *ornements* de M. le cardinal de Richelieu (1718 C, 1718 E).

Je mis Vanbroc dans une soupente, où il eût fallu être *chat ou diable* pour le trouver.

où il eût fallu être *chat* pour le trouver (1717, 1718 B, 1718 F, 1837-1866); — où il eût fallu être *sorcier* pour le trouver (1817).

Monsieur le Comte..., qui sentoit du scrupule de posséder, sous le nom de *custodi-nos*[1], plus de cent mille livres de rente en bénéfices.

sous le nom de *Custodines* (1718 C, 1718 E); — sous le nom de *Custodinos* (1837-1866).

Au même temps, Mme de la Meilleraye plut à Monsieur le Cardinal, et au point que le Maréchal s'en étoit aperçu, devant même qu'il partît pour l'armée. Il en avoit fait la guerre à sa femme, et d'un air qui lui fit croire qu'il étoit encore plus *jaloux qu'ambitieux.*

plus *jaloux qu'un bilieux ne l'est ordinairement* (1718 C, 1718 D, 1718 E).

M. de Retz, qui n'étoit pas de l'*entreprise* d'Amiens.

de l'*entremise* d'Amiens (1718 C).

Piennes, la Frète et l'Estourville prirent le *chemin de leurs maisons.*

prirent le *chemin des lieux de leurs*

---

1. Les deux éditions de 1820 et de 1828 donnent, de même que nous, *custodi-nos*, en deux mots réunis par un trait d'union; c'est là aussi l'orthographe du *Dictionnaire de Trévoux.*

NOTICE.

Texte de notre édition.	*Texte des anciennes éditions.*
	maisons (1719-1825, sauf 1817 et 1820); — des *lieux de leur naissance* (1718 C, 1718 E).
Le sien (son esprit) étoit médiocre, et susceptible, par conséquent, des injustes défiances, qui est de tous les caractères celui qui est le plus opposé à un bon chef de parti, dont la qualité la plus souvent et la plus indispensablement praticable est de supprimer *en beaucoup d'occasions*, et de cacher en toutes les soupçons même les plus légitimes.	*un beau coup d'occasions*, etc. (1717 A, 1718 B, 1718 F).
Voilà ce qui m'obligea à n'être pas de l'avis de ceux qui vouloient que *Monsieur le Comte* (de Soissons) fît la guerre civile.	qui vouloient que *Monsieur*[1] fît la guerre civile (1717 A, 1718 B, 1718 F).
Que la santé de Monsieur le Cardinal (de Richelieu) commençoit à recevoir beaucoup d'atteintes; que *si il périssoit* par une maladie, Monsieur le Comte auroit l'avantage, etc...., et que si la santé de Monsieur le Cardinal se rétablissoit, sa puissance....	que *s'il ne périssoit pas* par une maladie, etc. (1717, 1718 C, 1718 D, 1718 E, 1719, 1723, 1731).
D'officiers des *colonelles*[2].	D'officiers, des *colonels* (1717).
Monsieur le Comte m'avoit fait toucher douze mille écus par les mains de Duneau, l'un de ses *secrétaires*, *sous* je ne sais quel prétexte.	son secrétaire (1717 A); — l'un de ses *serviteurs* (1837-1866); — *J'eus* je ne sais quel prétexte (1717 A, 1718 B, 1718 F).
Les riches n'y viennent que par force (dans les émotions populaires); les mendiants y nuisent plus qu'ils ne servent, parce que la crainte du pillage les fait appréhender. Ceux qui y *peuvent* le plus sont les *gens* qui sont assez pressés dans leurs affaires pour	Ceux qui y *pensent* le plus sont les *gueux* qui, etc. (1717 A, 1718 B, 1718 F).

1. *Monsieur* tout court désignait alors, comme l'on sait, le duc d'Orléans.
2. On nommait *colonelle* la première compagnie d'un régiment.

Texte de notre édition.	*Texte des anciennes éditions.*
desirer du changement dans les publiques.	
Il faisoit même paroître trop de presse aux conseils *de l'Empire et d'Espagne.* Vous observerez, s'il vous plaît, que ces deux cours.	aux conseils *d'Espagne.* Vous observerez, s'il vous plaît, que ces deux cours[1] (1717 A, 1718 B, 1718 F).
MM. de Vitry et de Cramail devoient *s'ouvrir,* en même temps, *aux autres prisonniers.*	MM. de Vitry et de Cramail devoient *soutenir,* en même temps, *les autres prisonniers* (1717 A, 1718 F); — *soutenir les autres prisonniers* (1718 B).
Je ne faisois pas le dévot, parce que je ne me pouvois assurer que je pusse durer à *le contrefaire.*	à *les contrefaire* (1717 A, 1718 B, 1718 F); — que je pusse durer à *la confrairie* (1718 C, 1718 D, 1718 E).
Mme de Choisy, qui étoit à l'autre portière avec M. de Turenne, fut la première qui aperçut *du carrosse* la cause de la frayeur du cocher : je dis *du carrosse,* car cinq ou six laquais qui étoient derrière crioient : « Jésus ! Maria ! »	qui aperçut *deux carrosses,* la cause de la frayeur du cocher : je dis *deux carrosses,* car, etc. (1717 A, 1718 B, 1718 F).
Messieurs, nous sommes de pauvres *religieux* qui ne faisons de mal à personne.	Messieurs, nous sommes de pauvres *diables,* etc. (1843).
Qui peut donc *écrire* la vérité que ceux qui l'ont sentie ?	Qui peut donc *croire* la vérité, etc. (1717 A, 1718 B, 1718 C, 1718 D, 1718 E, 1718 F).
Brion.... avoit fait voir aussi de son côté, dans cette ridicule aventure, une foiblesse *inimaginable.*	une foiblesse *imaginable* (1719, 1723).
Je le sus des premiers par Bergeron, *commis de* M. des Noyers; et	par Bergeron, *commis par* M. des Noyers; et

---

1. Les mots : « *de l'Empire,* » ont été omis ; et la suite : « ces *deux cours,* » n'a pas averti les éditeurs de cette omission.

Texte de notre édition.	Texte des anciennes éditions
comme j'aimois extrêmement le président Barillon....	comme, etc. (1717).
Il (le Roi) caressa tous ses proches (les proches de Richelieu), il maintint dans le ministère toutes ses créatures, et il affecta de *recevoir assez mal* tous ceux qui avoient été mal avec lui.	il affecta de *rejeter* tous ceux qui avoient été mal avec lui (1718 C, 1718 D, 1718 E).

On voit quelle jolie collection de leçons absurdes ou ridicules nous pourrions réunir si nous voulions poursuivre cet examen dans toute la suite des *Mémoires*. Rappelons, comme circonstances atténuantes ou du moins explicatives, que, de ces éditions, les premières ont été faites sur des copies prises on ne sait où ni par qui, et les suivantes sur ces premières si mauvaises : d'où il suit que le texte si imparfait qu'elles nous offrent toutes n'a rien qui nous doive étonner beaucoup. A partir de 1837, nous aurions droit de nous attendre à une entière et vraiment fidèle correction[1] : on disposait désormais de la source authentique. Mais l'écriture du Cardinal n'est pas, nous l'avons dit, d'une lecture facile. On va voir, par les exemples, pris çà et là, que nous allons citer (nous pourrions les multiplier beaucoup), combien était nécessaire une nouvelle collation du manuscrit, combien il restait à faire pour l'exacte constitution du texte.

Texte conforme au manuscrit.	Texte de l'édition de 1859.
Tome I.	
Vous voyez *par ce que* je viens de vous dire que mes occupations ecclésiastiques étoient diversifiées et	*parce que* je viens, etc. diversifiées et

---

1. L'édition de 1837 (Collection Michaud et Poujoulat, tome XXV, ou tome I de la troisième série, 1 grand volume in-8°) a été donnée par M. Champollion-Figeac et M. Aimé Champollion ; celle de 1843 (Collection Nodier, 2 volumes in-12), et celles de 1859, 1866 (Collection Charpentier, 4 volumes in-12), par M. Aimé Champollion. Dans ces éditions, la correction n'est pas allée croissant, de l'une à l'autre. Nous prenons, pour la comparaison qui suit, le texte de 1859, en notant quelques différences du tirage de 1866. La plupart des fautes, pas toutes cependant, se trouvent déjà dans les éditions de 1837 et de 1843.

Texte conforme au manuscrit.	*Texte de l'édition de* 1859.
égayées par d'autres qui étoient un peu plus agréables[1].	*égalées* par, etc. (p. 74).
Les Hollandois se croyoient subjugués par le duc d'Albe, quand le prince d'Orange, par le sort réservé aux grands *génies*, qui voient devant tous les autres le point de la possibilité, conçut et enfanta leur liberté.	réservé aux grands *guerriers*, qui, etc. (p. 130).
La déclaration, à la publication de laquelle j'étois *demeuré*, et le retour du Roi à Paris, joints à l'inaction du Parlement, qui étoit en vacations, apaisèrent pour le moment le peuple.	j'étois *demeuré étranger*[2], etc. (p. 203).
L'on arrêta d'envoyer les gens du Roi à Saint-Germain pour assurer la Reine de l'obéissance du Parlement, et pour la supplier de lui permettre de se justifier de la calomnie *qui lui avoit attiré* la lettre écrite la veille au prévôt des marchands.	de la calomnie *que* lui *avoit attirée* la lettre[3] (p. 231).
Vous allez toutefois avouer que cette même étoile qui a semé de pierres tous les chemins par où j'ai passé, me fit trouver dans *celui-ci*, qui paroissoit si *ouvert* et si aplani, un des plus grands obstacles.	me fit trouver dans *celui* qui paroissoit si *glissant* et si aplani, etc. (p. 234).
Cette pensée m'a toujours paru une de ces *visions* dont la spéculation est belle et la pratique impossible.	Cette pensée m'a toujours paru une de ces *divisions*, etc. (p. 241).
Le coup le plus dangereux que je portai à M. d'Elbeuf dans tout ce mouvement fut l'impression que je donnai, par les habitués des paroisses,	

1. Retz parle de sa retraite ecclésiastique, qui lui servait à couvrir ses galanteries avec Mme de Pomereuil et avec Mlle de Vendôme.
2. Retz veut dire qu'avant trois petites digressions qu'il vient de faire, il en était resté, dans son récit, à la déclaration du 24 octobre 1648. L'addition d'*étranger* dénature entièrement ce passage; dans l'édition de 1837, on avait mis ce mot entre parenthèses.
3. La faute n'est pas dans les deux éditions antérieures.

NOTICE. 59

Texte conforme au manuscrit.	*Texte de l'édition de 1859.*
qui le *croyoient* eux-mêmes, que je donnai, dis-je, au peuple, qu'il avoit intelligence avec les troupes du Roi.	qui le *croient*[1] eux-mêmes (p. 246).
Toutes les compagnies et tous les corps *se cotisèrent*, et Paris enfanta, sans douleur, une armée complète en huit jours.	tous les corps *se constituèrent* (p. 266).
Cette nouvelle arriva justement dans le moment que l'on étoit encore *devant* le feu de la Grand' Chambre et que l'on étoit sur le point de s'asseoir.	que l'on étoit encore *dans* le feu, etc. (p. 278).
Voilà ce que M. de Bouillon me proposa sans balancer, en ajoutant que Longueil, qui connoissoit mieux le Parlement qu'homme du royaume, et *qui l*'avoit été voir sur le midi, lui avoit confirmé tout ce que je lui avois dit la veille.	et *qu'il* avoit été voir[2] (p. 310).

Tome II.

Comme dans notre traité avec l'Espagne, nous nous laisserons toujours une porte de derrière ouverte, par la clause qui regardera le Parlement, nous nous en servirons et pour l'avantage du *public* et pour le nôtre particulier, si la cour ne se met à la raison.	et pour l'avantage du *particulier* et pour le nôtre particulier[3], etc. (p. 23).
La cour.... a ordonné que les députés du Parlement retourneront à Saint-Germain pour faire instance *d'obtenir* la réformation de quelques articles.	pour faire instance *et obtenir*[4] (p. 63).

1. Dans l'édition de 1837 il y a la vraie leçon : *croyoient*.
2. On vient de dire un peu plus haut que M. de Bouillon était retenu chez lui par la goutte.
3. L'édition de 1837 n'a pas cette faute.
4. Ce changement dans le texte de l'arrêt du Parlement a de l'importance : à propos du passage ici altéré, il s'élève une discussion qui est relatée à la page suivante des *Mémoires*.

Texte conforme au manuscrit.	*Texte de l'édition de* 1859.
Mon père, qui avoit reçu deux jours auparavant beaucoup d'offres avantageuses pour moi du côté de la cour, par la *voie* de M. de Liancour, qui étoit à Saint-Germain, convenoit, etc.	par la *voix* de M. de Liancour, etc. (p. 78).
Il eut même l'imprudence de laisser voir à Monsieur le Prince qu'il lui faisoit espérer (à la Rivière) *le chapeau destiné* à M. le prince de Condé.	*la charge destinée* (p. 132).
Il (Monsieur le Prince) reçut même avec plaisir la ballade en *na, ne, ni, no, nu,* que *Marigny* lui présenta comme il descendoit les degrés.	la ballade en *nan, ne, ni, no, nu,* que *Marion*, etc. (p. 154).
Je m'en excusai, en disant que je m'étois promis à moi-même, par une espèce de *vœu*, de n'être jamais cardinal par aucun moyen qui pût avoir le moindre rapport à la guerre civile.	par une espèce de *vertu* (p. 200).
Le lendemain, comme lui (Coudray-Montpensier) et ceux de la ville (de Bordeaux) s'attendoient à une réponse favorable, ils avoient vu paroître sur la montagne de *Cenon* le maréchal de la Meilleraye, qui les croyoit surprendre et qui étoit venu attaquer la *Bastide*, dont il avoit été repoussé.	ils avoient vu paroître sur la montagne de *ce nom* le maréchal.... attaquer la *Bastille*[1] (p. 276).
Je disois à *M*me de Montbazon que je serois très-satisfait de sa *fermeté*, pourvu qu'il lui plût de ne changer d'idées que deux fois le jour entre Monsieur le Prince et Monsieur le Cardinal.	Je disois à *M.* de Montbazon que je serois très-satisfait de sa *femme*, pourvu qu'il lui plût, etc. (p. 284).
L'on mit le *soit montré*[2] sur la requête, ce qui étoit de la forme ; elle fut renvoyée au parquet.	L'on mit le *soir même* sur la requête ce qui étoit de la forme, etc. (p. 332).

1. Notez qu'il n'y a aucun *nom* de lieu avant ce passage; il s'agit évidemment ici de *Cenon-la-Bastide*, où encore aujourd'hui le monde élégant de Bordeaux fréquente les bains de Monrepos.
2. Le *soit montré* est une formule qui vouloit dire « donner suite à la requête. »

NOTICE. 61

Texte conforme au manuscrit.   *Texte de l'édition de 1859.*

Tome III.

Je ne vous rapporte ce petit détail que parce qu'il vous fera concevoir le malheur où l'on tombe dans les monarchies, quand ceux qui les gouvernent n'en connoissent pas les règles les plus légitimes et *même les plus communes*.	les règles les plus légitimes et *les maux les plus communs* (p. 183).
Il (Condé) alla ensuite chez Monsieur, à qui il parla de son entrée au Parlement comme d'une chose qui avoit été concertée, la veille, avec lui, *chez Rambouillet*, où il est vrai qu'ils s'étoient promenés ensemble deux ou trois heures.	*à Rambouillet*[1] (p. 188).
Dans la vue de se donner du temps pour voir ce que l'éclat de la *majesté* royale, que l'on avoit projeté d'y faire paroître dans toute sa pompe, produiroit dans l'esprit des peuples.	ce que l'éclat de la *majorité* royale (p. 247).
Il falloit nécessairement ou que je servisse la Reine, selon son desir, pour le retour du Cardinal, ou que je m'y opposasse avec Monsieur, ou que je *me ménageasse* entre les deux.... Ma déclaration pour la Reine m'eût perdu *irrémissiblement* dans le Parlement, dans le peuple.... Il en arriva ce qui arrive toujours à ceux qui manquent de ces *partis prompts* qui sont capitaux et décisifs dans les affaires.	ou que je *m'engageasse* entre les deux.... m'eût perdu, *non-seulement* dans le Parlement, *mais* dans le peuple.... qui manquent de ces *moments* qui sont capitaux et décisifs, etc. (p. 266 et 267).
Je ne laissai pas de *déconseiller* à Monsieur de rompre avec lui (avec Condé).	Je ne laissai pas de *conseiller* (p. 305).

1. Il ne s'agit pas de la ville de *Rambouillet*, mais du financier *Rambouillet*, chez lequel les deux princes se voyaient souvent, à Reuilly, à mi-chemin entre le prince de Condé, habitant alors sa maison de Saint-Maur, et Gaston d'Orléans, logé au Luxembourg.

Texte conforme au manuscrit.   *Texte de l'édition de* 1859.

Tome IV[1].

Je crois qu'il seroit fort *inutile* que je reprisse la relation et le détail de ce qui s'est passé dans les assemblées des chambres *depuis jusques au 26 avril.*	qu'il seroit fort *naturel*.... dans les assemblées des chambres depuis *le 24 au 26 d'avril* (p. 2).
Vous croyez aisément que tous ces mouvements de troupes ne se faisoient pas sans beaucoup de désordre et de pillage ; et ce pillage, qui étoit *trouvé* tout aussi mauvais au Parlement que celui des tireurs de laine sur le Pont-Neuf, y donnoit tous les jours quelque *scène* qui n'auroit pas été indigne du Catholicon.	qui *étoit* tout aussi mauvais[2].... tous les jours quelque *cause* qui n'auroit pas été indigne du Catholicon (p. 3).
Ce dernier parti eût été d'un innocent; l'autre étoit impraticable, et par les engagements *que j'avois sur cet article particulier* avec la Reine, et par la disposition de Monsieur.	et par les engagements *particulier* (sic[3]) *que j'avois sur cet article* avec la Reine (p. 6).
Il étoit à propos de lui laisser la bride plus *longue*.	la bride plus *large* (p. 7).
Je ne puis finir ce léger crayon que je vous donne ici de l'état *où je me trouvois à Paris*, sans rendre la justice que je dois à la générosité de Monsieur le Prince.... Quelque temps après, Monsieur le Prince étant chez Prudhomme, qui logeoit dans la rue d'Orléans, et *ayant en file* dans la rue sa compagnie de gardes, etc.	que je vous donne ici de l'état *de Paris*.... et *ayant enfilé* dans la rue sa compagnie des gardes (p. 14 et 15).
Il (Condé) se servit de l'ardeur de ce peuple pour se saisir de Saint-Denis, où deux cents Suisses étoient	

---

1. Dans la partie des *Mémoires* que contient ce tome, l'écriture de Retz, par suite de l'âge sans doute, devient plus mauvaise, et les fausses leçons se multiplient.
2. La première faute de cette phrase n'est point dans les deux éditions antérieures, non plus que celle du passage suivant: « Ce dernier parti, etc. »
3. Faute d'impression reproduite en 1866.

NOTICE. 63

Texte conforme au manuscrit.	*Texte de l'edition de* 1859.
en garnison. Il les prit l'épée à la main, et sans aucune forme de siége, ayant passé *le premier le fossé*.... Saint-Mesgrin.... la reprit deux jours après avec toute sorte de facilité, les bourgeois *s'étant déclarés* pour le Roi.... Ce discours fit *trois mauvais effets*, dont le premier fut que..., le second..., et le troisième, etc.	ayant passé *le premier fossé* [1].... les bourgeois *étant dedans* pour le Roi.... fit *très-mauvais effet*, dont le premier (p. 23).
Monsieur le procureur général, qui étoit *assisté* de M. Bignon, avocat général, présenta ensuite à la Compagnie un écrit signé : LOUIS.	qui étoit *ami* de M. Bignon (p. 25).
Je l'avois (Gaston d'Orléans) presque accoutumé à ne me plus demander même mon sentiment sur ce qui s'y passoit, en lui répondant toujours par monosyllabe. Il m'en grondoit un jour, et je lui *avouai* en lui disant : « Et le monosyllabe, Monsieur, est unique ; car c'est toujours non. »	Il m'en grondoit un jour, et je lui *ajoutai* [2] en lui disant, etc. (p. 27).
Que M. de Chavigny ne faisoit que ce que le président Jeannin, qui avoit été un des plus grands ministres de Henri IV, avoit fait autrefois ; que la différence n'étoit *qu'au temps ;* que le président Jeannin avoit escadronné avec les Espagnols devant qu'il fût ministre, et que M. de Chavigny n'y escadronnoit qu'après.	que la différence n'étoit *qu'autant que* le président Jeannin, etc. (p. 27).
Je le trouvai (Monsieur) dans le cabinet de Madame, qui le catéchisoit ou plutôt qui *l'exorcisoit ;* car il étoit dans un emportement inconcevable...	ou plutôt qui *l'exhortoit* (p. 126).
Il (Monsieur) partit pour Limours un peu devant la pointe du jour, et il affecta même de sortir une heure plus tôt qu'il ne nous l'avoit dit, à M. de Beaufort et à moi. Il nous fit	

1. L'édition de 1837 n'a pas cette faute.
Dans les éditions de 1837 et de 1843 : « et je *le* lui ajoutai. »

MÉMOIRES DU CARDINAL DE RETZ.

Texte conforme au manuscrit.

dire par Jouy, *qui nous* attendoit à la porte *de* Luxembourg, qu'il *avoit eu* ses raisons pour cette conduite, que nous les saurions un jour.

Laigues..., qui étoit l'homme du monde qui s'*encapricioit* le plus de *ses* nouveaux *amis.*

La cour me regarda comme un homme qui prétendoit ou partager le ministère ou en faire acheter bien chèrement l'*abdication.*

Ce porteur me donna un crayon et un petit morceau de papier, dans lequel j'*accusai* la réception du billet.

Il n'y a sorte d'*impertinence*, ajouta le premier président, de laquelle il ne se soit avisé pour satisfaire sa défiance.

Il (la Meilleraye) me dit d'une voix haute et animée : « En un mot, Monsieur, je veux bien que vous sachiez que je ne ferai pas la guerre au Roi pour vous. Je tiendrai fidèlement ma parole; mais aussi faudra-t-il que Monsieur le premier président tienne celle qu'il a donnée au Roi. » Je joignis à ces *sentences* un petit voyage.

Noirmoutier même, quoique *accommodé* sous main à la cour.

Les grenadiers, les orangers, les *limoniers* y font les palissades des grands chemins.

Il (le cardinal Chigi) avoit été inquisiteur à Malte et *nonce* à Munster.

Texte de l'édition de 1859.

par Jouy *qu'il nous* attendoit à la porte *du* Luxembourg, qu'il *avoit* ses raisons (p. 140).

qui s'*incapricioit* le plus de *ces* nouveaux *arrêts*[1] (p. 151).

acheter bien chèrement l'*adjudication* (p. 155).

dans lequel *j'assurai* la réception (p. 177).

Il n'y a sorte d'*entreprise* (p. 193).

Je joignis à ces *circonstances* (p. 204).

quoique *accoutumé*[2] sous main à la cour (p. 210).

les *limonadiers* (p. 232).

et *non* à Munster (p. 302).

1. Il n'est nullement question d'arrêts depuis longtemps.
2. L'édition de 1837 a ici la vraie leçon : *accommodé*; et dans la phrase suivante : *limoniers*, que donne aussi l'édition de 1843.

Pour abréger, notons encore, sans faire la citation entière : (p. 204) *tracasseries*, substitué à *tire-laisses*; (p. 205) *mulets* à *malles*; (p. 215) *il en tenoit*, pour *il entroit*, etc. Pas plus ici que dans le premier spécimen, nous ne relevons les erreurs de noms propres, comme : *Anastase* substitué à *Athanase*; *Port-Louis* à *Fort-Louis*; *Mouzon* à *Monron*; *Chatillon-sur-Loire* à *Chatillon-sur-Loing*; *Château-Renault* à *Château-Renard*; *Corsègne*, nom qui n'a jamais existé, à la *Corsique* (Corse); la *comtesse de Sceaux* à la *comtesse de Saulx*; *l'armée* à *l'Ormée* (nom donné à la Fronde de Bordeaux); etc.

Constituer un bon texte, aussi rigoureusement exact que faire se pouvait, c'était là notre tâche principale ; mais nous en avions encore une autre, celle d'accompagner les *Mémoires* d'un commentaire historique, et, pour le rédiger, de soumettre à un examen attentif les récits et les assertions du Cardinal. Si pour tous livres de ce genre, tous *Mémoires*, un tel examen est nécessaire, il le devient surtout pour une autobiographie écrite assez longtemps après les événements, destinée à servir d'apologie et en quelque sorte de revanche contre le parti vainqueur; et pour un auteur comme le nôtre, Italien d'origine, vaniteux, vantard, ne se faisant nul scrupule du mensonge, lorsqu'il en croyait pouvoir tirer profit pour le rôle qu'il voulait jouer, soit sur le théâtre des événements, soit dans l'histoire.

Le charme que Retz exerce par son style et par l'art merveilleux de sa narration a longtemps fait accepter, presque les yeux fermés, la plupart des récits qu'il nous a laissés. Depuis la première édition, publiée en 1717, jusqu'à la vingtième et la plus récente (1866), les *Mémoires de Retz* n'ont rencontré pour ainsi dire aucun contradicteur y regardant de près et avec suite. Des historiens qui ont joui d'une grande considération, celui *de la Fronde*, par exemple, le comte de Saint-Aulaire, heureux de trouver toutes faites, pour leurs histoires, des pages étincelantes de verve et d'esprit, les ont empruntées à l'attrayant conteur, sans les faire passer au creuset de la critique, et le lecteur s'est rendu volontiers complice de cette confiante légèreté, qui lui laissait entier un plaisir que le doute eût peut-être entamé.

Un écrivain s'est cependant élevé contre cet acquiescement

sans discussion et sans contrôle, et a troublé ce commun concert d'admiration et d'éloges. Rencontrant dans son travail sur le règne de Louis XIII et le ministère de Mazarin[1], ces *Mémoires* jusque-là respectés, M. Bazin, après les avoir soumis à la décisive épreuve de l'examen des dates, des lieux et des personnes, a conclu que « presque nulle part cette narration si vive, si animée, si riche de couleur, ne se trouvait avoir ou la substance ou tout au moins les proportions de la vérité. » Mais cette déclaration, qui semble faite avec un malin plaisir, et qui se poursuit pendant deux volumes avec une ironie acérée, cette hostilité érigée presque en système, a été sévèrement relevée, et, bien qu'elle soit souvent justifiée par l'étude des faits, relevée, croyons-nous, avec justice, par un des critiques de notre temps dont la parole a le plus d'autorité. M. Sainte-Beuve s'exprime ainsi dans la première des deux longues études qu'il a consacrées à Retz[2] : « Il n'est pas de plus beau et de plus véridique tableau (je dis véridique, car cela se sent comme la vie même) que celui du début de la Régence et de cet établissement presque insensible, et par voie d'insinuation, auquel on assista alors, de la puissance du cardinal Mazarin. Cette douceur et cette facilité des quatre premières années de la Régence, suivies tout d'un coup et sans cause apparente d'un mécontentement subit et d'un souffle de tempête, sont décrites et traduites dans ces pages de manière à défier et à déjouer tous les historiens futurs. Je ne comprends pas que M. Bazin, en lisant cela, n'ait pas à l'instant reconnu et salué Retz comme un maître, sauf ensuite à le contredire en bien des cas, s'il y avait lieu ; mais l'historien qui rencontre, dès les premiers pas, dans le sujet qu'il traite, un tel observateur et peintre pour devancier, et qui n'en tire sujet que de s'efforcer à tout amoindrir et à tout éteindre après lui, me paraît faire preuve d'un esprit de taquinerie et de chicane qui l'exclut à l'instant de la large voie dans la carrière[3]. »

1. *Histoire de France sous Louis XIII et sous le ministère de Mazarin*, ouvrage couronné par l'Académie française (4 volumes in-12, 2de édition, 1846); nous aurons souvent occasion de le citer.

2. *Causeries du lundi*, tome V, p. 35 à 53, et p. 193 à 206. Le passage que nous citons est à la page 41.

3. M. Henri Martin, dans son *Histoire de France* (4e édition,

Il y a, en effet, un milieu à garder entre cette approbation aveugle du grand nombre et la clairvoyance exagérée de M. Bazin : c'est ce milieu que nous avons essayé de tenir. Nous nous sommes donné la tâche de regarder les récits de Retz d'aussi près qu'il nous a été possible : « Ce qu'on sait de loin et en gros, en grand même si l'on veut, peut être bien saisi, dit M. Sainte-Beuve[1], mais peut l'être mal, et on n'est très-sûr que de ce que l'on sait de très-près. » Cette méthode de « regarder aux petites choses pour les grands personnages historiques[2] » nous a fait trouver bien des fois notre conteur en flagrant délit d'erreur ou de mensonge volontaire; mais elle nous a aussi, je ne dis pas seulement rendu vraisemblable, mais confirmé d'une manière certaine plus d'une assertion que, le doute une fois entré dans l'esprit, on eût été porté à rejeter facilement comme fausse ou erronée.

La défiance trop constamment éveillée et les préventions, à nos yeux, excessives, auxquelles M. Bazin s'est laissé aller dans son *Histoire de France*, nous les retrouvons dans les notes qu'il avait préparées pour une édition critique des *Mémoires de Retz*, et que ses neveux et héritiers, MM. Sallard, avaient bien voulu mettre à la disposition de M. Hachette, avec le morceau d'introduction que nous avons donné plus haut. Nous nous serions trouvé très-honoré d'associer notre travail d'annotation à celui de M. Bazin; mais, indépendamment de ce qui vient d'être dit de son habitude d'amoindrir et d'éteindre la narration de Retz, sa méthode est trop différente de la nôtre. M. Bazin, dont nous sommes heureux de rappeler le mérite réel, justement consacré par la renommée et par une haute récompense académique, a un défaut grave, selon nous, pour un historien : il ne cite aucune source, ne s'appuie sur aucune autorité, et, en combattant Retz, il se contente généralement d'opposer à l'affirmation de cet écrivain sa propre négation, exacte souvent, nous le reconnaissons, mais dépourvue de garantie pour les lecteurs, à qui il ne met pas dans les mains les pièces justificatives, les éléments

---

tome XII, p. 418, note), reproche aussi à M. Bazin de « traiter d'habitude Retz un peu trop légèrement. »

1. *Port-Royal*, tome I, p. 77.
2. Voltaire, *lettre à d'Argental*, 22 novembre 1752.

du procès. Pour nous, au contraire, nous nous sommes toujours fait un devoir de placer sous leurs yeux les autorités, imprimées ou manuscrites, d'après lesquelles nous contestions les assertions de Retz, ou qui nous servaient à confirmer son exactitude.

Parler de manuscrits, c'est indiquer un second point qui nous sépare de M. Bazin : il ne remonte jamais ou presque jamais à ces sources inédites où est encore, en grande partie, l'histoire du passé. Un érudit dont l'autorité est incontestée pour tout ce qui regarde la première moitié du dix-septième siècle, M. Avenel, l'habile et consciencieux éditeur de la *Correspondance de Richelieu*, dit en parlant de M. Bazin : « L'élégant historien, qui ne cite aucune autorité, n'en a aussi cherché aucune, hormis dans les livres, dont il a fait du reste un judicieux usage. Quant aux manuscrits, il ne sait rien de ce qu'ils nous peuvent apprendre[1]. » A l'époque où M. Bazin préparait son commentaire sur Retz, il y a plus de vingt-cinq ans, presque aucun des manuscrits qui regardent cette époque n'était encore publié, et, par ses habitudes de travail, il s'est vu ainsi privé de ressources précieuses, dont, avec la sagacité qui le distinguait, il se fût admirablement servi.

Venu longtemps après lui, nous avons pu commodément consulter les documents qui ont été publiés, dans le dernier quart de siècle, soit, aux frais du pays, par les ministères de l'instruction publique ou des finances, soit au moyen des cotisations de la *Société pour l'Histoire de France*, comme aussi ceux que nous devons au zèle éclairé et généreux de quelques particuliers. A ces documents il faut joindre les nombreux travaux historiques qui ont paru dans le même intervalle de temps[2]. Pour les sources, très-nombreuses, qui sont encore

---

1. *Le Dernier épisode de la vie du cardinal de Richelieu : Louis XIII, Cinq-Mars et de Thou*, brochure in-8°, 1868, p. 43. — Nous avions, pour notre part, déjà fait, en 1862, le même reproche à M. Bazin, dans notre livre de *la Misère au temps de la Fronde* (p. 435), tout en rendant justice à son mérite, et en le reconnaissant, à plusieurs égards, pour le meilleur historien de la Fronde.

2. Il nous serait facile d'énumérer cent volumes, concernant l'époque de Retz, que M. Bazin n'a pu connaître. Citons seulement : *Registres de l'Hôtel de ville pendant la Fronde*, par MM. Leroux de Lincy et Douët d'Arcq (3 volumes) ; *Mémoires de Mathieu Molé*,

aujourd'hui manuscrites, nous les avons étudiées dans les volumes et registres, souvent bien difficiles à déchiffrer, où elles sont contenues. C'est, on le sait, une tâche fatigante; mais nous devons dire que presque toujours nous avons été dédommagé de notre poursuite acharnée par les secrets que les manuscrits nous livraient[1].

par M. Champollion (4 volumes); *Correspondance de Colbert*, par M. Pierre Clément (6 volumes); *Mémoires sur la vie publique et privée de Fouquet*, par M. Chéruel (2 volumes); *Bibliographie des Mazarinades* et *Choix de Mazarinades*, par M. Moreau (5 volumes, auxquels il faut joindre un certain nombre de pamphlets publiés dans la Collection Jannet); *Journal de d'Ormesson*, par M. Chéruel (2 volumes in-4°); *Lettres de Mazarin à la Reine*, par M. Ravenel; *le Procès de la Boulaye*, par M. A. Taillandier; les neuf volumes de M. Dumont : *Histoire de St. Mihiel, Histoire de Commercy* et *les Fiefs de Commercy*; *le Parlement et la Fronde*, de M. de Barante; *le Palais Mazarin*, œuvre d'une grande érudition, par M. Léon de Laborde; *les Nièces de Mazarin*, de M. Amédée Renée; les sept volumes de M. Cousin sur *la Société française du dix-septième siècle; les Carnets de Mazarin, la Jeunesse de Mazarin*, par le même écrivain, et un autre ouvrage ayant ce même dernier titre, par M. Moreau; *Histoire de la réunion de la Lorraine à la France*, par M. d'Haussonville (4 volumes); *Port-Royal*, de M. Sainte-Beuve (6 volumes), mine si féconde en détails sur les personnes et sur l'esprit du temps; le *Mémoire* de M. de Chantelauze : *le Cardinal de Retz et les Jansénistes* (inséré dans le tome V de *Port-Royal*); *les Mémoires du P. Rapin*, par M. Aubineau (3 volumes); *Zongo Ondedei*, par M. Pierre Clément; notre livre de *la Misère au temps de la Fronde;* et enfin les monographies sur Retz, de MM. Topin, Joseph Michon et Curnier (cette dernière en 2 volumes); sans parler des nombreux articles de M. Sainte-Beuve sur le dix-septième siècle, où souvent il se montre à la fois grand historien et ingénieux critique, non plus que de divers ouvrages qui se préparent ou dont l'impression n'est pas achevée, et dont nous espérons pouvoir profiter pour les derniers volumes de cette édition : l'*Histoire des princes de Condé* par M. le duc d'Aumale, l'*Histoire de le Tellier* par M. Jung, et l'importante *Correspondance de Mazarin* par M. Chéruel.

1. Comme secours manuscrits, nous pouvons mentionner : aux *Archives générales* de France, les *Registres capitulaires de Notre-Dame*, qui nous ont permis de contrôler pas à pas la carrière ecclésiastique de Retz et souvent sa politique comme chef de l'Église de Paris (à notre connaissance, ils n'ont pas encore été cités par un seul histo-

Ces réserves faites, nous aimons à reconnaître que l'annotation de M. Bazin, dont MM. Sallard se proposent, croyons-nous, de faire don à la Bibliothèque impériale, où elle sera pour tous d'un facile accès, nous a été vraiment utile. Plus d'une fois elle a éveillé nos soupçons sur des supercheries du Cardinal. Pour vérifier les doutes que le critique émettait, sans les justifier, nous nous sommes livré à de nombreuses recherches : elles nous ont souvent conduit à de curieuses conclusions *pour* et *contre* soit M. Bazin soit Retz, et, nous ne craignons pas de le dire, il est résulté de ce double contrôle un examen scrupuleux de l'ouvrage du Cardinal, qui, nous le pensons, laissera peu de place à l'hésitation sur la fausseté ou la certitude historique des divers récits de ce grand écrivain, si le lecteur veut bien prendre la peine de lire, avec le texte des *Mémoires*, les notes qui l'expliqueront[1].

rien); des *Journaux manuscrits* sur le Parlement; — à la Bibliothèque impériale et à la bibliothèque de la Sorbonne, des *Journaux manuscrits* sur le Parlement; — à la bibliothèque Mazarine, le très-important *Journal de Dubuisson Aubenay*, si utile à consulter pour les dates et les différents bruits de la ville ou de la cour; les *Recueils de chansons satiriques;* — à l'Arsenal, les *Papiers de Conrart;* — des *Correspondances des contemporains*, dans les différents dépôts que nous venons de nommer, ainsi qu'aux ministères de la guerre et des affaires étrangères; — des *actes de notaires*, qui nous permettront, du moins nous l'espérons, de reconstruire, presque en totalité, l'état des dettes de Retz et son honorable libération; etc.

[1]. Nous nous bornerons à indiquer, comme principaux points de nos recherches, la vraie date de la naissance de Retz, et par conséquent la rectification de son âge dans une foule de circonstances; son éducation au collége de Clermont; le prétendu complot pour assassiner Richelieu; l'aventure des fantômes ou des moines augustins; l'incartade du Jeu de paume à Rome; la querelle à propos de l'évêque de Warmie; le vrai rôle du Coadjuteur dans la journée des Barricades, dans l'affaire de Joly et de la Boulaye contre Condé; son intervention dans les secours à la reine d'Angleterre, sans feu pendant l'hiver; ses relations avec les divers députés de l'archiduc Léopold; sa lutte au Parlement avec Condé; ses promesses à la Reine dans les entrevues nocturnes du Palais-Royal; le coup de poignard donné au Parlement dans le rochet de Retz; sa lutte avec le conseiller Machault-Fleury; etc.

SPÉCIMEN D'UN RELEVÉ COMPLET
DES VARIANTES.

Nous avons dit, dans la *Notice* qui précède (p. 52), pourquoi nous nous bornerions à faire un choix dans les variantes qu'offrent les impressions diverses des *Mémoires*, impressions toutes postérieures à la mort de l'auteur, et qui n'auraient par conséquent d'autorité que si nous les supposions faites sur des copies qui elles-mêmes auraient pu en avoir. Pour faire ce choix de variantes, nous avons, aidés d'obligeants auxiliaires, collationné entre elles les éditions, dans une lecture en commun. Nous allons montrer par un spécimen des deux premières pages du manuscrit autographe quel inutile fatras de notes eût donné le relevé complet des variantes; et encore faut-il considérer que le commencement de ces deux pages, notre premier alinéa, de neuf lignes, ne se trouve que dans les quatre éditions qui ont été publiées depuis 1837, d'après le texte écrit par Retz, et ne peut offrir, par conséquent, que bien peu de différences.

....Étoit à la ruelle du lit; mais ce qui y fut le plus[1] merveilleux, est que l'on le plaignit[2] dans le plus tendre du raccommodement[3]. Il faudroit un volume pour déduire toutes les façons dont cette histoire fut ornée. Une des plus simples fut qu'il fallut s'obliger, par serment, de laisser à la belle un mouchoir sur les yeux quand la chambre seroit trop éclairée. Comme il ne pouvoit couvrir que le visage, il n'empêcha pas de juger des autres beautés, qui, sans aucune exagération, passoient celles de la Vénus de Médicis, que je venois de voir tout fraîchement à Rome. J'en avois apporté la stampe[4], et cette merveille du siècle d'Alexandre cédoit à la vivante.

Le diable avoit apparu[5], justement quinze[6] jours devant cette aventure, à Mme la princesse de Guémené, et il lui apparoissoit[7] souvent, évoqué par les

---

1. Ce qui fut le plus. (1837-1866.)
2. Que l'on les plaignit. (1843-1866.)
3. Tendre des raccommodement (*sic*). (1837.) — Tendre des raccommodements. (1843-1866.)
4. L'estampe. (1843.)
5. Avoit paru. (Ms Ch et H, 1717 A, 1718 B, F.)
6. L'édition de 1837, qui a prétendu donner l'orthographe même du manuscrit autographe, porte: *quinse*; il y a dans le manuscrit 15, en chiffres. Toutes les éditions antérieures à 1837 donnent: « quinze jours avant. »
7. Et il lui paroissoit. (1717, 1718 C, D, E, 1723, 1731.)

conjurations de M. d'Andilly, qui le forçoit, je crois, de faire peur à sa dévote[1], de laquelle il étoit encore plus amoureux que moi, mais en Dieu et purement spirituellement[2]. J'évoquai[3], de mon côté, un démon qui lui parut[4] sous une forme plus bénigne et plus agréable; il la retira au bout de six semaines du Port-Royal[5], où elle faisoit de temps en temps des escapades plutôt que des retraites[6].

Je conduisis ainsi l'Arsenal et la Place-Royale, et je charmois, par ce doux accord, le chagrin[7] que ma profession ne laissoit pas de nourrir toujours dans le fond de mon âme[8]. Il s'en fallut bien peu[9] qu'il ne sortît de cet enchantement une tempête qui eût fait changer de face à l'Europe, pour peu qu'il eût plu à la destinée d'être de mon avis. M. le cardinal de Richelieu aimoit la raillerie, mais il ne la pouvoit souffrir[10]; et toutes les personnes de cette humeur ne l'ont jamais que fort aigre[11]. Il en fit une de cette nature en plein cercle à Mme de Guémené[12]; et tout le monde remarqua qu'il vouloit me désigner. Elle en fut outrée, et moi plus qu'elle; car enfin il s'étoit contracté une certaine espèce de ménage[13] entre elle et moi, qui

1. A la dévote. (1718 C, D, E.)
2. En Dieu, purement et spirituellement. (1717, 1718 C, D, E, 1723-1828.) — Les copies H et Ch ont le même texte que notre manuscrit de la main de Retz, mais elles portent en marge : « N^a. Ces mots sont dans l'original, mais d'une autre main que celle de Monsieur le Cardinal. » Dans le texte autographe qui est à la Bibliothèque impériale et que nous reproduisons, ils sont, sans aucun doute possible, de l'écriture du Cardinal.
3. Les bévues des éditions de 1718 C, E sont, à partir d'ici, presque toutes répétées par l'édition de 1718 D, qui ne commence qu'avec les mots : « Le diable, etc. » Ces trois éditions donnent : *j'envoyai*, à la place de *j'évoquai*.
4. Qui lui apparut. (1718 C, E, 1723-1828.)
5. Les ms H et Ch et toutes les éditions antérieures à la découverte du manuscrit autographe portent : « Je la retirai.... de Port-Royal, » au lieu de : « Il la retira.... du Port-Royal. » — Dans les deux éditions de 1859 et de 1866, on a remplacé les trois premiers mots par : « Elle sortit toutefois. »
6. Des escapades de temps en temps plutôt que des retraites. (1718 C, D, E.) — De temps en temps des retraites. (1859, 1866.)
7. Les ms H et Ch et les éditions antérieures à 1837 commencent ainsi cet alinéa : « Je continuai de lui rendre (1718 D : « de lui vendre ») mes respects avec beaucoup d'assiduité, et je charmai (1717 : « charmois ») par là et par d'autres divertissements le chagrin, etc. »
8. De nourrir dans mon âme. (1717 A, 1718 B, F.) — De nourrir dans le fond de mon âme. (1817, 1820, 1828.)
9. Il s'en fallut peu. (Ms. H et Ch, 1717 A, 1718 B, F, 1817, 1820.) — Il s'en falloit peu. (1828.)
10. Dans les ms H et Ch et dans toutes les anciennes éditions : « Mais il ne pouvoit la souffrir. »
11. Les anciennes éditions, sauf 1825, sont conformes au manuscrit autographe; les quatre éditions modernes (1837-1866) sont les seules, avec 1825, qui à la vraie leçon substituent celle-ci : « Les personnes de cette humeur ne sont jamais que fort aigres. »
12. Il en fit une de cette nature à Mme de Guimené en plein cercle. (1718 C, D, E.)
13. Une certaine espèce de manége. (1717, 1718 B, 1723, 1731, 1817, 1820, 1828, 1837-1866.) — Une espèce de manége. (1751, 1777.) — Une espèce de ménage. (1718 C, D, E, 1825.)

SPÉCIMEN D'UN RELEVÉ DE VARIANTES.

avoit[1] souvent du mauvais ménage[2], mais dont toutefois les intérêts n'étoient pas séparés[3].

Au même temps, Mme de la Meilleraye plut[4] à Monsieur le Cardinal, et au point que[5] le Maréchal s'en étoit aperçu, devant même qu'il partît[6] pour l'armée. Il en avoit fait la guerre à sa femme, et d'un air qui lui fit croire d'abord qu'il étoit[7] encore plus jaloux qu'ambitieux[8]. Elle le craignoit terriblement ; elle n'aimoit point Monsieur le Cardinal[9], qui, en la mariant avec son cousin, avoit, à la vérité, dépouillé sa maison, de laquelle elle étoit idolâtre[10]. Il étoit d'ailleurs[11] encore plus vieux par ses incommodités que par son âge ; et il est vrai de plus que[12], n'étant pédant en rien, il l'étoit tout à fait en galanterie. Elle m'avoit dit le détail[13] des avances qu'il lui avoit faites, qui étoient effectivement[14] ridicules ; mais comme il les continua jusques au point[15] de lui faire faire des séjours, de temps même considérable[16], à Ruel[17], où il faisoit le sien ordinaire, je m'aperçus que la petite cervelle de la demoiselle[18] ne résisteroit pas longtemps au brillant de la faveur, et que la jalousie du Maréchal céderoit bientôt un peu à son intérêt[19], qui ne lui étoit

1. Qui avois. (1843-1866.)
2. Toutes les éditions antérieures à 1837, ainsi que les ms H et Ch, donnent : « du mauvais ménagement. »
3. Quoique cependant nos intérêts ne fussent pas séparés. (1718 C, D, E, 1723, 1828.) — Du mauvais ménagement, dont toutefois les intérêts n'étoient point séparés. (1717, 1717 A, 1718 B, F et ms Ch et H.)
4. Au même temps, Mme de la Meilleraye, de qui, toute sotte qu'elle étoit, j'étois devenu amoureux, plut, etc. (1717, 1718 C, D, E, 1723-1843.) Les ms H et Ch et les éditions de 1717 A, 1718 B, F omettent au commencement de la phrase les mots : « Au même temps ; » mais elles ont du reste cette même variante.
5. A Monsieur le Cardinal, au point que. (Ms H et Ch et toutes les éditions antérieures à 1837.)
6. Devant même que de partir. (1717 A, 1718 B, F et ms H et Ch.) — Avant même de partir. (1817, 1820, 1828.)
7. Qui lui fit croire qu'il étoit. (1859, 1866.) — Qu'il en étoit. (Ms H.)
8. Plus jaloux qu'un bilieux ne l'est ordinairement. (1718 C, D, E.)
9. Les éditions de 1718 C, D, E, 1723-1777, 1817-1828 ajoutent *et* devant *elle*, et ont *pas*, au lieu de *point;* les ms H et Ch et les éditions de 1717 A, 1718 B, F, 1817, 1820, 1828 omettent *Monsieur*.
10. De laquelle il étoit idolâtre. (Ms H, 1717, 1718 C, D, E, 1723-1828.) — Le ms Ch porte : *il*, biffé, et au-dessus : *elle.* — De laquelle elle étoit *idolâtrée.* (1837, 1843.)
11. Le Cardinal étoit d'ailleurs. (1718 C, D, E, 1723, 1828.)
12. Et il est de plus que. (Ms H et Ch.) — Et il est à remarquer de plus que. (1718 C, D, E.)
13. On m'avoit dit le détail. (Ms H et Ch, 1717-1777, 1825.) — On m'avoit fait le détail. (1817, 1820, 1828.)
14. Qu'il lui avoit faites, et qui étoient effectivement. (1718 C, D, E.)
15. Jusqu'au point. (1717, 1717 A, 1718 B, C, E, F, 1751-1828.)
16. Des séjours considérables. (1718 C, D, E.) — Des séjours de temps même considérables. (Ms H et Ch, 1817-1828.)
17. A Ruelle. (Ms H et Ch, 1717 A, 1718 B, F.)
18. Que la petite cervelle de la dame. (1718 C, D, E, 1723-1828.)
19. Céderoit bientôt à son intérêt. (Ms Ch et H, 1717 A, 1718 B, F.)

pas indifférent, et pleinement à sa foiblesse[1] pour la cour, qui n'a jamais eu d'égale[2].

1. Pas pleinement indifférent, et à sa foiblesse. (Ms Ch et H, 1717 A, 1718 B, F, 1825.) — Pas entièrement indifférent, et pleinement à sa foiblesse. (1718 C, D, E.)
2. Pour la cour, foiblesse qui n'a jamais eu d'égale. (1718 C, D, E, 1723-1828.) — D'égal. (Ms H.)

LISTE DES MANUSCRITS ET DES ÉDITIONS

DONT NOUS NOUS SOMMES SERVI.

Lettres et chiffres par lesquels nous les désignons.

MANUSCRITS.

Ms R. — manuscrit autographe de Retz (voyez la *Notice*, p. 38, note 1).

Cop. R. — copie trouvée à Moyen-Moûtier en même temps que le manuscrit autographe de Retz (p. 49 et 50).

Ms H. — manuscrit de MM. Hachette (p. 48 et 49).

Ms Ch. — manuscrit de M. de Chantelauze (p. 49).

Ms Caf. — manuscrit de M. le comte Caffarelli (p. 50-52).

ÉDITIONS.

(Nous les désignons, dans les notes, par la date de l'impression, et distinguons entre elles les éditions d'une même année par la lettre dont elles sont marquées dans le Catalogue de la Bibliothèque impériale.)

I. — 1717. — *Mémoires de Monsieur le Cardinal de Retz*. A Amsterdam, et se trouve à Nancy, chez J. B. Cusson, MDCCXVII, 3 volumes in-8. (Bibl. impér. $\frac{Lb37}{208}$.)

II. — 1717 A. — *Mémoires de Monsieur le Cardinal de Retz*. A Amsterdam, chez Jean-Frédéric Bernard, MDCCXVII, 4 volumes in-12. (Bibl. imp. 208 A, toujours Lb^{37}, signe de groupe commun à presque toutes les éditions des *Mémoires de Retz*; nous ne le répéterons plus; nous indiquerons seulement quand ce signe changera.)

III. — 1718 B. — *Mémoires du Cardinal de Retz*.... augmentés considérablement en cette présente édition. A Amsterdam, MDCCXVIII, 3 volumes in-12. (Bibl. imp. 208 B.)

IV. — 1718 C. — *Même titre* que III (1718 B). A Amsterdam, MDCCXVIII, sans nom de libraire, 3 volumes in-12, format un peu plus petit que celui de la précédente. Le tome I a 445 pages. (Bibl. imp. 208 C.)

V. — 1718 D. — *Même titre que* III (1718 B). A Amsterdam, MDCCXVIII, sans nom de libraire, 5 volumes in-18. Le texte ne commence qu'à la dixième ligne du manuscrit autographe. (Bibl. imp. 208 D.)

VI. — 1718 E. — *Même titre que* III (1718 B). A Amsterdam, MDCCXVIII, sans nom de libraire, 3 volumes in-12. — Il n'y a guère de différence entre E et C que dans la pagination du tome I : dans E, il y a 427 pages, précédées de XVIII chiffrées en romain, ce qui fait bien en tout 445 pages, comme dans C. (Bibl. imp. 208 E.)

VII. — 1718 F. — *Mémoires de Monsieur le Cardinal de Retz*. Nouvelle édition, revue et augmentée. A Cologne, chez David Roger, MDCCXVIII, 3 volumes in-12. (Bibl. imp. 208 F.)

VIII. — 1719. — *Mémoires du Cardinal de Retz...*, nouvelle édition, augmentée de plusieurs éclaircissemens historiques et de quelques pièces du Cardinal de Retz et autres, servant à l'histoire de ce tems-là. A Amsterdam, chez J. F. Bernard et H. du Sauzet, MDCCXIX, 4 volumes in-18. (Bibl. imp. 208 G.)

IX. — 1723. — *Même titre que* VIII (1719). A Amsterdam, chez J. F. Bernard et H. du Sauzet, MDCCXXIII, 4 volumes in-12. — Édition à peu près semblable à celle de 1719. (Bibl. imp. 208 H.)

X. — 1731. — *Mémoires du Cardinal de Retz...*, nouvelle édition, revue exactement, augmentée (la suite comme au titre de VIII, 1719). A Amsterdam, chez J. F. Bernard, MDCCXXXI, 4 volumes in-18. (Bibl. imp. 208 I.)

XI. — 1751. — *Mémoires du Cardinal de Retz...*, nouvelle édition, revue et corrigée. A Genève, chez Fabry et Barillot, MDCCLI, 4 volumes in-12. (Bibl. imp. 208 J.)

XII. — 1777. — *Mémoires du Cardinal de Retz...* : nouvelle édition, exactement revue et corrigée. A Genève, chez Fabry et Barillot, MDCCLXXVII, 4 volumes in-12. — Edition à peu près semblable à celle de 1751. (Bibl. imp. 208 K.)

XIII. — 1817. — *Mémoires du Cardinal de Retz*. A Paris, chez Ledoux et Tenré, 1817, 4 volumes in-8°. (Bibl. imp. $\frac{Lb37}{209}$.)

LISTE DES MANUSCRITS ET DES ÉDITIONS.

XIV. — 1820. — *Mémoires du Cardinal de Retz*. A Paris, chez E. Ledoux, 1820, 4 volumes in-8°. (Bibl. imp. 209 A.)

Ces deux éditions (1817 et 1820) passent pour être de M. Monmerqué.

XV. — 1825. — *Mémoires du Cardinal de Retz...*, Paris, Foucault, 1825, 3 volumes in-8° (Collection Petitot, tome XLIV à XLVI). (Bibl. imp. $\frac{L45}{20}$.)

XVI. — 1828. — *Mémoires du Cardinal de Retz...*, Paris, Furne, 1828, 3 volumes in-8. (Bibl. imp. 209 B.)

XVII. — 1837. — *Mémoires du Cardinal de Retz*, publiés pour la première fois sur le manuscrit autographe, par MM. Champollion-Figeac et Aimé Champollion fils. Paris, Bobée, 1837, un grand volume in-8° (Collection Michaud et Poujoulat, tome XXV, ou tome I de la troisième série). (Bibl. imp. $\frac{L45}{22}$.)

XVIII. — 1843. — *Mémoires du Cardinal de Retz*, édition collationnée sur les manuscrits authentiques de la Bibliothèque royale (avec les fragments restitués), augmentée de lettres inédites et de facsimile. Paris, 2 volumes in-18, 1843. M. Aimé Champollion nous dit lui-même, à la page LXVIII des éditions de 1859 et de 1866, qu'il « a surveillé l'impression de cette édition (de 1843). » (Bibl. imp. 208 L.)

XIX. — 1859. — *Mémoires du Cardinal de Retz*, adressés à Mme de Caumartin..., nouvelle édition, revue et collationnée sur le manuscrit original..., par Aimé Champollion-Figeac. Paris, 1859, Charpentier, 4 volumes in-12. (Bibl. imp. 209 C.)

XX. — 1866 (sur la couverture 1865). — *Même titre que* XIX (1859). Cette édition peut être considérée comme un second tirage de celle de 1859, avec quelques changements. Paris, Charpentier, 4 volumes in-12. (Bibl. imp. 209 D.)

MÉMOIRES

DU

CARDINAL DE RETZ[1].

PREMIÈRE PARTIE.

MADAME[2], quelque répugnance que je puisse avoir

[1]. Le manuscrit autographe, où le titre manque, devait porter en tête : *Vie du cardinal de Rais;* au moins est-ce là le titre qui se trouve à la fin de chaque partie, au commencement de la seconde et de la troisième, et sur le dos de la reliure du Ier et du IIIe volume. Deux de nos copies manuscrites (les copies de MM. Hachette et de Chantelauze), que nous croyons faites d'après des rédactions antérieures à celle du manuscrit original de la Bibliothèque impériale, ont un titre différent : *Histoire ou Mémoires de Monsieur le cardinal de Retz.* La copie Caffarelli (qui ne commence qu'avec la seconde partie) n'a aucun titre; disons cependant que la reliure, qui est des premiers temps du dix-huitième siècle, porte aussi : *Mémoires,* titre adopté par toutes les éditions imprimées jusqu'à ce jour, sauf celle de 1837, où M. Champollion, tout en conservant comme titre initial le mot *Mémoires,* a mis au titre courant : *Vie.* — Malgré l'autorité du manuscrit autographe, nous avons cru devoir intituler notre édition : *Mémoires,* et non : *Vie,* pour ne pas heurter une tradition consacrée, et par là peut-être dérouter le lecteur. Pour la même raison, nous écrivons *Retz,* au lieu de l'orthographe plus ancienne *Rais,* reprise par Paul de Gondi vers 1670.

[2]. Voyez ci-dessus la *Notice* sur les *Mémoires,* p. 46 et 47. — Le début des *Mémoires* n'est point dans le manuscrit autographe (qui ne commence qu'à notre page 129); les 258 premiers feuillets en ont été

à vous donner[1] l'histoire de ma vie, qui a été agitée de tant d'aventures différentes, néanmoins, comme vous me l'avez commandé[2], je vous obéis, même aux dépens de ma réputation. Le caprice[3] de la Fortune m'a fait honneur de beaucoup de fautes; et je doute qu'il soit judicieux de lever le voile qui en cache une partie[4]. Je vas[5] cependant vous instruire nuement et sans détour des plus petites particularités, depuis le moment que j'ai commencé à connoître mon état; et je ne vous celerai aucunes[6] des démarches que j'ai faites[7] en tous les temps de ma vie.

Je vous supplie très-humblement de ne pas être surprise de trouver si peu d'art et au contraire tant de dés-

arrachés, et probablement détruits. Nous avons dit dans la *Notice* (p. 47 et 53) que nous imprimions cette partie, pour laquelle l'original de Retz nous manque, d'après l'édition de 1719. Nous ne savons où ont été pris les fragments dont ce commencement se compose; nous ne les avons rencontrés dans aucune copie (ils ne sont pas non plus dans l'édition de 1718 D). Toutefois il nous paraît impossible de douter qu'ils soient de Retz. — Jusqu'à l'endroit où le manuscrit devient notre guide, nous donnerons (nous avons dit pourquoi, plus haut, p. 53) le relevé complet des variantes des diverses éditions.

1. Les éditions de 1718 C et E portent : « à donner, » sans *vous*, comme s'il s'agissait, non d'une simple confidence, mais, ce que l'auteur n'avoue pas, d'une histoire à transmettre à la postérité.

2. Dans les éditions de 1859 et de 1866 : *demandé*, au lieu de *commandé*.

3. .... l'histoire de ma vie, je vous obéis néanmoins, et même aux dépens de ma réputation, parce que je me sens pour vous une considération si parfaite que je ne pourrois refuser de découvrir à vos yeux les plus secrets motifs de ma conduite, et les replis les plus cachés de mon cœur. Le caprice, etc. (1718 C, E.)

4. Les deux éditions de 1717 et celles de 1718 B, F ont ici une longue lacune (de onze de nos lignes); elles passent immédiatement à : « Je mets mon nom, etc. »

5. Toutes les éditions qui ont ce passage donnent : *Je vais*. Nous suivons l'orthographe de Retz, qui écrit constamment : *je vas*.

6. Aucune. (1751, 1777, 1825, 1843-1866.)

7. Des démarches que j'ai prises. (1718 C, E.)

ordre en toute ma narration[1], et de considérer que si, en récitant les diverses parties qui la composent, j'interromps quelquefois le fil de l'histoire, néanmoins je ne vous dirai rien qu'avec toute la sincérité que demande l'estime que je sens pour vous. Je mets mon nom[2] à la tête de cet ouvrage, pour m'obliger davantage moi-même à ne diminuer et à ne grossir en rien la vérité. La fausse gloire et la fausse modestie sont les deux écueils que la plupart de ceux qui ont écrit leur propre vie n'ont pu éviter. Le président de Thou l'a fait avec succès[3] dans le dernier siècle, et dans l'antiquité César n'y a pas échoué[4]. Vous me faites, sans doute, la justice d'être persuadée que je n'alléguerois pas ces grands noms sur un sujet qui me regarde, si la sincérité n'étoit une vertu[5] dans laquelle il est permis et même commandé de s'égaler aux héros.

Je sors d'une maison[6] illustre en France et ancienne en Italie. Le* jour de ma naissance[7], on prit un estur-

* L'astérisque sert à marquer à quoi se rapportent les dates indiquées au haut des pages. Ainsi celui de cette page-ci renvoie à la ligne dernière, où il est parlé de la naissance de Retz.

1. Dans ma narration. (1751, 1777, 1825, 1837-1866.)
2. Je mets toutefois mon nom. (1718 C, E.)
3. L'a écrite avec succès. (1718 C, E.)
4. N'a pas échoué. (1717, 1718 B, F, 1837-1866.)
5. L'unique vertu. (1717, 1717 A, 1718 B, F, 1837-1866.)
6. Je suis d'une maison. (1718 C, E.) — Cette maison était beaucoup moins illustre et moins ancienne que ne le prétendait Retz; il en sera longuement question dans les pièces justificatives de la *Biographie*, où nous donnerons un tableau généalogique, avec de curieuses remarques inédites de Charles d'Hozier.

7. Il naquit vers le 20 septembre 1613, et non en octobre 1614, comme le disent presque tous les biographes[a] : nous avons pu rec-

[a] Nous avons rencontré dans la courte notice biographique qui est en tête de deux éditions de 1718 (B et F) la date de 1613, mais avec le mois d'octobre. Voltaire donne cette même date, octobre 1613, dans son *Siècle de Louis XIV*, à l'article GONDI (*Catalogue des Écrivains*).

geon monstrueux dans une petite rivière qui passe sur la terre de Montmirail, en Brie[1], où ma mère accoucha de moi. Comme je ne m'estime pas assez pour me croire un homme à augure[2], je ne rapporterois pas cette circonstance, si les libelles qui ont depuis été faits[3] contre moi, et qui en ont parlé comme d'un prétendu

tifier cette inexactitude au moyen de l'acte de baptême de Retz, qui existe encore dans les archives de la mairie de Montmirail. Cet acte de baptême, du 20 septembre 1613, donne à Retz les seuls noms de *François-Paul*, et pour parrain et marraine son oncle Jean-François de Gondi, alors doyen de Notre-Dame, et Marie Baleham, dame de Cuperly et de Tigecourt (voyez l'acte même à l'*Appendice* de la *Biographie*)[a]. Le rival de Retz, la Rochefoucauld, naissait à Paris à peu près à la même date, le 15 septembre 1613, comme l'indique un registre de baptême des Réformés, trouvé par M. de Rencogne (*Bulletin de la Charente*, année 1860). — Tallemant (tome V, p. 181) ajoute un détail curieux sur la naissance de notre auteur : « Jean-François de Gondy (*c'est ainsi qu'il le nomme*).... fut destiné à être chevalier de Malte, et étant né durant un chapitre, il fut chevalier dès ce jour-là : de sorte qu'il auroit été grand croix de bonne heure. » On ne le voua à l'Église, comme nous le dirons bientôt en parlant de son éducation, qu'après la mort de son frère Henri, le marquis des Iles d'Yères, tué, à la suite d'une chute, d'un coup de pied de cheval.

1. Montmirail, baronnie de l'ancienne Champagne et Brie; il s'y trouve un fort beau château, où une tradition, conservée à Montmirail, place, avec beaucoup de probabilité, la naissance de François-Paul de Gondi. Le château appartint dans la suite aux le Tellier, et il est maintenant à la famille de Doudeauville; il figurera dans l'*Album* joint à notre édition. Voyez les *Esquisses statistiques et historiques sur le canton de Montmirail*, par le baron Carra de Vaux, 1846; on donne aussi dans cet ouvrage la vraie date de naissance du jeune Retz, mais avec des détails erronés.

2. A augures. (1717 A, 1718 B, F, 1817.)
3. Qui ont été depuis faits. (1718 C, E.)

[a] Ceci était déjà imprimé, lorsque parut dans l'*Annuaire* de la *Société de l'Histoire de France* (année 1869, p. 154) une note très-complète sur la date véritable de la naissance du cardinal de Retz. L'auteur, M. Longnon, n'avait pas connaissance des deux éditions de 1718 (B et F) que nous venons de mentionner (p. 81, note *a*).

présage[1] de l'agitation dont ils ont voulu me faire l'auteur, ne me donnoient lieu de craindre qu'il n'y eût de l'affectation à l'omettre[2]. . . . .

1. Comme d'un présage. (1717, 1717 A, 1718 B, F, 1837-1866.)
2. Première lacune. Il est probable qu'on trouvait ici dans le manuscrit le récit de l'enfance et de l'adolescence de François-Paul. Voici ce qu'on sait de ces premiers temps de sa vie. Il eut d'abord pour précepteur M. Vincent, comme on appelait alors Vincent de Paul; l'élève devait peu répondre aux leçons d'un tel maître. M. Victor Hugo (dans *les Rayons et les Ombres*, XXXVI, *la Statue*) a fait allusion à la pénible tâche du saint homme :

> Avez-vous vu parfois, sur ce banc, vers midi,
> Suer Vincent de Paul à façonner Gondi?

Le 23 juin 1625, Retz perdit sa mère, la pieuse dame de Gondi, et Vincent se retira alors au collége des Bons-Enfants pour s'occuper uniquement des œuvres de charité qui l'ont rendu si célèbre. Peu de temps après, le père du jeune Retz, Philippe-Emmanuel de Gondi, général des galères sous Louis XIII, après avoir réglé ses affaires et pourvu à l'éducation et à l'avenir de ses enfants, se retira à l'Oratoire, où il mourut en 1662.

Retz, à l'époque de cette retraite, fut mis au collége de Clermont (aujourd'hui lycée Louis-le-Grand), chez les jésuites, dont les Gondi étaient les protecteurs. « Dès le collége, dit Tallemant (tome V, p. 182), l'abbé fit voir son humeur altière; il ne pouvoit guère souffrir d'égaux et avoit souvent querelle; il montra aussi, dès ce temps, son humeur libérale, car ayant appris qu'un gentilhomme qu'il ne connoissoit point étoit arrêté au Châtelet pour cinquante pistoles, il trouva moyen de les avoir et les lui envoya. »

A cette citation de Tallemant nous pouvons ajouter quelques lignes des *Mémoires* du P. Rapin (tome I, p. 160, édition de M. Léon Aubineau, Paris, 1865, 3 volumes in-8°). Cherchant les raisons du mauvais vouloir que Retz témoigna plus tard aux jésuites, il en trouve qui pourraient remonter jusqu'au temps du collége. « Comme on ne l'a jamais vu, dit-il, se démentir dans la conduite qu'il tint à l'égard des jésuites dans ces temps-là (*vers* 1650), ce n'est pas sans raison qu'on crut qu'il s'étoit passé quelque chose de secret dont il se sentit offensé contre eux. Il y en eut qui firent courir le bruit que le peu de ménagements qu'on eut pour lui pendant ses premières études au collége de Clermont, où, en effet, il fut traité sans aucune distinction, fut un des premiers sujets de mécontentement qu'il eut contre les Pères. D'autres disoient qu'il ne pouvoit pas les

. . . .

Je* communiquai[1] à Attichi[2], frère de la comtesse de Maure[3], et je le priai de se servir de moi la pre-

mier, parce qu'ils l'avoient trop connu dans un âge qui ne lui permettoit pas encore de se déguiser, et c'est, à ce qu'on prétend, ce qu'il n'a jamais pardonné à personne. » A ces motifs possibles de la malveillance de Paul de Gondi, Rapin en joint d'autres d'une époque postérieure; puis il continue ainsi : « Du moins est-il certain que, quand il se déclaroit en public d'être leur ennemi, ce n'étoit pas tant par une espèce de vanité, pour montrer un esprit au-dessus des préjugés de la jeunesse et des mesures qu'il devoit garder avec des gens qui l'avoient élevé, que par une véritable passion et par une impuissance toute pure de se modérer, comme il fit souvent paroitre par des invectives fréquentes qu'il faisoit contre eux, en présence de toutes sortes de gens, sans qu'il pût avoir en cela aucun but, ni retirer aucun avantage. »

Ces deux témoignages sont importants pour la jeunesse de Retz : ils nous le montrent, ce que la suite de sa vie pouvait faire deviner, difficile à gouverner, dès les bancs du collége. Rapin n'est pas un témoin bien impartial; il peut bien avoir mis quelque exagération dans son langage; cela s'expliquerait par l'esprit de corps irrité contre Retz, et par les liaisons particulières que Rapin avait eues avec Mazarin : il avait été chargé de surveiller spécialement, à ce même collége de Clermont, les études du jeune Alphonse Mancini, neveu du ministre. Mais, au fond, ce qu'il rapporte n'en demeure pas moins très-vraisemblable. Seulement nous pensons qu'au collége les difficultés durent venir plutôt du caractère de Paul de Gondi que des premiers procédés des jésuites à son égard. Nous avons peine à croire, malgré l'assertion du P. Rapin, qu'ils aient traité tout à fait comme le premier venu ce jeune élève, si intelligent, qui paraissait destiné par sa naissance à une si haute position; qu'ils n'aient pas montré la plus grande prudence et gardé tous les ménagements possibles envers un tel disciple, à une époque où on venait seulement, et beaucoup par la protection des Gondi, de permettre aux jésuites de rouvrir leur collége de Clermont, et où ils voyaient leurs priviléges violemment attaqués par l'Université.

Le père de Retz, qui désirait que l'archevêché de Paris, déjà occupé trois fois par des membres de la maison de Gondi[a], ne sortit pas de la famille, avait décidé, en mettant au collége son troisième fils, François-Paul, devenu le second par la mort de son frère

[a] Voyez ci-après, p. 90, note 2.

mière fois qu'il tireroit l'épée. Il la tiroit souvent, et je n'attendis pas longtemps. Il me pria d'appeler pour lui Melbeville⁴, enseigne-colonel des gardes, qui

Henri, qu'il serait destiné au sacerdoce, pour recueillir ce brillant héritage. Le 31 décembre 1627, l'enfant, alors âgé d'un peu plus de quatorze ans, fut fait chanoine de Notre-Dame, en remplacement de Messire Isaac de Lartigue. Mais, comme il l'a dit lui-même (ci-après, p. 90), il possédait « l'âme peut-être la moins ecclésiastique qui fût dans l'univers, » et il forma le projet de sortir, à force de scandales, de la carrière où l'usage du temps et l'ambition de sa famille le poussaient malgré lui. La communication à d'Attichy, dont il est parlé à la reprise du texte, est probablement celle de ce projet de tout mettre en œuvre pour n'être pas d'Église. — Le souvenir de ce jeune *abbé malgré lui* rappelle assez naturellement celui de l'évêque d'Autun, Talleyrand, et M. Sainte-Beuve n'a pas manqué de les rapprocher dans la récente étude qu'il a consacrée au diplomate de l'Empire et de la Restauration (voyez le journal *le Temps*, du 12 janvier 1869).

Dom Calmet nous a laissé quelques détails sur les études du futur cardinal : « Il était né avec des dispositions à toutes les sciences si extraordinaires qu'en peu de temps il apprit parfaitement les langues hébraïque, grecque, latine, espagnole, allemande et françoise; il réussit de même dans l'étude de l'éloquence, de la philosophie et de la théologie, et fit ses études avec beaucoup de succès. » Sa bibliothèque, dont une grande partie échut à l'abbaye de Saint-Mihiel, contenait un certain nombre de livres en ces différentes langues. (*Bibliothèque Lorraine*, article GONDI.) — Mme de Sévigné rapporte de son côté (tome IV, p. 33) que, dans sa retraite de Saint-Mihiel, « il dit son bréviaire en hébreu. »

1. Je le communiquai. (1751, 1777, 1825, 1859, 1866.)

2. Les éditions de 1777 et de 1825 donnent : *Artichi*, qui est évidemment un nom mal lu. — Doni, seigneur d'Attichy, fils d'Octavien Doni et de Valence de Marillac, sœur du maréchal et du ministre de ce nom.

3. Anne Doni, femme de Louis Rochechouart, comte de Maure. M. Victor Cousin nous l'a bien fait connaître çà et là, dans *Mme de Sablé*, *la Jeunesse de Mme de Longueville*, et *la Société française au dix-septième siècle*. Voyez aussi le portrait de la comtesse de Maure, par le marquis de Sourdis, cité par M. Paulin Paris, dans son édition de Tallemant des Réaux, tome III, p. 165.

4. Nous n'avons rencontré nulle part ce nom; il était aussi in-

se servit de Bassompierre[1], celui qui est mort[2], avec beaucoup de réputation, major général de bataille dans l'armée de l'Empire[3]. Nous nous battîmes à l'épée et au pistolet, derrière les Minimes[4] du bois de Vincennes. Je blessai Bassompierre d'un coup d'épée dans la cuisse et d'un coup de pistolet dans le bras. Il ne laissa pas de me désarmer, parce qu'il passa sur moi et qu'il étoit plus âgé[5] et plus fort. Nous allâmes séparer nos amis, qui étoient tous deux fort blessés. Ce combat fit assez de bruit; mais il ne produisit pas l'effet

connu à M. Bazin et lui paraissait, comme à nous-même, une mauvaise leçon. Ne serait-ce pas plutôt Claude de Malleville, secrétaire de Bassompierre, qui passe pour avoir travaillé aux *Mémoires* du Maréchal, et mourut en 1647? Mais ce Malleville était-il enseigne-colonel des gardes? Ceci nous semble douteux; ce pourrait être un de ses parents?

1. Anne-François de Bassompierre, neveu du maréchal François de Bassompierre.

2. Celui qui est mort depuis. (1717 A, 1718 B, F.) — Celui qui est depuis mort. (1717, 1837-1866.)

3. En 1646. — Les Bassompierre étaient Lorrains et descendaient d'une branche de la maison de Clèves; le Maréchal avait lui-même servi dans l'armée impériale, avant le temps où son esprit et sa figure assurèrent sa fortune en France. Son neveu entra au service de l'Empire, en 1634, comme commandant les troupes de Lorraine.

4. Couvent dans le bois de Vincennes. Le *Journal d'un voyage à Paris en* 1657-58, publié par M. P. Faugère, nous apprend que c'était alors une promenade agréable; on allait visiter le « jardin très-joli et fort couvert d'allées » (p. 176). C'est encore de nos jours la plus belle partie du bois de Vincennes. La *Revue des sociétés savantes* (année 1859, tome I, p. 737) analyse un manuscrit intitulé : *Plans des forêts, bois et buissons du département de la Grande Maîtrise des eaux et forêts de l'Ile de France, Brie, Perche, Picardie et pays reconquis* (1668). Ce manuscrit, qui appartient à M. le marquis de Maleyssie, a figuré, pour ses très-beaux plans, enluminés par Compardelle, à l'exposition d'archéologie et des beaux-arts, à Chartres, en 1858; on y trouve de longs détails sur le bois de Vincennes et les Minimes à cette époque.

5. Il avait un an et demi de plus que Paul de Gondi, étant né en mars 1612. Voyez sur ce neveu les *Mémoires* du Maréchal, p. 13

PREMIÈRE PARTIE. [*1629-1632]

que j'attendois. Le procureur général[1] commença des poursuites; mais il les discontinua à la prière de nos proches; et ainsi je demeurai là avec[2] ma soutane et un duel[3]. . . . .
. . . .
La* mère[4] s'en aperçut[5]; elle avertit mon père, et l'on me ramena à Paris assez brusquement. Il ne tint pas à moi de me consoler de son absence avec Mme du Châtelet[6]; mais comme elle étoit engagée avec le comte

et p. 328 (Collection Michaud, tome XX). Il n'y est pas question du duel, non plus que dans Tallemant des Réaux, quoique tous les deux tiennent en général note assez exacte de ces sortes d'affaires.

1. C'était, depuis 1614, Matthieu Molé. Ce ne sera pas la dernière fois qu'il aura à informer contre le Cardinal. On sait quelle était alors la sévérité des lois contre le duel : elles avaient fait tomber récemment la tête de Montmorency Boutteville, et causé la disgrâce momentanée de la Meilleraye : quoique celui-ci fût parent de Richelieu, il avait été condamné à la dégradation militaire.

2. Je demeurai avec. (1717, 1717 A, 1718 B, F, 1817, 1820, 1828, 1837-1866.)

3. Ce duel doit être placé entre le 30 novembre 1628, date du retour du Maréchal à Paris, après le siége de la Rochelle, et le 12 février 1629, date de son départ pour l'Italie, puisque Bassompierre dit positivement dans ses *Mémoires* (p. 291) que son neveu l'accompagna au siége de la Rochelle et au Pas de Suze. — Suit une seconde lacune, dont on ne connait pas l'étendue.

4. Les éditions de 1718 B, F donnent : « *Ma* mère », ce qui est tout à fait différent; l'édition de 1717 A, d'ordinaire assez conforme à ces deux éditions de 1718, porte ici, comme du reste toutes les autres : « *La* mère; » c'est la seule bonne leçon : la mère de Retz était morte, nous l'avons dit, en 1625.

5. Il s'agit probablement de l'interruption d'une première passion : dans le duel qui vient d'être raconté, Retz ne figurait que comme second, et sans être personnellement en cause. On voit qu'ici la scène se passe hors de Paris, vraisemblablement à la campagne, et qu'il est question d'une jeune fille qui est encore sous la surveillance maternelle.

6. Il est probable que cette dame appartenait à la famille du Châtelet Trichâteau, de Lorraine.

d'Harcourt[1], elle me traita d'écolier, et elle me joua même assez publiquement sous ce titre, en présence de M. le comte d'Harcourt. Je m'en pris à lui ; je lui fis un appel à la Comédie. Nous nous battîmes, le lendemain au matin, au delà du faubourg Saint-Marcel. Il passa sur moi, après m'avoir donné un coup d'épée qui ne faisoit qu'effleurer l'estomac ; il me porta par terre, et il eût eu infailliblement tout l'avantage, si son épée ne lui fût tombée de la main en nous colletant. Je voulus raccourcir la mienne pour lui en donner dans les reins ; mais comme il étoit beaucoup plus fort et plus

1. Henri de Lorraine, comte d'Harcourt, surnommé *le Gros*, second fils du duc d'Elbeuf, né en 1601, un de ceux qui devaient faire « des *merveilles* » (avec son père et ses trois frères) dans les premiers jours de la Fronde. Tallemant (tome V, p. 185) parle de ce second duel de Retz, sans dire le nom de son adversaire ; le manuscrit des *Historiettes* porte cependant ces mots, biffés il est vrai : « Je pense que c'étoit contre le comte d'Harcourt. » — Au même endroit, Tallemant fait aussi mention d'une aventure qui amena encore un duel, et dont nos anciennes éditions ne disent mot, non plus que d'une autre preuve d'intrépidité que le conteur rapporte à la suite, comme la tenant de notre auteur lui-même, mais sans paraître y ajouter grande foi. Nous nous bornons à reproduire l'anecdote qui complète l'histoire des duels : « En ce temps-là, un homme proposa à l'Abbé d'épouser je ne sais quelle grande héritière d'Allemagne, catholique, dont je n'ai pu savoir le nom ; que ses parents luthériens la violentoient, et qu'on la vouloit donner à un Weymar, qui étoit à l'Académie, à Paris. Il y entend, et promet à cet homme une de ses deux abbayes... : elles valent dix-huit mille livres de rente ou environ. Je n'ai pu savoir tout ceci qu'imparfaitement. Il fit un voyage, où il parla à cette fille ; même il se battit contre ce Weymar, et eut l'avantage, non par adresse, mais par bravoure, car il n'est pas moins vaillant que Monsieur le Prince.... Je lui ai ouï dire à lui-même (*à Retz*) que cet homme lui disoit : « Je vous aurai bientôt culbuté ; ce n'est pas là votre mé-
« tier. » — « Cependant (*ajoutait Retz*) il (*l'homme*) laissa, je ne
« crois pas que ce fût exprès, un grand baudrier en buffle, sans
« lequel je l'eusse bien blessé, car je donnai droit dedans. » Il me contoit tout cela sans nommer personne. »

âgé que moi, il me tenoit le bras si serré sous lui, que je ne pus exécuter mon dessein. Nous demeurions ainsi sans nous pouvoir faire du mal, quand il me dit : « Levons-nous, il n'est pas honnête de se gourmer. Vous êtes un joli garçon; je vous estime, et je ne fais aucune difficulté, dans l'état où nous sommes, de dire que je ne vous ai donné aucun sujet de me quereller. » Nous convînmes de dire au marquis de Boisy[1], qui étoit son neveu et mon ami, comment le combat s'étoit passé, mais de le tenir secret à l'égard du monde, à la considération de Mme du Châtelet. Ce n'étoit pas mon compte; mais quel moyen honnête de le refuser? On ne parla que peu de cette affaire, et encore fut-ce par l'indiscrétion de Noirmoutier[2], qui, l'ayant apprise[3] du marquis de Boisy, la mit un peu dans le monde; mais enfin il n'y eut point de procédures, et je demeurai encore là avec[4] ma soutane et deux duels.

Permettez-moi, je vous supplie, de faire un peu de réflexion[5] sur la nature de l'esprit de l'homme. Je ne crois pas qu'il y eût au monde un meilleur cœur que celui de

1. Ici, et sept lignes plus loin, toutes les anciennes éditions portent *Poissy* ou *Poissi;* celles de MM. Champollion-Figeac donnent, les deux premières (1837 et 1843) : *Poissy;* les deux dernières (1859 et 1866) : *Boissy;* il faut lire *Boisy* : c'est, comme on le verra plus loin (p. 147), l'orthographe du manuscrit original. — Henri Gouffier, marquis de Boisy, fils de Louis Gouffier, duc de Roannois, et de Claude-Éléonore de Lorraine, sœur du comte d'Harcourt, était né en 1605, et fut tué en 1639, au combat de Saint-Herquerque.

2. Louis II de la Trémouille, marquis de Noirmoutier, né en 1612; il sera souvent question de lui dans les *Mémoires*. Il mourut en 1666.

3. *L'ayant appris.* (1717, 1717 A, 1718 B, F.) — C'est ainsi sans doute que le Cardinal a écrit. Voyez, sur la manière dont il emploie les participes, l'*Introduction grammaticale*, en tête du *Lexique*.

4. *Et je demeurai encore avec.* (1717, 1717 A, 1718 B, F, 1837-1866.)

5. *De faire quelques réflexions.* (1718 C, E.)

mon père [1], et je puis dire que sa trempe étoit celle de la vertu. Cependant et ces duels et ces galanteries ne l'empêchèrent pas de faire tous ses efforts pour attacher à l'Église l'âme peut-être la moins ecclésiastique qui fût dans l'univers : la prédilection pour son aîné et la vue de l'archevêché de Paris, qui étoit dans sa maison [2], pro-

1. Philippe-Emmanuel comte de Gondi, marquis de Belle-Ile et des Iles d'Or, comte de Joigny, baron de Montmirail et de Dampierre, seigneur châtelain de Villepreux et de la Hébergerie, né en 1581, lieutenant pour le Roi ès mers du Levant et Ponant, général des galères après son père, en 1598. Il épousa en 1604 Françoise-Marguerite de Silly; puis, devenu veuf en 1625, il entra à l'Oratoire, et mourut le 29 juin 1662.

2. Ce siége épiscopal était alors occupé par un Gondi, qui avait eu pour prédécesseurs immédiats deux autres évêques de sa famille et de son nom. Le premier avait été Pierre de Gondi (frère du maréchal Albert de Gondi), évêque de Paris et cardinal. Le second, Henri de Gondi, fils d'Albert, et par conséquent neveu du précédent, fut aussi évêque et cardinal; il mourut en 1622; sa statue, autrefois placée dans l'église Notre-Dame, est aujourd'hui à Versailles (sous le n° 2809). Il fut remplacé par son plus jeune frère, Jean-François de Gondi, celui qui le premier eut le titre d'*archevêque* de Paris, et dont Paul de Gondi fut le coadjuteur et le successeur.

Nous avons déjà dit en passant (p. 85) que François-Paul de Gondi avait été fait chanoine de la cathédrale de Paris, dans le chapitre tenu le 31 décembre 1627. Voici ce qu'on lit à ce sujet dans les registres capitulaires de Notre-Dame (*Archives de l'Empire*, LL 284, p. 558 et 559): *Mediantibus litteris collationis et provisionis canonicatus et præbendæ insignis metropolitanæ Ecclesiæ parisiensis nobili Francisco Paulo de Gondy, clerico parisiensi per Illustrissimum et Reverendissimum D. D. Joannem Franciscum de Gondy, Dei et sanctæ sedis apostolicæ gratia parisiensem archiepiscopum, facto, vacantium per mortem seu obitum defuncti magistri Isaac de Lartigue, illorum ultimi possessoris pacifici, signatis de mandato præfati Illustrissimi et Reverendissimi Domini nostri Domini parisiensis archiepiscopi, signatis J. Baudouyn, et sigillatis sigillo cameræ præfati Illustrissimi et Reverendissimi Domini parisiensis archiepiscopi, fuit dictus Dominus Franciscus Paulus de Gondy ad hujus modi(?) canonicatum et præbendam receptus et admissus, præstito juramento præstari solito, fuitque installatus in propria a parte sinistra chori, solvitque jura assueta.*— Cette nomination de chanoine dans un

duisirent cet effet. Il ne le crut pas, et ne le sentit pas lui-même; je jurerois même qu'il eût lui-même juré[1], dans le plus intérieur de son cœur, qu'il n'avoit en cela d'autre mouvement[2] que celui qui lui étoit inspiré par l'appréhension des périls auxquels la profession contraire exposeroit mon âme : tant il est vrai qu'il n'y a rien qui soit si sujet à l'illusion[3] que la piété. Toutes sortes d'erreurs se glissent et se cachent sous son voile; elle consacre toutes sortes d'imaginations; et la meilleure intention ne suffit pas pour y faire éviter les travers[4]. Enfin, après tout ce que je viens de vous raconter[5], je demeurai homme d'Église[6]; mais ce n'eût pas été assurément pour longtemps, sans un incident dont je vas[7] vous rendre compte.

M. le duc de Retz[8], aîné de notre maison, rompit, dans ce temps-là, par le commandement du Roi, le traité

âge si peu avancé (quatorze ans et quelques mois) n'était pas, on le sait, extraordinaire à cette époque; nous trouvons dans les mêmes registres (13 mai 1633, p. 318, LL 288) : François Bouthillier, fait chanoine dans sa onzième année, avec une dispense du Pape.

1. Je jurerois qu'il eût lui-même juré. (1717, 1717 A, 1718 B, F, 1837-1866.) — Je jurerois même qu'il eût juré. (1718 C, E.)

2. Et je jurerois même que, dans l'intérieur de son cœur, il n'avoit en cela d'autre mouvement. (1817-1828.)

3. Qui soit si sujet à illusion. (1717 A.) — Qui soit sujet à illusion. (1718 B, F.)

4. Pour en faire éviter le travers. (1717, 1717 A, 1718 B, F, 1837-1866.) — Pour y faire éviter le travers. (1723.)

5. Ce que je viens de raconter. (1718 B.)

6. Je demeurai d'Église. (1717, 1717 A, 1718 B, F, 1837-1866.) — Ce pourrait bien être la vraie leçon.

7. La forme : *je vas*, n'est que dans une seule édition (1717); dans toutes les autres il y a : *je vais*. Voyez ci-dessus, p. 80, note 5.

8. Henri, petit-fils d'Albert de Gondi, cousin germain de François-Paul, né en 1590, marié à Jeanne de Scepeaux, héritière du duché de Beaupréau, qui mourut le 20 novembre 1620, lui laissant deux filles. L'aînée fut héritière du duché de Retz, et la seconde de celui de Beaupréau.

de mariage qui avoit été accordé, quelques années auparavant, entre M. le duc de Mercœur[1] et sa fille[2]. Il vint trouver mon père, dès le lendemain, et le surprit très-agréablement[3] en lui disant qu'il étoit résolu de la donner à son[4] cousin, pour réunir la maison. Comme je savois qu'elle avoit une sœur[5], qui possédoit[6] plus de quatre-vingt mille livres de rente, je songeai au même moment à la double alliance. Je n'espérois pas que l'on y pensât pour moi, connoissant le terrain comme je le connoissois, et je pris le parti de me pourvoir de moi-même[7]. Comme j'eus quelque lumière que mon père n'étoit pas dans le dessein de me mener aux noces[8], peut-être en vue de ce qui en arriva, je fis semblant de me radoucir à l'égard de ma profession. Je feignis d'être touché de ce que

1. Louis duc de Mercœur, né en 1612, fils aîné de César duc de Vendôme, et par conséquent petit-fils de Henri IV. Tallemant des Réaux (tome II, p. 308) parle aussi d'un premier accord de mariage ; mais il substitue par erreur Montmorency à Mercœur. Le duc de Mercœur mourut en 1668, après avoir embrassé l'état ecclésiastique et être devenu cardinal.

2. Sa fille aînée, Catherine de Gondi. Elle apporta en dot le duché de Retz dans la branche cadette ; aussi, dit Tallemant, à l'endroit cité, Montmorency (*lisez* Mercœur) appeloit le mari : « duc de mon reste. » — Elle mourut le 18 septembre 1677, dans son château de Machecoul.

3. Et le surprit agréablement. (1718 C, E.)

4. Le *son* se rapporte, croyons-nous, au duc de Retz, cousin germain de son futur gendre, Pierre de Gondi (frère aîné de l'auteur des *Mémoires*), plutôt qu'à Catherine, nièce à la mode de Bretagne du même Pierre, c'est-à-dire sa cousine au cinquième degré.

5. Marguerite de Gondi, née en 1615 ; elle épousa, en 1645, Louis de Cossé, duc de Brissac, et lui apporta le duché de Beaupréau et le comté de Chemillé. Elle mourut en 1670, dans le couvent des Carmélites de la rue du Bouloi.

6. Qui auroit. (1717, 1717 A, 1718 B, F, 1837-1866.)

7. De me pourvoir moi-même. (1718 C, E.)

8. Le mariage eut lieu à Machecoul, dans le pays de Retz, au mois d'août 1633, avec une dispense du Pape.

l'on m'avoit représenté tant de fois sur ce sujet, et je jouai si bien mon personnage, que l'on crut que j'étois absolument changé. Mon père* se résolut de me mener en Bretagne, d'autant plus facilement que je n'en avois témoigné aucun desir. Nous trouvâmes Mlle de Retz à Beaupréau en Anjou[1]. Je ne regardai l'aînée que comme ma sœur; je considérai[2] d'abord Mlle de Scepeaux[3] (c'est ainsi qu'on appeloit la cadette) comme ma maîtresse[4]. Je la trouvai très-belle, le teint du plus grand éclat du monde[5], des lis et des roses en abondance, les yeux admirables, la bouche très-belle[6], du défaut à la taille, mais peu remarquable et qui étoit beaucoup couvert par la vue de quatre-vingt mille livres de rente, par l'espérance du duché de Beaupréau, et par mille chimères que je formois sur ces fondements, qui étoient réels[7].

Je couvris très-bien mon jeu dans le commencement[8] : j'avois fait l'ecclésiastique et le dévot dans tout le voyage; je continuai dans le séjour. Je soupirois toutefois devant la belle; elle[9] s'en aperçut : je parlai ensuite, elle m'écouta, mais d'un air un peu sévère[10].

1. Aujourd'hui dans le département de Maine-et-Loire. Le château existe encore; nous y retrouverons plus tard le Cardinal, après son évasion de Nantes; nous en donnons une vue dans l'*Album*.
2. Je ne considérai. (1717 A, 1718 F.)
3. Mlle Scepeaux. (1717 A, 1718 B, F.)
4. Retz avait alors vingt ans, et Marguerite environ dix-huit.
5. Très-belle, le plus grand éclat du monde. (1717, 1717 A, 1718 B, F.)
6. La bouche belle. (1717, 1717 A, 1718 B, F.)
7. Sur ce fondement, qui étoit réel. (1718 C, E.)
8. Je couvris bien mon jeu dans les commencements. (1717, 1717 A, 1718 B, F, 1837-1866.) — Je couvris très-bien mon jeu dans les commencements. (1817, 1820, 1828.)
9. La belle, et elle. (1718 C, E.)
10. Tallemant (tome V, p. 181-183) nous a conservé sur le physique de Retz quelques détails curieux, qu'il mêle à d'autres con-

Comme j'avois observé qu'elle aimoit extrêmement une vieille fille de chambre, qui étoit sœur d'un de mes moines[1] de Buzay[2], je n'oubliai rien pour la gagner, et j'y

cernant le moral : « François de Gondy.... est un petit homme noir, qui n'y voit que de fort près, mal fait, laid et maladroit de ses mains à toute chose.... J'ai vu qu'il ne savoit pas se boutonner. Une fois, à la chasse, il fallut que M. de Mercœur lui remît son éperon ; il n'en put jamais venir à bout. Il ne connoissoit autrefois, de toutes les monnoies, qu'une pistole et un quart d'écu.... La soutane lui venoit mieux que l'épée, sinon pour son humeur, au moins pour son corps, tel que je l'ai représenté. Il n'avoit pas pourtant la mine d'un niais : il y avoit quelque chose de fier dans son visage. .... Il m'a dit que le gros comte de la Rocheguyon lui vouloit donner tout son bien, à condition qu'il prendroit le nom et les armes de Silly ; mais qu'à sa mort les parents empêchèrent qu'on lui fît venir un notaire. En me contant cela, il me disoit que s'il eût été d'épée, il eût fort aimé à être brave, et qu'il auroit fait grande dépense en habits ; je souriois, car, fait comme il est, il n'en eût été que plus mal, et je pense que ç'auroit été un terrible danseur et un terrible homme de cheval.... Il est aussi rêveur, de sorte qu'à table, par malice, on lui mettoit une tête de perdrix sur son assiette : il la portoit à la bouche (on laissoit alors les plumes à la tête), sans y regarder, et mettoit les dents dedans ; la plume lui sortoit de tous les côtés. Il ne mange jamais que du plat qui est devant lui : il n'y a guère d'homme plus sobre. Il est enclin à l'amour ; il a la galanterie en tête, et veut faire du bruit ; mais sa passion dominante est l'ambition ; son humeur est étrangement inquiète, et la bile le tourmente toujours. »

1. Qui étoit sœur d'un des moines. (1843-1866.) — Notre texte est celui de toutes les autres éditions.

2. Paul de Gondi, chanoine de Notre-Dame, était déjà abbé de Buzay (près de Machecoul) et de Quimperlé ; Buzay n'a plus aujourd'hui aucune importance. Ces deux abbayes, d'après Tallemant (tome V, p. 185), valaient dix-huit mille livres de rente ou environ ; il dit ailleurs (p. 182) que le « nom de Buzay approchant un peu trop de *buse*, » le jeune chanoine « se fit appeler l'abbé de Retz ; » nous l'avons cependant rencontré dans les *Registres capitulaires* de Notre-Dame, à la date du 25 juin 1643, sous le nom de Buzé-Gondy (*sic*). — Retz se démit de l'abbaye de Buzay, en faveur d'un fils, alors âgé de cinq ans, de son ami Caumartin : ce fils fut plus tard évêque de Vannes, puis de Blois. L'abbaye de Quimperlé fut donnée à l'abbé Guillaume Charrier, et après la mort

réussis par le moyen de cent pistoles et par des promesses immenses[1] que je lui fis. Elle mit dans l'esprit de sa maîtresse que l'on ne songeoit qu'à la faire religieuse, et je lui disois, de mon côté, que l'on ne pensoit qu'à me faire moine. Elle haïssoit cruellement sa sœur, parce qu'elle étoit beaucoup plus aimée de son père, et je n'aimois[2] pas trop mon frère pour la même raison. Cette conformité dans nos fortunes contribua beaucoup à notre liaison. Je me persuadai qu'elle étoit réciproque, et je me résolus de la mener en Hollande. Dans la vérité[3], il n'y avoit rien de si facile, Machecoul[4], où nous étions venus de Beaupréau, n'étant qu'à une demi-lieue de la mer; mais il falloit de l'argent pour cette expédition; et mon trésor étant épuisé par le don des cent pistoles, je ne me trouvois pas un sol[5]. J'en trou-

de Guillaume (1667) à l'autre abbé Charrier, son neveu, fils du magistrat lyonnais si connu pour sa fermeté et qui, comme son frère, avait été très-dévoué au Cardinal.

1. Et des promesses immenses. (1717, 1717 A, 1718 B, F, 1837-1866.)

2. De son père; je n'aimois. (1717, 1717 A, 1718 B, F, 1837-1866.)

3. En Hollande; et dans la vérité. (1717, 1717 A, 1718 B, F, 1837-1866.)

4. Machecoul[a], capitale du pays de Retz, dont les deux autres lieux principaux étaient Pornic et Paimbeuf. Le pays de Retz faisait partie du diocèse de Nantes, au midi de la Loire; il avait quinze lieues de l'est à l'ouest et neuf du sud au nord; au centre est le lac de Grand-Lieu. Il eut d'abord le titre de comté, puis fut érigé en duché en 1532. Il fut longtemps compris dans le Poitou, et s'étendait jusqu'à Saint-Maixent.

5. De la mer. Il falloit de l'argent pour cette expédition; mon trésor étoit épuisé par le don des cent pistoles (1718 B : de cent pistoles), et je n'avois pas un sol. (1717, 1717 A, 1718 B, F, 1837-1866.) — Je ne me trouvois pas un sou. (1820-1828.) — Les éditions de 1751, 1777, 1817 et 1820-1828 donnent *sou*; les autres *sol*.

[a] *Machecoul* est l'orthographe constante du Cardinal. Dans la plupart des anciennes éditions ce nom est écrit *Machecoux*.

vai suffisamment en témoignant à mon père que l'économat de mes abbayes étant censé tenu de la plus grande rigueur des lois, je croyois être obligé, en conscience, d'en prendre l'administration. La proposition ne plut pas ; mais on ne put la refuser, et parce qu'elle étoit dans l'ordre, et parce qu'elle faisoit, en quelque façon, juger que je voulois au moins retenir mes bénéfices, puisque j'en voulois prendre soin[1].

Je partis dès le lendemain, pour aller affermer Buzay, qui n'est qu'à cinq lieues de Machecoul. Je traitai avec un marchand de Nantes, appelé Jucatières, qui prit avantage de ma précipitation, et qui, moyennant quatre mille écus comptants qu'il me donna, conclut un marché qui a fait sa fortune. Je crus avoir quatre millions. J'étois sur le point de m'assurer d'une de ces flûtes[2] hollandoises qui sont toujours à la rade de Retz[3], lorsqu'il arriva un accident qui rompit toutes mes mesures[4].

Mlle de Retz (car elle avoit pris ce nom depuis le mariage de sa sœur) avoit les plus beaux yeux du monde ; mais ils n'étoient jamais si beaux que quand ils mouroient, et je n'en ai jamais vu à qui la langueur donnât tant de grâces. Un jour que nous dînions chez une dame du pays, à une lieue de Machecoul, en se regardant dans un miroir qui étoit dans la ruelle[5], elle

1. Prendre le soin. (1717, 1717 A, 1718 B, F.)
2. J'étois donc sur le point de m'assurer de ces flûtes. (1718 C, E.)
3. Retz, dans la baie de Bourgneuf. Selon quelques historiens bretons, on appelait cette contrée « pays de *Retz*, » à cause du grand nombre de ses baies et rades, où se trouvaient toujours des embarcations; en latin, *Ratiatensis pagus* (de *ratis*, bateau, embarcation), d'où l'orthographe *Rais*.
4. Qui rompit encore toutes mes mesures. (1717, 1717 A, 1718 B, F, 1837-1866.)
5. Qui étoit à la ruelle. (1718 B.)

montra tout ce que la *morbidezza* des Italiens[1] a de plus tendre, de plus animé et de plus touchant. Mais par malheur elle ne prit pas garde que Palluau[2], qui a depuis été le maréchal[3] de Clérembault, étoit au point de vue du miroir. Il le remarqua, et comme il étoit fort attaché à Mme de Retz, avec laquelle, étant fille, il avoit eu beaucoup de commerce, il ne manqua pas de lui en rendre[4] un compte fidèle, et il m'assura même, à ce qu'il m'a dit lui-même depuis, que ce qu'il avoit vu ne pouvoit pas être un original[5].

Mme de Retz[6], qui haïssoit mortellement sa sœur, en avertit, dès le soir même, Monsieur son père, qui ne manqua pas d'en donner part au mien. Le lendemain, l'ordinaire de Paris arriva; l'on feignit d'avoir reçu des lettres bien pressantes; l'on dit[7] un adieu aux dames fort léger et fort public. Mon père me mena coucher à Nantes. Je fus, comme vous le pouvez juger, et fort surpris et fort touché. Je ne savois pas à quoi attribuer la promptitude de ce départ; je ne pouvois me repro-

1. Toutes les anciennes impressions portent : « des Italiens; » MM. Champollion, dans leurs diverses éditions (1837-1866), y ont substitué : « des Italiennes. » Le changement nous paraît inutile; le sens est : ce que les Italiens appellent *morbidezza*.
2. Philippe de Clérembault, comte de Palluau, devint maréchal de France en 1653, et mourut en 1665.
3. Qui a été depuis le maréchal. (1723.) — Qui a depuis été maréchal. (1777, 1825.)
4. De lui rendre. (1723.)
5. Mlle de Scepeaux ou de Retz, selon son nouveau nom, tiendra plus tard ce qu'elle promettait : ses amours avec Paul de Gondi, brisés alors, se renouèrent, comme on le verra. M. Sainte-Beuve, dans l'article déjà cité (*Temps* du 12 janvier 1869), a rapproché les « amours de séminaire » de Talleyrand de ceux du jeune abbé de Gondi.
6. Catherine de Gondi, l'ancienne Mlle de Retz, devenue Mme de Retz par son mariage.
7. On dit. (1717 A, 1718 B, F.)

cher aucune imprudence ; je n'avois pas le moindre doute que Palluau eût pu avoir rien vu. Je fus un peu éclairci à Orléans, où mon père[1], appréhendant que je ne m'échappasse, ce que j'avois vainement tenté plusieurs fois dès Tours, se saisit[2] de ma cassette, où étoit mon argent. Je connus, par ce procédé, que j'avois été pénétré, et j'arrivai à Paris avec la douleur que vous pouvez vous imaginer.

Je trouvai Equilli[3], oncle de Vassé[4] et mon cousin germain, que j'ose assurer avoir été le plus honnête homme de son siècle. Il avoit vingt ans plus que moi[5], mais il ne laissoit pas de m'aimer chèrement. Je lui avois communiqué, avant mon départ, la pensée que j'avois d'enlever Mlle de Retz, et il l'avoit fort approu-

---

1. Toutes les éditions donnent : *mon frère;* nous croyons pouvoir y substituer, avec M. Bazin : *mon père.* Il n'a pas été question du retour du frère ; il n'est parlé que du père dans le voyage de Nantes ; il est peu probable que le frère de Retz ait quitté sa femme pour ramener à Paris le redoutable galant, quand le père était là et suffisait bien.

2. Vainement tenté dès Tours, se saisit. (1717, 1717 A, 1718 B, F, 1837-1866.)—Vainement tenté plusieurs fois, se saisit. (1718 C, E.)

3. Les anciennes éditions ont pour ce nom les orthographes : *Equilli* (1719), *Equilly, Ecvilly*. — René, seigneur d'Ecquevilly ou Esguilly, était le second fils de Marguerite de Gondi (tante de François-Paul de Gondi) et de Lancelot, seigneur de Vassé, baron de la Roche-Mabile. Tallemant des Réaux (tome II, p. 241) l'appelle « un fort galant homme. »

4. Le frère aîné de ce René d'Equilli ou Ecquevilly, Henri de Vassé, eut un fils, Henri-François marquis de Vassé, qu'on appelait à la cour *Son Impertinence* (voyez Tallemant, tome V, p. 41 et 48). Cette impertinence lui avait acquis une réputation qui permet à Retz de ne le désigner que par son nom, bien qu'il lui fût commun avec d'autres : c'est le Vassé si connu. D'Ormesson (tome II, p. 449 et 450) raconte une de ses insolences, qui lui attira une arrestation arbitraire (1660) ; Mme de Sévigné (tome VI, p. 244) parle d'une fameuse harangue de Vassé, divisée en dix-sept points.

5. Il avoit plus de vingt ans plus que moi. (1717 A, 1718 B, F.)

vée, non-seulement parce qu'il la trouvoit fort avantageuse[1] pour moi, mais encore parce qu'il étoit persuadé que la double alliance étoit nécessaire pour assurer l'établissement de la maison. L'événement[2] qui porte aujourd'hui notre nom dans une famille étrangère[3] marque qu'il étoit assez bien fondé. Il me promit de nouveau de me servir de toute chose en cette occasion. Il me prêta douze cents[4] écus, qui étoit tout ce qu'il avoit d'argent comptant. J'en pris trois mille du président Barillon[5]. Equilli manda de Provence le pilote

1. Très-avantageuse. (1751, 1777, 1825.)
2. De la maison; et l'événement. (1717, 1717 A, 1718 B, F, 1837-1866.)
3. Voici une phrase importante dans les *Mémoires*. Si elle est bien de notre auteur, elle montre qu'il les composa dans les dernières années de sa vie, ou qu'il était constamment occupé à les revoir et à les compléter. En effet, le duc Henri de Retz mourut en 1659; le nouveau duc Pierre de Retz, son gendre, en 1675; la veuve de Pierre, fille et héritière du duc Henri, en 1677. Leur fille, mariée, en 1675, au duc de Lesdiguières, prit, après la mort de sa mère (1677), le nom de duchesse de Retz, comme en témoigne l'*Histoire généalogique des Gondi*, par Corbinelli, qui lui est dédiée. Lorsque cette duchesse de Retz et de Lesdiguières mourut, en 1716[a], le nom de Retz fut pris par le fils aîné du duc de Villeroy (Neufville-Villeroy), du chef de sa bisaïeule, duchesse de Brissac. Les mots : « L'événement qui porte aujourd'hui notre nom dans une famille étrangère, etc., » peuvent avoir, on le voit, pour objet l'alliance de 1675, et, dans ce cas, le Cardinal a pu les écrire quatre ans avant sa mort (1679). S'ils s'appliquaient à Villeroy, faisant passer le nom, trente-huit ans après cette mort, dans une famille bien autrement *étrangère*, ils seraient, comme le pensait M. Bazin, une interpolation, probablement « l'œuvre de l'éditeur de 1717, qui aurait fait ainsi allusion à un fait récent et public » à la dernière transmission et à la présente possession du nom et du titre.
4. Dans les plus récentes éditions (1843-1866), le chiffre 12 000 a été substitué à 1200 (douze cents).
5. Jean-Jacques Barillon, président aux enquêtes au parlement

[a] Voyez la *Notice des Mémoires*, p. 7 et 8.

de sa galère, qui étoit homme de main et de sens. Je m'ouvris de mon dessein à Mme la comtesse de Sault[1], qui a été depuis Mme de Lesdiguières[2]. . . . . . .
. . . .
Ce* nom[3] m'oblige à interrompre le fil[4] de mon discours[5], et vous en verrez les raisons dans la suite.

Je querellai Praslin à propos de rien[6] : nous nous

de Paris ; il avait épousé une dame Fayet, fille d'un autre président à la même compagnie.

1. Anne de Lesdiguières, d'abord comtesse de Sault (on écrivait aussi *Saulx* et *Saux*), était une cousine germaine de François-Paul, comme fille de la quatrième fille d'Albert de Gondi (mariée à Léonor de la Magdelaine, marquis de Ragny). Elle épousa, en 1632, François de Bonne et de Créquy, comte de Sault, qui devint duc de Lesdiguières par la mort du Maréchal, son frère, en 1638. Anne de Lesdiguières mourut en 1656. Tallemant des Réaux dit (tome V, p. 181 et 357) que Paul de Gondi, dans sa jeunesse, fut amoureux d'elle ; dans les querelles de famille, il s'était rangé de son côté contre son autre cousine, Mme de Schomberg ; ils eurent certainement l'un pour l'autre une grande affection. Retz défendit hautement la Duchesse, outragée par le marquis de Roquelaure (Tallemant, tome V, p. 356 et suivantes), et obtint du cardinal Mazarin un exil momentané de l'insolent. La Duchesse montra le plus vif intérêt à Paul de Gondi pendant toute sa vie, et surtout lors de son incarcération. — Dans les deux dernières éditions (1859 et 1866), on a imprimé par erreur : « la comtesse de *Sceaux*. »

2. Ici une nouvelle lacune ; elle n'est point marquée dans les éditions de 1718 B, F, non plus que dans celles de 1859 et de 1866. — On ne connaît point la fin de l'aventure : ce fut peut-être une nouvelle tentative de Retz auprès de Mlle de Scepeaux.

3. On ne sait de qui il s'agit ici.

4. Le file (*sic*). (1717 A, 1718 F.)

5. A interrompre mon discours. (1718 C, E.)

6. Selon Tallemant des Réaux (tome V, p. 186), cet adversaire de Retz était François de Choiseul, abbé de Praslin, et plus tard marquis de Praslin et mari de Mlle d'Escars, tant vantée par Scarron et par Loret. Retz a-t-il omis ce détail curieux afin de garder, selon la supposition de M. Bazin, pour lui seul l'originalité d'un abbé bretteur, ou est-ce un mauvais renseignement de Tallemant, et s'agit-il de Roger de Choiseul, frère de l'Abbé, comme le croit

battîmes dans le bois de Boulogne, après avoir eu des peines incroyables à nous échapper de ceux qui nous vouloient arrêter[1]. Il me donna un fort grand[2] coup d'épée dans la gorge : je lui en donnai un, qui n'étoit pas moindre, dans le bras. Meillaincour, écuyer de mon frère, qui me servoit de second, et qui avoit[3] été blessé dans le petit ventre[4] et désarmé, et le chevalier du Plessis[5], second de Praslin, nous vinrent séparer[6]. Je n'oubliai rien pour faire éclater ce combat, jusqu'au

un annotateur, assez peu exact d'ordinaire, il est vrai? Retz n'indique rien qui puisse décider la question. — Je querellois à propos de rien Praslin. (1717, 1717 A, 1718 B, F, 1837-1866.) — Il y a *Prassin*, pour *Praslin*, dans l'édition de 1731.

1. Qui vouloient nous arrêter. (1751, 1777, 1817-1828.)
2. Dans les éditions de 1817, 1820, 1828 : « un très-grand; » dans celles de 1837-1866 : « un grand. »
3. Qui me servoit, et qui avoit. (1717, 1717 A, 1718 B, F, 1837-1866.)
4. Le *petit ventre*, expression vieillie, signifiant l'*estomac*.
5. Nous ne savons trop quel est ce du Plessis? S'agit-il du chevalier François du Plessis, marquis de Pont-Courlay, dont le fils, Jean du Plessis, chevalier, baron de Guébriac, épousa, le 12 novembre 1652, Anne-Jeanne-Baptiste, fille aînée de la Beauvais (voyez M. Jal, *Dictionnaire critique de biographie et d'histoire*, à l'article BEAUVAIS)? Tallemant, à l'endroit cité, ne nomme pas du Plessis comme second de ce duel, et le remplace par le comte d'Harcourt. La seule objection que nous ayons à faire contre notre hypothèse, c'est qu'un simple écuyer était de bien peu de poids contre le chevalier du Plessis, marquis de Pont-Courlay; la même difficulté se retrouve du reste dans le cas du comte d'Harcourt. Il est probable qu'il y a dans Tallemant une confusion avec l'autre duel où Paul de Gondi combattit contre le comte d'Harcourt (voyez plus haut, p. 88). — Nous avons encore rencontré un autre du Plessis, gentilhomme du duc de Puylaurens, et arrêté le même jour que le duc pour complot contre l'État, le 14 février 1635 (*Mémoires de Bassompierre*, Collection Michaud, tome XX, p. 331); nous n'avons pas d'autres renseignements sur lui. Est-ce de celui-là qu'il s'agit? Ce serait possible.
6. Un passage de Tallemant des Réaux (tome III, p. 90 et 91) nous montre (s'il ne contient encore une vanterie de l'auteur des *Mémoires*)

point d'avoir aposté[1] des témoins ; mais l'on ne peut forcer le destin, et l'on ne songea pas seulement à en informer[2]. . . . .
. . . .
« En ce cas-là, croyez-vous[3], me dit-il, qu'un attachement à une fille de cette sorte puisse vous empêcher de tomber dans un inconvénient[4] où Monsieur de Paris[5], votre oncle, est tombé, beaucoup plus par la bassesse de ses inclinations que par le déréglement de ses mœurs ? Il en est des ecclésiastiques comme des femmes, qui ne peuvent[6] jamais[7] conserver de dignité dans la galanterie que par le mérite de leurs amants. Où est celui de

que ce n'était pas seulement dans les duels qu'il déployait son courage, mais qu'en toute occasion il tirait l'épée aussi résolûment qu'un homme de guerre. Voici ce que rapporte le chroniqueur : « J'ai ouï dire au cardinal de Retz, alors abbé,... qu'il avoit secouru Arnauld sur le Pont-Neuf, l'ayant trouvé seul, l'épée à la main, contre six soldats. »

1. D'avoir *aporté* (*sic*). (1718 C, E.)

2. Cette nouvelle lacune nous dérobe, avec d'autres faits peut-être, le commencement de la galanterie de notre jeune abbé avec Mlle de Roche. Nous ne savons pas quelle est la personne qui lui fit des objections au sujet de cette passion, assez vive, ce nous semble ; quel est l'ami, peu sévère après tout, qui tâcha de lui faire comprendre qu'un homme de son nom et de son habit ne devait avoir que des maîtresses de qualité.

3. En ce cas, croyez-vous. (1717, 1717 A, 1718 B, F, 1837-1866.) — Dans ce cas, croyez-vous. (1817, 1820, 1828.) — En ce cas-là, craignez-vous. (1718 C, E.)

4. Dans des inconvénients. (1717, 1717 A, 1718 B, F, 1837-1843.) — Dans les inconvénients. (1859, 1866.) — A un inconvénient. (1718 C, E.)

5. Dans les éditions de 1718 C, E : « M. de Parci. » — Beaucoup de chroniqueurs, entre autres Tallemant (tome IV, p. 73, etc.), donnent les détails les plus scandaleux sur les mœurs de l'archevêque de Paris, oncle de Retz.

6. Comme des femmes : elles ne peuvent. (1717, 1717 A, 1718 B, C, E, F, 1837-1866.)

7. Les éditions de 1837-1866 omettent *jamais*.

PREMIÈRE PARTIE. [1633-1638]

Mlle de Roche[1], hors sa beauté[2]? Est-ce une excuse suffisante pour un abbé dont la première prétention est l'archevêché de Paris? Si vous prenez l'épée, comme je

1. Marie Galateau, demoiselle de Roche, d'une famille parlementaire de Bordeaux. Voici ce que nous apprend sur elle Tallemant (tome VI, p. 281, note 2, et p. 282) : « C'étoit une des plus aimables personnes du monde ; elle s'appeloit Galateau en son nom, et étoit fille de la femme de l'écuyer de Mme de Retz. Elle avoit de l'esprit, disoit les choses fort agréablement, étoit belle comme un ange, et point coquette. On en fit tant de bruit que la Reine la voulut voir ; mais les dames de la cour, et surtout les filles de la Reine, la traitèrent fort de bourgeoise. Le Grand Maître, depuis maréchal de la Meilleraye, alors veuf, la voulut faire épouser à l'Escossois, qui étoit à lui et logeoit à l'Arsenal. L'Escossois étoit riche, mais elle eut peur de la violence du Grand Maître, et voyant sa mère gagnée, elle se fit enlever par Lalane, son amoureux, celui-là même qui faisoit si joliment des vers. Les enfants l'ont fait mourir toute jeune : ce fut grand dommage. » Voyez en outre le *Commentaire* de M. Paulin Paris, p. 289 et 290. — Alexandre Campion témoigne aussi de la beauté de Mlle de Roche, dans son *Recueil de lettres qui peuvent servir à l'histoire, et diverses poésies* (Rouen, 1657, in-8°). Il avait d'abord voulu séduire Mlle de Roche, qui avait pour lui une grande affection. N'ayant pu y réussir, il la laissa épouser à Pierre de la Lane, qui était aussi d'une famille parlementaire de Bordeaux. Chapelain a composé l'épitaphe de cette Marie de Roche, connue sous le nom d'*Amarante*. Campion lui a adressé des poésies, et de nombreuses lettres, qui ont pour suscription, d'abord : « A M. D. R., » plus tard : « A Mme de la Lane. » Un des billets de ce Campion parait être à peu près de la même époque que la passion de Retz : il n'est point daté, mais est placé, dans le volume que nous venons de citer, aux pages 73 et 74, entre des lettres de 1638 et de 1640. Campion venait de recevoir de Marie de Roche une lettre et un madrigal accompagnant des vers de son mari, la Lane : « J'étois assez persuadé, lui dit-il, par le récit de tout Paris et par la connoissance que j'en avois, que votre beauté étoit accompagnée de toutes les belles qualités que peut desirer une femme. Votre luth, votre voix, votre danse, votre conversation, et mille autres perfections que chacun sait, m'étoient connues comme aux autres ; mais je vous avoue que je ne pensois pas que votre esprit allât si loin, etc. »

2. Hors la beauté. (1718 C, E.) — Excepté sa beauté. (1817, 1820, 1828.)

le crois, à quoi vous exposez-vous? Pouvez-vous répondre de vous-même à l'égard d'une fille aussi brillante et aussi belle qu'elle est ? Dans six semaines elle ne sera plus enfant[1] ; elle sera sifflée par Épineville[2], qui est un vieux renard, et par sa mère[3], qui paroît avoir de l'entendement. Que savez-vous ce qu'une beauté comme celle-là, qui sera bien instruite[4], vous pourra mettre dans l'esprit[5]? . . . .
. . . .

M. le cardinal de Richelieu haïssoit au dernier point Mme la princesse de Guémené[6], parce qu'il étoit persuadé qu'elle avoit traversé l'inclination qu'il avoit pour la Reine, et qu'elle avoit même été de part à la pièce

1. Elle ne sera plus un enfant. (1751, 1777, 1825.)
2. Ce doit être le beau-père de Mlle de Roche, et par conséquent l'écuyer de Mme de Retz (voyez p. 103, note 1).
3. Les éditions de M. Aimé Champollion (1843-1866) omettent les mots : « qui est un vieux renard, et par sa mère. » Ils se trouvent dans toutes les autres.
4. Bientôt instruite. (1837-1866.)
5. Encore une lacune : nous ignorons ainsi le dénoûment de la passion de Retz pour Mlle de Roche. Continua-t-il à la rechercher? ou bien porta-t-il ses vues plus haut? Cela serviroit de transition à la passion pour Mme de Guémené. Ce qui est certain, c'est que Marie de Roche avait fait une très-vive impression sur Retz, qui en parlait souvent et encore longtemps après, si l'on s'en rapporte à une lettre de Mme de Sévigné (18 septembre 1676, tome V, p. 68) : « Le cardinal de Retz vous a parlé vingt fois de sa divine beauté. »
6. Retz écrit constamment *Guemené;* mais toutes les éditions antérieures à 1825 : *Guimené.* — Anne de Rohan, princesse de Guémené, avait épousé, en 1617, Louis de Rohan, son cousin germain; elle mourut, en 1685, dans son château de Rochefort, en Beauce, âgée de quatre-vingt-un ans. Tallemant des Réaux nous apprend (tome IV, p. 478) qu'elle était encore « une belle personne » à cinquante ans. Mme de Motteville la nomme « une des plus belles personnes du monde : » voyez le portrait entier au tome I de ses *Mémoires*, p. 39 (édition de M. Riaux). — Mme de Sévigné décrit en quelques mots sa ruelle (tome VI, p. 166 et 167).

que Mme du Fargis[1], dame d'atour, lui fit quand elle porta[2] à la Reine mère, Marie de Médicis, une lettre d'amour qu'il avoit écrite à la Reine sa belle-fille. Cette haine de M. le cardinal de Richelieu avoit passé jusqu'au point[3] d'avoir voulu obliger pour se venger M. le maréchal[4] de Brézé[5], son beau-frère et capitaine des gardes du corps, à rendre publiques les lettres de Mme de Guémené, qui avoient été trouvées dans la cassette de M. de Montmorency[6], lorsqu'il fut pris à Castelnau-

1. Madeleine de Silly, sœur de la mère de l'abbé de Retz, mariée à Charles d'Angennes du Fargis, était, comme le disent les *Mémoires*, dame d'atour d'Anne d'Autriche. Déjà discréditée par ses galanteries, elle fut chassée de la cour à cause de ses cabales : aussi doit-on révoquer en doute le plan exposé par Tallemant des Réaux (tome II, p. 6 et 7), d'après lequel Richelieu se serait servi de Mme du Fargis pour faire ses propositions de *galanterie* à Anne d'Autriche. Richelieu, après s'être ainsi livré à Mme du Fargis, n'aurait pu la persécuter impunément, comme il le fit ensuite. Le même chroniqueur (tome II, p. 124, note 2) nous a conservé un mot piquant sur Mme du Fargis et sur son neveu Retz, qui, nous ne savons trop pourquoi, ne mentionne pas sa parenté avec Mme du Fargis, comme il le fait habituellement pour les autres personnages. Ce mot a été fait par la marquise de Rambouillet : « Mme du Fargis devoit, disait-elle, être la mère du cardinal de Retz. » On trouvera des détails sur la vie de Mme du Fargis dans l'*Histoire de Commercy*, par M. Dumont (tome II, p. 79-95); on y voit aussi un *fac-simile* de sa signature.

2. Quand il porta. (1717, 1717 A, 1718 B, F.)

3. Avoit été poussée au point. (1817, 1820, 1828.)

4. Obliger M. le maréchal. (1717, 1717 A, 1718 B, F, 1837-1866.)

5. Urbain de Maillé, marquis de Brézé; il avait épousé, en 1617, Nicole du Plessis, sœur de Richelieu; il fut fait maréchal en 1632, gouverneur d'Anjou en 1642, et mourut en 1650.

6. Henri, dernier duc de Montmorency, maréchal de France, décapité à Toulouse, en octobre 1632, pour s'être révolté, avec Gaston d'Orléans, contre Richelieu; il avait été vaincu et fait prisonnier à la bataille de Castelnaudari par Schomberg. Un peu plus loin (p. 110), Retz racontera, en se contredisant, que Brézé finit par montrer les lettres à Richelieu.

dari; mais le maréchal[1] de Brézé eut ou l'honnêteté ou la franchise de les rendre à Mme de Guémené. Il étoit pourtant fort extravagant[2]; mais comme M. le cardinal de Richelieu s'étoit trouvé autrefois honoré, en quelque façon, de son alliance, et qu'il craignoit[3] même ses emportements et ses prôneries[4] auprès du Roi, qui avoit[5] quelque sorte d'inclination pour lui, il le souffroit dans la vue[6] de se donner à lui-même quelque repos dans sa famille, qu'il souhaitoit avec passion d'établir et d'unir. Il pouvoit tout en France, à la réserve de ce dernier point; car M. le maréchal de Brézé avoit pris une si forte aversion pour M. de la Meilleraye[7], qui étoit grand maître

1. A Castelnaudari. Le maréchal. (1717 A, 1718 B, F, 1837-1866.)

2. Il étoit fort extravagant. (1717, 1717 A, 1718 B, F, 1837-1866.)

3. Mais M. le cardinal de Richelieu s'étoit trouvé autrefois honoré, en quelque façon, de son alliance; il craignoit. (1718 C, E.)

4. Et qu'il craignoit même ses prôneries. (1717 A, 1718 B, F.)
— Et qu'il craignoit même ses emportements et ses discours. (1817, 1820, 1828.)

5. Auprès du Roi, et il avoit. (1718 C, E.)

6. « Pour lui, dans la vue. (1717, 1717 A, 1718 B, C, E, F.)
— Au texte, que nous suivons, des éditions de 1719-1723 : « pour lui, il le souffroit dans la vue; » celles de 1837-1866 ont substitué : « pour lui, il agissoit dans la vue. » — La Châtre, dans ses *Mémoires* (p. 272, Collection Michaud), confirme la familiarité du maréchal de Brézé avec Louis XIII. Une curieuse étude de M. Gustave Masson, à propos de six volumes in-folio d'une correspondance inédite, conservée au *British Museum* (1627-1649), montre quelle étoit alors la puissance du maréchal de Brézé : voyez le *Cabinet historique* de M. Louis Paris, 15º année, 1869, p. 32 à 158 : *les Amis du maréchal de Brézé.*

7. Charles de la Porte de la Meilleraye, cousin germain de Richelieu par son père Charles de la Porte, seigneur de la Lunardière, frère de la mère du Cardinal. Il épousa d'abord, en 1630, Marie Ruzé, fille du maréchal d'Effiat, et devint grand maître de l'artillerie, en remplacement de Sully, promu à la dignité de maréchal de France en 1634; la Meilleraye fut lui-même maréchal en 1639; de-

de l'artillerie en ce temps-là, et qui a été depuis le maréchal[1] de la Meilleraye, qu'il ne le pouvoit souffrir. Il ne pouvoit se mettre dans l'esprit que M. le cardinal de Richelieu dût seulement songer à un homme qui étoit vraiment son cousin germain, mais qui n'avoit apporté dans son alliance qu'une roture fort connue[2], la plus petite mine du monde, et un mérite, à ce qu'il publioit, fort commun.

M. le cardinal de Richelieu n'étoit pas de ce sentiment. Il croyoit, et avec raison[3], beaucoup de cœur à M. de la Meilleraye ; il estimoit même sa capacité dans la guerre infiniment au-dessus de ce qu'elle méritoit, quoique en effet elle ne fût pas méprisable. Enfin il le destinoit à la place que nous avons vu[4] avoir été tenue depuis si glorieusement par M. de Turenne[5].

venu veuf, il se maria, en 1637, avec Marie de Cossé-Brissac, et mourut en 1664. On le retrouvera souvent dans les *Mémoires*. — Voyez sur ce personnage un bon travail de M. de la Fontenelle de Vaudoré : *le Maréchal de la Meilleraye*, Paris, 1839, in-12.

1. Depuis maréchal. (1723.)

2. Les éditions de 1718 C et E ont ôté tout sens à ce passage, en substituant *naturel* à *roture*. — Une chanson du temps, que Retz semble mettre ici en prose, raille cette roture fort connue (voyez le commentaire de M. Paulin Paris sur Tallemant, tome II, p. 229) :

>   Petit-fils de notaire,
>   Mine à quatre deniers,
>   Je ne me saurois taire
>   De te voir canonnier, etc.

M. de la Fontenelle (p. 5) dit que la tradition reproduite par la *Biographie universelle* de Michaud fait descendre la Meilleraye, non d'un notaire, mais d'un apothicaire de Parthenay. — Mme de Motteville n'est pas plus favorable que Retz à la Meilleraye.

3. Il croyoit, avec raison. (1718 C, E.)

4. A la place de celle que nous avons vu. (1717, 1717 A, 1718 B, F.)

5. Celle de *maréchal général des camps et armées*, dont Turenne

Vous jugez assez, par ce que je viens de vous dire, de la brouillerie du dedans de la maison de M. le cardina de Richelieu, et de l'intérêt qu'il avoit à la démêler. Il y travailla avec application, et il ne crut pas y pouvoir mieux réussir qu'en réunissant ces deux chefs de cabale dans une confiance qu'il n'eut pour personne et qu'il eut uniquement pour eux deux. Il les mit[1], pour cet effet, en commun et par indivis, dans la confidence de ses galanteries, qui en vérité ne répondoient en rien à la grandeur de ses actions, ni à l'éclat de sa vie; car Marion[2] de l'Orme[3], qui étoit un peu moins qu'une prostituée, fut un des objets de son amour, et elle le sacrifia[4] à des Barreaux[5]. Mme de Fruges[6], que vous voyez traî-

reçut le brevet des mains du Roi, le 5 août 1660, à Montpellier. Lesdiguières avait autrefois porté ce titre, avant d'être connétable. Voyez l'*Histoire de France* de M. Henri Martin, 4e édition, tome XII, p. 533.

1. Pour eux. Il les mit. (1717 A, 1718 B, F.)

2. De sa vie. Marion. (1717, 1717 A, 1718 B, F, 1837-1866.) Ce dernier mot: *Marion*, commence, dans ces éditions, un nouvel alinéa.

3. Marie de Lou, demoiselle de l'Orme, née à Blois d'un marchand mercier. Elle fut surnommée successivement *Madame la Grand* et *Madame la Surintendante*, noms tirés des dignités de ses amants, Cinq-Mars, grand écuyer du Roi (appelé, à ce titre, *Monsieur le Grand*), et Émery, surintendant des finances. Elle mourut en 1650, âgée de trente-cinq ans, selon les uns; de trente-neuf ans, selon les autres: elle avait donc de vingt à vingt-quatre ans à l'époque qui nous occupe. Voyez Tallemant, tome II, p. 42, et *passim*.

4. Et elle se sacrifia. (1717, 1717 A, 1718 B, F.)

5. Jacques Vallée des Barreaux, conseiller au Parlement pendant quelque temps, est surtout connu par sa vie épicurienne dans sa maison du faubourg Saint-Victor, appelée l'*Ile de Chypre*. La plupart des poésies de ce disciple de Théophile ont un caractère libertin dans le double sens de l'époque; il fit cependant un sonnet religieux, resté célèbre, que d'autres attribuent à l'abbé de Lavau:

   Grand Dieu, tes jugements sont remplis d'équité.

Il mourut en 1673.

6. Mme de Fruges est probablement Françoise de Fiennes, ma-

nante dans les cabinets[1], sous le nom de vieille femme, en fut un autre[2]. La première venoit chez lui la nuit; il alloit aussi la nuit chez la seconde, qui étoit déjà un reste de Buckingham[3] et de l'Epienne[4]? Ces deux confidents[5], qui avoient fait entre eux une paix fourrée[6], l'y menoient en habit de couleur; Mme de Guémené faillit d'être la victime de cette paix fourrée.

M. de la Meilleraye, que l'on appeloit le Grand Maître[7], étoit devenu amoureux d'elle; mais elle ne l'étoit nullement de lui. Comme il étoit, et par son naturel et par sa faveur, l'homme du monde le plus impérieux, il

---

riée à un vicomte de Fruges; on ne peut l'affirmer, parce qu'on trouve dans le P. Anselme deux vicomtes de Fruges de la maison de Fiennes, sans qu'on puisse distinguer sûrement quel fut le mari de celle dont il est ici parlé, à savoir la vieille dame d'atour de la reine d'Angleterre.

1. Un des sens du mot était alors : « lieu de réunion, ruelle. » Voyez M. Littré, *Dictionnaire de la langue française*, à l'article Cabinet, 8°.

2. Une autre. (1717, 1717 A, 1718 B, F, 1817, 1820, 1828, 1837-1866.)

3. Georges Villiers, duc de Buckingham, favori de Jacques Ier et de Charles Ier, assassiné en 1628 par John Felton, au moment où il allait pour la seconde fois au secours de la Rochelle. — L'orthographe des deux premières éditions (1717, 1717 A) est *Buchinkan;* celle de 1718 B, F : *Buckinkan.*

4. Toutes les éditions portent ainsi : *de l'Epienne* (1718 C : *de De l'Epienne;* 1718 E : *de de l'Epienne*). — Ce nom nous est complétement inconnu. MM. Aimé Champollion et Bazin proposent : *de Piennes*, qui nous semble plus probable. Ce de Piennes serait de la maison d'Hallwin, alliée à celle du Cardinal par sa tante de Maignelais, femme de Florimond d'Hallwin, marquis de Maignelais.

5. La Meilleraye et Brézé (et non Brissac, comme le dit M. Aimé Champollion, 1859 et 1866, tome I, p. 20). — *Ces*, que donnent toutes les anciennes éditions, est bien clair après tout ce qui précède, et il n'est pas besoin d'y substituer *ses*, comme a fait le dernier éditeur.

6. Fait une paix fourrée. (1717, 1717 A, 1718 B, F, 1837-1866.

7. Abréviation de grand maître de l'artillerie.

trouva fort mauvais que l'on ne l'aimât pas. Il s'en plaignit, l'on n'en fut point touchée; il menaça, l'on s'en moqua. Il crut le pouvoir, parce que Monsieur le Cardinal, auquel il avoit dit rage contre Mme de Guémené, avoit enfin obligé M. de Brézé à lui mettre entre les mains les lettres écrites à M. de Montmorency, desquelles je vous ai tantôt parlé[1], et il les avoit[2] données au Grand Maître, qui, dans les secondes menaces, en laissa échapper quelque chose à Mme de Guémené. Elle ne s'en moqua plus, mais elle faillit à en enrager[3]. Elle tomba dans une mélancolie qui n'est pas imaginable, tellement que[4] l'on ne la reconnoissoit point. Elle s'en alla à Couperai[5], où elle ne voulut voir personne[6] . .
. . . .

Dès que j'eus pris la résolution de me mettre à l'é-

1. Voyez ci-dessus, p. 105 et 106.
2. Et les avoit. (1717, 1717 A, 1718 B, F, 1837-1866.)
3. A enrager. (1723, 1777, 1825, 1837-1866.)
4. Imaginable : elle changea tellement que, etc. (1717, 1717 A, 1718 B, F, 1837-1866.)
5. M. Bazin propose la leçon très-vraisemblable : *Coupevray*, nom d'une terre de la Brie, qui, dit-il, appartenait à M. de Guémené. *Couperai*, *Couperay*, *Couperey*, que donnent les autres éditions (*Coupray*, les deux plus récentes), est le nom d'un bourg de la Haute-Marne. — D'Argenson, dans ses *Essais* (p. 77), parle aussi des galanteries par lesquelles Retz déplut à Richelieu : « Tantôt il s'attachoit à des femmes qui déplaisoient au Cardinal; tantôt il faisoit la cour à ses maîtresses et les lui enlevoit même. » Les mots qui suivent le second *tantôt* pourraient se rapporter à Mme de la Meilleraye; peut-être aussi à des femmes qui étaient nommées dans des endroits où le manuscrit autographe a maintenant des lacunes.
6. Nouvelle suppression; elle n'est pas indiquée dans les éditions de 1843-1866. Le passage retranché devait probablement nous apprendre le commencement de la liaison de Retz avec Mme de Guémené; comment lui vint la résolution de se livrer à l'étude; et enfin comment le maréchal de la Meilleraye devint l'ami du jeune abbé qui était son heureux rival auprès de la princesse de Guémené.

tude, j'y pris aussi celle de reprendre les errements[1] de
M. le cardinal de Richelieu[2]; et quoique mes proches
mêmes s'y opposassent, dans l'opinion que cette matière
n'étoit bonne que pour des pédants, je suivis mon dessein[3] : j'entrepris la carrière, et je l'ouvris avec succès[4].
Elle a été remplie depuis par toutes les personnes de
qualité de la même profession[5]. Mais comme je fus le
premier depuis M. le cardinal de Richelieu, ma pensée
lui plut; et cela, joint aux bons offices que Monsieur le
Grand Maître me rendoit tous les jours auprès de lui, fit
qu'il parla avantageusement de moi en deux ou trois
occasions, qu'il témoigna un étonnement obligeant de

1. Les ornements. (1718 C, E.)
2. Quoique Richelieu, avant de songer à la carrière ecclésiastique par suite de l'entrée de son frère, l'évêque de Luçon, chez les
Chartreux, eût été d'abord destiné aux armes, et qu'il eût passé
quelque temps à l'académie sous le nom de marquis de Chillon,
il était déjà docteur à vingt ans, après avoir soutenu ses thèses en
rochet et en camail, comme un évêque nommé. A Rome, pour demander ses bulles, il prononça devant le Pape une harangue latine.
De 1607 à 1614, il s'occupe de la conversion des hérétiques, si nombreux dans le voisinage de son évêché de Luçon, de l'instruction de
son clergé, de la réforme des abus; il prêche dans son diocèse et à
la cour, et compose successivement quatre ouvrages de théologie, etc. Retz avait « formé, dit M. Jacquinet dans sa très-remar-
quable étude *des Prédicateurs du XVIIe siècle avant Bossuet* (p. 305),
le dessein.... d'être ou de paraître d'abord un autre Richelieu
dans l'Église, pour devenir plus tard un autre Richelieu dans
l'État. »
3. Je suivis mon destin. (1718 C, E.)
4. Ce succès s'explique et par sa rare intelligence et par sa brillante facilité. L'abbé de Marolles, dans ses *Mémoires*, tome III,
p. 345 et 346 (Amsterdam, 1755, 3 volumes in-12), l'appelle « un
des plus beaux esprits qui fut jamais. » Sa mémoire, dit-il, « a
toujours paru si heureuse que, sans avoir rien écrit, il a composé
plusieurs livres en latin et en françois qu'il sait tous par cœur. »
5. Personnes de qualité de la profession. (1717, 1717 A, 1718
B, F, 1837-1866.)

ce que je ne lui avois jamais fait la cour, et qu'il ordonna même à M. de Lingendes[1], qui a été depuis évêque de Mâcon, de me mener chez lui.

Voilà la source de ma première disgrâce; car au lieu de répondre à ses avances et aux instances que Monsieur le Grand Maître me fit pour m'obliger à lui aller faire ma cour, je ne les payai[2] toutes que de très-méchantes excuses[3]. Je fis le malade, j'allai à la campagne[4]; enfin j'en fis assez pour laisser voir que je ne voulois point m'attacher à M. le cardinal de Richelieu[5], qui étoit un très-grand homme, mais qui avoit au souverain degré le foible de ne point mépriser les petites choses. Il le témoigna en ma personne; car l'histoire de *la Conjuration de Jean-Louis de Fiesque*[6], que j'avois

---

1. Jean de Lingendes (1595-1665), prédicateur, et familier du Cardinal; il fut évêque de Sarlat en 1642, et de Mâcon en 1650. M. Jacquinet, aux pages 247 et suivantes de l'ouvrage que nous venons de citer, montre que Jean de Lingendes, qu'on a souvent confondu avec son cousin Claude de Lingendes, a été beaucoup trop vanté pour ses sermons.

2. Fit pour m'y obliger, je ne les payai. (1717, 1717 A, 1718 B, F, 1837-1866.)

3. Que de très-mauvaises excuses. (1751, 1777, 1825.)

4. J'allois à la campagne. (1717, 1717 A, 1718 B, F, 1817, 1837-1866.)

5. Selon Tallemant (tome V, p. 186), outre le tendre intérêt que lui inspirait Mme de Guémené, persécutée par Richelieu, Retz avait un autre motif de mécontentement : la violence que le Cardinal-ministre fit aux Gondi pour la charge des galères, qu'il leur fit vendre malgré eux. Mais, « sans cela, sur ma parole, ajoute le chroniqueur, notre homme n'eût pas laissé d'être son ennemi. Il étoit trop ambitieux; il se vantoit que son père, son frère et lui avoient été les seules personnes de condition qui n'eussent point plié. »

6. L'Italien Augustin Mascardi avait publié à Rome, en 1629, *la Conjuration du comte Jean-Louis de Fiesque*, formée en 1547 contre la république de Gênes et les Doria; trois ans après, en 1632, Retz, âgé seulement de dix-neuf ans, composa un ouvrage

faite[1] à dix-huit ans, ayant échappé, en ce temps-là, des mains de Lozières[2], à qui je l'avois confiée seulement

du même titre. Le choix du sujet était déjà significatif ; la manière dont le livre italien, tout en servant visiblement de modèle, fut modifié, faisait de cet ouvrage un avertissement au gouvernement et une menace contre la politique du ministre. M. Marius Topin, dans son *Étude sur le cardinal de Retz*, couronnée par l'Académie française en 1863, s'écrie avec raison (p. 15) : « Quelle complète transformation des personnages, et avec quelle précoce et audacieuse habileté le jeune Gondi a pu, d'une histoire impartiale, dans laquelle est sainement appréciée une entreprise qu'on ne saurait louer, faire tout à la fois l'apologie éclatante d'un conspirateur, un savant traité des conjurations, et une attaque indirecte contre le puissant ministre qui gouvernait alors la France ! » — Avons-nous l'ouvrage tel que Retz l'avait fait en 1632, ou peu après, vers 1639, comme paraît le croire Tallemant, qui le dit postérieur à quelques sermons (tome V, p. 188) ? Nous en doutons beaucoup, et nous exposerons les raisons de notre doute dans la *Notice* que nous placerons en tête de *la Conjuration de Fiesque*. Voyez ce que nous avons déjà dit, au sujet de cet opuscule, dans la *Notice* des *Mémoires*, p. 45.

1. Que j'avois fait. (1717, 1837.) — C'est ainsi probablement que Retz a écrit. Voyez l'*Introduction grammaticale* du *Lexique*, à l'article PARTICIPES.

2. Pierre Ivon de la Leu, sieur de Lozières ou Lauzières. Il était intimement lié avec Retz, d'une amitié formée par le plaisir : ils s'étaient rencontrés chez Marion de l'Orme, et voyagèrent ensemble en Italie. Lozières, après avoir combattu comme huguenot, se fit catholique, devint conseiller d'Église au Parlement, en 1636, puis conseiller d'État par l'intermédiaire de Retz, et intendant du Dauphiné. M. Moreau, dans sa *Bibliographie des Mazarinades* (tome I, p. 45), parle d'un Paul Yvon, sieur de la Leu ; malgré la différence du prénom, nous croyons que c'est le même. — D'Argenson, dans ses *Essais* (p. 75), confirme le fait que rapporte ici notre auteur ; mais il ne fait pas intervenir de Lozières : « Il (*Retz*) montra, dit-il, cet ouvrage (*la Conjuration de Fiesque*) à l'abbé de Boisrobert, et l'accompagna sans doute de quelques réflexions qui firent comprendre à ce bel esprit, dévoué au cardinal de Richelieu, que l'abbé de Retz avoit de grandes dispositions à devenir factieux et conspirateur. Boisrobert en avertit le premier ministre, qui dit tout haut qu'il voyoit bien que le petit abbé seroit un jour un dangereux esprit. Ce propos alarma M. de Gondi père ; mais, au contraire, son

pour la lire, et ayant été portée à M. le cardinal de Richelieu par Boisrobert[1], il dit tout haut, en présence du maréchal d'Estrées[2] et de Senneterre[3] : « Voilà un dangereux esprit. » Le second le dit, dès le soir même, à mon père, et je me le tins comme dit à moi-même. Je continuai cependant, par ma propre considération[4], la conduite que je n'avois prise jusque-là que par celle de la haine personnelle que Mme de Guémené avoit contre Monsieur le Cardinal.

Le succès que j'eus dans les actes de Sorbonne me donna du goût pour ce genre de réputation. Je la voulus pousser plus loin, et je m'imaginai que je pourrois[5] réussir dans les sermons[6]. On me conseilloit de commen-

fils en fut enchanté : il trouvoit très-beau d'être, à son âge, traité d'homme dangereux par un premier ministre qui faisoit trembler la France et l'Europe entière. » — Nous n'avons pas besoin de faire remarquer qu'il ne s'agit que du manuscrit de *la Conjuration*.

1. François le Métel de Boisrobert, abbé de Châtillon-sur-Seine et conseiller d'État. Il fut un des premiers membres de l'Académie française; elle tint même longtemps ses séances chez lui. C'était un des familiers de Richelieu. Voyez la *Biographie de François le Métel de Bois-Robert*, par M. Hippeau (Académie des sciences, arts, belles-lettres de Caen, 1852); et une *Notice sur Boisrobert*, par M. Livet (1851, in-8º).

2. François-Annibal duc d'Estrées, frère de la « charmante » Gabrielle, maréchal de France depuis 1626. Il était né en 1573, et par conséquent était âgé de plus de soixante ans au temps dont parle Retz. Il fut nommé, en 1636, ambassadeur extraordinaire à Rome, et mourut en 1670.

3. Henri de Saint-Nectaire ou Senneterre, marquis de la Ferté-Nabert, ministre d'État, alors âgé, lui aussi, de plus de soixante ans; il mourut en 1662. Retz nous dira plus loin que d'Estrées et Senneterre étaient considérés comme les plus fins politiques de l'époque.

4. Je continuai par ma propre considération. (1717, 1717 A, 1718 B, F, 1837-1866.) — Je continuai cependant par propre considération. (1718 C, E.)

5. Que je pouvois. (1718 C, E.)

6. Tallemant (tome V, p. 188) mentionne ensemble, nous l'avons dit, *la Conjuration* et les sermons.

cer par de petits couvents, où je m'accoutumerois peu à peu. Je fis¹ tout le contraire. Je prêchai l'Ascension, la Pentecôte, la Fête-Dieu dans les petites Carmélites², en présence de la Reine et de toute la cour; et cette audace m'attira un second éloge de la part de M. le cardinal³ de Richelieu; car, comme on lui eut dit que j'avois bien fait, il répondit : « Il ne faut pas juger des choses par l'événement; c'est un téméraire. » J'étois, comme vous voyez, assez occupé pour un homme de vingt-deux ans⁴*.

. . . .

Monsieur le Comte⁵, qui avoit pris une très-grande amitié pour moi, et pour le service et la personne duquel j'avois pris un très-grand attachement, partit de Paris, la nuit, pour s'aller⁶ jeter dans Sedan⁷, dans la

1. Peu à peu ; mais je fis. (1718 C, E.)
2. Dans les éditions de 1843-1866 : « les petits Carmélites. » — Les petites Carmélites étaient le couvent de la rue Chapon, fondé en 1619; les grandes, celui du faubourg Saint-Jacques, fondé en 1604.
3. Un second éloge de M. le Cardinal. (1717, 1717 A, 1718 B, F, 1837-1866.)
4. Retz, par son âge, nous donne la date des événements; nous devons être en 1635, ou peut-être en 1636, car nous savons que, volontairement ou involontairement, il se rajeunissait d'un an. Corbinelli place sa naissance en octobre 1614. — Ici se trouve une sixième lacune, qui n'est pas marquée non plus dans les éditions de 1843-1866. Dans ce qui manque, l'auteur racontait, je pense, comment les amours de Mme de Guémené et les succès de Sorbonne le conduisirent aux intrigues d'État.
5. Louis de Bourbon, comte de Soissons, prince du sang comme petit-fils de Louis Iᵉʳ prince de Condé, et par là cousin germain du prince de Condé alors vivant. Né en 1604, il était entré dans la conspiration de Chalais, par mécontentement contre Richelieu, qui, après l'avoir empêché d'épouser Mademoiselle de Montpensier, l'avait persécuté pour épouser la duchesse d'Aiguillon (nièce du Cardinal); le comte de Soissons devint bientôt le chef du parti opposé à Richelieu.
6. Pour s'en aller. (1718 B, F.)
7. Sedan, important par sa force et par sa position sur la fron-

crainte qu'il eut d'être arrêté. Il m'envoya querir sur les dix heures du soir. Il me dit[1] son dessein. Je le suppliai avec instance qu'il me permît d'avoir l'honneur de l'accompagner. Il me le défendit[2] expressément; mais il me confia Vanbroc[3], un joueur de luth flamand, et qui étoit l'homme du monde à qui[4] il se confioit le plus. Il me dit qu'il me le donnoit en garde, que je le cachasse chez moi, et que je ne le laissasse sortir que la nuit. J'exécutai fort bien de ma part tout ce qui m'avoit été ordonné; car je mis Vanbroc dans une soupente, où il eût fallu être chat ou diable pour le trouver[5]. Il ne fit pas si bien de son côté; car il fut découvert par le concierge de l'hôtel de Soissons, au moins à ce que j'ai toujours soupçonné; et je fus bien étonné qu'un matin, à six heures[6], je vis toute ma chambre pleine de gens armés, qui m'éveillèrent en jetant la porte en dedans[7]. Le prévôt de l'Ile[8] s'avança, et il me dit en jurant : « Où est Vanbroc? — A Sedan, je crois, » lui répondis-je. Il redoubla ses jurements et il chercha dans la paillasse de tous les lits. Il menaça tous mes gens de la question : aucun d'eux, à la réserve d'un seul, ne lui en

tière, appartenait alors au duc de Bouillon, Frédéric-Maurice de la Tour d'Auvergne, qui était aussi un des mécontents.

1. D'être arrêté. Il me dit. (1717 A, 1718 B, F.) — Du soir, et me dit. (1817.)

2. Qu'il me permît que j'eusse l'honneur de l'accompagner. Il.... (1717, 1717 A, 1718 B, F, 1837-1866.) — De l'accompagner, ce qu'il me défendit. (1718 C, E.)

3. Ce Vanbroc (dans les deux premières éditions et quelques-unes des suivantes : *Vambroc*) avait une certaine réputation comme musicien; il avait d'abord appartenu au grand prieur de Vendôme.

4. En qui. (1751, 1777, 1825.)

5. Être chat pour le trouver. (1717, 1717 A, 1718 B, F, 1837-1866.) — Être sorcier pour le trouver. (1817.)

6. A dix heures. (1718 C, E.)

7. En jetant la porte dedans. (1723.)

8. Abréviation de l'époque, pour dire le prévôt de l'Ile-de-France.

PREMIÈRE PARTIE. [*1638]

put dire de nouvelles[1]. Ils ne s'avisèrent pas de la soupente, qui dans la vérité n'étoit pas reconnoissable, et ils sortirent très-peu satisfaits. Vous pouvez croire qu'une note de cette nature se pouvoit appeler pour moi, à l'égard de la cour, une nouvelle contusion[2]. En voici une autre.

La* licence de Sorbonne expira[3] ; il fut question de

1. Le dernier éditeur (1843-1866) a cru devoir corriger la phrase ; il a remplacé *put* par *eût pu*.

2. A *confusion*, que donnent ici les éditions, mais qui ne présente pas un sens satisfaisant, nous croyons devoir substituer *contusion*. Retz emploie ailleurs ce mot, et l'applique de même. Nous lisons vers la fin de la seconde partie des *Mémoires* (tome IV, p. 157, édition de 1866) : « Monsieur le premier Président fit à Mme de Lesdiguières un discours de la même nature, en lui disant qu'il savoit, de science certaine, qu'on brûloit d'envie de s'accommoder avec moi ; et je me souviens que Joly, qui se trouva présent quand on me rapporta cette parole, s'approcha de moi et me dit à l'oreille : « Encore une *contusion*. » C'en étoit effectivement. » C'était sans doute un terme familier à notre auteur, un de ces mots qu'on adopte, qu'on place fréquemment, et qu'un ami applique au besoin comme une citation : c'est ce que fait ici Joly.—Ailleurs (tome II, p. 150, même édition), Retz se sert d'une figure qui n'est pas sans quelque analogie avec celle-ci : il parle des *frottades* que les Frondeurs donnaient à Mazarin.

3. Avant sa licence en Sorbonne, Paul de Gondi avait soutenu son premier acte public, en 1631, au collége de Clermont, pour le baccalauréat ès arts. Sur l'indication donnée par M. Charles Jourdain, dans son *Histoire de l'Université au XVIIe et au XVIIIe siècle* (p. 132, note 2), nous avons vu, à la bibliothèque Mazarine, la thèse du jeune Retz pour le grade de bachelier (17e pièce d'un recueil coté 5 A, in-folio). Elle est dédiée à son oncle Jean-François de Gondi, premier archevêque de Paris, dont elle a, en tête, le portrait gravé. Elle comprend dix-sept pages, et a pour titre : *Conclusiones ex universa philosophia*. En voici les principales divisions : *I de Philosophia rationali; II de Corpore naturali in universum; III de Affectionibus corporis naturalis; IV de Corpore simplici et mixto; V de Corpore generali et corruptibili; VI de Corpore animato; VII de Theologia naturali*. Elle se termine par ces mots: *Harum conclusionum veritatem, Deo dante, propugnabit F. P. de Gondy, Parisinus, in*

donner les lieux, c'est-à-dire déclarer publiquement, au nom de tout le corps, lesquels ont le mieux fait dans leurs actes; et cette déclaration se fait avec de grandes cérémonies. J'eus la vanité de prétendre le premier lieu, et je ne crus pas le devoir céder à l'abbé de la Mothe-Houdancourt[1], qui est présentement l'archevêque d'Auch,

aula collegii Claromontani Societatis Jesu, anno Domini 1631, *die Julii* 6, *a sesquisecunda ad vesperam.* » Cette thèse, que nous donnerons dans les *OEuvres mêlées*, confirme l'indication du P. Rapin, que Retz acheva ses études chez les Jésuites. Nous ne voyons pas dans les *Registres capitulaires de Notre-Dame* que le jeune bachelier ait offert son travail aux chanoines dont il était le collègue, comme le faisaient quelquefois de jeunes abbés. Voici ce que dit de cette thèse M. Charles Jourdain, à la page 132 de l'ouvrage que nous venons de citer : Elle « embrasse dans une série de propositions toutes les branches de la philosophie, logique, morale, physique, psychologie, métaphysique; l'influence du péripatétisme et de la scolastique y perce à chaque ligne. »

1. Henri de la Mothe-Houdancourt, abbé de Souillac, frère puîné du Maréchal; il était né en 1612; il devint évêque de Rennes en 1642, et archevêque d'Auch en 1662; il mourut en 1684. — Tallemant (tome V, p. 187) complète ainsi cet épisode : « Quand il fut question de prendre en Sorbonne le bonnet de docteur, il (*Retz*) dédia ses thèses à des saints pour n'être point obligé de les dédier aux puissances. Il voulut l'emporter de haute lutte sur l'abbé de Souillac, de la Mothe-Houdancourt.... On fit intervenir l'autorité du Cardinal; on proposa assez de choses à l'abbé de Retz; jamais il ne voulut démordre, et harangua fort fièrement. Il est vrai que la Sorbonne, en considération du cardinal de Gondi (*il avait été proviseur de Sorbonne de* 1619 *à* 1622), soutint ses intérêts, et représenta, je pense, au Cardinal qu'ils ne pouvoient pas abandonner le neveu d'un prélat à qui ils avoient tant d'obligation. Il l'emporta donc sur l'autre, et le Cardinal, depuis cela, l'appela toujours *ce petit audacieux*, et il disoit qu'il avoit une mine patibulaire. Cette contestation fut cause que ses parents trouvèrent à propos qu'il fît un voyage en Italie. » A ce récit le conteur ajoute cette anecdote : « Disputant, contre l'abbé de Souillac, en Sorbonne, il cita un passage de saint Augustin, que l'autre dit être faux. Il envoya quérir un saint Augustin, et le convainquit. Souillac, qui, quoiqu'il ne soit pas ignorant, parle pourtant fort mal latin, dit pour excuse : *Non legeram ista toma*. Le docteur qui présidait lui dit plaisamment :

et sur lequel il est vrai[1] que j'avois eu quelques avantages[2] dans les disputes.

M. le cardinal de Richelieu, qui faisoit l'honneur à cet abbé de le reconnoître pour son parent[3], envoya en Sorbonne le grand prieur de la Porte, son oncle[4], pour le recommander. Je me conduisis, dans cette occasion, mieux qu'il n'appartenoit à mon âge; car aussitôt que je le sus, j'allai trouver M. de Raconis[5], évêque de Lavaur, pour le prier de dire à Monsieur le Cardinal que, comme je savois le respect que je lui devois, je m'étois

---

Ergo quia vidisti, Thoma, credidisti. » — Nos recherches aux Archives de l'Empire, dans les *Conclusions de la Faculté de théologie* et dans les *Conclusions de la maison de Sorbonne* (série M), ne nous ont rien fourni sur cette licence. Nous avons aussi consulté, à la Bibliothèque impériale, les huit registres sur vélin qui contiennent les noms des élèves de philosophie et les actes des recteurs : *Acta rectorea Universitatis parisiensis*, de 1519 à 1633 (Fonds latin 9958, années 1616-1633); nous n'y avons pas rencontré le nom de Gondi, mais bien (p. 214) celui de son concurrent : *Henricus de la Motte, abbas*, élève de philosophie pendant l'année 1630-31 (*a pervigilio Joannis Baptistæ*, 1630, *ad pervigilium ejusdem*, 1631).

1. Il est pourtant vrai. (1718 C, E.)
2. Quelque avantage. (1723.)
3. La mère de l'abbé était une du Plessis-Piquet (Louise) comme la seconde femme de l'aïeul maternel de Richelieu. En effet, François de la Porte, seigneur de la Lunardière, bâtonnier des avocats de Paris, avait d'abord épousé Claude Bochard, fille d'Antoine seigneur de Farenvilliers et conseiller au parlement de Paris, dont il eut Suzanne de la Porte, mère de Richelieu; il épousa ensuite Madeleine-Charles du Plessis-Piquet, dont il eut Charles de la Porte, seigneur de la Meilleraye, et Amador de la Porte.
4. Amador de la Porte, frère consanguin de la mère de Richelieu; il parvint aux plus hautes dignités de l'ordre de Malte.
5. Charles-François Abra de Raconis, évêque de Lavaur en 1639, fut obligé, après quatre années de résidence, de quitter son diocèse. C'était un des familiers de Richelieu, qui lui fit cependant subir, au moyen d'une scène de ventriloquie, une assez rude mystification, racontée par Tallemant (tome V, p. 94 et 95). Il mourut en 1646, à son château de Raconis, près de Chartres.

désisté de ma prétention aussitôt que j'avois appris qu'il y prenoit part. Monsieur de Lavaur me vint retrouver[1], dès le lendemain matin, pour me dire que Monsieur le Cardinal ne prétendoit point que M. l'abbé de la Mothe eût l'obligation du lieu à ma cession, mais à son mérite, auquel on ne pouvoit le refuser. La réponse[2] m'outra; je ne répondis que par un souris[3] et par une profonde révérence. Je suivis ma pointe, et j'emportai le premier lieu de quatre-vingt-quatre voix. M. le cardinal de Richelieu, qui vouloit être maître partout et en toutes choses[4], s'emporta jusqu'à la puérilité; il menaça les députés de la Sorbonne de raser ce qu'il avoit commencé d'y bâtir[5], et il fit mon éloge, tout de nouveau, avec une aigreur incroyable[6].

1. C'est-à-dire : « vint me trouver à son tour. » — Dans les éditions de 1837-1866, on a corrigé *retrouver* en *trouver*.
2. A ma cession. La réponse, etc. (1751, 1777, 1825.) — Il y a, dans ces trois éditions, une ligne omise.
3. Un sourire. (1751, 1777, 1825.)
4. Les éditions de 1717, 1717 A, 1718 B, F, 1837-1866 omettent la ligne : « qui vouloit.... choses. »
5. On sait que Richelieu restaura les bâtiments de la Sorbonne et fit construire la chapelle; c'est de la chapelle qu'il s'agit ici probablement; commencée en 1635, elle ne fut terminée qu'en 1653. — Une lettre de Guy-Patin (7 avril 1638) montre le Cardinal irrité contre les docteurs : « Son Éminence a été en colère contre la Sorbonne et en a menacé quelques-uns de là dedans : je ne sais ce que cela deviendra. » S'agit-il de Retz? C'est possible : le mécontentement dont il avait été l'occasion était un fait récent.
6. Nous avons vu dans le passage de Tallemant, cité plus haut (p. 118, note 1), qu'il avait coutume de l'appeler *ce petit audacieux*, et de dire qu'il avait une mine patibulaire. D'Argenson, qui, par ses traditions de famille, a pu recueillir d'intéressantes informations, donne à cette aventure une autre fin, que nous croyons devoir consigner ici, quoiqu'elle nous semble peu probable : « Richelieu s'étant fâché contre les docteurs de Sorbonne qui avoient opiné contre son protégé, ils vinrent tout tremblants en informer l'abbé de Retz, qui leur répondit généreusement et fièrement que

PREMIÈRE PARTIE. [1638]

Toute ma famille s'épouvanta. Mon père et ma tante de Maignelais[1], qui se joignoient ensemble, la Sorbonne, Remebroc[2], Monsieur le Comte, mon frère[3], qui étoit parti la même nuit, Mme de Guémené, à laquelle ils voyoient bien que j'étois fort attaché, souhaitoient avec passion de m'éloigner et de m'envoyer en Italie[4].

plutôt que d'occasionner des tracasseries entre Messieurs de Sorbonne et leur protecteur, il se désistoit de sa place, content de l'avoir méritée. » (*Essais dans le goût de ceux de Montaigne*, p. 76.)

1. Ce nom a, dans les anciennes impressions, différentes orthographes : *Magnelai, Magnelay, Magnelez*. Nous suivons celle que nous trouverons plus loin (p. 166) dans le manuscrit autographe. — Marguerite-Claude de Gondi, l'aînée des filles d'Albert, avait épousé, en 1588, Florimond ou Ferdinand d'Hallwin, marquis de Maignelais; elle mourut en 1650. Elle habitait à Paris l'hôtel de la Trémouille, rue Saint-Honoré, dont, le 12 mai 1623, elle fit don aux capucins, mais en s'en réservant l'usufruit durant toute sa vie. Voyez la *Topographie du vieux Paris*, par M. Ad. Berty, tome I, p. 309 et 310.

2. A la leçon *Remebroc*, que donnent toutes les éditions, y compris celle de 1843, M. Aimé Champollion a substitué, en 1859 (et 1866), le nom de *Van-Broc*, que nous avons déjà vu plus haut (p. 116, en un seul mot *Vanbroc*). Cette correction, proposée également par M. Bazin, nous paraît fondée : il ne s'agit ici que des conseillers naturels et des relations déjà mentionnées du jeune abbé.

3. M. le Comte mon frère (comme si c'était une seule personne). (1718 C, E.)

4. D'après une lettre de Balzac à Chapelain, du 16 mars 1638, on pourrait fixer l'époque du départ de Retz à la première quinzaine de mars : « Le paquet pour Rome n'est point pressé ; il se présentera peut-être un second abbé de Retz, qui nous fera une seconde faveur. » (*OEuvres de Balzac*, tome I, p. 755, édition de 1665, in-folio.) Si cette date, comme on n'en peut guère douter, est exacte, c'est après son départ qu'a eu lieu la délibération du chapitre de Notre-Dame, du 21 avril 1638 (*Archives de l'Empire*, LL, 292, p. 217); on s'explique que les pièces dont il y est parlé lui aient été envoyées en Italie, avant son voyage à Rome : *Nobili Domino Francisco Paulo de Gondy, canonico parisiensi, exponenti, organo Domini Habert canonici theologi, ejus esse intentionis et devotionis animumque induxisse Romæ limina sanctorum Petri et Pauli Apostolorum, necnon Deiparam Virginem de Laureta aliaque pia loca, devotionis et pietatis causa, Deo favente, adire et visitare, Domini con-*

J'y allai, et je demeurai¹ à Venise jusqu'à la mi-août, et il ne tint pas à moi de m'y faire assassiner. Je

cesserunt litteras commendatitias et testimoniales de vita et moribus expediendas et subscribendas per secretarium Capituli, et sigillo Ecclesiæ muniendas, necnon libere percipere suas omnes distributiones et panem capitularem, durante ejus absentia. — Les pieux motifs présentés au chapitre ne ressemblent pas tout à fait, on le voit, à ceux que met en avant Retz dans ses *Mémoires* et qui sont probablement les vrais. Tout en désirant renoncer à la soutane, il voulait, en vue de l'avenir, se ménager l'estime du chapitre.

1. Tel est le texte des éditions de 1718 C, E, 1719-1828; mais nous doutons que ce soit la vraie leçon. Les autres éditions omettent les mots : « J'y allai, et », et continuent ainsi : « Je demeurai donc à Venise. » Il nous paraît certain qu'après le mot *Italie*, il y a une lacune dans le récit, bien qu'aucune des éditions ne l'indique par des points. C'est très-probablement pour la faire disparaître qu'on a ajouté : « J'y allai. »

Dans le morceau perdu, Retz, après avoir dit comment il s'était rendu aux désirs de ses parents et de ses amis, racontait probablement le commencement de son voyage jusqu'à Venise, où nous le trouvons subitement transporté. Tallemant des Réaux, qui l'accompagna, peut en partie nous aider à combler la lacune : « Deux de mes frères et moi, ayant dessein d'y aller (*en Italie*), le priâmes de trouver bon que nous lui tinssions compagnie. Je l'entretins presque toujours, durant dix mois, et comme il a autant de mémoire que personne, car il savoit par cœur tout ce qu'il avoit jamais [lu ᵃ], il me conta et me dit bien des choses.... Il fut fort caressé à Florence par le Grand-Duc (*Ferdinand II de Médicis*); il logea chez le chevalier Gondy, qui faisoit la charge de secrétaire d'État, et qui avoit été résident en France. Ce chevalier avoit les portraits des Gondys de France dans sa salle, car ils ne sont pas si grands seigneurs en Italie qu'ici; ils sont pourtant gentilshommes : j'en ai vu assez de marques dans Florence, mais la question est de savoir si cela n'est point depuis la faveur d'Albert....

« A Venise, où nous allâmes ensuite, l'ambassadeur de France (c'étoit le président Maillier....) le logea lui seul, avec un valet de chambre. Le comte de Laval, frère de M. de la Trémouille, étoit retiré à Venise. Je pense qu'il dit, en parlant de l'abbé : « Il ne « manquera pas de me venir voir. » L'abbé n'y alla point, et en parloit avec fort peu d'estime. » (Tome V, p. 187 et 188, et p. 192.)

ᵃ Le mot a été omis dans le manuscrit de Tallemant : *lu* ou *appris*.

PREMIÈRE PARTIE. [1638] 123

m'amusai[1] à vouloir faire galanterie[2] à la signora Vendranina[3], noble Vénitienne, et qui étoit une des personnes du monde les plus jolies[4]. Le président de Maillé[5], ambassadeur pour le Roi, qui savoit le péril qu'il y a, en ce pays-là[6], pour ces sortes d'aventures, me commanda d'en sortir. Je fis le tour de la Lombardie, et je me rendis à Rome sur la fin de septembre. M. le maréchal d'Estrées y étoit ambassadeur. Il me fit des leçons sur la manière dont je devois vivre, qui[7] me persuadèrent ; et quoique je n'eusse aucun dessein d'être d'Église[8], je me résolus, à tout hasard, d'acqué-

1. Je m'amusois. (1717, 1717 A, 1718 B, F, 1837-1866.)

2. Faire la galanterie. (1718 C, E.)

3. Outre cette orthographe *Vendranina*, qui est la leçon de 1719, on trouve dans les anciennes éditions : *Vendranima* et *Vendraneina*. Les éditeurs les plus récents (1837-1866) ont mis *Vendrameina* et *Vandrameina*.

4. Une des personnes du monde des plus jolies. (1717, 1717 A, 1718 B, F, 1837-1866.)

5. Le président de Maille. (1718 C, E.) — Le résident Maillé. (1717, 1717 A, 1718 B, F, 1837, 1843.) — Le résident Mailler. (1859 et 1866.) — Il s'agit, non du *résident*, comme disent la plupart des éditions, mais du *président*, Claude Maillier, seigneur du Houssay, conseiller au Parlement en 1624, président aux requêtes en 1631, conseiller d'État et ambassadeur à Venise. Après la mort de sa femme, il devint évêque de Tarbes et premier aumônier de Marguerite de Lorraine, femme de Gaston d'Orléans. Tallemant dit de lui (tome V, p. 192) que c'était « un vrai cheval mallier, » c'est-à-dire un sommier, un porte-malles.

6. En ces pays-là. (1718 C.)

7. Tel est le texte de 1717, 1717 A, 1718 B, F, 1837-1866. Les autres éditions, évidemment pour corriger la construction, ont remplacé *qui* par : « et ces leçons » ; et supprimé *et* après *persuadèrent*.

8. Ce qui vient d'être dit des études sérieuses, des concours brillants du jeune Gondi, peut cependant faire croire qu'il avait enfin accepté la *vocation* qu'on lui imposait. C'est peut-être pour dissimuler les jalons qu'il pose dans l'intérêt de sa grandeur future, que Retz continue de feindre la résistance, et le dessein de changer de carrière. Au reste, l'ambition, une fois le parti pris, n'exclut point

rir de la réputation[1] dans une cour ecclésiastique où l'on me verroit avec la soutane.

J'exécutai fort bien ma résolution. Je ne laissai pas la moindre ombre de débauche ou de galanterie[2] : je fus modeste au dernier point dans mes habits; et cette modestie, qui paroissoit dans ma personne, étoit relevée par une très-grande dépense, par de belles livrées, par un équipage fort leste, et par une suite de sept ou huit gentilshommes, dont il y en avoit quatre chevaliers de Malte[3]. Je disputai dans les Écoles de Sapience[4], qui ne

l'antipathie persistante, sur laquelle il reviendra encore un peu plus loin.

1. Me résolus d'acquérir, à tout hasard, de la réputation. (1717, 1717 A, 1718 B, F, 1837-1866.)

2. Tallemant (tome V, p. 193) confirme ce témoignage de sagesse, qui a besoin d'une bonne caution; mais il dit la même chose pour Venise, ce qui met Retz en contradiction avec lui-même ou ôte à l'aventure de la signora Vendranina l'importance qu'il a voulu lui donner. — Est-ce de Rome qu'il s'agit dans le passage suivant d'une dédicace d'Adrien Valois, adressée à Retz en 1646? *Qui partem ætatis ad voluptates maxime proclivem sic exegisti, ut in civitate curiosa atque maledica, et de proceribus non modo vera dicere, sed etiam falsa fingere gestiente, ne suspicioni quidem intemperantiæ locum, nedum sermonibus, dederis.* (*Hadriani Valesii Rerum francicarum libri* VIII, 1646.) C'est Rome ou Paris : à Paris il était, ce nous semble, impossible au flatteur le plus éhonté de vouloir donner à Paul de Gondi un certificat de bonne vie et mœurs; à Rome, il a pu, pendant son court séjour de trois mois et demi, s'observer de manière à mériter le compliment de Valois.

3. Est-ce de ces chevaliers que veut parler Tallemant lorsqu'il dit (tome V, p. 191), au sujet du séjour à Florence, que Retz avait « quatre gentilshommes? » Il ajoute : « et le reste à l'avenant. »

4. L'École de Sapience est une sorte d'université romaine, tenue par les dominicains, et qui confère les grades de théologie; elle est la rivale du Collége romain dirigé par les jésuites; on peut les comparer en quelque manière à ce qu'étaient chez nous, au dix-septième siècle, la maison de Navarre et celle de Sorbonne. Retz, dans une de ses lettres, citée par M. de Chantelauze (voyez le *Port-Royal* de M. Sainte-Beuve, tome V, p. 546), appelle l'École de Sapience

sont pas à beaucoup près si savantes que celles de Sorbonne ; et la fortune contribua encore à me relever.

Le prince de Schemberg[1], ambassadeur d'obédience de l'Empire[2], m'envoya dire, un jour que je jouois au

« la plus docte école du monde, » et ajoute : « J'y ai fait éclater, à vingt-trois ans (*lisez :* vingt-cinq ans), si clairement mes pensées sur l'obéissance due au saint-siége, que je ne conçois pas qu'il y ait encore des esprits capables de ces sortes d'ombrages, si mal fondés et si peu apparents. C'est dans cette source où j'ai puisé ce respect pour le saint-siége que j'ai protesté à mon sacre et dans lequel je veux vivre et mourir. » Retz, dans cette lettre, qui est du 16 février 1652, se défend de professer les sentiments jansénistes. — Ce choix de l'École de Sapience fait par l'abbé de Retz, libre de ses actes, peut être regardé comme un indice des sentiments qu'il gardait envers les jésuites, ses premiers maîtres. — Le pluriel *les Écoles* s'applique, je suppose, aux cours divers professés dans cette université ; il dit au même sens, à la fin de la phrase : « celles de Sorbonne. »

1. M. de Schomberg. (1718 C, E.) — Le prince de Schomberg. (1718 A, B, F, 1817-1828, 1859, 1866.) — Les autres éditions ont *e*, au lieu d'*o*. Il s'agit de Schemberg, ou plutôt Skenberg ou Ekenberg, ambassadeur extraordinaire à Rome depuis juin 1638.

2. Cette vieille expression de chancellerie ne se rencontre pas dans les divers traités de droit international, ni même dans les ouvrages qui traitent spécialement de la classification des agents diplomatiques. M. Gaston Belle, attaché au ministère des affaires étrangères, a bien voulu chercher pour nous dans la correspondance du temps ; voici le résultat de ses recherches : L'envoi d'une *ambassade d'obédience* au Pape, par l'Empereur et les rois de France ou d'Espagne, n'avait d'autre objet que de le féliciter au sujet de son exaltation au trône pontifical ; toutefois l'ambassadeur d'obédience pouvait être accessoirement chargé de négocier des affaires spéciales. De la part des autres petits États, l'ambassade d'obédience impliquait une sorte de vassalité : ainsi l'*ambassadeur d'obédience* du roi de Naples présentait la haquenée que ce prince devait au Pape, comme hommage à son suzerain. Le dernier ambassadeur d'obédience envoyé par la France fut le duc de Créquy, chargé de représenter Louis XIII auprès du pape Urbain VIII. Il ne partit pour Rome qu'au printemps de 1633, quoique l'exaltation d'Urbain fût de 1623. L'Empereur semble avoir mis encore plus de retard, puisque M. de Schemberg ne fut envoyé qu'en 1638. La cause de ce long ajournement nous est inconnue.

ballon dans les Thermes de l'empereur Antonin[1], de lui quitter la place. Je lui fis répondre[2] qu'il n'y avoit rien que je n'eusse rendu à Son Excellence, si elle me l'eût demandé par civilité ; mais puisque c'étoit un ordre, j'étois obligé de lui dire que je n'en pouvois recevoir d'aucun ambassadeur que de celui du Roi mon maître[3]. Comme il insista et qu'il m'eut fait dire, pour la seconde fois, par un de ses estafiers[4], de sortir du jeu, je me mis sur la défensive ; et les Allemands, plus par mépris, à mon sens, du peu de gens que j'avois avec moi, que par autre considération[5], ne poussèrent pas l'affaire. Ce coup, porté par un abbé tout modeste à un ambassadeur qui marchoit toujours avec cent mousquetaires à cheval, fit un très-grand éclat[6] à Rome, et si grand que Roze[7], que vous voyez secrétaire du cabinet, et qui étoit ce jour-là dans le jeu du ballon, dit que feu M. le cardinal Mazarin en eut, dès ce jour[8], l'imagination saisie, et qu'il lui en a parlé depuis plusieurs fois[9].

1. Les Thermes d'Antonin Caracalla, dont M. Abel Blouet a publié, en 1828, une belle restauration (1 volume in-folio, avec quinze planches).

2. La place, et je lui fis répondre. (1717, 1717 A, 1718 B, F, 1837-1866.) — Je lui fis réponse. (1718 C, E.)

3. Que de celui de mon maître. (1817.)

4. Par le doyen de ses estafiers. (1717, 1717 A, 1718 B, F, 1837-1866.)

5. Que par une autre considération. (1817.)

6. Un grand éclat. (1717, 1717 A, 1718 B, F, 1837-1866.)

7. Toussaint Rose ou Roze, successivement secrétaire de Mazarin, puis de Louis XIV (1664), dont il imitait merveilleusement l'écriture, devint membre de l'Académie française en 1675 ; il mourut en 1701, à quatre-vingt-sept ans. Saint-Simon a tracé de lui un curieux portrait (tome III, p. 58 et 59).

8. Dès ce jour-là. (1717, 1717 A, 1718 B, F, 1837-1866.)

9. Et qu'il lui en a parlé plusieurs fois. (1751, 1777, 1825.) — La correspondance du ministère des affaires étrangères (année 1638), que M. Prospère Faugère, directeur des Archives, a bien voulu

. . . .

¹ La* santé de M. le cardinal de Richelieu commençoit à s'affoiblir et à laisser, par conséquent, quelques vues de possibilité à prétendre à l'archevêché de Paris². Mon-

faire fouiller à notre intention, ne mentionne pas cette aventure, dont l'éclat, à ce qu'il paraît, n'a pas frappé non plus l'indiscret Tallemant, qui n'en dit pas un mot. Voici sa relation du séjour de Retz à Rome (tome V, p. 192 et 193) : « A Rome, il se logea bien et tenoit assez bonne table : on en faisoit cas, à cause qu'il en savoit plus que beaucoup de cardinaux et de prélats. Il nous voulut faire accroire que le connétable Colonne, à la maison duquel il disoit que celle de Gondi étoit alliée étroitement, s'étoit fort plaint de ce qu'il ne l'avoit pas vu ; mais qu'il n'avoit osé, à cause que le Connétable étoit du parti des Espagnols ; car c'étoit de Naples qu'il étoit connétable. Il n'étoit pas moins inquiet à Rome qu'à Paris ; et il nous fit faire, au mois de novembre, un fort ridicule voyage pour voir des mines d'alun. Nous partîmes, comme s'il eût été question de quelque chose d'importance, par une fort grosse pluie, et les Italiens disoient : *Questo è partir à la francese*. Nous ne fûmes pas plus de trois mois et demi à Rome, et il nous en fit partir à Noël pour revenir en France. Il feignit qu'un homme l'étoit venu trouver dans une église, et qu'il lui avoit donné un avis qui l'obligeoit à quitter l'Italie promptement. (C'étoit à la naissance du Roi, *dit en note Tallemant*.) Quoique je n'eusse que dix-huit ans, je vis bien que l'argent commençoit à lui manquer ; et il eût même été embarrassé en arrivant, car ses lettres de change tardèrent, sans que nous lui donnâmes tout ce que nous avions à recevoir. Il le faut louer d'une chose, c'est qu'à Rome, non plus qu'à Venise, ou il ne vit pas une femme, ou il en vit si secrètement que nous n'en pûmes rien découvrir. Il disoit qu'il ne vouloit donner de prise sur lui. » — La *Gazette de France* ajoute un autre détail sur ce séjour à Rome : « Le 22 novembre, l'abbé de Retz prêcha dans l'église de Sainte-Cécile. » — Ce départ d'Italie à Noël, terminant un voyage de dix mois (voyez Tallemant, cité plus haut, p. 122, note 1), est bien d'accord avec la date de mars indiquée par Balzac pour le départ de France (ci-dessus, p. 121, note 4).

1. Il y a encore ici une lacune. Dans la partie qui manque étaient racontés probablement le retour du jeune Retz, au commencement de 1639, et les dispositions où il se trouvait alors.

2. Quelques vues de la possibilité de l'archevêché de Paris. (1717, 1717 A, 1718 B, F, 1837-1866.)

sieur le Comte, qui avoit pris quelque teinture de dévotion dans la retraite de Sedan, et qui sentoit du scrupule de posséder, sous le nom de *Custodi nos*[1], plus de cent mille livres de rente[2] en bénéfices, avoit écrit à mon père qu'aussitôt qu'il seroit en état d'en faire agréer à la cour sa démission en ma faveur, il me les remettroit entre les mains. Toutes ces considérations jointes ensemble ne me firent pas tout à fait perdre la résolution de quitter la soutane; mais elles la suspendirent. Elles firent plus : elles me firent prendre celle de ne la quitter qu'à bonnes enseignes et par quelques grandes actions; et comme je ne les voyois ni proches, ni certaines[3], je résolus[4] de me signaler dans ma profession et de toutes les manières[5]. Je commençai par une très-grande retraite, j'étudiois presque tout le jour, je ne voyois que fort peu de monde, je n'avois presque plus d'habitudes[6] avec toutes les femmes, hors Mme de Guémené. . .
. . . .

1. Les éditions de 1718 C, E ont ainsi défiguré le mot : *Custodines*; celles de 1837-1866 portent : *Custodinos*. — *Custodi nos* est un terme de la jurisprudence canonique; il désigne un prête-nom qui garde un bénéfice ou un office pour le rendre à un autre dans un certain temps, et qui, n'en ayant que le titre, laisse les fruits à celui qui le possède en effet. Cette conduite est un véritable acte de simonie.

2. De rentes. (1717, 1717 A, 1718 B, C, E, F, 1731, 1751, 1777, 1825.)

3. Je ne les voyois pas proches, ni certaines. (1717, 1717 A, 1718 B, F, 1837-1866.)

4. Je me résolus. (1717, 1717 A, 1718 B, F, 1837-1866.)

5. Dans ma profession de toutes les manières. (1717, 1717 A, 1718 B, F, 1837-1866.)

6. D'habitude. (1717 A, 1718 B, C, E, F, 1817-1828.)

...... étoit[1] à la ruelle du lit; mais ce qui y[2] fut le plus merveilleux, est que l'on le plaignit dans le plus tendre du raccommodement[3]. Il faudroit un volume pour déduire toutes les façons dont cette histoire fut ornée. Une des plus simples fut qu'il fallut s'obliger, par serment, de laisser à la belle un mouchoir sur les yeux quand la chambre seroit trop éclairée. Comme il ne pouvoit couvrir que le visage, il n'empêcha pas de juger des autres beautés, qui, sans aucune exagération, passoient celles de la Vénus de Médicis, que je venois de voir tout fraîchement à Rome. J'en avois apporté la stampe[4], et cette merveille du siècle d'Alexandre[5] cédoit à la vivante.

Le diable avoit apparu[6] justement quinze jours de-

---

1. C'est ici que commence le manuscrit autographe de la Bibliothèque impériale; la première page est marquée 259; les précédentes ont été arrachées (voyez ci-dessus, p. 38, note 1). — Nous avons averti dans la *Notice* qu'une fois guidé par le manuscrit, nous serions sobre de variantes, et que nous nous bornerions à signaler, dans les éditions antérieures à la nôtre, les différences qui, pour quelqu'une des raisons exposées à la page 52, pourraient offrir de l'intérêt. Nous avons montré par le spécimen donné aux pages 71-74, et qui se rapporte à ce commencement du manuscrit original, combien serait fastidieux et inutile un relevé complet de variantes tirées d'éditions sans autorité.
2. Les éditions de 1837-1866 omettent *y* (Retz écrit *i*).
3. Que l'on *les* plaignit dans le plus tendre des raccommodements. (1843-1866.)
4. On lit dans le *Dictionnaire* de Richelet (1679) que ceux qui se mêlaient de raffiner disaient *stampe* (italien *stampa*), pour *estampe*.
5. On considère la Vénus de Médicis, qui, avant d'être portée à Florence, décorait à Rome la villa Médicis, comme l'œuvre du sculpteur athénien Cléomènes, dont le nom est écrit sur le socle de la statue. Visconti pense qu'il florissait vers l'an 180 avant Jésus-Christ; antérieurement on avait supposé qu'il vivait environ deux siècles plus tôt, c'est-à-dire, comme le dit ici Retz, vers le temps d'Alexandre.
6. Avoit paru. (Ms H, Ch, 1717 A, 1718 B, F.)

vant[1] cette aventure, à Mme la princesse de Guémené[2], et il lui apparoissoit souvent, évoqué par les conjurations de M. d'Andilli[3], qui le forçoit, je crois, de faire peur à sa dévote, de laquelle il étoit encore plus amoureux que moi, mais en Dieu et purement spirituellement[4].

1. Les ms H, Ch, et toutes les éditions antérieures à 1837, donnent ici : « quinze jours avant, » et remplacent presque toujours *devant* par *avant*.

2. Retz écrit constamment *Guemené*. — Tallemant (tome IV, p. 483 et 484) porte d'elle le même jugement que lui : « Mme de Guimené a eu quelques galanteries. On disoit que ses amants faisoient tous mauvaise fin : M. de Montmorency, M. le comte de Soissons, M. de Bouteville et M. de Thou.... Elle a des saillies de dévotion; puis elle revient dans le monde. Elle fit ajuster sa maison de la place Royale. Monsieur le Prince lui disoit : « Mais, Madame, les « jansénistes ne sont donc point si fâcheux qu'on dit, puisque tout « ceci s'ajuste avec la dévotion? Voici qui est le plus beau du « monde : je crois qu'il y a grand plaisir à prier Dieu ici. » — La peur du diable, du diable en personne, hantait fort les imaginations en ce temps-là : voyez ci-après (p. 134, note 1) un mot de Tallemant relatif à la maréchale de la Meilleraye. M. Sainte-Beuve (tome I de *Port-Royal*, 3ᵉ édition, p. 336, note 1) en cite un autre, assez frappant, de Gomberville sur Louis XIII; M. Aubineau (*Mémoires du P. Rapin*, tome I, p. 214, note 4) parle d'apparitions du diable à propos de cette même princesse de Guémené et d'Andilly, puis du prince de Conti. — Sur Mme de Guémené, voyez les chapitres IV et V de la 3ᵉ édition de *Madame de Sablé*, par M. Cousin, et en particulier, pour ses relations avec Arnauld d'Andilly, p. 85, 149, 179, 181; on peut consulter aussi M. Sainte-Beuve, qui a si bien apprécié cette vie en partie double, galante et dévote, cette destinée légère et ensanglantée par la mort tragique de ses amants, et de son fils, le chevalier de Rohan (*Port-Royal*, tome I, p. 359-363).

3. Robert Arnauld d'Andilly, fils aîné des vingt enfants de l'avocat général Antoine Arnauld, né en 1589, marié en 1613, fut lui-même père de quinze enfants. Après avoir occupé des charges importantes, devenu veuf en 1637, il se retira à Port-Royal des Champs, en 1644, c'est-à-dire cinq ans après l'époque dont il s'agit ici (1639). — Retz écrit *Dandilli*.

4. Mais en Dieu, purement et spirituellement. (1717, 1718 C, D, E, 1719-1828.) — Les copies H et Ch ont la même leçon que

J'évoquai, de mon côté, un démon, qui lui parut sous une forme plus bénigne et plus agréable[1]; il la retira au bout de six semaines du Port-Royal[2], où elle faisoit

le manuscrit autographe, mais on lit en marge : « N^a. Ces mots sont dans l'original, mais d'une autre main que celle de Monsieur le Cardinal. » Dans l'original de la Bibliothèque impériale, ils sont, sans aucun doute possible, de l'écriture de Retz : il paraîtrait qu'il n'avait adopté cette version que dans une rédaction postérieure à celle que les copistes avaient eue sous les yeux. Toujours est-il qu'on a eu tort de prétendre que c'était une addition qui n'était ni du fait ni de la main de Retz. Les ratures et les modifications qu'on voit, dans cette phrase, au manuscrit autographe ne portent pas sur cette spiritualité de l'amour de M. d'Andilly, qui reste hors d'atteinte. Sur les « vivacités *platoniques* » de M. d'Andilly, voyez M. Sainte-Beuve, *Port-Royal*, tome I, p. 360, et tome II, p. 256. On connaît le mot charmant de Mme de Sévigné (19 août 1676, tome V, p. 27) : « Nous faisions la guerre au bonhomme d'Andilly qu'il avoit plus d'envie de sauver une âme qui étoit dans un beau corps qu'une autre. »

1. Ces deux lignes, jusqu'à *agréable*, ont été biffées, non, ce semble, par Retz, mais par une autre main, probablement celle de l'abbé Hennezon ; aussi les rétablissons-nous. Nous ferons de même toutes les fois que la rature nous paraîtra d'une autre encre que celle du manuscrit autographe. — Ce passage, que nous avons ici rétabli, se trouve récrit sur le manuscrit de Retz, entre les lignes, d'une écriture fine, par une main qui a restitué de même çà et là plusieurs autres passages également raturés. La plupart des éditions l'ont donné comme nous ; 1718 C, D, E ont *J'envoyai*, au lieu de *J'évoquai;* dans quelques impressions on a substitué *apparut* au simple *parut;* toutes, jusqu'en 1837 inclusivement, donnent à la suite : « je la retirai, » pour : « il la retira ; » les deux dernières (1859, 1866) reproduisent une modification qui est au manuscrit R, mais ne vient pas de l'auteur : « elle sortit toutefois au bout, etc. »

2. Port-Royal était une célèbre abbaye de femmes, entre Trappes et Chevreuse (Seine-et-Oise). La communauté se transporta, en 1626, à Paris, vers l'extrémité du faubourg Saint-Jacques, où est aujourd'hui l'hôpital de la Maternité. Saint-Cyran en devint le directeur en 1636, et y fut bientôt tout-puissant. L'ancien monastère prit le nom de *Port-Royal des Champs*, et fut habité par des solitaires célèbres, dont la plupart appartenaient à la famille des Arnauld. Lemaistre, au plus fort de sa réputation d'avocat (1638), venait de s'y

de temps en temps des escapades plutôt que des retraites[1].

Je conduisis ainsi l'Arsenal[2] et la place Royale, et je

---

retirer. En 1639, ces retraites, soit d'hommes soit de femmes, commençaient à occuper l'attention publique. C'était par Saint-Cyran qu'Arnauld d'Andilly agissait sur la princesse de Guémené. Les lettres de celui-ci à cette dame sont datées d'octobre 1639. On lit dans les relations de la Mère Angélique, même année 1639 : « Mme la princesse de Guémené fut touchée et commença de venir à Port-Royal. » — Cette date de 1639 est confirmée par le *Nécrologe* de Port-Royal, au mot GUÉMENÉ.

1. Tel est le texte des ms R, H, Ch, et des éditions de 1717, 1717 A, 1718 B, F, 1719-1843. Les quatre derniers mots ont été biffés dans le ms R ; il est difficile de distinguer s'ils l'ont été tous quatre par l'auteur lui-même. Comme, au-dessus de *que*, il a mis *ou*, peut-être a-t-il seulement effacé *plutôt que*; mais nous ne pouvons rien affirmer.

2. Il faut sûrement comprendre, sous cette désignation de l'*Arsenal*, Mme de la Meilleraye, femme du grand maître de l'artillerie, lequel, comme ses prédécesseurs, demeurait à l'Arsenal. Elle était probablement nommée dans les derniers feuillets arrachés. La *place Royale* désigne Mme de Guémené. Son hôtel était sur cette place, derrière laquelle une impasse porte encore aujourd'hui le nom de *Guémené*. — L'explication que nous donnons est confirmée un peu plus bas (p. 177) par Retz lui-même. Après avoir raconté la conversion définitive de Mme de Guémené, il ajoute : « Si Dieu m'avoit ôté la place Royale, le diable ne m'avoit pas laissé l'Arsenal, » et en même temps il nous met au courant d'une intrigue amoureuse de Mme de la Meilleraye avec Palière, capitaine des gardes du Grand Maître. — Nous reparlerons (p. 134, note 1) de Mme de la Meilleraye, et on trouvera dans ce que nous aurons à dire l'explication du mot *le diable*. — Selon Saint-Simon, qui exagère probablement beaucoup, la passion de Retz avait été extrême pour la duchesse de la Meilleraye : « Elle tourna la tête au cardinal de Retz jusqu'à ce point de folie de vouloir tout mettre sens dessus [dessous] en France, à quoi il travailla tant qu'il put, pour réduire le Roi en tel besoin de lui qu'il le forçât d'employer tout à Rome pour obtenir dispense pour lui, tout prêtre et évêque sacré qu'il étoit, d'épouser la maréchale de la Meilleraye, dont le mari étoit vivant, fort bien avec elle, homme fort dans la confiance de la cour, du premier mérite et dans les plus grands emplois. Une telle folie est incroyable et ne laisse pas d'avoir été. » (*Mémoires*, tome VIII, p. 172.)

charmois, par ce doux accord, le chagrin[1] que ma profession ne laissoit pas de nourrir toujours dans le fond de mon âme. Il s'en fallut bien peu qu'il ne[2] sortît de cet enchantement une tempête qui eût fait changer de face à l'Europe, pour peu qu'il eût plu à la destinée d'être de mon avis. M. le cardinal de Richelieu aimoit la raillerie, mais il ne la pouvoit souffrir; et toutes les personnes de cette humeur ne l'ont jamais que fort aigre[3]. Il en fit une de cette nature, en plein cercle, à Mme de Guémené; et tout le monde remarqua qu'il vouloit me désigner. Elle en fut outrée, et moi plus qu'elle; car enfin il s'étoit contracté une certaine espèce de ménage entre elle et moi, qui avoit souvent du mauvais ménage, mais dont toutefois les intérêts n'étoient pas séparés[4].

Au même temps, Mme de la Meilleraye[5] plut à

1. Ce passage : « Je conduisis, etc., » a été raturé, à partir de la seconde syllabe de *conduisis*, et une autre main y a substitué ce qui suit : « [Je con]tinuai de lui rendre mes respects avec beaucoup d'assiduité, et je charmois par là et par d'autres divertissements le chagrin, etc. » Cette leçon se retrouve dans beaucoup d'éditions, entre autres dans celles de 1717 et de 1718.

2. Avant *sortît*, il y a dans le ms R un mot biffé, illisible.

3. La plupart des anciennes impressions sont ici conformes au ms R; dans les quatre éditions les plus récentes (1837-1866), la phrase a été ainsi altérée : « Les personnes de cette humeur ne sont jamais que fort aigres. »

4. Tout ce passage, depuis : « car enfin, » et à l'exception des mots *espèce de ménage*, et, plus loin, *mauvais ménage*, *mais*, a été raturé, nous ne croyons pas que ce soit par l'auteur, puis rétabli au-dessus par une autre main, puis biffé de nouveau.

5. Une autre main a ajouté, à la marge, ces mots, se rapportant à Mme de la Meilleraye : « de qui, toute sotte qu'elle étoit, j'étois devenu amoureux; » et en outre ceux-ci, qui ensuite ont été biffés : « et j'avois sujet de croire qu'elle ne me haïssoit pas : la Maréchale, dis-je (plut, etc.). » C'est une maladroite addition, un essai de combler quelque peu la lacune qui précède (p. 129); les premiers mots sont en désaccord avec le jugment que Tallemant porte de la Maréchale : « Elle qui ne manque pas d'esprit.... (voyez ci-après, p. 134, note 1). »

Monsieur le Cardinal, et au point que le Maréchal[1] s'en étoit aperçu devant même qu'il partît pour l'armée. Il en avoit fait la guerre à sa femme[2], et d'un air qui lui fit

[1]. Le Grand Maître avait été fait maréchal cette année même (le 30 juin 1639).

[2]. Marie de Cossé, fille du duc de Brissac, mariée en 1637 au duc de la Meilleraye, grand maître de l'artillerie depuis 1633. Ici encore Tallemant (tome II, p. 220) est d'accord avec Retz : « Le cardinal de Richelieu s'en éprit : il avoit toujours affaire à l'Arsenal; c'étoit sa bonne cousine. Voilà le Grand Maître dans une mélancolie épouvantable.... Le Cardinal étoit dangereux; il n'y avoit point de quartier avec lui. La Maréchale pouvoit, si elle eût voulu, le faire enrager impunément : elle, qui ne manque pas d'esprit, s'aperçut de cela, et un beau jour, par une résolution assez rare en l'âge où elle étoit alors[a], elle va trouver le Grand Maître, et lui dit que l'air de Paris ne lui étoit pas bon, et qu'elle seroit bien aise, s'il l'approuvoit, d'aller chez sa mère en Bretagne. « Ah! Ma- « dame, lui dit le Grand Maître, vous me donnez la vie ; je n'ou- « blierai jamais la grâce que vous me faites. » Le Cardinal, par bonheur, n'y songea plus; mais sans doute il s'alloit enflammer d'une étrange sorte. » Plus loin (p. 225), le chroniqueur ajoute : « La Maréchale disoit qu'elle rendoit grâce à Dieu d'être la femme de M. le maréchal de la Meilleraye, « car, disoit-elle, si je ne l'avois épousé, « je ne pourrois pas m'empêcher de l'aimer d'amour. » Elle ment comme tous les diables : c'est un petit homme mal fait et jaloux. Sans la peur du diable, elle l'auroit fait mille fois c... Elle croit qu'il n'y a point de pardon pour l'adultère.... » Elle mourut en 1710, à quatre-vingt-neuf ans. On a un joli portrait d'elle, peint par Moncornet en 1659. Une chanson un peu postérieure à la date du présent récit fait allusion aux amours de Retz et de Mme de la Meilleraye :

> A quoi bon ces austérités
> Que vous affectez, Maréchale?
> Malgré les soins que vous prenez
> De passer pour une vestale,
> On dit que Monsieur de Paris
> Est du nombre de vos amis, etc.

(Recueil de chansons manuscrites de la Bibliothèque impériale, cité pa Champollion-Figeac, p. 22 de l'édition de 1837.)

[a] Dix-huit ans.

croire d'abord¹ qu'il étoit encore plus jaloux qu'ambitieux². Elle le craignoit terriblement ; elle n'aimoit point Monsieur le Cardinal, qui, en la mariant avec son cousin, avoit, à la vérité, dépouillé sa maison³, de laquelle elle étoit idolâtre⁴. Il étoit d'ailleurs encore plus vieux par ses incommodités que par son âge⁵ ; et il est vrai de plus que, n'étant pédant en rien, il l'étoit tout à fait en galanterie. Elle⁶ m'avoit dit le détail des avances qu'il lui avoit faites, qui étoient effectivement ridicules ; mais comme il les continua jusques au point de lui faire faire des séjours, de temps même considérable, à Ruel⁷, où il faisoit le sien ordinaire, je m'aperçus que la petite cervelle de la demoiselle ne résisteroit⁸ pas longtemps au brillant de la faveur, et que la jalousie du Maréchal céderoit bientôt un peu à son intérêt, qui ne

1. Ces mots : « fit croire d'abord, » sont écrits, en interligne, de la main du Cardinal, au-dessus d'autres mots biffés.
2. Plus jaloux qu'un bilieux ne l'est ordinairement. (1718 C, D, E.)
3. Ce passage signifie sans doute que le Cardinal, dans l'intérêt de son cousin la Meilleraye, avait forcé le père de Marie de Cossé à la doter richement.
4. De laquelle il étoit idolâtre. (Ms H, 1718 C, D, E, 1719-1828.) — Dans le ms Ch, on avait aussi mis d'abord le masculin, mais ensuite il a été biffé, et elle écrit au-dessus. — Dans l'édition de 1843, idolâtrée a été substitué à idolâtre.
5. Richelieu avait alors cinquante-quatre ans.
6. Dans le ms R, elle a été effacé, et on écrit au-dessus, par une autre main que celle de l'auteur.
7. Maison du cardinal de Richelieu, près de Nanterre, à quelques lieues de Paris. Ruel était presque aussi animé que le Palais-Royal : il y avait un théâtre, comme à Paris, où le Cardinal faisait représenter des pièces à machines, avec des appareils nouveaux apportés d'Italie, et donnait de grands ballets mythologiques, pareils à ceux du Louvre. Pérelle nous a conservé les diverses vues du château de Ruel, aujourd'hui détruit.
8. C'est bien ainsi que Retz a écrit. Une autre main a effacé les mots : « ne résisteroit pas », et mis au-dessus : « pourroit ne pas résister. »

lui étoit pas indifférent, et pleinement à sa foiblesse pour la cour, qui n'a jamais eu d'égale.

J'étois dans les premiers feux[1] du plaisir, qui, dans la jeunesse, se prennent aisément pour les premiers feux de l'amour, et j'avois trouvé tant de satisfaction à triompher du cardinal de Richelieu, dans un champ de bataille aussi beau que celui de l'Arsenal, que je me sentis de la rage dans le plus intérieur de mon âme, aussitôt que je reconnus qu'il y avoit du changement dans toute la famille. Le mari consentoit et desiroit[2] que l'on allât très-souvent à Ruel; la femme ne me faisoit plus que des confidences qui me paroissoient assez souvent fausses; enfin la colère de Mme de Guémené, dont je vous ai dit le sujet ci-dessus, la jalousie que j'eus pour Mme de la Meilleraye, mon aversion pour ma profession, s'unirent ensemble dans un moment fatal, et faillirent à produire un des plus grands et des plus fameux événements de notre siècle.

La Rochepot[3], mon cousin germain et mon ami in-

1. Une autre main a écrit, entre les lignes, pour remplacer ce qui suit le mot *feux* (jusqu'à *rage*, cinq lignes plus loin), la leçon suivante : « de cette nouvelle passion, et je me figurois tant de plaisir à triompher du cardinal de Richelieu en un aussi beau champ de bataille que celui de l'Arsenal, que la rage se coula (dans, etc.). » Cette variante se lit dans les éditions de 1717, 1717 A, 1718 B, C, D, E, F, 1719-1828. Dans celles de 1717 et de 1719-1751, elle est imprimée en italique, et l'on a mis en note : « Il y a dans l'original sept lignes effacées, et on y a substitué ce qui est ici en italique. »

2. Les mots : « et desiroit, » ont été biffés, mais non par l'auteur, dans le manuscrit autographe.

3. La Rochepot, Charles d'Angennes du Fargis, marquis de la Boissière, fils de Mme du Fargis (voyez ci-dessus, p. 105, note 1). Le comté de la Rochepot et la seigneurie de Commercy appartenaient à sa mère, qui les tenait de la sienne. La Rochepot, lorsqu'il fut tué au siége d'Arras, le 16 août 1640, à l'âge de vingt-six ans, laissa tous ses biens à l'abbé de Retz : voyez l'*Histoire de Commercy*, par M. Dumont, tome II, p. 97-100.

time, étoit domestique de feu[1] M. le duc d'Orléans, et extrèmement dans sa confidence[2]. Il haïssoit cordialement M. le cardinal de Richelieu, et parce qu'il étoit fils de Mme du Fargis, persécutée et mise en effigie par ce ministre[3], et parce que, tout de nouveau, Monsieur le Cardinal, qui tenoit son père encore prisonnier à la Bastille[4], avoit refusé l'agrément du régiment[5] de Champagne pour lui à M. le maréchal de la Meilleraye, qui avoit une estime particulière pour[6] sa valeur. Vous pouvez croire que nous faisions souvent ensemble le panégyrique du Cardinal, et des invectives contre la foiblesse de Monsieur, qui, après avoir engagé Monsieur le Comte à sortir du royaume et à se retirer à Sedan, sous la parole qu'il lui donna de l'y venir joindre, étoit revenu de Blois honteusement à la cour[7].

Comme j'étois aussi plein des sentiments que je vous viens de marquer, que la Rochepot l'étoit de ceux

1. *Feu* manque dans les ms H et Ch ; mais il est dans la plupart des éditions.
2. Il était, dit M. Dumont à l'endroit cité dans la note précédente, chambellan de Gaston d'Orléans.
3. Richelieu ne borna pas sa vengeance à publier la correspondance amoureuse de Mme du Fargis et de Cramail : il livra Mme du Fargis à une cour de justice, établie à l'Arsenal, qui la condamna à mort (1631). L'arrêt eut un semblant d'exécution : Mme du Fargis eut la tête tranchée, en effigie, au carrefour Saint-Paul. N'osant pas rester à Commercy, où elle se croyait peu en sûreté, elle se retira en Belgique, et mourut à Louvain en septembre 1636.
4. Du Fargis avait été arrêté et mis à la Bastille, pour cause d'intrigue, le même jour que le duc de Puylaurens, Coudray-Montpensier, c'est-à-dire le 14 février 1635. Voyez les *Mémoires de Bassompierre*, Collection Michaud, tome XX, p. 331, le *Mercure françois*, tome XX, p. 660, et la lettre du Roi au sujet de ces arrestations dans la *Gazette* de 1635, p. 57.
5. Première rédaction du ms R : « lui avoit refusé l'agrément pour le régiment. »
6. Le texte est douteux : on liroit peut-être plutôt *par* que *pour*.
7. Trois mois seulement après le complot, en février 1637.

que[1] l'état de sa maison et de sa personne lui devoit donner, nous entrâmes aisément dans les mêmes pensées, qui furent de nous servir de la foiblesse de Monsieur pour exécuter ce que la hardiesse de ses domestiques[2] fut sur le point de lui faire faire à Corbie[3], dont il faut, pour plus d'éclaircissement, vous entretenir un moment.

Les* ennemis étant entrés[4] en Picardie[5], sous le commandement de M. le prince Thomas de Savoie[6] et de Piccolomini[7], le Roi y alla en personne[8], et il y mena Monsieur son frère pour général de son armée et Monsieur le Comte pour lieutenant général[9]. Ils étoient l'un

1. Ici Retz avait d'abord essayé d'autres rédactions. Devant *ceux* il y a *des sent* (probablement le commencement de *sentiments*), biffé, et après *que*, ces trois mots, également biffés : *lui pouvoit laisser*.

2. Au-dessous des mots *ses domestiques*, Retz avait écrit d'abord : « la Rochepot, » qu'il a ensuite effacé.

3. Dans les ms H et Ch, et dans toutes les éditions antérieures à 1837 : « de lui faire exécuter à Corbie. »

4. L'orthographe du ms R est : « *étants* entrés. »

5. Au mois de septembre 1636 ; l'invasion avait commencé en juillet.

6. Thomas-François de Savoie, prince de Carignan, fils du duc de Savoie Charles-Emmanuel ; il avait épousé la sœur du comte de Soissons qui fut tué à la Marfée. Le prince de Condé, qui n'aimait pas la maison de Soissons, l'appelait par dérision *la princesse Thomasse* : voyez les *Mémoires de M. de Bordeaux*, tome I, p. 85.

7. Octave Piccolomini (1559-1656), général italien au service de l'Empereur, célèbre surtout par la part qu'il prit à la guerre de Trente ans, et en particulier aux batailles de Lutzen et de Nordlingen et à la mort de Wallenstein. — Retz écrit *Picolomini*.

8. M. Aimé Champollion-Figeac a publié, dans le tome IV, p. 105, des *Mémoires de Mathieu Molé* (Appendice), le récit de cette campagne devant Corbie, écrit par Louis XIII lui-même.

9. Le récit du Cardinal manque de netteté : on n'y voit pas clairement que c'était à Amiens, avant la reprise de Corbie, que le complot devait s'exécuter. Voici les divers faits dans leur ordre. Lorsque les Espagnols se furent emparés de la Capelle, du Catelet et de Corbie, Richelieu, qui se défiait du comte de Soissons, et qui n'osait toutefois, dans ces circonstances difficiles, le mécontenter en

et l'autre très-mal avec M. le cardinal de Richelieu, qui ne leur donna cet emploi que par la pure nécessité des affaires, et parce que les Espagnols, qui menaçoient le cœur du royaume, avoient déjà pris Corbie, la Capelle et le Catelet. Aussitôt qu'ils furent retirés[1] dans les Pays-Bas et que le Roi eut repris Corbie[2], l'on ne douta point que l'on ne cherchât les moyens de perdre Monsieur le Comte, qui avoit donné beaucoup de jalousie au ministre par son courage, par sa civilité, par sa dépense; qui étoit intimement bien avec Monsieur[3], et

lui enlevant son commandement, appela Monsieur à la tête de l'armée, comptant sur leurs divisions habituelles ; mais les deux adversaires, rapprochés par Montrésor et par Saint-Ibal, se réconcilièrent, dans leur haine commune contre le ministre. Richelieu, instruit de ce rapprochement, et du reste peu satisfait de la lenteur des opérations, conduisit le Roi sur le théâtre de la guerre, en l'établissant au château de Demuin, entre Corbie et Amiens. Cette surveillance parut blessante aux deux princes. Le comte de Soissons avait d'ailleurs regardé comme un outrage à son sang royal la proposition que lui avait faite le Cardinal d'épouser Mme de Combalet (voyez p. 140, note 1). Mademoiselle de Montpensier dit, dans ses *Mémoires* (édition de M. Chéruel, tome I, p. 10), que la même proposition de mariage fut adressée à Monsieur. Quoi qu'il en soit, les deux princes mécontents se précipitèrent dans les résolutions extrêmes : on projeta d'assassiner Richelieu au sortir du conseil que le Roi allait tenir à Amiens, chez son ministre souffrant. Au jour et à l'heure fixés, après que le Roi fut reparti, le Cardinal se trouva entre les deux princes et quatre de leurs complices. Au moment de donner le signal, le cœur manqua à Gaston, qui s'éloigna précipitamment; les autres n'osèrent agir sans son ordre. Voyez les *Mémoires de Monglat*, p. 49 (Collection Michaud, tome XXIX).

1. *Retirés* a été écrit, puis effacé, puis récrit définitivement.
2. Le 14 novembre 1636.
3. Qui de plus étoit intimement bien avec Monsieur. (1718 C, D, E, 1719, 1820, 1828.) — Qui étoit intimement lié avec Monsieur le Prince. (Ms H, Ch, 1717 A, 1718 B, F.) — Parce qu'il étoit intimement lié avec Monsieur le Prince. (1825.) — Ces deux leçons, de *Monsieur le Prince*, sont d'autant plus fautives qu'on sait que le prince de Condé n'aimait pas la maison de Soissons.

qui avoit surtout commis le crime capital de refuser le mariage de Mme[1] d'Aiguillon. L'Espinai[2], Montrésor[3], la Rochepot n'oublièrent rien pour donner[4] à Monsieur,

1. Le manuscrit original, l'édition de 1717, et celles de 1837-1866, portent *M*, au lieu de *Mme*. Il faut nécessairement lire *Mme* (le ms Ch donne *Mad^e*; dans le ms H, il y a, ce nous semble, *Mlle*). Il n'y avait pas de M. d'Aiguillon : le duché fut créé pour la nièce de Richelieu, Marie-Madeleine de Vignerot, fille de sa première sœur, Françoise du Plessis, et de René de Vignerot, seigneur de Pont-Courlay, mariée en 1620 à Antoine du Roure de Combalet, neveu du duc de Luynes. Marie de Médicis donna la dot, voyant une preuve d'attachement de Richelieu dans cette alliance avec le favori du Roi. Veuve en 1621, Mme de Combalet fut faite duchesse d'Aiguillon en 1638. Elle possédait toute la confiance et l'affection de Richelieu, qui jusqu'à la fin ambitionna pour elle une grande alliance. Elle mourut en 1675, léguant le duché à sa sœur Thérèse de Vignerot. — Claude Joly, dans son *Recueil de maximes véritables et importantes pour l'institution du Roi contre la fausse et pernicieuse politique de Mazarin* (1653, in-12, p. 230-231), confirme le récit de Retz : « Le refus généreux qu'auroit fait M. le comte de Soissons d'épouser la nièce du cardinal de Richelieu fut la cause de sa persécution, qui l'obligea à se retirer à Sedan, où on ne le laissa point en repos, jusqu'à ce qu'il se fût engagé avec les Espagnols. »

2. Gentilhomme du duc d'Orléans, que le cardinal de Richelieu avait éloigné de la personne de Gaston dès 1625. Voyez son *Historiette* dans Tallemant des Réaux, tome II, p. 286.

3. Claude de Bourdeille, comte de Montrésor, né vers 1608, s'attacha à Gaston d'Orléans, dont il devint le grand veneur et le favori, fut souvent mêlé aux conspirations contre Richelieu et Mazarin, prit une part active à la Fronde, se réconcilia avec la cour en 1653, et disparut dès lors de la scène politique jusqu'à sa mort (1663). Il a laissé des *Mémoires* qui se distinguent par une grande sincérité; la Bibliothèque impériale possède de lui des lettres, dont plus d'une s'occupe du cardinal de Retz ou lui est adressée. Ses galanteries, surtout celles qu'il eut avec Mlle de Guise, l'ont rendu célèbre de son temps; il y est fait allusion dans la *Carte du pays de Braquerie* : voyez l'*Appendice* de Tallemant des Réaux, tome IV, p. 537.

4. Retz avait voulu mettre d'abord : « pour donner du courage; » puis il a effacé *du courage;* on retrouve plus bas *courage* dans la phrase modifiée.

par l'appréhension, le courage de se défaire du Cardinal; Saint-Ibar[1], Varicarville[2], Bardouville[3] et Beauregard[4], père de celui qui est à moi[5], le persuadèrent à Monsieur le Comte.

La chose fut résolue, mais elle ne fut pas exécutée. Ils eurent le Cardinal[6] dans leurs mains à Amiens, et ils

1. Ce nom est toujours écrit ainsi par Retz. Henry d'Escars de Saint-Bonnet, seigneur de Saint-Ibal, cousin germain de Montrésor, fut comme lui mêlé à toutes les intrigues contre Richelieu et Mazarin. Ses lettres sont souvent signées *Saint-Tibal*. Tallemant des Réaux (tome II, p. 41, note 1) dit qu'il « a été la cause du malheur de Monsieur le Comte, car il lui mit dans la tête de faire le fier et de terrasser le Cardinal. »

2. Gentilhomme normand, attaché au duc de Longueville. Tallemant des Réaux lui donne souvent une place parmi les gens propres à un coup de main politique ou à un exploit galant, à un enlèvement de femme, par exemple. M. Cousin, dans *Madame de Chevreuse* (4ᵉ édition, p. 179), lui est plus favorable, quoiqu'il le traite aussi de brouillon.

3. Autre gentilhomme normand, ami du poëte Desbarreaux. Montrésor en parle comme d'un homme habile; c'était un des esprits forts de l'époque, des libertins comme on les appelait, et Saint-Ibal disait que quand on baptiserait son fils, il faudrait lui mettre des entraves, qu'autrement il regimberait contre l'eau bénite; quelques-uns le regardent comme l'auteur de la Mazarinade intitulée : *le Confiteor du Chancelier au temps de Pâques*.

4. Beauregard, capitaine des gardes du comte de Soissons. Le côté grotesque et chimérique de tous ces personnages a été bien peint par Saint-Évremond dans *la Retraite de M. de Longueville*, OEuvres mêlées, édition de M. Charles Giraud (Techener, 1866), tome II, p. 4 à 21.

5. Nous n'avons pas rencontré ce nom de Beauregard dans la liste des cinquante-huit personnes attachées à la maison du cardinal de Retz, liste dressée par M. Dumont dans son *Histoire de Commercy* (tome II, p. 149-151), et qui, selon l'historien, correspondrait à l'année 1662 : on n'y trouve pas non plus les trois gentilshommes (à lui) qui figurent dans le récit de l'évasion de Nantes (1654), Boisguérin, Montet et Beauchêne. Ne pourrait-on pas voir dans l'absence de ces quatre noms une nouvelle preuve que les *Mémoires* ont été écrits avant le retour en France?

6. Ils virent le Cardinal. (Ms H, Ch, 1717 A, 1718 B, F.)

ne lui firent rien. Je n'ai jamais pu savoir pourquoi[1] : je leur en ai ouï parler à tous, et chacun rejetoit la faute sur son compagnon. Je ne sais, dans la vérité, ce qui en est. Ce qui est vrai est qu'aussitôt qu'ils furent à Paris, la frayeur les saisit. Monsieur le Comte, que tout le monde convint avoir été le plus ferme de tous les conjurés d'Amiens, se retira[2] à Sedan[3], qui étoit, en ce temps-là, en souveraineté à M. de Bouillon[4]. Monsieur

1. Les ms H, Ch, et toutes les éditions antérieures à 1837, donnent : « Je n'ai jamais su pourquoi. » — Le duc d'Orléans ne donna pas le signal : nous l'avons dit plus haut d'après les *Mémoires de Montrésor* (3ᵉ série, tome II, p. 244 ; tome III, p. 264), et ceux *de Montglat* (tome V, p. 49). Tallemant (tome II, p. 244) parle aussi du complot et de sa non réussite, mais d'une manière moins vraisemblable que Montrésor, qui y était pour le duc d'Orléans, tandis que les trois autres associés, qu'il ne nomme pas, et qui sont probablement Varicarville, Bardouville et Beauregard, étaient les représentants du comte de Soissons. Selon Tallemant, l'arrestation devait être faite par Barradas. « Il demandoit pour cela cinq cents chevaux, et suivi de ses amis et de ses parents, avec un cordon bleu et un bâton de capitaine des gardes, il faisoit état d'attendre le Cardinal à un défilé ; qu'il y avoit apparence que le Cardinal, surpris de voir un homme que le Roi aimoit encore, et n'ayant pas le don de ne se pas étonner, perdroit la tramontane, et qu'on le mèneroit où on voudroit. » — L'ignorance où est Retz de la vraie cause de l'insuccès du complot montre qu'il n'avait pas lu, au moins lorsqu'il écrivit cette partie de ses *Mémoires*, ceux de Montrésor, publiés en 1663, avec d'autres pièces formant un recueil.

2. Toutes les éditions antérieures à 1837 donnent : « Monsieur le Comte se retira ; » seulement les éditions de 1717, 1719-1777 et 1825 ont ajouté des points entre *le Comte* et *se retira*, pour indiquer une lacune, et en note ou à la marge : « Il y a ici deux lignes effacées. » Les ms H et Ch n'ont pas de note, ni de marque de lacune. Ces deux lignes, qui sont à moitié biffées sur le manuscrit et difficiles à lire, portent visiblement des traces de lavage ; on les a récrites dans l'interligne.

3. Le 20 novembre, six jours après la reprise de Corbie.

4. Frédéric-Maurice de la Tour d'Auvergne, second duc de Bouillon, frère du vicomte de Turenne, naquit en 1605 à Sedan, et mourut en 1652. La principauté de Sedan était venue à son père

alla à Blois; et M. de Retz[1], qui n'étoit pas de l'entreprise d'Amiens, mais qui étoit fort attaché à Monsieur le Comte[2], partit la nuit en poste de Paris, et il se jeta dans Belle-Isle[3]. Le Roi envoya à Blois M. le comte de Guiche[4], qui est présentement M. le maréchal de Gramont, et M. de Chavigny[5], secrétaire d'État et confi-

Henri, par son mariage avec l'héritière des ducs de Bouillon, de la maison de la Marck. Sa position, sur la frontière la moins éloignée de Paris, la rendait importante pour des maîtres remuant et ambitieux, comme le furent les ducs Henri et Frédéric-Maurice, dont Richelieu appelait le premier « le démon incarné de la sédition. » Le second abjura le protestantisme en 1634; plus tard, arrêté comme complice de Cinq-Mars (1642), il ne recouvra la liberté qu'en rendant sa forteresse de Sedan, à la suite d'une négociation habilement conduite par Mazarin (voyez les *Carnets de Mazarin, Journal des savants*, 1854, p. 468). Nous verrons le duc de Bouillon réclamer cette principauté pendant toute la Fronde.

1. Pierre de Gondi, frère aîné du Cardinal; son beau-père s'était démis en sa faveur du duché de Retz, en 1633 : transmission autorisée par le Roi en février 1634. Retz était une des neuf grandes baronnies de Bretagne dont la possession conférait la présidence de la noblesse aux états : ces neuf baronnies étaient Léon, Vitré, Ancenis, Fougères, Châteaubriant, la Roche-Bernard, Quintin, Retz et Pontchâteau.

2. La cause de cet attachement à l'ennemi du ministre était le mécontentement éprouvé par Pierre de Gondi d'être obligé de se démettre du généralat des galères (1635) en faveur du marquis de Pont-Courlay, neveu de Richelieu et frère de Mme d'Aiguillon.

3. Ile sur les côtes de Bretagne, près de Quiberon; elle appartenait à son père, et fut plus tard vendue, malgré la protestation du cardinal de Retz, alors en exil, au surintendant Foucquet, qui la fit fortifier en prévision de ses projets de résistance. Nous donnerons plus tard cette protestation.

4. Antoine de Guiche, premier duc de Gramont. En 1634, il épousa une parente éloignée de Richelieu. Maréchal de France en 1641, duc et pair en 1648, vice-roi de Navarre, il se distingua dans les guerres de Flandre et d'Allemagne, puis fut chargé par Louis XIV d'aller demander en Espagne la main de Marie-Thérèse. C'était un cavalier accompli et un fin courtisan; il mourut en 1678, âgé de soixante-quatorze ans. On a de lui des *Mémoires* intéressants, qu'on peut consulter sur cette négociation, ainsi que ceux de Montglat.

5. Léon Bouthilier, comte de Chavigny, fils de Claude Bouthi-

dentissime du Cardinal. Ils firent peur à Monsieur, et ils le ramenèrent à Paris, où il avoit encore plus de peur ; car ceux qui étoient à lui dans sa maison, c'est-à-dire ceux de ses domestiques qui n'étoient pas gagnés par la cour, ne manquoient pas de le prendre par cet endroit, qui étoit son foible, pour l'obliger de penser à sa sûreté ou plutôt à la leur. Ce fut de[1] ce penchant où nous crûmes, la Rochepot et moi, que nous le pourrions précipiter[2] dans nos pensées. L'expression est bien irrégulière, mais je n'en trouve point qui marque[3] plus naturellement le caractère d'un esprit comme le sien. Il pensoit tout et il ne vouloit rien ; et quand par hasard il vouloit quelque chose, il falloit le pousser en même temps, ou plutôt le jeter[4], pour le lui faire exécuter.

La Rochepot fit tous les efforts possibles, et comme il vit que l'on ne répondoit que par des remises, et par des impossibilités que l'on trouvoit à tous les expédients qu'il proposoit, il s'avisa d'un moyen qui étoit assurément hasardeux, mais qui, par un sort[5] assez commun

lier, secrétaire d'État et surintendant des finances, et d'Anne de Bragelogne. Beaucoup de contemporains le regardaient comme le fils de Richelieu. Il naquit en 1608, devint en 1632 secrétaire d'État, surintendant des finances en 1635, et plus tard ministre des affaires étrangères ; en cette qualité, il fit prévaloir l'influence de la France à Turin en 1640, puis fut désigné pour assister comme plénipotentiaire aux conférences de Munster ; il mourut en 1652 ; il avait épousé Anne Phelypeaux de Villesavin.

1. Dans le manuscrit original, d'abord : *sur*, biffé.
2. D'abord : *pousser* ou *porter*, peu lisible, biffé, et remplacé par *précipiter*.
3. Retz a substitué *marque* à *exprime*, qu'il avait écrit d'abord. Dans toutes les éditions antérieures à 1837 : « qui marque mieux le caractère ; » dans celles de 1718 C, D, E : « qui *me* marque. »
4. Il falloit l'y pousser en même temps, ou plutôt l'y jeter. (1718 C, D, E, 1719-1828.)
5. Première rédaction du ms R : « par une destinée. »

aux actions extraordinaires, l'étoit beaucoup moins qu'il ne le paroissoit.

M. le cardinal de Richelieu devoit tenir sur les fonts[1] Mademoiselle[2], qui, comme vous pouvez juger, étoit baptisée il y avoit longtemps; mais les cérémonies du baptême n'avoient pas été faites. Il devoit venir, pour cet effet, au Dôme[3], où Mademoiselle logeoit, et le baptême se devoit faire dans sa chapelle. La* proposition de la Rochepot fut de continuer de faire voir à Monsieur, à tous les moments du jour, la nécessité de se défaire du Cardinal; de lui parler[4] moins qu'à l'ordinaire du détail de l'action, afin d'en moins hasarder le secret; de se contenter de l'en entretenir en général, et pour l'y accoutumer et pour lui pouvoir dire en temps et lieu que l'on ne la lui avoit pas celée; que l'on avoit plusieurs expériences qu'il ne pouvoit lui-même être servi qu'en cette manière; qu'il l'avoit lui-même avoué mainte fois à lui la Rochepot; qu'il n'y avoit donc qu'à[5] s'associer de braves gens qui fussent capables d'une action détermi-

1. Retz a écrit : *fonds*.
2. Anne-Marie-Louise d'Orléans, née le 29 mai 1627, fille de Gaston et de sa première femme Marie de Bourbon, est appelée souvent la *grande Mademoiselle*. Elle est auteur de *Mémoires* dont nous nous servirons fréquemment.
3. Le Dôme, aujourd'hui le *pavillon de l'Horloge*, aux Tuileries. Cette partie du palais formait alors un dôme sphérique, couvert d'ardoises, flanqué de quatre tourelles, au milieu desquelles se trouvait un escalier tournant, à jour, chef-d'œuvre de construction, qui occupait l'emplacement actuel du vestibule. Ce fut sous Louis XIV que le dôme sphérique fut changé en pavillon quadrangulaire, lorsqu'on exhaussa cette partie centrale des Tuileries. On en peut voir deux bonnes gravures dans le tome II (p. 13 et p. 90) de la *Topographie du vieux Paris*, publiée, aux frais de la Ville, par feu M. Ad. Berty, et continuée, à partir du tome II, par M. H. Legrand (1867-68).
4. D'abord : « de lui *en* parler »; puis *en* a été biffé.
5. Il y a ici dans le manuscrit autographe un mot biffé, illisible.

née; qu'à poster des relais, sous le prétexte d'un enlèvement[1], sur le chemin de Sedan; qu'à exécuter la chose au nom de Monsieur et en sa présence, dans la chapelle, le jour de la cérémonie; que Monsieur l'avoueroit de tout son cœur dès qu'elle seroit exécutée, et que nous le mènerions de ce pas sur nos relais à Sedan, dans un intervalle où l'abattement des sous-ministres[2], joint à la joie que le Roi auroit d'être délivré de son tyran, auroit laissé la cour en état de songer plutôt à le rechercher qu'à le poursuivre. Voilà la vue de la Rochepot, qui n'étoit nullement impraticable, et je le sentis par l'effet que la possibilité prochaine fit dans mon esprit, tout différent de celui que la simple spéculation y avoit produit.

J'avois blâmé, peut-être cent fois, avec la Rochepot, l'inaction de Monsieur et celle de Monsieur le Comte à Amiens. Aussitôt que je me vis sur le point de la pratique, c'est-à-dire sur le point de l'exécution de la même action dont j'avois réveillé moi-même l'idée dans l'esprit de la Rochepot, je sentis je ne sais quoi qui pouvoit être une peur. Je le pris pour un scrupule. Je ne sais si je me trompai; mais enfin l'imagination d'un assassinat d'un prêtre, d'un cardinal me vint à l'esprit. La Rochepot se moqua de moi, et il me dit ces propres paroles : « Quand vous serez à la guerre, vous n'enlèverez point de quartier, de peur d'y assassiner des gens endormis. » J'eus honte de ma réflexion; j'embrassai le crime qui me parut consacré par de grands exemples[3],

---

1. D'un enlèvement de femme; c'était alors, comme on le verra dans une note postérieure, un acte très-commun.

2. On appelait ainsi les secrétaires d'État chargés d'un ministère sous le ministre principal; il sera longuement question de ce mot à l'année 1651 et au commencement de 1652. — Dans les ms H, Ch, et dans les éditions de 1717 A, 1718 B, F : « l'abattement de son ministre. »

3. Cette constante admiration pour la fausse grandeur des con-

justifié et honoré par le grand péril[1]. Nous prîmes et nous concertâmes notre résolution. J'engageai, dès le soir, Lannoi[2], que vous voyez à la cour sous le nom de marquis de Piennes[3]. La Rochepot s'assura de la Frète[4], du marquis de Boisy[5], de l'Estourville[6], qu'il savoit être attachés à Monsieur et enragés contre le Cardinal. Nous fîmes nos préparatifs. L'exécution étoit sûre, le péril étoit grand pour nous; mais nous pouvions raisonnablement espérer d'en sortir, parce que la garde de Monsieur, qui étoit dans le logis, nous eût infailliblement soutenus contre celle du Cardinal, qui ne pouvoit être qu'à la porte. La fortune, plus forte que sa garde, le tira de ce pas. Il tomba malade, ou lui ou Mademoiselle, je ne m'en ressouviens pas précisément. La cérémonie fut différée : il n'y eut point d'occasion[7]. Mon-

spirateurs célèbres avait déjà poussé Retz à écrire, d'après les *Commentaires*, une *Vie de César*, qui ne nous est point parvenue, puis la *Conjuration de Fiesque*; ici elle l'entraîne à s'attribuer un complot d'assassinat qui n'a probablement jamais été formé.

1. Dans les ms H, Ch, et dans toutes les éditions antérieures à 1837 : « par de grands périls. »

2. Antoine de Brouilly, comte de Lannoi, marquis de Piennes après la mort de son père (1643), Claude de Lannoi, comte de la Moterie. Son frère aîné, mort en 1640 au siége d'Arras, était le premier mari de la comtesse de Fiesque, qui pendant trois mois ignora son sort. Le marquis de Piennes devint gouverneur de Pignerol, et mourut en 1676, à l'âge de soixante-cinq ans.

3. De marquis de Vienne. (Ms H, Ch.) — Du marquis de Vienne. (1717 A, 1718 B, F.)

4. S'assura de la Ferté. (Ms H, Ch, 1717 A, 1718 B, F.) — De la Frette. (1817.) — Pierre Gruel, seigneur de la Frète, capitaine des gardes du duc d'Orléans.

5. Voyez ci-dessus, p. 89, note 1.

6. Nous ne savons qui est désigné par ce nom; M. Bazin l'ignorait également. M. Moreau, le rencontrant aussi dans un pamphlet (tome II, p. 335, de la *Bibliographie des Mazarinades*), dit de même qu'il lui est inconnu, et, le croyant fautif, propose de le remplacer par Gourville, qui nous paraît difficile à accepter.

7. Il est impossible de concilier le récit, si détaillé, si précis, du

sieur s'en retourna à Blois, et le marquis de Boisy nous déclara qu'il ne nous découvriroit jamais; mais qu'il ne pouvoit plus être de cette partie, parce qu'il venoit de recevoir une je ne sais quelle grâce[1] de Monsieur le Cardinal.

Je vous confesse que cette[2] entreprise, qui nous eût comblés[3] de gloire si elle nous eût réussi, ne m'a jamais plu. Je n'en ai pas le même scrupule que des deux fautes que je vous ai marqué ci-dessus avoir commises contre la morale[4]; mais je voudrois toutefois de tout[5] mon cœur n'en avoir jamais été. L'ancienne Rome l'auroit estimée ; mais ce n'est pas par cet endroit que j'estime l'ancienne Rome[6].

jeune abbé de Retz avec un fait-nouvelle tiré de la *Gazette de France* de Renaudot (année 1636, n° 105, p. 436) : « Le 17ᵉ (*juillet*), Mademoiselle, âgée de neuf ans et trois mois, fut baptisée au Louvre, dans la chambre de la Reine, par l'évêque d'Auxerre, premier aumônier du Roi : ayant pour marraine et parrain la Reine et le Cardinal-Duc (*Richelieu*), et fut nommée Anne-Marie. » Retz ne donne pas de date à son projet d'assassinat; mais il le met évidemment après l'entreprise d'Amiens, la retraite du comte de Soissons et le retour de Monsieur à Paris, c'est-à-dire au plus tôt possible à la fin de février 1637 : or nous voyons que la cérémonie avait eu lieu en juillet 1636. En outre, Retz, pour la commodité de son plan, veut placer l'action aux *Tuileries*, où Richelieu, venu sans gardes, aurait été à la merci des conjurés; et la *Gazette* nous apprend que le baptême se fait au *Louvre :* il était plus naturel, en effet, de déranger une enfant de neuf ans que la Reine marraine. Remarquons que la Reine, d'après notre récit, se fût trouvée témoin du meurtre; Retz n'en dit mot. De pareilles inexactitudes doivent-elles être seulement attribuées à un manque de mémoire? Il est difficile de le supposer; et M. Bazin a cru, comme nous, à un mensonge.

1. De recevoir je ne sais quelle grâce. (Ms H, Ch, 1717 A, 1718 B, F, 1817-1866.)

2. Après *cette*, il y a dans le ms R un mot biffé, illisible.

3. Retz a écrit *comblé*, et deux lignes plus bas, *commis*, sans accord.

4. Ces deux fautes se trouvaient mentionnées probablement dans les fragments perdus.

5. *Tout* a été ajouté en interligne.

6. Il nous paraît que Retz aimait assez à poser en Romain. Mme de

Je[1] ressens, avec tant de reconnoissance et avec tant de tendresse, la bonté que vous avez de vouloir bien être informée de mes actions, que je ne me puis empêcher de vous rendre compte de toutes mes pensées ; et je trouve un plaisir incroyable à les aller chercher dans le fond de mon âme, à vous les apporter[2] et à vous les soumettre.

Il y a assez souvent de la folie à conjurer ; mais il n'y a rien de pareil pour faire les gens sages dans la suite, au moins pour quelque temps : comme le péril, en ces sortes d'affaires, dure même après l'occasion, l'on est prudent et circonspect dans les moments qui la suivent.

Le comte de la Rochepot, voyant que notre coup étoit manqué, se retira à Commercy, qui étoit à lui, pour sept ou huit mois[3]. Le marquis de Boisy alla trou-

---

Sévigné rapporte un mot de Corbinelli, qu'on pourrait regarder comme un résumé de quelques conversations que le Cardinal, dans sa vieillesse, avait eues avec lui : « J'ai fort causé avec Corbinelli, écrit-elle à sa fille, le 7 juillet 1677 (tome V, p. 201) : il est charmé du Cardinal ; il n'a jamais vu une âme de cette couleur ; celles des anciens Romains en avoient quelque chose. »

1. Cet alinéa a été biffé tout entier, puis récrit, d'une autre main et d'une écriture fine, au-dessus des lignes, puis biffé de nouveau.

2. Un plaisir incroyable dans le fond de mon cœur à vous les apporter. (Ms H, Ch, 1717 A, 1718 B, F.)

3. Retz aurait dû ajouter, à l'honneur de la Rochepot, que, bientôt après, on le trouve dans l'armée du Roi, où il fut tué en combattant l'ennemi devant Arras, le 16 août 1640. C'est encore une circonstance qui rend très-douteuse cette prétendue conspiration, dont la date doit être fixée, croyons-nous (voyez p. 150, note 3), à 1640. Par testament, la Rochepot avait institué son cousin l'abbé de Gondi son légataire universel, mais les dettes que ses parents lui avaient laissées et celles qu'il avait contractées lui-même devaient empêcher que cette libéralité ne reçût son exécution par simple voie de succession. Ce ne fut que le 3 mai 1650 que, par adjudication publique, Retz, le nouveau damoiseau, héritier bénéficiaire, devint maître de la seigneurie de Commercy, moyennant trois millions quinze mille livres qu'il emprunta. Jusque-là ses officiers avaient administré pour lui, autant du moins que le permettait l'oc-

ver le duc de Rouanné, son père, en Poitou; Piennes, la Frète et l'Estourville prirent le chemin de leurs maisons[1]. Mes attachements me retinrent[2] à Paris, mais si serré et si modéré, que j'étudiois tout le jour, et que le peu que je paroissois laissoit toutes les apparences d'un bon ecclésiastique. Nous les gardâmes si bien les uns et les autres, que l'on n'eut jamais le moindre vent de cette entreprise dans le temps de M. le cardinal de Richelieu, qui a été le ministre du monde le mieux averti. L'imprudence de la Frète et de l'Estourville fit qu'elle ne fut pas secrète après sa mort. Je dis leur imprudence; car il n'y a rien de plus malhabile que de se faire croire capable des choses dont les exemples sont à craindre.

La déclaration de Monsieur le Comte[3] nous tira, quelque temps après, de nos tanières, et nous nous réveillâmes au bruit de ses trompettes. Il faut reprendre son histoire un peu de plus loin.

Je vous ai marqué ci-dessus qu'il s'étoit retiré à Sedan[4], par la seule raison de sa sûreté, qu'il ne pouvoit trouver à la cour. Il écrivit au Roi en y arrivant : il l'assura de sa fidélité, et il lui promit de ne rien entreprendre, dans le temps de son séjour en ce lieu, contre son service. Il est certain qu'il lui tint très-fidèlement sa parole[5], que toutes les offres de l'Espagne et de l'Empire

cupation de la Lorraine par les armées françaises. Voyez, au sujet de cet héritage, l'*Histoire de Commercy* par M. Dumont, tome II, p. 100 et suivantes.

1. Le chemin des lieux de leurs maisons. (1719-1777, 1825.) — Des lieux de leur naissance. (1718 C, D, E.)

2. Retz écrit : *retindrent*.

3. En 1641 : c'est cette date qui nous fait croire qu'on peut fixer à 1640 celle du récit précédent.

4. Le 20 novembre 1636, nous l'avons déjà dit (p. 142, note 3). Il obtint bientôt du Roi, par l'entremise de Gaston, l'autorisation de rester pendant quatre ans dans sa retraite, à Sedan.

5. On peut conjecturer, d'après plusieurs lettres du comte de

ne le touchèrent point, et qu'il rebuta même avec colère les conseils de Saint-Ibar et de Bardouville, qui le vouloient porter au mouvement. Campion[1], qui étoit son domestique, et qu'il avoit laissé à Paris pour y faire les affaires qu'il pouvoit avoir à la cour, me disoit tout ce détail par son ordre ; et je me souviens, entre autres, d'une lettre qu'il lui écrivoit un jour, dans laquelle je lus ces propres paroles : « Les gens que vous connoissez n'oublient rien pour m'obliger à traiter avec les ennemis ; et ils m'accusent de foiblesse, parce que je redoute les exemples de Charles de Bourbon[2] et de Robert d'Artois[3]. » Campion avoit ordre de me faire voir cette lettre et de m'en demander mon sentiment. Je pris la plume au même instant, et j'écrivis, en un petit en-

Soissons et de Saint-Ibal, adressées à de Thou, et conservées à la Bibliothèque impériale (Fonds français, 15620), que cet ami de Cinq-Mars fut pendant quelque temps l'intermédiaire d'une réconciliation entre Monsieur le Comte et Richelieu. Ces lettres portent la signature *Saint-Tibal :* voyez ci-dessus, p. 141, note 1.

1. Deux frères, gentilshommes normands, Alexandre et Henri de Campion, ont joué un rôle assez important dans les intrigues de la fin du règne de Louis XIII et de la minorité de Louis XIV. Il s'agit ici d'Alexandre, né en 1610 : il fut successivement attaché au comte de Soissons, au duc de Vendôme et au duc de Longueville. Alexandre a laissé un *Recueil de lettres qui peuvent servir à l'histoire, et diverses poésies* (Rouen, 1657), ouvrage mentionné ci-dessus, p. 103, note 1; on l'a longtemps attribué au marquis de Gretot. Voyez sur Alexandre de Campion M. Cousin dans *Madame de Chevreuse*, p. 178. Son frère Henri a laissé des *Mémoires*. — Sur les deux Campion, voyez, dans la *Société libre d'Agriculture, Sciences, Arts et Belles-lettres de l'Eure*, 1859, une étude de douze pages de M. de Blosseville.

2. Charles de Bourbon, connétable de France; persécuté par Louise de Savoie, mère de François Ier, il passa, comme l'on sait, au service de Charles-Quint, et combattit contre la France.

3. Robert d'Artois, petit-fils d'un frère de saint Louis; accusé de faux et d'empoisonnement à l'occasion de l'héritage de l'Artois, il s'enfuit en Angleterre, et engagea Édouard III à commencer contre Philippe VI la guerre de Cent ans.

droit de la réponse qu'il avoit commencée : « Et moi je les accuse de folie. » Ce fut le propre jour que je partis pour aller en Italie. Voici la raison de mon sentiment.

Monsieur le Comte avoit toute la hardiesse du cœur que l'on appelle communément vaillance, au plus haut point qu'un homme la puisse avoir; et il n'avoit pas, même dans le degré le plus commun, la hardiesse de l'esprit, qui est ce que l'on nomme résolution. La première est ordinaire et même vulgaire; la seconde est même plus rare que l'on ne se le peut imaginer : elle est toutefois encore plus nécessaire que l'autre pour les grandes actions; et y a-t-il une action plus grande au monde que la conduite d'un parti[1]? Celle d'une armée a, sans comparaison, moins de ressorts, celle d'un État en a davantage; mais les ressorts n'en sont, à beaucoup près, ni si fragiles ni si délicats. Enfin je suis persuadé qu'il faut plus de grandes qualités[2] pour former un bon chef de parti que pour faire un bon empereur de l'univers; et que dans le rang[3] des qualités qui le composent, la résolution marche du pair[4] avec le jugement : je dis avec le jugement héroïque, dont le principal usage est de distinguer l'extraordinaire de l'impossible. Monsieur le Comte n'avoit[5] pas un grain de cette sorte de

1. Et y a-t-il une action au monde plus grande que celle d'un parti ? (1717, 1718 C, D, E, 1719-1828.) — Que celle de former un parti ? (Ms H, 1717 A, 1718 B, F.) — Dans le ms Ch, *de former* est écrit en interligne, d'une autre main que celle du texte, au-dessus de *d'*, biffé.

2. Les ms H, Ch, et toutes les éditions antérieures à 1837, donnent : « qu'il faut de plus grandes qualités. »

3. Dans le ms R, « que dans le rang » est au-dessus de plusieurs mots biffés, qui nous paraissent être : « parmi toutes ces. »

4. Il y a très-lisiblement : « du pair, » dans le manuscrit original. Les éditions de 1837-1866 ont : « de pair. »

5. Ici, deux lignes et demie raturées et illisibles; il semble qu'on ait usé de réactifs pour les lire.

jugement, qui ne se rencontre même que très-rarement dans un grand esprit, mais qui ne se trouve jamais que dans un grand esprit. Le sien étoit médiocre, et susceptible, par conséquent[1], des injustes défiances, qui est de tous les caractères celui qui est le plus opposé à un bon chef de parti, dont la qualité la plus souvent et la plus[2] indispensablement praticable est de supprimer en beaucoup d'occasions et de cacher en toutes les soupçons même les plus légitimes.

Voilà ce qui m'obligea à n'être pas de l'avis de ceux qui vouloient que Monsieur le Comte fît la guerre civile. Varicarville, qui étoit le plus sensé et le moins emporté de toutes les personnes de qualité qui étoient auprès de Monsieur le Comte, m'a dit depuis que, quand il vit[3] ce que j'avois écrit dans la lettre de Campion, le jour que je partis pour aller en Italie[4], il ne douta pas des motifs qui m'avoient porté, contre mon inclination, à ce sentiment.

Monsieur le Comte se défendit, toute cette année et toute la suivante[5], *des instances des Espagnols et des importunités des siens, beaucoup plus par les sages conseils de Varicarville que par sa propre force. Mais rien ne le put défendre des inquiétudes de M. le cardinal de Richelieu, qui lui faisoit tous les jours faire, sous le nom du Roi, des éclaircissements fâcheux. Ce détail seroit trop long à vous déduire, et je me contenterai de vous marquer que le ministre[6], contre ses propres inté-

1. Un mot biffé, qui semble être : *conséquence*.
2. Le texte du manuscrit est bien : « la plus..., la plus. »
3. Deux mots biffés.
4. Dans les premiers jours de mars 1638.
5. 1639 et 1640.
6. Un mot biffé, qui paraît être *précipita*; ce verbe a été reproduit à la ligne suivante.

rêts, précipita Monsieur le Comte dans la guerre civile[1], par des chicaneries que ceux qui sont favorisés à un certain point par la fortune ne manquent jamais de faire aux malheureux.

Comme les esprits commencèrent à s'aigrir plus qu'à l'ordinaire, Monsieur le Comte me commanda[2] de faire un voyage secret à Sedan. Je le vis, la nuit, dans le château où il logeoit; je lui parlai en présence de M. de Bouillon, de Saint-Ibar, de Bardouville et de Varicarville; et je trouvai que la véritable raison pour laquelle il m'avoit mandé étoit le desir qu'il avoit d'être éclairci, de bouche et plus en détail que l'on ne le peut être par une lettre, de l'état de Paris. Le compte que je lui en rendis ne put que lui être très-agréable. Je lui dis, et il étoit vrai, qu'il y étoit aimé, honoré, adoré, et que son ennemi y étoit redouté et abhorré. M. de Bouillon, qui vouloit en toutes façons la rupture, prit cette occasion pour en exagérer les avantages; Saint-Ibar l'appuya avec force; Varicarville les combattit avec vigueur.

Je me sentois trop jeune pour dire mon avis. Monsieur le Comte m'y força, et je pris la liberté de lui représenter qu'un prince du sang doit plutôt faire la guerre civile que de remettre rien ou de sa réputation ou de sa dignité; mais qu'aussi il n'y avoit que ces deux considérations qui l'y puissent judicieusement obliger[3], parce qu'il hasarde l'une et l'autre par le mouvement, toutes

1. Dans sa *Conjuration de Fiesque* (Paris, 1665), p. 45, Retz dit que le même motif mit fin aux hésitations de son héros : le mépris de Doria l'engagea à « prendre feu ouvertement, et à témoigner qu'il ne consentoit pas à la servitude honteuse de tous ses concitoyens. »
2. Monsieur le Comte me manda. (Ms H, Ch, 1717 A, 1718 B, F.)
3. Qui l'y pussent judicieusement engager. (Ms H, Ch, 1717 A, 1718 B, F.) — Dans le ms Ch, le mot *engager* est écrit en interligne, au-dessus d'*obliger*, biffé.

les fois que l'une ou l'autre ne le rend pas nécessaire ; qu'il me paroissoit bien éloigné de cette nécessité ; que sa retraite à Sedan le défendoit des bassesses auxquelles la cour avoit prétendu de l'obliger[1] : par exemple, à celle de recevoir la main gauche dans la maison même du Cardinal ; que la haine que l'on avoit pour le ministre attachoit même à cette retraite la faveur publique, qui est toujours beaucoup plus assurée par l'inaction que par l'action, parce que la gloire de l'action dépend du succès, dont personne ne se peut répondre ; et que celle que l'on rencontre en ces matières dans l'inaction est toujours sûre, étant fondée sur la haine dont[2] le public ne se dément jamais à l'égard du ministère[3] ; qu'il seroit, à mon opinion, plus glorieux à Monsieur le Comte de se soutenir par son propre poids, c'est-à-dire par celui de sa vertu, à la vue de toute l'Europe, contre les artifices d'un ministre aussi puissant que le cardinal de Richelieu ; qu'il lui seroit, dis-je, plus glorieux de se soutenir par une conduite sage et réglée, que d'allumer un feu dont les suites étoient fort incertaines ; qu'il étoit vrai que le ministère étoit en exécration, mais que je ne voyois pourtant pas encore que l'exécration fût au période qu'il est nécessaire de prendre bien justement pour les grandes révolutions[4] ; que la santé de Monsieur le Cardinal commençoit à recevoir beaucoup d'atteintes ; que si il péris-

---

1. Avoit prétendu l'obliger. (1717, 1718 C, D, E, 1719-1866.) — L'avoit voulu obliger. (Ms H, Ch, 1717 A, 1718 B, F.)

2. Dans le ms R, *dont* est écrit au-dessus de *que*, biffé.

3. Ne se dément jamais à l'égard du ministre. (1718 C, D, E, 1719-1828.) — Ne se dément jamais. A l'égard du ministre, qu'il seroit. (Ms H, Ch, 1717, 1717 A, 1718 B, F.) — De même plus loin, *ministre* a été plusieurs fois substitué à *ministère*.

4. Quelques éditions donnent *résolutions;* le manuscrit porte *révolutions*, bien lisiblement.

soit par une maladie, Monsieur le Comte auroit l'avantage d'avoir fait voir au Roi et au public qu'étant aussi considérable qu'il étoit, et par sa personne et par l'important poste de Sedan, il n'auroit sacrifié qu'au bien et au repos de l'État ses propres ressentiments ; et que si la santé de Monsieur le Cardinal se rétablissoit, sa puissance deviendroit aussi odieuse de plus en plus, et fourniroit infailliblement, par l'abus qu'il ne manqueroit pas d'en faire, des occasions plus favorables au mouvement que celles qui s'y voyoient présentement.

Voilà[1] à peu près ce que je dis à Monsieur le Comte[2]. Il en parut touché. M. de Bouillon s'en mit en colère, il me dit même d'un ton de raillerie : « Vous avez le sang bien froid pour un homme de votre âge. » A quoi je lui répondis ces propres mots : « Tous les serviteurs de Monsieur le Comte vous sont si obligés, Monsieur, qu'ils doivent tout souffrir de vous; mais il n'y a que cette considération qui m'empêche de penser, à l'heure qu'il est, que vous pouvez n'être pas toujours entre vos bastions. » M. de Bouillon revint à lui; il me fit toutes les honnêtetés imaginables, et telles qu'elles furent le commencement de notre amitié. Je demeurai encore deux jours à Sedan, dans lesquels Monsieur le Comte changea cinq fois de résolution ; et Saint-Ibar me confessa, à deux reprises différentes, qu'il étoit difficile de rien es-

1. Des occasions plus favorables. Voilà. (Ms H, Ch, 1717 A, 1718 B, F ; il y a une ligne omise.)

2. M. Cousin, dans *Madame de Chevreuse*, 4º édition, p. 177, note 1, dit à propos de ce discours politique : « L'auteur de la *Conjuration de Fiesque* s'attribue en cette occasion des discours politiques imités de Salluste, comme ses portraits, et où abondent les maximes d'État, selon la mode virile du temps, dont Richelieu est l'auteur et Corneille l'interprète. Les discours ont pu être ajoutés après coup pour donner au lecteur une grande idée du génie précoce de Retz. »

pérer d'un homme de cette humeur[1]. M. de Bouillon le détermina à la fin. L'on manda don Miguel de Salamanque, ministre d'Espagne[2]; l'on me chargea de travailler à gagner des gens dans Paris; l'on me donna un ordre pour toucher de l'argent et pour l'employer à cet effet, et je revins de Sedan, chargé de plus de lettres qu'il n'en falloit pour faire faire le procès à deux cents hommes[3].

Comme je ne me pouvois pas reprocher de n'avoir pas parlé à Monsieur le Comte dans ses véritables intérêts, qui n'étoient pas assurément d'entreprendre une affaire dont il n'étoit pas capable[4], je crus que j'avois toute la liberté de songer à ce qui étoit des miens, que je trouvois même sensiblement dans cette guerre. Je haïssois ma profession et plus que jamais : j'y avois été jeté d'abord par l'entêtement de mes proches; le destin m'y avoit retenu par[5] toutes les chaînes et du plaisir et

1. *Humeur* est du masculin dans le ms R : « cet humeur. »
2. Don Miguel ou Michel de Salamanque, secrétaire d'État espagnol, dépêché secrètement par le comte-duc Olivarès en France, prit surtout une grande part à ce qu'on appelle la *petite paix* de 1641, entre le duc de Lorraine et Louis XIII.
3. Nous doutons fort, avec M. Bazin, que l'abbé de Retz ait fait tout ce qu'il vient de dire, et la principale raison est qu'il n'est nommé ni même désigné vaguement dans aucun des *Mémoires* faits par les principaux conjurés, à une époque où l'on ne se cachait plus, où on se glorifiait même d'avoir conspiré contre le Cardinal-ministre. On voit seulement par les lettres d'Alexandre de Campion (24 décembre 1640 et 21 janvier 1641) que Gondy le père, l'oratorien, fut consulté par le comte de Soissons, plutôt comme ami que comme complice, et que Richelieu, averti de leurs entrevues, l'éloigna de Paris. Tallemant, du reste, semble être de notre avis : « Il s'est vanté, dit le conteur (tome V, p. 186), de savoir bien des choses des desseins de Monsieur le Comte. »
4. Voyez dans la *Conjuration de Fiesque*, *passim*, et surtout p. 81 et 82, p. 117-119, etc., les qualités nécessaires, selon Retz, à un conspirateur émérite, à un chef de parti.
5. Entre *par* et *toutes*, il y a trois mots biffés, qui nous semblent être : *tous les liens*.

du devoir; je m'y trouvois et je m'y sentois lié d'une manière à laquelle je ne voyois presque plus d'issue. J'avois vingt-cinq ans passés[1], et je concevois[2] aisément que cet âge étoit bien avancé pour commencer à porter le mousquet; et ce qui me faisoit le plus de peine étoit la réflexion que je faisois, qu'il y avoit eu des moments dans lesquels j'avois, par un trop grand attachement à mes plaisirs, serré moi-même les chaînes par lesquelles il sembloit que la fortune eût pris plaisir de[3] m'attacher, malgré moi, à l'Église. Jugez, par l'état où ces pensées me devoient mettre, de la satisfaction que je trouvois dans une occasion qui me donnoit lieu d'espérer que je pourrois trouver à cet embarras[4] une issue, non pas seulement honnête, mais illustre. Je pensai aux moyens de me distinguer : je les imaginai, je les suivis. Vous conviendrez qu'il n'y eut que la destinée qui rompit mes mesures.

MM. les maréchaux de Vitry[5] et de Bassompierre[6],

1. C'est-à-dire vingt-sept ans : il était né, nous l'avons dit, en septembre 1613, et nous sommes à la fin de 1640 ou au commencement de 1641.
2. Après *concevois*, il y a, dans le ms R : *bien*, biffé.
3. Un mot rayé, illisible, avant *m'attacher*.
4. Trouver dans cet embarras. (Ms H, Ch, 1717, 1718 C, D, E, 1719-1828.) — Que je pourrois rencontrer dans cet embarras. (1717 A, 1718 B, F.) — Dans le manuscrit autographe, le mot *à* est au-dessus de *dans*, biffé.
5. Nicolas de l'Hôpital, marquis, puis duc de Vitry, fut fait maréchal, en 1617, pour avoir assassiné le maréchal d'Ancre; il fut mis à la Bastille, en 1637, par suite d'actes arbitraires dans son gouvernement de Provence, et n'en sortit qu'après la mort du cardinal de Richelieu.
6. François de Bassompierre, né en 1579, maréchal en 1622, célèbre par sa galanterie, son luxe et son esprit; sa bravoure n'était pas moins remarquable : il assista au siége de la Rochelle, au combat du Pas-de-Suze, fut prisonnier à la Bastille, depuis 1631 jusqu'en 1643, pour avoir comploté contre Richelieu; il a laissé d'intéressants

M. le comte de Cramail[1] et MM. du Fargis et du Coudray-Montpensier[2] étoient, en ce temps-là, prisonniers à la Bastille pour différents sujets[3]. Mais comme la longueur adoucit toujours les prisons, ils y étoient traités avec beaucoup d'honnêteté et même avec beaucoup de liberté[4]. Leurs amis les alloient voir; l'on dînoit même quelquefois avec eux. L'occasion de M. du Fargis, qui

Mémoires, qui s'étendent de 1598 à 1631. — Mme de Motteville dit au sujet de ce qui est ici raconté : « On a dit que toute la cabale avoit tenu certains conseils contre le cardinal de Richelieu, où chacun avoit dit son avis ; et qu'il traita depuis ces mêmes personnes de la manière qu'ils avoient été d'avis qu'il fût traité ; que le maréchal de Marillac, qu'il fit mourir,... avoit dit qu'on le tuât aussitôt que le Roi l'auroit abandonné ; que le maréchal de Bassompierre n'avoit proposé que la prison, et qu'il y fut mis aussi, où il demeura douze ans, et ainsi des autres : ce que ce même maréchal, que j'ai vu pendant la régence de la Reine, m'a depuis lui-même confirmé. » (Collection Michaud, tome XXIV, p. 28.)

1. Adrien de Montluc, petit-fils du maréchal de ce nom, seigneur de Montesquiou, prince de Chabanail, comte de Cramail ou Garmain, par sa femme, né en 1568. Emprisonné à la Bastille en 1635, comme suspect d'avoir donné de mauvais conseils au comte de Soissons, dans l'armée duquel il servait, et comme compromis dans la *journée des dupes*, il y resta douze ans. Il avait, en son temps, la réputation d'un bel esprit et d'un vieux galant ; du reste bon officier de guerre. On le jugeait aussi homme habile en politique : « C'était, dit M. Bazin, le d'Estrées ou le Senneterre des mécontents. » Voyez dans M. Avenel, *Lettres du cardinal de Richelieu* (tome V, p. 330-336), les *Mémoires sur la détention du comte de Cramail, faits, le 23 octobre 1635*, par Richelieu lui-même. Le document est des plus importants pour connaître Cramail.

2. Henri d'Escoubleau, marquis du Coudray-Montpensier, maréchal de camp en 1650, alors gentilhomme du duc d'Orléans, avait été arrêté en même temps que du Fargis et de Puylaurens, en 1635 ; nous le retrouverons envoyé en mission par Gaston auprès de Mazarin, pendant le voyage de la cour à Bordeaux (1650).

3. La Rochefoucauld, qui fut aussi un instant à la Bastille à la même époque, parle de plus du commandeur de Jars.

4. Tallemant des Réaux (tome II, p. 391) confirme cette douceur de traitement, qui du reste était connue de Richelieu.

avoit épousé une sœur de ma mère, m'avoit donné habitude avec les autres[1], et j'avois reconnu, dans la conversation de quelques-uns d'entre eux, des mouvements qui m'obligèrent à y faire réflexion. M. le maréchal de Vitry avoit peu de sens, mais il étoit hardi jusques à la témérité ; et l'emploi qu'il avoit eu de tuer le maréchal d'Ancre lui avoit donné dans le monde, quoique fort injustement à mon avis, un certain air d'affaire et d'exécution. Il m'avoit paru fort animé contre le Cardinal, et je crus qu'il pourroit n'être pas inutile dans la conjoncture présente. Je ne m'adressai pas toutefois directement à lui ; et je crus qu'il seroit plus à propos de sonder M. le comte de Cramail, qui avoit de l'entendement, et qui avoit tout pouvoir[2] sur son esprit. Il m'entendit à demi-mot, et il me demanda d'abord si je m'étois ouvert dans la Bastille à quelqu'un. Je lui répondis sans balancer : « Non, Monsieur, et je vous en dirai la raison en peu de mots. M. le maréchal de Bassompierre est trop causeur ; je ne compte rien sur M. le maréchal de Vitry que par vous ; la fidélité [de[3]] du Coudray m'est un peu suspecte ; et mon bon oncle du Fargis est un bon et brave homme, mais il a le crâne étroit. — A qui vous fiez-vous dans Paris ? me dit d'un même fil M. le comte de Cramail. — A personne, Monsieur, lui repartis-je, qu'à vous seul. — Bon, reprit-il brusquement, vous êtes mon homme. J'ai quatre-vingts

---

1. Tallemant (tome II, p. 121) confirme encore ce fait, que Retz connaissait plus particulièrement l'*intrépide* Cramail, qui, malgré son âge, avait été fort amoureux de la tante de Retz, Mme du Fargis. Sa correspondance avec elle a été publiée : Richelieu, pour se venger de Mme du Fargis, la fit répandre dans le public en 1631 ; déjà il avait agi de même pour Mme de Guémené.

2. Les ms H, Ch, et toutes les anciennes éditions, donnent : « de l'entendement et tout pouvoir. »

3. Le *de* manque dans le manuscrit original.

ans[1], vous n'en avez que vingt-cinq : je vous tempérerai et vous m'échaufferez. » Nous entrâmes en matière, nous fîmes notre plan; et lorsque je le quittai, il me dit ces propres paroles : « Laissez-moi huit jours, je vous parlerai après plus décisivement, et j'espère que je ferai voir au Cardinal que je suis bon à autre chose qu'à faire *les Jeux de l'inconnu*[2]. » Vous remarquerez, s'il vous plaît, que ces *Jeux de l'inconnu* étoit[3] un livre, à la vérité très-mal fait, que le comte de Cramail avoit mis au jour[4], et duquel M. le cardinal de Richelieu s'étoit fort moqué.

Vous vous étonnez sans doute de ce que, pour une affaire de cette nature, je jetai les yeux sur des prisonniers; mais je me justifierai par la nature même de l'affaire, qui ne pouvoit être en de meilleures mains, comme vous allez voir.

J'allai dîner, justement le huitième jour, avec M. le maréchal de Bassompierre, qui s'étant mis au jeu sur les trois heures avec Mme de Gravelle[5], aussi prison-

---

1. Il n'en avait en réalité que soixante-treize, et Retz, nous l'avons dit, vingt-sept, et non vingt-cinq.
2. *Les Jeux de l'incognu*, Paris, 1630, in-8°. Le livre est dédié au duc de Nemours, Henri de Savoie; l'auteur se cache sous le nom de Devaux. C'est un recueil de plusieurs morceaux de genres différents, les uns sérieux, les autres bouffons, tous affectant l'originalité. Le cardinal de Richelieu avait eu parfaitement raison de s'en moquer; mais, pour nous, il y a encore quelques détails de mœurs à ramasser dans ce mauvais ouvrage d'un auteur de bonne compagnie, surtout quelques portraits satiriques, et en particulier celui de Bautru. C'est aussi au comte de Cramail que l'on doit la *Comédie des Proverbes* (1616), rapsodie longtemps populaire, et recherchée aujourd'hui des curieux, et les *Pensées du solitaire;* on lui attribue quelquefois les *Illustres proverbes nouveaux* (1665, 2 volumes). Cramail figure dans les *Satires* de Regnier sous le nom de *Garamain*.
3. Il y a, dans le manuscrit R, *étoit*, au singulier.
4. Les mots : *mis au jour*, sont écrits au-dessus de *fait*, biffé.
5. Avec M. de Gravelle. (1718 C, D, E.) — Mᵉ de Grouvelle. (Ms

nière, et avec le bon homme du Tremblai[1], gouverneur de la Bastille, nous laissa très-naturellement M. le comte de Cramail et moi ensemble. Nous allâmes sur la[2] terrasse ; et là M. le comte de Cramail, après m'avoir fait mille remerciements de la confiance que j'avois prise en lui et mille protestations de service pour Monsieur le Comte, me tint ce propre discours : « Il n'y a qu'un coup d'épée ou Paris qui puisse nous défaire du Cardinal. Si j'avois été de l'entreprise d'Amiens, je n'aurois pas fait, au moins à ce que je crois, comme ceux qui ont manqué leur coup. Je suis de celle de Paris, elle est immanquable. J'y ai bien pensé : voilà ce que j'ai ajouté à notre plan. » En finissant ce mot, il me coula dans la main un papier écrit de deux côtés, dont voici la substance : qu'il avoit parlé à M. le maréchal de Vitry, qui étoit dans toutes les dispositions du monde de servir Monsieur le Comte ; qu'ils répondoient l'un et l'autre de se rendre maîtres de la Bastille, où toute la garnison étoit à eux ; qu'ils répondoient[3] aussi de l'Arsenal ; qu'ils se déclareroient aussitôt que Monsieur le Comte auroit gagné une bataille, et à condition que je leur fisse voir,

---

H.) — Marie Creton d'Estourmel, dame de Gravelle, de qui le fils aîné du duc de Sully avait eu deux enfants naturels ; emprisonnée, après avoir subi la question, à la Bastille pour intrigues, elle y devint la maîtresse du maréchal de Bassompierre, et, lorsqu'il mourut, porta un bandeau de veuve, comme eût pu le faire Mme de Bassompierre.

1. Charles du Tremblay, frère puîné du capucin le *P. Joseph*, confident de Richelieu ; il perdit son gouvernement de la Bastille en juin 1643. (*Lettres de Guy Patin*, tome I, p. 291, édition de Reveillé-Parise.)

2. Devant *terrasse*, un mot biffé : *petite*, il me semble.

3. Qu'ils répondoient aussi d'être fort autorisés parmi les bourgeois. (1717 A, 1718 B, F.) — Ces trois éditions ont ici une lacune très-considérable ; nous indiquerons (ci-après, p. 164, note 4) où se trouvent, dans notre texte, les mots *bourgeois*, qui servent de soudure.

PREMIÈRE PARTIE. [1640-1641] 163

au préalable, comme je l'avois avancé[1] à lui, comte de Cramail, qu'ils seroient soutenus par un nombre considérable d'officiers des colonelles[2] de Paris. Cet écrit contenoit ensuite beaucoup d'observations sur le détail de la conduite de l'entreprise, et même beaucoup de conseils qui regardoient celle de Monsieur le Comte. Ce que j'y admirai le plus fut la facilité que ces Messieurs eussent trouvée à l'exécution. Il falloit bien que la connoissance que j'avois du dedans de la Bastille, par l'habitude que j'avois avec eux, me l'eût fait croire possible, puisqu'il m'étoit venu dans l'esprit de la leur proposer. Mais je vous confesse que quand j'eus examiné le plan de M. le comte de Cramail, qui étoit un homme de très-grande expérience et de très-bon sens, je faillis à tomber de mon haut, en voyant que des prisonniers disposoient de la Bastille avec la même liberté qu'eût pu prendre le gouverneur le plus autorisé dans sa place.

Comme toutes les circonstances extraordinaires sont d'un merveilleux poids dans les révolutions populaires, je fis réflexion que celle-ci, qui l'étoit au dernier point, feroit un effet admirable dans la ville, aussitôt qu'elle y éclateroit; et comme rien n'anime et n'appuie plus un mouvement que le ridicule de ceux contre lesquels on le fait, je conçus qu'il nous seroit aisé d'y tourner de

1. D'abord : *promis*, biffé.
2. D'officiers et de colonels. (Ms H, Ch; mais dans le ms Ch, *et* corrige une virgule.) — D'officiers, des colonels. (1717.) — Les bourgeois étaient répartis, pour le service de la milice urbaine, en seize corps, divisés chacun en plusieurs compagnies; la première compagnie, celle qui gardait le drapeau blanc, s'appelait, du titre de son chef, *la colonelle*. On peut voir dans le IIIe volume (p. 456) des *Registres de l'Hôtel de ville pendant la Fronde*, publiés par MM. Leroux de Lincy et Douët d'Arcq, une organisation de Paris en seize quartiers avec les *quarteniers* et les colonels de la garde bourgeoise. C'est le document le plus voisin de l'époque qui nous occupe : il est daté du 16 août 1648.

tout point la conduite d'un ministre capable de souffrir que des prisonniers fussent en état de l'accabler, pour ainsi dire, sous leurs propres chaînes[1]. Je ne perdis pas de temps dans les suites : je m'ouvris à feu M. d'Estampes[2], président du grand conseil, et à M. l'Escuyer[3], présentement doyen de la chambre des comptes, tous deux colonels et fort autorisés parmi le bourgeois[4]; et je les trouvai tels que Monsieur le Comte me l'avoit dit : c'est-à-dire passionnés pour ses intérêts, et persuadés que le mouvement n'étoit pas seulement possible, mais qu'il étoit même facile. Vous remarquerez, s'il vous plaît, que ces deux génies, très-médiocres, même dans leur profession, étoient d'ailleurs peut-être les plus pacifiques qui fussent dans le royaume. Mais il y a des feux qui embrasent tout : l'importance est d'en connoître et d'en prendre le moment.

Monsieur le Comte m'avoit ordonné de ne me découvrir qu'à ces deux hommes dans Paris. J'y en ajoutai de moi-même deux autres, dont l'un fut Parmentier[5], substitut du procureur général, et l'autre l'Espinai[6], audi-

---

1. Dans les ms H, Ch, et dans toutes les éditions antérieures à 1837 qui ont ce passage (voyez p. 162, note 3) : « de leurs propres chaines. » Dans le manuscrit autographe, Retz a substitué *chaînes* à *fers*, effacé.

2. De la branche d'Estampes-Valençay. En 1648, il était un des colonels de la ville; il est souvent question de lui, comme colonel, dans les *Registres de l'Hôtel de ville pendant la Fronde*.

3. Conseiller depuis 1626, il était encore doyen en 1678. On ne le retrouve plus parmi les colonels de 1648 à 1652.

4. Les ms H, Ch, et toutes les éditions anciennes, ont mis : « parmi les bourgeois. » — C'est là que se termine, avec le mot *bourgeois*, la lacune des éditions de 1717 A, 1718 B, F.

5. On le retrouve encore avec les mêmes fonctions à l'époque de la Fronde. Voyez les *Registres de l'Hôtel de ville*, *passim*.

6. Il ne paraît pas dans les troubles civils postérieurs, à moins

teur de la chambre des comptes. Parmentier étoit capitaine du quartier de Saint-Eustache, qui regarde la rue des Prouvelles¹, considérable par le voisinage des Halles. L'Espinai commandoit comme lieutenant la compagnie qui les joignoit du côté de Montmartre, et y avoit beaucoup plus de crédit que le capitaine, qui d'ailleurs étoit son beau-frère². Parmentier, qui, par l'esprit et par le cœur, étoit aussi capable d'une grande action qu'homme que j'aie jamais connu, m'assura qu'il disposeroit, à peu près³, de Brigalier⁴, conseiller de la cour des aides, capitaine de son quartier et très-puissant dans le peuple. Mais il m'ajouta, en même temps, qu'il ne lui falloit parler de rien, parce qu'il étoit léger et sans secret.

Monsieur le Comte m'avoit fait toucher douze mille écus par les mains de Duneau, l'un de ses secrétaires,

que ce ne soit le même que Jean d'Espinay, quartenier de Paris, ce que nous ne croyons pas. Serait-ce celui que nous avons déjà vu p. 140? nous ne le pensons pas non plus; cependant Retz avait été aussi en relations avec ce dernier pour le complot du comte de Soissons, ce qui était déjà un bon précédent.

1. Actuellement rue des Prouvaires; elle est indiquée sous le nom de *Prouvelles* dans Gomboust, *Plan de Paris*, f° v.

2. C'était probablement un nommé Guérin, conseiller secrétaire du Roi et de ses finances; il en sera question plus loin (p. 173).

3. *A peu près* est le texte du ms H et des éditions de 1717 A, de 1718 B, F; on lit : *à coup sûr*, dans les éditions de 1717, 1718 C, D, E, 1719-1828. — Dans le manuscrit autographe il y a une locution que nous avouons ne pas connaître : *à coup près*. Le ms Ch avait cette même locution; mais le mot *coup* a été biffé, et remplacé, d'une autre main, ce nous semble, et, en tout cas, d'une autre encre, par *peu*, écrit au-dessus de la ligne.

4. Il est plusieurs fois mentionné dans les *Registres de l'Hôtel de ville* parmi les conseillers de la ville, entre autres à la fameuse séance du 4 juillet 1652, où le feu fut mis à l'Hôtel de ville; il figure parmi les gens des quartiers Saint-Eustache, Saint-Sauveur, de la Villeneuve-sous-Gravois (Bourbon-Villeneuve); son nom est écrit *Brigallier*, conseiller de la cour des aides.

sous je ne sais quel prétexte¹. Je les portai à ma tante de Maignelais², en lui disant que c'étoit une restitution qui m'avoit été confiée par un de mes amis, à sa mort, avec ordre³ de l'employer moi-même au soulagement des pauvres qui ne mendioient pas; que comme j'avois fait serment sur l'Évangile de distribuer moi-même cette somme, je m'en trouvois extrêmement embarrassé, parce que je ne connoissois pas les gens, et que je la suppliois d'en vouloir bien prendre le soin. Elle fut ravie; elle me dit qu'elle le feroit très-volontiers; mais que, comme j'avois promis de faire moi-même cette distribution, elle vouloit absolument que j'y fusse présent, et pour demeurer fidèlement dans ma parole, et pour m'accoutumer moi-même aux œuvres de charité. C'étoit justement ce que je demandois, pour avoir lieu de me faire connoître à tous les nécessiteux de Paris. Je me laissois tous les jours comme traîner par ma tante dans des faubourgs et dans des greniers. Je voyois très-souvent chez elle des gens bien vêtus, et connus même quelquefois, qui venoient à l'aumône secrète. La bonne femme ne manquoit presque jamais de leur dire : « Priez bien Dieu pour mon neveu; c'est lui de qui il lui a plu de se servir⁴ pour cette

1. J'eus je ne sais quel prétexte. (1717 A, 1718 B, F.)
2. L'aînée des sœurs de Philippe-Emmanuel de Gondi, père de l'abbé de Retz (voyez ci-dessus, p. 121). Voici le portrait que trace d'elle Arnauld d'Andilly, dans ses *Mémoires* : « Mme la marquise de Maignelay peut passer pour la sainte Paule de nos jours, tant on a vu paroître en elle avec éminence toutes les vertus qui peuvent faire admirer les grâces de Dieu dans une veuve véritablement chrétienne, telle que le grand apôtre la représente. » (Collection Michaud, tome XXIII, p. 473.)
3. Les ms H, Ch, et toutes les éditions antérieures à 1837, donnent : « à sa mort, à condition. »
4. Première rédaction : « c'est lui de qui il a plu à Dieu se servir. »

bonne œuvre. » Jugez de l'état où cela me mettoit parmi les gens qui sont, sans comparaison, plus considérables que tous les autres dans les émotions populaires. Les riches n'y viennent que par force ; les mendiants[1] y nuisent plus qu'ils n'y servent, parce que la crainte du pillage les fait appréhender. Ceux qui y peuvent le plus[2] sont les gens[3] qui sont assez pressés dans leurs affaires pour desirer du changement dans les publiques, et dont la pauvreté ne passe toutefois pas jusques à la mendicité publique[4]. Je me fis donc connoître à cette sorte de gens, trois ou quatre mois durant, avec une application toute particulière, et il n'y avoit point d'enfant au coin de leur feu à qui je ne donnasse toujours, en mon particulier, quelque bagatelle : je connoissois Nanon et Babet. Le voile de Mme de Maignelais, qui n'avoit jamais fait d'autre vie, couvroit toute chose. Je faisois même un peu le dévot, et j'allois aux conférences de Saint-Lazare[5].

Mes deux correspondants de Sedan, qui étoient Varicarville et Beauregard, me mandoient de temps en temps

1. Deux lignes biffées, qui nous semblent être : « y servent de peu, parce que dans la crainte. »
2. Ceux qui y *pensent* le plus. (Ms H, Ch, 1717 A, 1718 B, F.)
3. Sont les gueux. (1717 A, 1718 B, F.)
4. Retz a développé cette même théorie dans la *Conjuration de Fiesque*, p. 126 et suivantes.
5. C'est-à-dire aux conférences de la congrégation de la Mission, établie à Saint-Lazare (faubourg Saint-Denis), sous la direction de Vincent de Paul. Le père et la mère de l'abbé de Retz étaient les fondateurs de cet institut, dont le but était de former des prédicateurs missionnaires pour les campagnes. Voyez *la Misère au temps de la Fronde et saint Vincent de Paul*, p. 219 et suivantes, et l'abbé Maynard : *Vie de saint Vincent de Paul*, tome II, p. 59. On se rappelle que la carrière de Vincent de Paul avait commencé par l'éducation des enfants de Philippe-Emmanuel de Gondi. Ces conférences, organisées depuis le 9 juillet 1633, se tenaient tous les mardis à deux heures.

que Monsieur le Comte étoit le mieux intentionné du monde, qu'il n'avoit plus balancé depuis qu'il avoit pris son parti. Et je me souviens, entre autres, qu'un jour Varicarville m'écrivoit que lui et moi lui avions fait autrefois une horrible injustice, et que cela étoit si vrai, qu'il falloit présentement le retenir, et qu'il faisoit même paroître trop de presse aux conseils de l'Empire et d'Espagne. Vous observerez, s'il vous plaît, que ces deux cours, qui lui avoient fait des instances incroyables quand il balançoit, commencèrent à tenir bride en main dès qu'il fut résolu[1], par une fatalité que le flegme naturel au climat d'Espagne attache, sous le titre de prudence, à la politique de la maison d'Autriche. Et vous pouvez remarquer, en même temps, que Monsieur le Comte, qui avoit témoigné une fermeté inébranlable trois mois durant, changea[2] tout d'un coup de sentiment dès que les ennemis lui eurent accordé ce qu'il leur avoit demandé. Tel est le sort de l'irrésolution : elle n'a jamais plus d'incertitude que dans la conclusion*.

Je fus averti de cette convulsion[3] par un courrier que[4] Varicarville me dépêcha exprès. Je partis la nuit même, et j'arrivai à Sedan une heure après Anctoville,

1. Dès qu'elles le virent résolu. (Ms H, Ch, 1717 A, 1718 B, F, 1719-1828.) — Dès qu'ils le virent résolu. (1717, 1718 C, D, E.)
2. D'abord : *avoit changé;* avoit a été biffé, et *a* ajouté au bout du mot *changé*, qui a encore gardé l'accent.
3. Dans les ms H, Ch, dans 1717 A, 1718 B, F, et dans les éditions récentes de 1837 à 1866 : « Je fus averti de cette *conclusion,* » ce qui dénature le sens. Dans le manuscrit autographe, le mot est difficile à lire ; nous y voyons cependant plutôt *convulsion,* leçon adoptée par plusieurs éditions anciennes. Elle est d'autant plus probable que nous retrouverons ce terme employé ailleurs par Retz, dans le sens de « crise, brusque changement. » Voyez par exemple au tome I, p. 128, de l'édition de 1866.
4. Au lieu de *que,* il y avait d'abord *de,* qui a été biffé.

négociateur en titre d'office[1], que M. de Longueville[2], beau-frère de Monsieur le Comte, y avoit envoyé. Il[3] y portoit des ouvertures d'accommodement plausibles, mais captieuses. Nous nous joignîmes tous pour les combattre. Ceux qui avoient toujours été avec Monsieur le Comte lui représentèrent avec force tout ce qu'il avoit cru et dit depuis qu'il s'étoit résolu à la guerre. Saint-Ibar, qui avoit négocié pour lui à Bruxelles, le pressoit sur ses engagements, sur ses avances, sur ses instances; j'insistois sur les pas[4] que j'avois faits par son ordre dans Paris[5], sur les paroles données à MM. de Vitry et de Cramail, sur le secret confié à deux personnes par son commandement et à quatre autres pour son service et par son aveu. La matière étoit belle et, depuis les engagements[6], n'étoit plus problématique. Nous persuadâmes à la fin, ou plutôt nous emportâmes après quatre jours de conflit. Anctoville fut renvoyé avec une

1. Il commandait la compagnie des gendarmes du duc de Longueville.

2. Henri d'Orléans, duc de Longueville, né en 1595; il était alors veuf de Louise de Bourbon, sœur du comte de Soissons, morte en 1637. On voit qu'il travaillait à réconcilier son beau-frère avec la cour.

3. D'abord : *lui*, biffé. Retz avait probablement voulu dire : *y avoit envoyé lui porter*, etc.

4. Les ms H, Ch, et toutes les éditions antérieures à 1837, donnent : « le pressoit sur ses engagements, sur ses avances, sur ses instances (*et sur ses instances*, dans les deux manuscrits et dans quelques éditions), insistoit sur les pas. »

5. Les ms R, H, Ch, les éditions anciennes, et celle de 1837, donnent : « dans Paris; » les dernières éditions : « à Paris. »

6. Dans la plupart des éditions anciennes : « La matière étoit belle, et, depuis ses engagements, n'étoit.... » — Les derniers éditeurs ont mis, comme 1718 C, D, E : « La matière étoit belle, et, de plus, les engagements n'étoient plus problématiques, » ce qui altère le sens. — Dans le ms H : « et depuis, ses engagements n'étoient.... » C'est là aussi la leçon du ms Ch; mais par suite d'une surcharge : la première rédaction était *les*, et non *ses*.

réponse très-fière ; M. de Guise[1], qui s'étoit jeté avec Monsieur le Comte[2], et qui avoit fort souhaité la rupture,

1. Henri, né en 1614, fils de Charles de Guise, qui mourut exilé en 1640. Il avait été destiné à l'Église, et nommé en 1629 à l'archevêché de Reims, qui était un héritage dans sa famille, comme celui de Paris dans la maison de Gondi; mais quand il vit mourir coup sur coup son père et deux de ses frères (1639 et 1640), il renonça à son archevêché (il n'avait pas encore pris les ordres qui obligent au célibat), et en même temps il quitta une femme qu'il avait, dit-on, épousée secrètement en 1638, la princesse Anne de Gonzague, et il se jeta dans le parti du comte de Soissons, qui prenait le nom spécieux de *Ligue confédérée pour la paix universelle de la chrétienté*. Selon d'autres historiens, Guise n'y entra que parce que Richelieu avait traversé ses amours avec cette même Anne. Cette princesse alla le rejoindre à Cologne; mais soit qu'il se fût lassé d'elle, soit qu'il ne voulût pas l'exposer aux hasards de la révolte, il la renvoya à Paris. M. Cousin possédait la protestation d'Anne de Gonzague (réclamant son titre d'épouse), et plusieurs pièces à l'appui. Condamné à avoir la tête tranchée, le duc de Guise se mit à la tête des troupes de l'Empire contre la France, et épousa Honorée de Berghes, la belle veuve du comte de Bossut. Lorsqu'il eut fait sa paix avec la cour, en 1643, il revint en France, oublia sa nouvelle épouse, et se rendit à Rome pour faire déclarer nul son mariage, afin d'épouser Mlle de Pons. Il y était au moment de la révolte de Masaniello à Naples (1647), et bientôt il fut élu chef par les Napolitains. Il réussit d'abord, et allait faire valoir d'anciens droits de sa famille, lorsque ses galanteries indisposèrent contre lui les Napolitains, qui rendirent la ville aux Espagnols. Fait prisonnier, il fut envoyé à Madrid, en 1653. Condé, alors au service de l'Espagne, obtint sa liberté, dans l'espérance que son grand nom aiderait à continuer les troubles en France ; mais, irrité des mauvais traitements que lui avaient fait subir les Espagnols, Guise se tourna contre Naples, soutenu cette fois par une flotte française (1654). Après avoir échoué dans cette entreprise, il revint poursuivre ses plaisirs à Paris. Il figura au carrousel de 1663, à la tête des sauvages américains, tandis que Condé était le chef des Turcs, ce qui fit dire sur eux : « Voilà les héros de l'histoire et de la fable. » Cet aventurier mourut en 1664. Voyez la *Jeunesse de Mme de Longueville*, par M. Cousin, p. 226-228.

2. Qui s'étoit joint avec Monsieur le Comte. (1718 C, D, E, 1719-1866.) — La *Gazette* de Renaudot, de 1641 (p. 314), annonce

alla à Liége donner ordre à des levées. Saint-Ibar retourna à Bruxelles pour conclure le traité; Varicarville prit la poste pour Vienne, et je revins à Paris, où j'oubliai de dire à nos conjurés les irrésolutions de notre chef. Il y en eut encore depuis quelques nuages, mais légers; et comme je sus que du côté des Espagnols tout étoit en état, je fis à Sedan mon dernier voyage[1], pour y prendre mes dernières mesures.

J'y trouvai Metternich[2], colonel de l'un des plus vieux régiments de l'Empire, envoyé par le général Lamboy[3], qui s'avançoit avec une armée fort leste et presque toute composée de vieilles troupes. Le colonel assura Monsieur le Comte que Lamboy avoit ordre[4] de faire absolument tout ce que Monsieur le Comte lui commanderoit, et même de donner bataille à M. le maréchal de Châtillon[5],

---

un voyage du duc de Guise « de Sedan à Bruxelles, » sous la date du 20 mai : « Il alla souper chez la duchesse de Chevreuse et coucher chez don Antonio Sarmento; » et à la date du 28 mai (p. 327), on lit : « Le secrétaire du duc de Bouillon est parti d'ici (*de Bruxelles*) pour Sedan, où le duc de Guise est aussi retourné. »

1. « Ces trois voyages, dit M. Bazin, faits en quelques mois, par un homme du rang de l'abbé de Retz, et sous les yeux du cardinal de Richelieu, au moment même où l'on instruisait à Paris le procès du duc de Vendôme, frère naturel du Roi, nous paraîtraient des actes d'une témérité presque folle; mais le cardinal de Retz est le seul qui en parle, et nous croyons bien qu'il n'en a jamais couru le péril. » — Nous avons déjà exprimé nos doutes au commencement du récit.

2. C'est un des ancêtres du célèbre diplomate, le prince de Metternich Winneburg-Ochsenhausen. Cette famille s'est illustrée autrefois à la guerre, principalement contre les Turcs.

3. Guillaume de Lamboy, d'une des plus anciennes familles de Liége, feld-maréchal de l'Empire en 1639, mourut vers 1670; il prit une grande part à la dernière période de la guerre de Trente ans.

4. Les ms H, Ch, et toutes les anciennes éditions, portent : « Le colonel assura Monsieur le Comte qu'il avoit ordre. »

5. Gaspard de Coligny, maréchal de Châtillon, était le petit-fils de l'amiral; né en 1584, il mourut en 1646. Nommé maréchal en 1622, il fit la campagne de Savoie en 1630, gagna avec le maréchal

qui commandoit les armes[1] de France qui étoient sur la Meuse. Comme toute l'entreprise de Paris dépendoit de ce succès, je fus bien aise de m'éclaircir de ce détail, le plus que je pourrois, par moi-même. Monsieur le Comte trouva bon que j'allasse à Givet avec Metternich. J'y trouvai l'armée belle et en bon état; je vis don Miguel de Salamanque, qui me confirma ce que Metternich avoit dit, et je revins à Paris avec trente-deux blancs signés de Monsieur le Comte. Je rendis compte de tout à M. le maréchal de Vitry, qui fit l'ordre de l'entreprise, qui l'écrivit de sa main, et qui la porta cinq ou six jours dans sa poche, ce qui est assez rare dans les prisons. Voici la substance de cet ordre :

« Aussitôt que nous aurions reçu la nouvelle du gain de la bataille, nous le devions publier dans Paris avec toutes les figures[2]. MM. de Vitry et de Cramail devoient s'ouvrir, en même temps, aux autres prisonniers, se rendre maîtres de la Bastille, arrêter le gouverneur, sortir dans la rue Saint-Antoine avec une troupe de noblesse, dont M. le maréchal de Vitry étoit assuré; crier: *Vive le Roi et Monsieur le Comte!* M. D'Estampes devoit, à l'heure donnée, faire battre le tambour par toute sa colonelle, joindre le maréchal de Vitry[3] au cimetière

de Brézé la bataille d'Avesnes (1635), reprit Corbie (1636), eut une grande part à la conquête d'Arras (1640), mais fut battu à la Marfée (1641).

1. Retz emploie souvent ainsi *armes*, et la plupart des éditions anciennes et récentes y substituent : *armées*.

2. Ceci s'applique probablement aux grandes images de batailles qu'on vendait alors dans Paris, avec les figures des principaux personnages. On trouve un grand nombre de ces images, représentant les divers combats de cette époque, aux Estampes de la Bibliothèque impériale (Collections de l'Histoire de France de Hennin et de Marolles, etc.).

3. Après Vitry, il y a trois mots biffés, qui paraissent être : « au Pont-Neuf. »

Saint-Jean[1], et marcher au Palais, pour rendre des lettres de Monsieur le Comte au Parlement, et l'obliger à donner arrêt en sa faveur. Je devois, de mon côté, me mettre à la tête des compagnies de Parmentier et de Guérin, de laquelle[2] l'Espinai me répondoit, avec vingt-cinq gentilshommes que j'avois engagés par différents prétextes, sans qu'ils sussent eux-mêmes précisément ce que c'étoit. Mon bon homme de gouverneur[3], qui croyoit lui-même que je voulois enlever Mlle de Rohan[4], m'en

1. Près du marché du même nom, du côté de la rue de la Verrerie et de la porte Baudoyer. Voyez Gomboust, *Plan de Paris*, f° v.

2. Retz avait d'abord écrit simplement : « de la compagnie de Guérin »; puis il a effacé *la*, mis des *s* à *de* et à *compagnie*, ajouté entre les lignes, *Parmentier et;* mais il a ensuite oublié la suite de la phrase : « de laquelle, etc., » qui demandait aussi une modification. — Ce Guérin était probablement ce beau-frère de l'Espinai qui a été mentionné plus haut, sans être désigné par son nom (voyez p. 165, note 2). Nous supposerions, dans ce cas, que ce serait le Guérin, probablement conseiller secrétaire du Roi et de ses finances, qui est plusieurs fois cité dans les *Registres de l'Hôtel de ville* : par exemple, en février 1649, comme commissaire pour la revue des troupes du prince de Conti; il figure avec Brigallier parmi les notables du quartier Saint-Eustache, Saint-Sauveur, Villeneuve-sous-Gravois (Bourbon-Villeneuve), ce qui serait assez d'accord avec ce que dit Retz, p. 165. Voyez les *Registres de l'Hôtel de ville*, tome I, p. 174 et 200; tome II, p. 255; et tome III, p. 450.

3. Engagés sous différents prétextes, et mon bon homme de gouverneur. (Ms Ch, 1717 A, 1718 B, F.) — Engagés sous différents prétextes. Mon bon homme de gouverneur. (Ms H.) — Il y a une ligne omise.

4. Marguerite, fille unique de Henri, premier duc de Rohan, mort en 1638, et de la fille du duc de Sully. Les épisodes romanesques de la vie de Mlle de Rohan, que Tallemant a racontés longuement dans ses *Historiettes* (tome III, p. 418-437), pouvaient facilement faire croire au gouverneur qu'il s'agissait d'une nouvelle aventure. Cette riche héritière avait alors vingt-quatre ans; c'était un parti fort désirable pour tout ce qu'il y avait de grands seigneurs à marier; et l'idée de la conquérir par un enlèvement a pu entrer dans beaucoup de têtes. Ce singulier moyen était tout à fait dans les mœurs du temps. — On sait que Retz avait débuté dans la vie

avoit amené douze de son pays. Je faisois état de me saisir du Pont-Neuf, de donner la[1] main par les quais à ceux qui marchoient au Palais, et de pousser ensuite les barricades dans les lieux qui nous paroîtroient[2] les plus soulevés. La disposition de Paris nous faisoit croire le succès infaillible; le secret y fut gardé jusques au prodige. Monsieur le Comte donna la bataille, et il la gagna[3]. Vous croyez sans doute l'affaire bien avancée.

par vouloir enlever Mlle de Scepeaux, pour sa beauté et ses quatre-vingt mille livres de rente : voyez ci-dessus, p. 95 et suivantes.

1. *La* est au-dessus de *une*, effacé.

2. Les éditions les plus récentes (1837-1866) sont les seules qui substituent *paroissoient* à *paroîtroient*.

3. Cette bataille, livrée près de Sedan le 6 juillet 1641, est connue sous le nom de combat de la Marfée. Le comte de Soissons y fut vainqueur, mais y périt; on croit généralement qu'il se tua lui-même en voulant relever sa visière avec le bout de son pistolet. Cet événement, fort heureux pour Richelieu, le fit accuser d'avoir acheté la mort de son adversaire, le seul ennemi de Richelieu, a-t-on dit, qui n'eût pas perdu le droit de se faire estimer. Voyez Tallemant, tome II, p. 40, et les *Mémoires de Mademoiselle de Montpensier*, p. 47. « Nous serions fort tenté de croire, dit M. Bazin à propos de cet événement, que la ressemblance singulière de cette mort, arrivée au moment du succès, avec celle du comte de Fiesque dans une circonstance toute pareille, ressemblance qui a dû être alors fort remarquée, donna lieu à l'abbé de Retz de lire, soit dans l'original, soit dans la traduction de Fontenay, l'ouvrage de Mascardi, et par suite d'écrire le sien sur le même sujet. Cela ne reculerait que de neuf ans environ ce travail de jeune homme, que Retz dit avoir fait à l'âge de dix-huit ans, et se trouverait parfaitement d'accord avec un passage de Tallemant des Réaux (tome V, p. 188) : « Je remarquai que le premier ouvrage qu'il fit, hors quelques ser- « mons, ce fut la *Conjuration de Fiesque*, car cela convenoit assez à « son humeur. Il avoit fait l'épitaphe du comte de Soissons en « prose, où il l'appeloit le dernier des héros. » — Les ressemblances que nous avons fait remarquer entre les deux récits écrits par Retz de la conspiration du comte de Soissons et de la *Conjuration de Fiesque* ajoutent encore, il nous semble, à la probabilité de la conjecture de M. Bazin. — M. Cousin a raconté cette conspiration du comte de Soissons dans *Madame de Chevreuse*, p. 177. — Le ma-

Rien moins. Monsieur le Comte est tué dans le moment de sa victoire, et il est tué au milieu des siens, sans qu'il y en ait jamais eu un seul qui ait pu dire comme sa mort est arrivée. Cela est incroyable, et cela est pourtant vrai. Jugez de l'état où je fus quand j'appris cette nouvelle. M. le comte de Cramail, le plus sage assurément de toute notre troupe, ne songea plus qu'à couvrir le passé[1], qui, du côté de Paris, n'étoit qu'entre six personnes. C'étoit toujours beaucoup; mais le manquement de secret étoit encore plus à craindre de celui de Sedan, où il y avoit des gens beaucoup moins intéressés à le garder, parce que, ne revenant pas en France, ils avoient moins de lieu d'en appréhender le châtiment[2]. Tout le monde fut également religieux; MM. de Vitry et Cramail, qui avoient au commencement balancé à se sauver, se rassurèrent. Personne du monde ne parla, et cette occasion, jointe à un aveu dont je vous parlerai

réchal de Châtillon envoya à la cour une relation de la bataille de la Marfée, dont on trouve une copie à la bibliothèque de l'Arsenal, dans les *Papiers de Conrart* (tome VIII, p. 301); il y en a aussi une de Fabert, p. 416, dans le recueil (Cologne, 1663) où se trouvent les *Mémoires de Montrésor*, mêlés avec d'autres pièces curieuses, sous le titre : *Affaires de MM. les comte de Soissons et ducs de Guise et de Bouillon*, p. 365.

1. Les ms H, Ch, et toutes les anciennes éditions, donnent : « couvrir le secret. »

2. D'en appréhender le sentiment. (Ms H, Ch.) — D'en appréhender le ressentiment. (1717 A, 1718 B, F.) — Le manuscrit autographe porte : « d'en appréhender le châtiment; » mais après *le*, il y a un mot biffé, qui nous paraît être : *Cardinal*. — « Plus tard, demande M. Bazin, la crainte du châtiment étant passée pour les uns comme pour les autres, pourquoi aurait-on gardé le silence sur ce seul fait, quand on divulguait tout le reste? » La question est fort juste et nous n'y trouvons rien à répondre; il y a évidemment beaucoup de forfanterie dans la narration de Retz; comme l'a dit son rival la Rochefoucauld dans le portrait qu'il a tracé de lui, « souvent son imagination lui fournit plus que sa mémoire. » (Tome I, p. 20, de l'édition de M. Gilbert.)

dans la seconde partie de ce discours, m'a obligé de penser et de dire souvent que le secret n'est pas si rare que l'on le croit, entre les gens qui ont accoutumé de se mêler de grandes affaires[1].

La mort de Monsieur le Comte me fixa dans ma profession, parce que je crus qu'il n'y avoit plus rien de considérable à faire, et que je me croyois trop âgé pour en sortir par quelque chose qui ne fût pas considérable. De plus, la santé de Monsieur le Cardinal s'affoiblissoit, et l'archevêché de Paris commençoit à flatter mon ambition. Je me résolus donc, non pas seulement à suivre, mais encore à faire ma profession[2]. Tout m'y portoit. Mme de Guémené s'étoit retirée depuis six semaines dans sa maison du Port-Royal[3]. M. d'Andilly me l'avoit

1. « C'est, a dit M. Sainte-Beuve, qui admire beaucoup ce récit (*Causeries du lundi*, tome V, p. 38), la conspiration *Malet* que Retz organisa contre Richelieu. » Il faut peut-être dire *inventa*.

2. Quoique « fixé dans sa profession, » selon son expression, Retz ne se pressait guère d'en franchir les degrés : on voit par le *Registre des délibérations du chapitre de Notre-Dame*, qu'au 1er janvier 1643 (Archives de l'Empire, LL 295, p. 278), bien qu'ayant près de trente ans, et chanoine du chapitre depuis quinze ans (de 1627 à 1643), Paul de Gondi n'était pas encore sous-diacre : il est nommé à la suite des sous-diacres, comme simple clerc. Il ne prit les ordres qu'à l'occasion de son élection comme coadjuteur de l'archevêque de Paris (voyez le commencement de la seconde partie). Quant au zèle avec lequel « il faisoit sa profession, » les *Registres capitulaires* n'en portent pas un favorable témoignage : Paul de Gondi assiste pour la première fois au chapitre le 8 juin 1643, et reçoit les félicitations de ses collègues sur sa nomination de coadjuteur ; il ne commence sa semaine de service, en qualité de chanoine, que le 9 août 1643. En général, il se montre peu assidu aux séances ; on pourrait compter ses rares actes de présence : il vient le 12 et le 25 juin, puis il ne reparait qu'après une assez longue absence, le 4 septembre, etc. (Archives, LL 295, p. 404, 409, 419, 454.)

3. On sait que dans ses retraites à Port-Royal de Paris, Mme de Guémené demeurait à côté de Mme de Sablé, dans les bâtiments extérieurs. — Les traditions de Port-Royal dissimulent le plus qu'il

enlevée : elle ne mettoit plus de poudre, elle ne se frisoit plus, et elle m'avoit donné mon congé dans toute la forme la plus authentique que l'ordre de la pénitence pouvoit demander. Si Dieu m'avoit ôté la place Royale, le diable ne m'avoit pas laissé[1] l'Arsenal[2], où j'avois découvert, par le moyen du valet de chambre, mon confident, que j'avois absolument gagné, que Palière, capitaine des gardes du Maréchal, étoit pour le moins aussi bien que moi avec la Maréchale[3]. Voilà de quoi devenir un saint*.

La vérité est que j'en devins beaucoup plus réglé, au moins pour l'apparence. Je vécus fort retiré. Je ne

---

est possible cette rechute qui aurait suivi la conversion de Mme de Guémené, et ce second retour à la piété. Elles disent que, depuis 1639 jusqu'à six ou sept ans au delà, cette « dame vécut dans les exercices de piété et d'une sincère pénitence. » Mais, selon la remarque de M. Sainte-Beuve (*Port-Royal*, tome I, p. 361, note), « le révérencieux *Nécrologe* finit pourtant par avouer qu'au bout de *six ou sept ans* elle se dissipa de nouveau et cessa de persévérer. » Les *Lettres de la Mère Angélique Arnauld* (Utrecht, 1742-1744, 3 volumes) laissent mieux deviner le peu de solidité de cette dévotion. Voyez les lettres à d'Andilly (tome I, p. 267), à la reine de Pologne (tome II, p. 459), et à Mme de Guémené elle-même, quoique à mots plus couverts (tome II, p. 406).

1. On voit dans le manuscrit original que Retz a hésité entre ces deux rédactions : « le diable ne m'avoit pas laissé, » et : « je m'estois dégoûté de. »

2. Les pièces dont se composait l'appartement de Mme de la Meilleraye, qui fait aujourd'hui partie de la bibliothèque de l'Arsenal, viennent d'être restaurées et seront bientôt ouvertes au public.

3. Ce passage, depuis *Palière* jusqu'à la *Maréchale*, a été effacé, puis récrit d'une autre main dans les interlignes, puis encore barré. Ensuite, toujours d'une autre main, ceux-ci y ont été substitués : « (*qu'*)il n'y avoit rien à faire. (*Voilà*, etc.) — Tallemant (tome II, p. 228) nomme aussi Piaillière (*sic*), capitaine des gardes du Maréchal et commandant de son régiment d'infanterie, comme ayant eu des vues sur la Maréchale, après qu'il avait mis à mal une de ses sœurs. — Les anciennes éditions donnent, comme nous, la première rédaction; mais elles omettent toutes le nom *Palière*, que les unes remplacent par *le*, devant *capitaine*, les autres par des points.

laissai plus rien de problématique pour le choix de ma profession ; j'étudiai beaucoup ; je pris habitude avec soin avec tout ce qu'il y avoit de gens de science et de piété ; je fis presque de mon logis une académie[1] ; j'ob-

[1]. « Il avait formé autour de lui, dit M. Joseph Michon dans son *Étude sur Retz* (p. 17), couronnée par l'Académie française, avec celle de M. Topin, en 1863, un petit corps d'élite, tout armé de flèches littéraires, escadron souvent indiscipliné, quelquefois transfuge, mais toujours ramené par les délices de la table du Coadjuteur. Dans ce petit cercle, d'aussi joyeuse humeur que de bon appétit, où siégeaient Saint-Amand, Dulot, Blot et Marigny, à côté de Ménage, de Chapelain, de Patru et de Scarron, la gaieté la plus licencieuse était de mode, et les bons mots auxquels leur crudité fermait l'entrée des salons s'y vengeaient à l'envi de la pruderie du beau monde. » Ce passage de M. Michon se rapporte particulièrement au temps de la Fronde ; mais cette sorte d'académie était antérieure. Aux écrivains nommés ci-dessus ajoutons de Gomberville, que Retz cite lui-même comme un de ses commensaux ordinaires, Salomon Virelade, poëte médiocre, le chanoine Bragelonne, l'Écossais Salmonet (voyez les *Historiettes de Tallemant des Réaux*, tome V, p. 207, 223, 224, 229). — Nous avons trouvé à la bibliothèque de l'Arsenal, dans les papiers de Conrart, tome VIII, p. 267-301, un dialogue à la manière des anciens : *de la Lecture des vieux romans*, qui est de Chapelain. Les interlocuteurs sont Chapelain, Ménage et Sarasin. Ce dialogue, qui était, croyons-nous, inédit, et que nous venons de publier à la librairie Aubry, est dédié à Paul de Gondi ; l'auteur lui rend compte d'une discussion littéraire sur nos vieux romans de chevalerie. On y voit l'estime que professent pour lui les trois écrivains, et quelle était la nature des entretiens de cette espèce d'académie. Ailleurs, à la bibliothèque Mazarine, dans un recueil coté 2255 A², se trouve une pièce de vers latins de Ménage, adressée à Sarasin, où se lisent les vers suivants :

. . . . *Aderit, quem suspicis unum,*
GONDIADES, *columen rerum et tutela mearum,*
Francigenum sublime decus, spes magna Senatus
Purpurei, nostri rarissima gloria sæcli.

A l'*Appendice* de ce volume nous donnons, outre quelques détails sur les relations de Retz avec les gens de lettres de son temps, une dédicace de Scarron à Retz, une autre d'Adrien de Valois, celle du *Dialogue* de Chapelain, et diverses pièces de vers.

Retz semble n'avoir pas borné ses rapports aux écrivains, mais

servai avec application[1] de ne pas ériger l'académie[2] en tribunal; je commençai à ménager, sans affectation, les chanoines et les curés, que je trouvois très-naturellement chez[3] mon oncle. Je ne faisois pas le dévot, parce que je ne me pouvois assurer que je pusse durer à le contrefaire; mais j'estimois beaucoup les dévots; et à leur égard, c'est un des plus grands points de la piété. J'accommodois même mes plaisirs au reste de ma pratique. Je ne me pouvois passer de galanterie; mais je la fis avec Mme de Pommereux[4], jeune et co-

---

les avoir étendus aux artistes : on trouve dans le *Dictionnaire critique* de M. Jal, à l'article HÉRAULT, que François-Paul de Gondi tint sur les fonts baptismaux, le 20 août 1643, avec Claude-Marguerite de Gondi, marquise de Maignelay, sa tante, un enfant nommé, du nom de son parrain, François, et fils du peintre-graveur Antoine Hérault, qui devait être un artiste assez estimé, puisqu'il était en 1651 un des jurés de la communauté des peintres et sculpteurs.

1. Il y avait d'abord *soin* (*soing*), que l'auteur a biffé et remplacé, en interligne, par *application*.

2. Après *l'académie*, il y a deux mots raturés, qui paraissent être : *en un*.

3. Retz écrit constamment *cheux*, au lieu de *chez*.

4. Denise de Pommereuil (au manuscrit *Pommereux*), fille aînée du sieur Guillaume de Bordeaux, intendant des finances, dont nous avons déjà mentionné les *Mémoires*. Elle était la seconde femme de François de Pommereuil, sieur de la Bretesche, président au grand conseil; au bout de dix ans d'union ils se séparèrent. Tallemant des Réaux (tome V, p. 202) est d'accord avec Retz sur cette intrigue : « Quand l'abbé de Retz s'y attacha (*à la présidente de Pommereuil*), pour ne pas effaroucher le Président, on trouva à propos de ne se pas défaire de Bezons, afin que le mari crût que c'étoit cet homme-là, et non l'abbé, qui en contoit à sa femme. » — Dans la *Carte du pays de Braquerie*, déjà citée, il est aussi parlé de Mme de Pommereuil : « Pommereuil, autrefois si célèbre pour le séjour qu'y a fait un prince ecclésiastique (*le cardinal de Retz*). Dans ce temps-là, il y avoit un évêché; mais l'évêque se trouvant mal logé, le siège épiscopal fut transféré à Lesdiguières. » Voyez l'*Appendice* du tome IV de Tallemant des Réaux, p. 524. — M. de Chantelauze (*Port-Royal* de M. Sainte-Beuve, tome V, p. 576) dit que « dès son retour à

quette[1], mais de la manière qui me convenoit ; parce qu'ayant toute la jeunesse, non pas seulement chez elle, mais à ses oreilles[2], les apparentes affaires des autres couvroient la mienne, qui étoit, ou du moins qui fut quelque temps après plus effective[3]. Enfin ma conduite me réussit, et au point qu'en vérité je fus fort à la mode parmi les gens de ma profession[4], et que les dévots mêmes disoient, après M. Vincent, qui m'avoit appliqué ce mot de l'Évangile : que je n'avois pas assez de piété, mais que je n'étois pas trop éloigné du royaume de Dieu[5].

Commercy, » Retz « se reprit à entamer une secrète et active correspondance » avec Mme de Pommereuil. Ce fut donc une de ses durables affections.

1. *Coquette* a été biffé, et une autre main a mis au-dessus : *agréable*. *Coquette* doit être maintenue ; c'est l'épithète qu'applique à l'*humeur* de Mme de Pommereuil un couplet du temps où sont mentionnées ses relations avec Retz, et que M. Paulin Paris a cité dans son édition de Tallemant des Réaux (tome V, p. 199).

2. *Aureilles*, dans le manuscrit.

3. Tout ce membre de phrase : « qui étoit, etc., » a été effacé par une main étrangère, probablement celle d'Hennezon. Une autre personne, ayant pu lire les mots raturés, les a rétablis, d'une écriture plus fine, entre les lignes, puis les a effacés également, comme elle fait presque toujours.

4. Deux mots biffés, à peu près illisibles, qui pourraient avoir été : *mon état* ; au-dessus Retz a écrit : *ma profession*.

5. Voici ce que dit d'Argenson dans ses *Essais* (p. 78) : « Il comprit qu'il falloit jouer un autre personnage ; il se rapprocha des dévots, sans le devenir, et des ecclésiastiques en réputation de sainteté, avant de mener une vie édifiante ; il entreprit de faire des conversions d'éclat, avant de se convertir lui-même ; et il trouva dans la portion du clergé la plus estimée et qui tenoit le plus beau rang dans l'Église, des dispositions très-favorables pour le recevoir comme un enfant prodigue, sans attendre qu'il fût revenu de son erreur. Le bon M. Vincent lui-même prit plaisir à croire que les instructions qu'il lui avoit autrefois données n'étoient pas des grains absolument semés en terre ingrate ; les dévots se firent honneur de le compter parmi les leurs ; et sans le soumettre à de rudes épreuves, ils le portèrent à la coadjutorerie de l'archevêché de

PREMIÈRE PARTIE. [1642]   181

La fortune me favorisa, en cette occasion, plus qu'elle n'avoit accoutumé. Je trouvai par hasard Mestrezat[1], fameux ministre de Charenton[2], chez Mme d'Harambure[3], huguenote précieuse et savante. Elle me mit aux mains avec lui par curiosité. La dispute s'engagea, et au point qu'elle eut neuf conférences de suite en neuf jours différents. M. le maréchal de la Force[4] et M. de Turenne[5] se trouvèrent à trois ou quatre. Un gentilhomme

Paris. » — Le mot de l'*Évangile* que Vincent de Paul appliquait à Retz est sans doute la parole de Jésus-Christ au Scribe : « Tu n'es pas loin du royaume de Dieu. » (*Saint Marc*, chapitre XII, verset 34.)

1. Jean Mestrezat, théologien protestant, né en 1592 à Genève, dont son père était le premier syndic. La manière ferme dont il répondit un jour à Louis XIII, en présence de Richelieu, arracha, dit-on, à ce prélat, cette exclamation : « Voilà bien le plus hardi ministre de France. » Il mourut en 1657, laissant de nombreux écrits. — Il eut aussi des conférences avec deux jésuites devant Anne d'Autriche, et se montra moins courtois envers eux qu'avec l'abbé de Retz. Mestrezat était ministre à Paris, ou plutôt à Charenton, dès avant 1624 : voyez le *Dictionnaire critique* de M. Jal, p. 859.

2. Petit village, près de Paris, où les protestants de la capitale avaient leur temple.

3. Marie Tallemant, cousine germaine de Tallemant des Réaux, veuve, en 1640, de Jean d'Harambure, écuyer et capitaine du vol des oiseaux du Roi.

4. « Il faut se rappeler, dit M. Bazin, que nous sommes en 1641, après la mort du comte de Soissons, qui est du 6 juillet, avant la mort du cardinal de Richelieu, qui arriva le 4 décembre 1642. Or nous ne croyons pas que, durant cet intervalle, le maréchal de la Force (Jacques Nompar de Caumont, né en 1559, maréchal en 1662) ait résidé à Paris. Après sa dernière campagne, celle de 1638, il s'était retiré dans ses terres. Il en revint au mois d'octobre 1640, et siégea au procès du duc de Vendôme, comme duc et pair, dans les premiers mois de 1641 : après quoi, il retourna chez lui, où il resta constamment jusqu'à la veille de la mort du Roi. »

5. Henri vicomte de Turenne, l'illustre capitaine, né en 1611, tué en 1675 à Salzbach, frère du duc de Bouillon. Son absence de Paris à cette époque est encore mieux constatée que celle du maréchal de la Force. Il servait en Italie depuis trois ans ; il y fit toute

de Poitou, qui fut présent à toutes, se convertit[1]. Comme je n'avois pas encore vingt-six ans[2], cet événement fit grand bruit, et entre autres effets, il en produisit un qui n'avoit guère de rapport à sa cause. Je vous le raconterai, après que j'aurai rendu la justice que je dois à une honnêteté que je reçus de Mestrezat, dans une de ses conférences.

J'avois eu quelque avantage sur lui dans la cinquième, où la question de la vocation fut traitée. Il m'embarrassa dans la sixième, où l'on parloit de l'autorité du Pape, parce que, ne voulant pas me brouiller avec Rome, je lui répondois sur des principes qui ne sont pas si aisés à défendre que ceux de Sorbonne. Le ministre s'aperçut de ma peine : il m'épargna les endroits qui eussent pu m'obliger à m'expliquer d'une manière qui eût choqué le Nonce. Je remarquai son procédé ; je l'en remerciai, au sortir de la conférence, en présence de M. de Turenne, et il me répondit ces propres mots : « Il n'est pas juste d'empêcher M. l'abbé de Retz d'être cardinal. » Cette délicatesse n'est pas, comme vous voyez, d'un pédant de Genève.

Je vous ai dit ci-dessus que cette conférence produisit un effet bien différent de sa cause. Le voici :

Mme de Vendôme, dont vous avez ouï parler, prit une affection pour moi, depuis cette conférence, qui al-

la campagne de 1641, et n'en partit l'année suivante que pour aller en Roussillon.

1. M. Aimé Champollion (*Mémoires de Retz*, tome I, p. 65, édition de 1859, 1866) croit, d'après un passage de Tallemant des Réaux (tome VI, p. 299), pouvoir donner le nom de ce converti, que Retz ne nomme pas : L'abbé Tallemant (*alors protestant*) « voulut donner à l'abbé de Retz la gloire de l'avoir converti ; mon père se fâcha, et l'envoya pour quelque temps hors de Paris. » — Cette conjecture nous semble fondée.

2. Il avait alors vingt-sept ans.

loit jusques à la tendresse d'une mère. Elle y avoit assisté[1], quoique assurément elle n'y entendît rien ; mais ce qui la confirma encore dans son sentiment, fut celui de Monsieur de Lisieux[2], qui étoit son directeur, et qui logeoit toujours chez elle quand il étoit à Paris. Il revint en ce temps-là de son diocèse, et comme il avoit beaucoup d'amitié pour moi et qu'il me trouva dans les dispositions de m'attacher à ma profession, ce qu'il avoit souhaité passionnément, il prit tous les soins imaginables de faire valoir dans le monde le peu de qualités qu'il pouvoit excuser en moi[3]. Il est constant que ce fut à lui à qui je dus le peu d'éclat que j'eus en ce temps-là ; et il n'y avoit personne en France dont l'approbation en

1. Ceci est certainement encore inexact. La duchesse de Vendôme (Françoise de Lorraine, duchesse de Mercœur, mariée en 1609) avait, lors du procès fait à son mari, en janvier 1641, reçu l'ordre de se retirer dans ses terres, d'où elle ne revint qu'après la mort du cardinal de Richelieu : c'est un fait dont parlent tous les Mémoires, et en particulier ceux de Montglat (tome XXIX, p. 134).

2 Philippe Cospeau, né à Mons en 1571, régent de l'Université de Paris, puis évêque d'Aire, de Nantes, et de Lisieux en 1632, mourut en 1646. Il eut toute la confiance d'Anne d'Autriche au commencement de la régence ; il était du parti des *Saints*, qui furent quelque temps les auxiliaires des *Importants*, et qui tombèrent avec eux. Voyez le *Gallia christiana*, tome XI, col. 806 et 807 ; M. Cousin, *Carnets de Mazarin* (*Journal des savants*, 1856, p. 110) ; et les *Mémoires de Mme de Motteville* (tome I, p. 156 et 157). — La véritable orthographe de son nom, qu'on écrit d'ordinaire *Cospean*, avec le *Gallia christiana*, ou encore *Coëspean*, est, d'après son acte de naissance, *Cospeau* : voyez M. Ch. Livet, *Philippe Cospeau, sa vie et ses œuvres*, Paris, 1854, in-18. — Dans cette *Vie*, on voit que Cospeau était depuis longtemps lié avec la famille de Gondi ; ce fut lui qui fit en 1603 l'oraison funèbre de la maréchale de Retz, puis, en 1622, celle du cardinal de Retz, évêque de Paris. Ces oraisons funèbres, inédites, sont perdues, selon toute apparence.

3. Le peu de qualités qu'il pouvoit trouver en moi. (Ms H, Ch, 1717 A, 1718 B, F, 1825.) — Dans le ms R, avant *excuser*, il y a un commencement de mot, *aper*, biffé.

pùt tant donner. Ses sermons l'avoient élevé, d'une naissance fort basse et étrangère (il étoit Flamand[1]), à l'épiscopat; il l'avoit soutenu avec une piété sans faste et sans fard. Son désintéressement étoit au delà de celui des anachorètes; il avoit la vigueur de saint Ambroise, et il conservoit dans la cour et auprès du Roi une liberté que M. le cardinal de Richelieu, qui avoit été son écolier en théologie, craignoit et révéroit. Ce bon homme, qui avoit tant d'amitié pour moi qu'il me faisoit trois fois la semaine des leçons sur les *Épîtres de saint Paul*, se mit en tête de convertir M. de Turenne[2] et de m'en donner l'honneur.

M. de Turenne avoit beaucoup de respect pour lui; mais il lui en donna encore plus de marques, par une raison qu'il m'a dite lui-même, mais qu'il ne m'a dite[3] que plus de dix ans après. M. le comte de Brion[4], que vous avez vu[5] sous le nom de duc Danville, étoit fort amoureux de Mlle de Vendôme[6], qui a été depuis Mme de Nemours, et il étoit aussi fort ami de M. de

1. Le manuscrit porte *Flamang*.

2. Turenne, comme on le sait, ne se convertit qu'en 1668, et c'est un autre prélat, Bossuet, qui eut l'honneur de sa conversion.

3. Il y a deux fois *dit*, sans accord, dans le manuscrit.

4. François-Christophe de Lévis Ventadour, comte de Brion, alors premier écuyer du duc d'Orléans, était fils d'Anne de Lévis, duc de Ventadour, et de Marguerite de Montmorency; il fut fait, en 1648, duc de Damville (Retz écrit *duc D'anuille*). Mme de Motteville (tome I, p. 230) nous montre à peu près à la même époque (1644) Brion également malheureux auprès de Mlle de Bouteville, et éconduit pour le comte de Châtillon.

5. Le texte primitif était : « que vous pouvez, je crois, avoir connù dans votre enfance. » Retz a effacé *pouvez, je crois, avoir con.... dans votre enfance*, et changé *nu* en *vu*; mais comme, après avoir biffé, il semble avoir oublié d'écrire le mot *avez* pour faire *avez vu*, une main étrangère l'a mis en marge devant le participe *vu*.

6. Élisabeth, née en 1614, qui fut mariée en 1643 à Charles-Amédée de Savoie, duc de Nemours.

Turenne, qui pour lui faire plaisir et pour lui donner lieu de voir plus souvent Mlle de Vendôme, affectoit d'écouter les exhortations de Monsieur de Lisieux, et de lui rendre même beaucoup de devoirs. Le comte de Brion, qui avoit été deux fois capucin [1], et qui faisoit un salmigondis [2] perpétuel de dévotion et de péché, prenoit une sensible part à sa prétendue conversion ; et il ne bougeoit des conférences, qui se faisoient très-souvent, et qui se faisoient toujours dans la chambre de Mme de Vendôme. Brion avoit fort peu d'esprit ; mais il avoit beaucoup de routine, qui en beaucoup de choses supplée à l'esprit ; et cette routine, jointe à la manière que vous connoissez de M. de Turenne, et à la mine indolente de Mlle de Vendôme, fit que je pris le tout pour bon, et que je ne m'aperçus jamais de quoi que ce soit.

Vous [3] me permettrez, s'il vous plaît, de faire ici une

---

1. Il mourut sous l'habit de cet ordre, le 19 septembre 1661.
2. « Un salmigondi, » dans le manuscrit original.
3. Tout ce morceau, depuis : *Vous me permettrez*, jusqu'à : *et je ne les crois pas* (six et sept lignes plus loin), a été biffé dans le manuscrit, qui porte à cet endroit la trace évidente de réactifs ou d'un lavage, auxquels on a eu recours pour essayer de mieux lire les passages biffés. A la suite du morceau raturé, qui est au bas de la page 326 du manuscrit, un feuillet et demi a été coupé et enlevé (voyez la note suivante). « On peut croire, dit M. Bazin, que, dans les passages supprimés, le Cardinal se justifiait de son indiscrétion à l'égard des dames dont il avait obtenu les bonnes grâces, et qu'il avait jusque-là nommées sans scrupule : il avait pu le faire avec honneur, disait-il probablement, parce qu'il s'agissait d'aventures devenues publiques, et puis parce qu'on ne lui avait pas gardé fidélité. Cette fois, il allait révéler une chose restée jusque-là secrète, et nommer une femme dont il n'avait pas eu à se plaindre. »

M. Aimé Champollion (tome I, p. 68, édition de 1859, 1866) se demande si ce fragment perdu des *Mémoires* ne se rapportait pas à des galanteries attribuées à Retz par la *Carte de Braquerie*. Il en cite deux extraits : dans l'un paraît le nom de la Vergne (Mme ou Mlle) ; dans l'autre, ceux de Mmes de Pommereuil et de Lesdiguières (voyez l'*Appendice* du tome IV de Tallemant des Réaux, p. 524 et

petite digression, devant que j'entre plus avant dans la suite de cette histoire[1]. Les confiances que je vous ai faites, jusqu'à ce jour, de toutes les dames que je vous ai nommées, ne me donnent aucun scrupule, parce qu'il n'y en a pas une que je croie ne vous avoir pu faire avec honneur; la discrétion a ses bornes, et je ne les crois pas[2]....

[Je crois] que j'en aurois même davantage de me plaindre du peu de lieu que j'ai trouvé à vous en faire des confiances qui vous pussent être de tout point particulières. En voici une qui l'est certainement, qui n'a jamais été pénétrée, que je n'ai jamais faite à personne, que je n'ai jamais laissé soupçonner; je ne l'ai pas dû, et parce que je suis persuadé que la personne qu'elle regarde ne m'a jamais trompé....

Les conférences dont je vous ai parlé ci-dessus se ter-

p. 534). Nous ne nous chargeons pas, quant à nous, de combler la lacune, et nous dirons seulement que, s'il nous fallait choisir entre ces trois conjectures, la première serait à nos yeux beaucoup moins vraisemblable que les deux autres. Sur le nom de la Vergne, nous ne savons rien qui appuie le mauvais propos du pamphlétaire; on trouve même dans les *Mémoires* (tome III, p. 345, édition de 1859) un jugement assez favorable sur Mme de la Vergne.

1. Les ms H et Ch, qui n'ont pas les lignes suivantes, jusqu'à : *jamais trompé...*, portent en marge : « Nª. Toute la digression, qui contenoit deux feuilles, est arrachée. »

2. Il manque ici dans le manuscrit autographe, comme nous venons de le dire, un feuillet entier et un demi-feuillet (les pages 327 et 328 et la moitié supérieure des pages 329 et 330). Le feuillet 329-330 a été coupé obliquement; on lit au haut du demi-recto conservé quelques commencements de lignes : *n'ai pa..., de me reproc..., tion pour toutes ces....* Puis, à la suite, sous les ratures, qui ont çà et là épargné un petit nombre de mots, on déchiffre le paragraphe en tête duquel nous avons mis par conjecture : *Je crois,* et qui finit à : *ne m'a jamais trompé....* Le commencement du paragraphe suivant : *Les conférences,* jusqu'après *fût,* qui commence la ligne 7 de notre page 187, est au demi-verso conservé du même feuillet 329-330.

minoient assez souvent par des promenades dans le jardin[1]. Feu Mme de Choisy[2] en proposa une à Saint-Cloud ; et elle dit en badinant à Mme de Vendôme qu'il y falloit donner la comédie à Monsieur de Lisieux. Le bon homme, qui admiroit les pièces de Corneille[3], répondit qu'il n'en feroit aucune difficulté, pourvu que ce fût à la campagne et qu'il y eût peu de monde. La partie se fit ; l'on convint qu'il n'y auroit que Mme et Mlle de Vendôme, Mme de Choisy, M. de Turenne, M. de Brion, Voiture[4], et moi. Brion se chargea de la comédie et des violons[5] ; je me chargeai de la collation. Nous allâmes à Saint-Cloud, chez Monsieur l'Archevêque[6]. Les comédiens, qui jouoient ce soir-là à Rueil, chez Monsieur le Cardinal[7], n'arrivèrent qu'extrêmement tard.

1. De l'hôtel de Vendôme, situé rue Neuve-Saint-Honoré. Voyez Gomboust, *Plan de Paris*, feuille VIII.

2. Jeanne-Olympe Hurault de l'Hospital, fille de Pierre seigneur de Belesbat, née en 1604, mariée en 1628 à Jean de Choisy, seigneur de Belleray, chancelier du duc d'Orléans ; elle mourut en 1670 ; elle avait été l'amie intime de la princesse Marie de Gonzague, depuis reine de Pologne. Quand les affaires de son mari ne l'appelaient pas au Luxembourg, elle demeurait ordinairement dans son hôtel de la rue des Poulies, à côté de l'hôtel de Longueville.

3. Anne d'Autriche, selon Mme de Motteville (tome I, p. 176), montrait aussi un goût prononcé pour Corneille, et pendant son deuil même (1644) elle assistait, cachée dans une tribune, à la représentation de ses pièces.

4. Vincent Voiture, de l'Académie française, né en 1598, mort le 27 mai 1648.

5. On voit par les *Mémoires de Mademoiselle de Montpensier* (tome I, p. 44, édition de M. Chéruel) que ce divertissement, de la comédie et des violons, était en vogue en ce temps-là. Voyez aussi M. Cousin : *La Société française au XVIIe siècle*, tome II, p. 283-327, chapitre XVI (*Divertissements de la Société française*).

6. L'archevêque de Paris, François de Gondi, avait plusieurs maisons de campagne, entre autres celle de Saint-Cloud, dont il est ici parlé, et celle de Noisy, près de Villepreux.

7. Pendant tout l'été de 1641, le cardinal de Richelieu accompa-

Monsieur de Lisieux prit plaisir aux violons ; Mme de Vendôme ne se lassoit point de voir danser Mademoiselle sa fille, qui dansoit pourtant toute seule. Enfin l'on s'amusa tant que la petite pointe du jour (c'étoit dans les plus grands jours de l'été) commençoit à paroître quand l'on fut au bas de la descente des Bons-Hommes[1].

Justement au pied, le carrosse arrêta tout court. Comme j'étois à l'une des portières avec Mlle de Vendôme, je demandai au cocher pourquoi il arrêtoit, et il me répondit avec une voix fort étonnée : « Voulez-vous que je passe par-dessus tous les diables qui sont là devant moi ? » Je mis la tête hors de la portière, et comme j'ai toujours eu la vue fort basse, je ne vis rien. Mme de Choisy, qui étoit à l'autre portière avec M. de Turenne, fut la première qui aperçut du carrosse la cause de la frayeur du cocher ; je dis du carrosse, car cinq ou six laquais qui étoient derrière crioient : « Jésus Maria ! » et trembloient déjà de peur. M. de Turenne se jeta hors du carrosse, au cri de Mme de Choisy. Je crus que c'étoient des[2] voleurs ; je sautai aussi hors du carrosse ; je pris l'épée d'un laquais, je la tirai, et j'allai joindre de l'autre côté M. de Turenne, que je trouvai regardant fixement quelque chose que je ne voyois point. Je lui demandai ce qu'il regardoit, et il me répondit, en me poussant du bras et assez bas : « Je vous le dirai ; mais il ne faut pas épouvanter ces femmes, » qui, dans la vérité, hurloient plutôt qu'elles ne crioient.

---

gna le Roi en Picardie et en Champagne ; l'année suivante, il quitta Paris le 27 janvier, pour n'y revenir qu'en octobre. Voyez ci-après, p. 192 et 193, note 3.

1. La descente des Minimes de Chaillot, qu'on appelait les *Bons-Hommes*, dénomination appliquée en France à plusieurs ordres religieux, mais surtout à celui des Minimes.

2. Devant *voleurs*, il y a au manuscrit R un mot effacé et illisible.

Voiture commença un *Oremus;* vous connoissez peut-être les cris aigus de Mme de Choisy; Mlle de Vendôme disoit son chapelet; Mme de Vendôme se vouloit confesser à Monsieur de Lisieux, qui lui disoit : « Ma fille, n'ayez point de peur, vous êtes en la main de Dieu; » et le comte de Brion avoit entonné, bien dévotement, à genoux, avec tous nos laquais, les litanies de la Vierge. Tout cela se passa, comme vous vous pouvez imaginer, en même temps et en moins de rien. M. de Turenne, qui avoit une petite épée à son côté, l'avoit aussi tirée, et après avoir un peu regardé, comme je vous l'ai déjà dit, il se tourna vers moi de l'air dont il eût demandé son dîner et de l'air dont il eût donné une bataille, avec ces paroles : « Allons voir ces gens-là. — Quelles gens? » lui repartis-je; et dans le vrai je croyois que tout le monde eût perdu le sens. Il me répondit : « Effectivement, je crois que ce pourroit bien être des diables. » Comme nous avions déjà fait cinq ou six pas du côté de la Savonnerie[1], et que nous étions, par conséquent, plus proches du spectacle, je commençai à entrevoir quelque chose, et ce qui m'en parut fut une longue procession de fantômes noirs, qui me donna d'abord plus d'émotion qu'elle n'en avoit donné[2] à M. de Turenne, mais qui, par la réflexion que je fis, que j'avois longtemps cherché des esprits et qu'apparemment j'en trouvois en ce lieu, me fit faire un mouvement plus vif que ses manières ne lui permettoient de faire. Je fis deux ou trois sauts vers la procession. Les gens du carrosse, qui croyoient que nous étions aux mains avec tous les dia-

1. La Savonnerie, manufacture royale de tapis façon de Perse et de Turquie, établie dans un bâtiment où l'on avait fait autrefois du savon. Elle était près de Chaillot, après la grille qui fermait le cours de la Reine. — Les ms H et Ch donnent *la Sonnerie*.
2. Trois mots effacés au manuscrit autographe : *à mon advis*.

bles, firent un grand cri, et ce ne furent[1] pourtant pas eux qui eurent le plus de frayeur. Les pauvres Augustins réformés et déchaussés, que l'on appelle les Capucins noirs[2], qui étoient nos diables d'imagination, voyant[3] venir à eux deux hommes qui avoient l'épée à la main, l'eurent très-grande ; et l'un d'eux, se détachant de la troupe, nous cria : « Messieurs, nous sommes de pauvres religieux[4] qui ne faisons[5] mal à personne, et qui venons de nous rafraîchir un peu dans la rivière pour notre santé. »

Nous retournâmes au carrosse, M. de Turenne et moi, avec les éclats de rire que vous vous pouvez imaginer, et nous fîmes, lui et moi, dès le moment même, deux observations[6], que nous nous communiquâmes dès le lendemain matin. Il me jura que la première apparition de ces fantômes imaginaires lui avoit donné de la joie, quoiqu'il eût toujours cru auparavant qu'il auroit peur s'il voyoit jamais quelque chose d'extraordinaire ; et je lui avouai que la première vue m'avoit ému, quoique j'eusse souhaité toute ma vie de voir des esprits. La seconde observation que nous fîmes fut que tout ce que nous lisons dans la vie de la plupart des hommes est faux. M. de Turenne me jura qu'il n'avoit pas senti la moindre émotion, et il convint que j'avois eu sujet de

---

1. *Fut*, dans le ms H et dans quelques anciennes éditions.
2. C'étaient les mêmes qu'on appelait aussi les *Petits-Pères*. Louis XIII s'était déclaré leur fondateur, et l'archevêque François de Gondi avait béni, à la fin de 1629, la première pierre de leur église, qui était sous l'invocation de Notre-Dame des Victoires.
3. Dans le manuscrit R : *voiants*, avec une *s*.
4. Nous sommes de pauvres diables. (1843.)
5. Devant *mal*, il y a *pas*, qui a été biffé ; nous ne savons si c'est par Retz.
6. Dans les ms H, Ch, et dans toutes les anciennes éditions : « deux réflexions. »

croire, par son regard si fixe et par son mouvement si lent, qu'il en avoit eu beaucoup. Je lui confessai que j'en avois eu d'abord, et il me protesta qu'il auroit juré sur son salut que je n'avois eu que du courage et de la gaieté. Qui peut donc écrire la vérité[1], que ceux qui l'ont sentie? Et le président de Thou a eu raison de dire qu'il n'y a de véritables histoires que celles qui ont été écrites par les hommes qui ont été assez sincères pour parler véritablement d'eux-mêmes[2]. Ma morale ne tire aucun mérite de cette sincérité; car je trouve une satisfaction si sensible à vous rendre compte de tous les replis de mon âme et de ceux de mon cœur, que la raison, à mon égard, a beaucoup moins de part que le plaisir dans la[3] religion et l'exactitude que j'ai pour la vérité.

Mlle de Vendôme conçut un mépris inconcevable pour le pauvre Brion, qui en effet avoit fait voir aussi de son côté, dans cette ridicule aventure, une foiblesse inimaginable. Elle s'en moqua avec moi dès que l'on fut rentré en carrosse, et elle me dit : « Je sens, à l'estime que je fais de la valeur, que je suis petite-fille de Henri le Grand. Il faut que vous ne craigniez rien, puisque vous n'avez pas eu peur en cette

---

1. Qui peut donc croire la vérité? (Ms H, Ch, 1717 A, 1718 B, C, D, E, F.)

2. De Thou revient à plusieurs reprises, dans sa préface et ailleurs, sur la sincérité qui est le premier devoir de l'historien : *prima.... lex historiæ, ne quid falsi dicere audeat, deinde ne quid veri non audeat;* il promet de ne rien dissimuler, *procul a dissimulatione abesse;* de se montrer exempt de haine et de faveur, *ab odio et gratia vacuum;* mais nous n'avons pas trouvé de passage qui réponde à ce qu'ici Retz lui fait dire, et où il soit question de « l'historien parlant véritablement de lui-même. »

3. Ici Retz a deux fois écrit, puis deux fois biffé le mot *vérité*, et ensuite ajouté dans l'interligne la fin de la phrase : *religion*, etc.

occasion. — J'ai eu peur, lui répondis-je, Mademoiselle ; mais comme je ne suis pas si dévot que Brion, ma peur n'a pas tourné du côté des litanies. — Vous n'en avez point eu, me dit-elle, et je crois que vous ne croyez pas au diable ; car M. de Turenne, qui est bien brave, a été bien ému lui-même, et il n'alloit pas si vite que vous. » Je vous confesse que cette distinction qu'elle mit entre M. de Turenne et moi me plut, et me fit naître la pensée d'hasarder[1] quelque douceur. Je lui dis donc : « L'on peut croire le diable et ne le craindre pas[2] ; il y a des choses au monde plus terribles. — Et quoi? reprit-elle. — Elles le sont si fort que l'on n'oseroit même les nommer, » lui répondis-je. Elle m'entendit bien, à ce qu'elle m'a confessé depuis, mais elle n'en fit pas semblant : elle se remit dans la conversation publique. L'on descendit à l'hôtel de Vendôme, et chacun s'en alla chez soi[3].

1. *D'hasarder* est bien le texte de Retz. Avant ce mot il y en a deux de biffés, qui paraissent être : *d'aventurer quelq....* Ici encore il y a trace de réactifs ou de lavage.

2. Croire le diable sans le craindre. (Ms H, Ch, 1717 A, 1718 B, F.) — Et ne le pas craindre. (1718 D, E, 1719-1828.) — Croire au diable et ne le craindre pas. (1837, 1843.) — L'édition de 1718 C a cette singulière leçon : « craindre le diable et ne le pas craindre. »

3. Dès l'abord, l'*historiette* suivante de Tallemant des Réaux (tome III, p. 65, note 1) vient jeter un doute sur l'exactitude de cette charmante anecdote : « L'été devant sa mort, il (*Voiture, qui mourut en mai* 1648) fit une promenade à Saint-Cloud avec feu Mme de Lesdiguières et quelques autres. La nuit les prit dans le bois de Boulogne ; ils n'avoient pas de flambeaux. Voilà les dames à faire des contes d'esprits. En cet instant, Voiture s'avance du carrosse pour regarder si un écuyer, qui étoit à cheval, suivoit, car la nuit n'étoit pas encore fermée : « Ah ! vraiment, dit-il, si vous en voulez voir « des esprits, n'en voilà que huit. » On regarde : en effet, il paroissoit huit figures noires qui alloient en pointe. Plus on se hâtoit, plus ces fantômes se hâtoient aussi. L'écuyer ne voulut jamais en

PREMIÈRE PARTIE. [1642]

Mlle de Vendôme n'étoit pas ce que l'on appelle une grande beauté; mais elle en avoit pourtant beaucoup,

approcher; cela les suivit jusque dans Paris. Mme de Lesdiguières conte leur frayeur au Coadjuteur, depuis cardinal de Retz : « Dans « huit jours, lui dit-il, j'en saurai la vérité. » Il découvrit que c'étoient des Augustins déchaussés qui revenoient de se baigner à Saint-Cloud, et qui, de peur que la porte de la ville ne fût fermée, n'avoient point voulu laisser éloigner ce carrosse et l'avoient toujours suivi. »

Nous ne songeons pas à comparer littérairement les deux récits : celui de Retz est un chef-d'œuvre, et un chef-d'œuvre d'autant plus remarquable que presque tout y est inventé. Nous disons *inventé*, parce que, pièces historiques en main, le fait n'a pu avoir lieu. Rien au contraire ne vient contredire la narration bien plus simple de Voiture.

Remarquons d'abord que Retz n'est pas nommé dans le récit de Voiture comme ayant pris part à l'aventure : il n'intervient que comme le sphinx qui débrouille l'énigme. Retz, au contraire, avoue la présence de Voiture, qui a donc sur lui ce premier avantage. Nous reconnaissons toutefois que cette omission n'est pas suffisante pour faire accepter un témoignage et rejeter l'autre. Examinons de près les autres détails. Les recherches dont cet examen a été pour nous l'occasion coïncident avec celles de M. Bazin, et les complètent.

Nous avons déjà constaté (p. 187, note 6) l'*alibi* de Richelieu, absent de Paris pendant les deux étés de 1641 et de 1642. Le retard des comédiens, qui prolonge si avant la soirée, n'a donc pas eu lieu, ou du moins il n'est pas motivé par une représentation à Rueil. C'est un point secondaire, mais qui suffit à faire suspecter l'exactitude de Retz. Voyons les autres personnages du récit. Nous pouvons accepter Brion et Mme de Choisy : leur vie n'est pas assez publique pour qu'on puisse les suivre partout. Il n'en est pas de même de Turenne et des Vendôme : on sait toujours où les trouver. Turenne, de 1639 jusqu'à la fin de 1642, est constamment, nous l'avons dit, dans les camps, soit en Italie, soit dans le Roussillon (alors à l'Espagne), et les nombreuses lettres qu'il écrit à sa mère ou à sa sœur, et qui ont été recueillies par le comte de Grimoard (Paris, 1782, 2 volumes in-folio), ne permettent même pas de supposer une échappée, un voyage à Paris, pendant l'été de ces années. Quant à Mme de Vendôme, nous avons déjà vu (p. 183, note 1) que, depuis janvier 1641 jusqu'en décembre 1642, elle fut exilée dans ses terres.

On pourrait invoquer en faveur de Retz une erreur de date; mais,

et l'on avoit approuvé ce que j'avois dit d'elle et de Mlle de Guise[1] : qu'elles étoient des beautés de qualité ; on n'étoit point étonné, en les voyant, de les trouver princesses. Mlle de Vendôme avoit très-peu d'esprit ; mais il est certain qu'au temps dont je vous parle, sa sottise n'étoit pas encore bien développée. Elle avoit un sérieux qui n'étoit pas de sens, mais de langueur,

---

avant 1642, la réunion des quatre acteurs de la comédie, Retz, Turenne et Mmes de Vendôme, n'est pas non plus possible, par suite du voyage de l'abbé en Italie, et des campagnes du futur maréchal. Après 1642, Turenne est encore en Italie ou en Allemagne, et Mlle de Vendôme se marie (30 juillet 1643).

Retz bien évidemment a brodé l'aventure que lui a racontée Mme de Lesdiguières, et s'est attaché surtout à s'y donner un beau rôle, qui le met presque au niveau de Turenne pour le courage : il n'y a là qu'une faiblesse de vaniteux, qui de lui n'étonne guère ; mais ce qui est impudent, c'est qu'afin de mieux dissimuler sa fraude, il profite d'une telle occasion pour taxer d'imposture les historiens, et nous dire qu'il ne faut admettre comme véridiques que les confessions *sincères* comme la sienne.

Les confidences de d'Argenson dans ses *Essais* nous permettent, croyons-nous, de deviner pourquoi Retz, à cette date, nous conte ainsi tout au long cette aventure. Tous les dévots ont entrepris de pousser le jeune abbé à la coadjutorerie de Paris, en le réconciliant avec Richelieu ; mais pour cela il faut renoncer aux complots, aux menées souterraines. Or nous sommes en 1642, l'année de la conjuration de Cinq-Mars et de Thou, à laquelle Retz ne prit aucune part. « On fit valoir en sa faveur, dit d'Argenson (p. 78), et comme un acte de conversion de sa part, qu'il n'étoit pas entré dans la conjuration de Cinq-Mars. Il n'en fallut pas davantage pour persuader qu'il avoit renoncé aux intrigues ; la suite a bien fait voir qu'il n'en étoit pas corrigé. » Mais le futur *chef de parti* ne veut pas nous faire confidence de cette sorte de trêve qu'il a signée par intérêt. N'ayant pas autre chose à nous conter à ce moment, et n'aimant pas à laisser la scène vide de lui, il détourne habilement l'attention du lecteur par une longue anecdote plaisante qui comble la lacune. Ce sera, nous le verrons, une des ressources fréquentes du chroniqueur dans l'embarras.

1. Marie, née en 1615, sœur du duc de Guise dont nous avons parlé (p. 170, note 1) ; elle ne se maria pas.

avec un petit grain de hauteur; et cette sorte de sérieux cache bien des défauts. Enfin elle étoit aimable à tout prendre et en tout sens.

Je suivis ma pointe et je trouvois des commodités merveilleuses. Je m'attirois des éloges de tout le monde en ne bougeant de chez Monsieur de Lisieux, qui logeoit à l'hôtel de Vendôme; les conférences pour M. de Turenne furent suivies de l'explication des *Épîtres de saint Paul*, que le bon homme étoit ravi de me faire répéter en françois, sous le prétexte de les faire entendre à Mme de Vendôme et à ma tante de Maignelais, qui s'y trouvoit presque toujours. L'on fit deux voyages à Anet: l'un fut de quinze jours, et l'autre de six semaines; et dans le dernier voyage, j'allai plus loin qu'à Anet[1]. Je

1. C'est-à-dire, « je fis plus que d'aller à Anet, je m'avançai dans les bonnes grâces de Mlle de Vendôme. » C'est peut-être du bel esprit un peu subtil; mais le texte, que nous ne pouvons pas nous permettre de changer, ne se prête pas, croyons-nous, à un autre sens. Dans le manuscrit original, les mots : « et dans le dernier voyage, j'allai, » ont été biffés, puis récrits au-dessus par une autre main. Les suivants : « plus loin qu'à Anet, » paraissent avoir été aussi raturés; mais, au moyen d'un grattage ou d'un lavage, on les a rendus de nouveau assez lisibles. — Le dernier éditeur, prenant au propre les mots : « j'allai plus loin qu'à Anet, » et supposant qu'il s'agit de deux voyages en deux lieux différents, a ajouté un peu plus haut deux mots entre crochets : « L'on fit deux voyages, [dont un] à Anet. » — Les éditions antérieures à la découverte du manuscrit donnent ainsi, avec des points marquant une lacune, et plusieurs avec cette remarque mise à la marge ou au bas de la page : « Il y a deux mots effacés, » le passage auquel la présente note se rapporte : « et dans le dernier voyage (dans les derniers voyages, 1717) j'allai avec.... à Anet, » ou : « j'allai à Anet avec.... » Ce texte, avec les points et la note, est aussi la leçon des ms H et Ch. Les impressions de 1718 C, D, E substituent aux points, après *avec*: « Mlle de Vendôme. » — Le commencement de la phrase suivante : « Je n'allai pourtant pas à tout et je n'y ai jamais été, » est ainsi modifié dans le ms H et dans 1717 A, 1718 B, F : « Je n'y avois pourtant pas affaire, et je n'y ai jamais été depuis; » et de cette autre

n'allai pourtant pas à tout[1] et je n'y ai jamais été[2] : l'on s'étoit fait des bornes desquelles l'on ne voulut jamais sortir. J'allai[3] toutefois très-loin et longtemps, car je ne fus arrêté dans ma course que par son mariage, qui ne se fit qu'un peu après la mort du feu Roi[4]. Elle se mit dans la dévotion; elle me prêcha; je lui rendis des portraits, des lettres et des cheveux[5]; je demeurai son serviteur, et je fus assez heureux pour lui en donner de bonnes marques dans les suites de la guerre civile.

Permettez[6], je vous supplie, à mon scrupule de vous

manière dans 1718 C, D, E : « Je n'allai pourtant pas à toutes les conférences. » Pour cette fin du morceau, le ms Ch a pour première rédaction notre texte; mais on y a substitué, entre les lignes, la leçon du ms H.

1. *A tout* a été biffé dans le ms R, et au-dessus une autre main a mis : *plus loin*.

2. Les éditions de 1837 et de 1843 omettent *y* : « et je n'ai jamais été. » — Retz, selon sa coutume, a écrit *ni*, pour *n'y*.

3. Cette phrase encore a été effacée jusqu'à : *car je*, inclusivement. Retz avait écrit d'abord : « car je ne fus arrêté *que par la cra* (sans doute *crainte*); » puis il a raturé les trois mots et demi imprimés en italique, et y a substitué : « dans ma (*ma* au-dessus de *ceste* biffé) course que par son mariage. » Le correcteur qui a effacé le commencement de la phrase a changé en *je le ne* qui précède *fus*, et biffé le *que* qui suit *course*.

4. Louis XIII mourut le 14 mai 1643, et Mlle de Vendôme se maria, comme nous l'avons déjà dit, le 30 juillet suivant. La bonne fortune incomplète dont se vante ici le Cardinal peut être un fait véritable, indépendant de l'aventure de Saint-Cloud; elle a pu commencer avant l'ordre de retraite donné à la duchesse de Vendôme, et se continuer dans des voyages à Anet. Il est parlé d'un voyage de Retz à Anet, en compagnie de Sully, Fiesque, Chabot et la Châtre, dans les *Mémoires* de ce dernier (Collection Michaud, tome XXVII, p. 272), qui ne disent rien, il est vrai, de ces amours. C'était à l'époque du retour de Beaufort, qui fut aussi du voyage.

5. Biffé, nous ne croyons pas que ce soit par l'auteur, depuis : *je lui rendis....* jusqu'à : *cheveux;* et redevenu lisible par des réactifs ou un lavage.

6. Tout ce paragraphe a été biffé, puis récrit entre les lignes par une autre main, puis encore effacé.

supplier encore très-humblement de vous ressouvenir, en ce lieu, du commandement que vous me fîtes l'avant-veille de votre départ de Paris, chez une de vos amies, de ne vous celer dans ce récit quoi que ce soit de tout ce qui m'est jamais arrivé.

Vous voyez, par ce que je viens de vous dire, que mes occupations ecclésiastiques étoient diversifiées et égayées[1] par d'autres, qui étoient un peu plus agréables ; mais elles n'en étoient pas assurément déparées. La bienséance y étoit observée en tout, et le peu qui y manquoit étoit suppléé par mon[2] bonheur, qui fut tel que tous les ecclésiastiques du diocèse me souhaitoient pour successeur de mon oncle[3], avec une passion qu'ils ne pouvoient cacher. M. le cardinal de Richelieu étoit bien éloigné de cette pensée : ma maison lui étoit fort odieuse et ma personne ne lui plaisoit pas, par les raisons que je vous ai touchées ci-dessus. Voici deux occasions qui l'aigrirent encore bien davantage.

Je dis à feu M. le président de Mesmes[4], dans la conversation, une chose assez semblable[5], quoique con-

1. Les quatre éditions les plus récentes, 1837, 1843, 1859 et 1866, ont mis : *diversifiées et égalées;* le manuscrit porte sûrement *égaiiées*, bien que le premier *i* se confonde avec la queue du *q* de *ecclésiastiques*, qui est à la ligne précédente. Toutes les anciennes éditions ont la bonne leçon, ainsi que les ms H et Ch. Les éditions de 1820-1828 donnent plus loin : *divertissantes*, au lieu d'*agréables*.

2. Retz avait d'abord voulu tourner sa phrase autrement : *mon* est écrit au-dessus de *un* et de *le*, biffés.

3. Me souhaitoient pour coadjuteur de mon oncle. (Ms H, Ch, 1717 A, 1718 B, F.) Dans le ms Ch, *coadjuteur* corrige *successeur*.

4. Henry de Mesmes, l'un des présidents à mortier au parlement de Paris ; il mourut en 1650, et fut remplacé par son frère, Jean-Antoine. Il y a dans un manuscrit de la Bibliothèque impériale (Fonds Dupuy, tome XLVIII) une *Vie de Messire Henry de Mesme, seigneur de Noisy, escripte par luy-mesme.*

5. Une chose assez vraisemblable. (1718 C, D, E, 1719-1828.

traire, à ce que je vous ai dit quelquefois, qui est que je connois une personne qui n'a que de petits défauts; mais qu'il n'y a aucun de ces défauts qui ne soit la cause ou l'effet de quelque bonne qualité[1]. Je disois à M. le président de Mesmes que M. le cardinal de Richelieu n'avoit aucune grande qualité qui ne fût la cause ou l'effet de quelque grand défaut. Ce mot, qui avoit été dit tête à tête, dans un cabinet, fut redit, je ne sais par qui, à Monsieur le Cardinal, et il fut redit sous mon nom[2] : jugez de l'effet. L'autre chose qui le fâcha fut que j'allai voir feu M. le président Barillon[3], qui

1. De quelque grande qualité. (Ms H, Ch, 1717 A, 1718 B, F; dans le ms Ch on avait d'abord mis : *bonne*, qu'on a ensuite biffé, pour écrire au-dessus : *grande*.) — De quelques bonnes qualités. (1718 C, D, E, 1719-1828.)

2. Au lieu de *mon nom*, Retz a écrit *nom* deux fois, la première au-dessus de la ligne.

3. La chambre de Barillon (les enquêtes), composée des membres les plus jeunes, était la plus aggressive de toutes celles du Parlement : c'est ce qui explique les divers exils et emprisonnements du président, à Saumur, à Évreux, à Tours, à Amboise, à Pignerol (où il mourut en 1645), pour opposition à la Régente et à Mazarin. En 1642, Barillon n'était pas à Tours, comme le supposait M. Bazin, mais bien à Amboise : c'est ce que prouvent les lettres (encore inédites, 5 volumes) que lui adressait deux fois par semaine Henri Arnauld, et d'où M. Avenel a tiré de si curieux détails pour *le Dernier épisode de la vie de Richelieu* (Cinq-Mars et de Thou, in-8º, 1868). — Voici le jugement que porte sur Barillon Arnauld d'Andilly dans ses *Mémoires* (Collection Michaud, tome XXIII, p. 473) : «Comme l'amitié ne sauroit être plus grande entre deux frères que celle qui étoit entre lui et moi, et qu'ainsi le fond de son cœur ne m'étoit pas moins connu que le mien, je dois rendre cet honneur à sa mémoire, que l'ambition ni la vanité n'avoient point de part à cette fermeté inflexible qui lui a coûté divers exils, diverses prisons et enfin la vie. Sa liberté à dire son sentiment sur les affaires publiques ne procédoit que de ce qu'il étoit persuadé que sa conscience l'y obligeoit; et un peu avant qu'on l'envoyât à Pignerol, il me dit dans notre entière confiance que ne pouvant changer de conduite dans l'exercice de sa charge sans trahir ses

étoit prisonnier à Amboise pour des remontrances qui s'étoient faites au Parlement; et que je l'allai voir dans une circonstance qui fit remarquer mon voyage. Deux misérables hermites et faux-monnoyeurs, qui avoient eu quelque communication secrète avec M. de Vendôme, peut-être touchant leur second métier[1], et qui n'étoient pas satisfaits de lui, l'accusèrent très-faussement de leur avoir proposé de tuer Monsieur le Cardinal[2]; et pour donner plus de créance[3] à leur déposition, ils nommèrent tous ceux qu'ils croyoient[4] être notés en ce pays-là. Montrésor et M. Barillon furent du nombre : je le sus des premiers par Bergeron, commis de M. des Noyers[5]; et comme j'aimois extrêmement le président Barillon, je pris la poste, le soir même[6], pour l'aller avertir et le tirer d'Amboise, ce qui étoit très-faisable. Comme il

sentiments, son dessein étoit de la quitter et de se retirer dans une de ses terres pour y passer, avec ses livres et quelques-uns de ses amis, une vie tranquille. »

1. Le duc de Vendôme passait pour fabriquer de la fausse monnaie dans ses châteaux.

2. Retz, comme l'a fait justement remarquer M. Bazin, brouille à chaque instant les dates : il a déjà raconté la conspiration de Soissons en 1641, et ce qu'il rapporte maintenant est de 1640 et amène la fuite de Vendôme, son procès, et l'ordre donné à sa famille de quitter Paris au commencement de 1641.

3. Il y a *croyance* dans les ms H, Ch, et dans toutes les éditions antérieures à 1837.

4. Le ms R porte le singulier; c'est sans doute un lapsus : les ms H, Ch, et la plupart des éditions, ont le pluriel : *crurent* ou *croyoient*.

5. François Sublet des Noyers, secrétaire d'État, chargé de la guerre en 1636, et surintendant des finances et des bâtiments en 1638. C'est en cette dernière qualité que, sous prétexte d'immoralité, il détruisit, d'accord avec Anne d'Autriche, un certain nombre d'œuvres d'art qui lui semblaient impudiques, entre autres, à Fontainebleau, la *Léda* de Michel-Ange, l'unique tableau que le grand artiste eût peint à l'huile. Des Noyers mourut en 1645.

6. Retz avait mis d'abord : *dès le soir;* puis il l'a remplacé par : *le soir même*.

étoit tout à fait innocent, il ne voulut pas seulement écouter la proposition que je lui en fis, et il demeura dans Amboise, en¹ méprisant et les accusateurs et l'accusation. Monsieur le Cardinal dit à Monsieur de Lisieux, à propos de ce voyage, que j'étois ami de tous ses ennemis, et Monsieur de Lisieux lui répondit : « Il est vrai, et vous l'en devez estimer; vous² n'avez nul sujet de vous en plaindre. J'ai observé que ceux dont vous entendez parler étoient tous ses amis devant que d'être vos ennemis. — Si cela est vrai, lui dit Monsieur le Cardinal, l'on a tort de me faire les contes que l'on m'en fait. » Monsieur de Lisieux me rendit sur cela tous les bons offices imaginables, et tels qu'il me dit le lendemain, et qu'il me l'a dit encore plusieurs fois depuis, que si M. le cardinal de Richelieu eût vécu, il m'eût infailliblement rétabli dans son esprit. Ce qui y mettoit le plus de disposition étoit que Monsieur de Lisieux l'avoit assuré que, quoique j'eusse lieu de me croire perdu à la cour, je n'avois jamais voulu être des amis de Monsieur le Grand³ ; et il est vrai que M. de Thou⁴,

1. Toutes les éditions anciennes et modernes ont supprimé *en* : « dans Amboise, méprisant, etc. » Dans le manuscrit R, on liroit volontiers *ou*, leçon impossible, qu'ont adoptée les ms H et Ch.

2. Devant *vous*, il y a dans l'original *car*, effacé.

3. Henry Coëffier d'Effiat, marquis de Cinq-Mars, grand écuyer de France, d'où ce nom abréviatif : *Monsieur le Grand*. Il eut la tête tranchée, le 12 septembre 1642, avec son ami de Thou. On voit combien Retz est bref sur cette année 1642, si importante dans la vie de Richelieu. Ce procès de Cinq-Mars était trop connu pour que le Coadjuteur pût songer à s'y donner un rôle inventé ; il fut sollicité, se contente-t-il de dire, mais sa prudence l'éloigna d'une entreprise qui lui paraissait n'avoir « rien de solide. » — Voyez sur cette conspiration la brochure qui a été citée ci-dessus, p. 198, note 3 : *le Dernier épisode de la vie de Richelieu*, par M. Avenel.

4. François-Auguste de Thou, fils de l'historien, né en 1607. Tallemant dit (tome II, p. 69) : « Il n'avoit pas été d'avis du traité d'Espagne ; mais il avoit toujours brouillé. On trouva la piste de

avec lequel j'avois habitude et amitié particulière, m'en avoit pressé, et que je n'y donnai point, parce que je n'y crus d'abord rien de solide, et l'événement a fait voir que je ne m'y étois pas trompé.

M. le cardinal de Richelieu mourut[1] devant que Monsieur de Lisieux eût pu achever ce qu'il avoit commencé pour mon raccommodement, et je demeurai ainsi dans la foule de ceux qui avoient été notés par le ministère. Ce caractère ne fut pas favorable les premières semaines qui suivirent la mort de Monsieur le Cardinal. Quoique le Roi en eût une joie incroyable, il voulut conserver toutes les apparences : il ratifia les legs[2] que ce ministre avoit faits[3] des charges et des gouvernements; il caressa tous ses proches, il maintint dans le ministère toutes ses créatures, et il affecta de recevoir assez mal tous ceux qui avoient été mal avec lui[4]. Je fus le seul privilégié. Lorsque Monsieur l'archevêque de Paris me présenta au Roi, il me traita, je ne dis pas seulement honnêtement, mais avec une distinction qui surprit et qui[5]

---

toutes ses menées. C'étoit le plus inquiet de tous les hommes.... Par une ridicule affectation de générosité, dès qu'un homme étoit disgracié, il le vouloit connoître et lui alloit faire offres de services. » Avec un homme de ce caractère, la liaison de l'abbé de Retz s'explique aisément. — On prête à Richelieu un mot sur les deux de Thou, à propos d'un jugement sévère de l'historien sur un des grands-oncles du ministre : « De Thou le père a mis mon nom dans son histoire; je mettrai le fils dans la mienne. »

1. Le 4 décembre 1642.

2. Il ratifia les dispositions. (Ms H, Ch, 1717 A, 1718 B, F; dans le ms Ch on avait d'abord mis *legs*, qu'on a ensuite remplacé par *dispositions*.) — On pourrait croire que Retz avait, dans une première rédaction, que nous n'avons plus, préféré le mot *dispositions*, puis, dans la dernière, dans celle que nous avons, *legs*.

3. *Fait*, sans accord, dans le ms R.

4. Guy-Patin (*Lettres*, tome I, p. 98) dit de Richelieu : *Etiam mortuus imperat*.

5. Retz a ajouté ce second *qui* dans l'interligne.

étonna tout le monde ; il me parla de mes études, de mes sermons ; il me fit même des railleries douces et obligeantes. Il me commanda de lui faire ma cour toutes les semaines.

Voici les raisons de ce bon traitement, que nous ne sûmes nous-mêmes que la veille de sa mort. Il les dit à la Reine.

Ces deux raisons sont deux aventures qui m'arrivèrent au sortir du collége*, et desquelles je ne vous ai pas parlé, parce que je n'ai pas cru que n'ayant aucun rapport à rien par elles-mêmes¹, elles méritassent seulement votre réflexion. Je suis obligé de les y exposer en ce lieu, parce que je trouve que la fortune leur a donné plus de suites sans comparaison qu'elles n'en devoient avoir naturellement. Je vous dois dire de plus, pour la vérité, que je ne m'en suis pas souvenu dans le commencement de ce discours, et qu'il n'y a que leur suite qui les ait remises dans ma mémoire.

Un peu après que je fus sorti du collége, ce valet de chambre de mon gouverneur qui étoit mon *tercero*² me trouva³ chez une misérable épinglière une nièce de quatorze ans, qui étoit d'une beauté surprenante. Il l'acheta pour moi cent cinquante pistoles, après me l'avoir fait voir ; il lui loua une⁴ petite maison à Issy⁵ ; il mit sa

---

1. Une demi-ligne effacée, dans le ms R, après *à rien;* il y avait, ce me semble : *ni aucun intérêt*, ou *ni aucune suite; par elles-mêmes* est ajouté à la marge.

2. *Tercero*, mot espagnol, qui signifie « tiers, entremetteur. » — Montercero. (1717, 1718 C, D, E, 1719-1820, 1828.) — Montez. (Ms H, 1717 A, 1718 B, F.) — Dans le ms Ch, on lit : *qui estoit monte;* ces mots ont été ajoutés à la marge, qui a été rognée : il y avait probablement *montez*, comme dans le ms H.

3. Retz a écrit : « me trouva ; » *me* a été biffé, d'une autre encre.

4. Dans le manuscrit R : *un*, au lieu d'*une*.

5. Petit village près de Paris. Retz écrit : *Içi*.

sœur auprès d'elle; et j'y allai le lendemain qu'elle y fut logée. Je la trouvai dans un abattement extrême, et je n'en fus point surpris, parce que je l'attribuai à la pudeur. J'y trouvai quelque chose de plus le lendemain, qui fut une raison encore plus surprenante et plus extraordinaire que sa beauté, et c'étoit beaucoup dire. Elle me parla sagement, saintement, et sans emportement : toutefois elle ne pleura qu'autant qu'elle ne put pas s'en empêcher ; elle craignoit sa tante à un point qui me fit pitié. J'admirai son esprit, et après j'admirai sa vertu. Je la pressai autant qu'il le fallut pour l'éprouver. J'eus honte pour moi-même. J'attendis la nuit pour la mettre dans mon carrosse; je la menai à ma tante de Maignelais, qui la mit dans une religion[1], où elle mourut huit ou dix ans après en réputation de sainteté. Ma tante, à qui cette fille avoua que les menaces de l'épinglière l'avoient si fort intimidée qu'elle auroit fait tout ce que j'aurois voulu, fut si touchée de mon procédé, qu'elle alla, dès le lendemain, le conter à Monsieur de Lisieux, qui le dit le jour même au Roi, à son dîner[2].

1. Qui la mit dans un couvent. (Ms H, Ch, 1717 A, 1718 B, F.)
2. Nous ne pouvons pas révoquer absolument en doute ce trait de continence; mais de l'abbé de Retz, tel qu'il était alors, il peut étonner. Nous ferons observer qu'un des livres à la mode en ce temps-là était la *Vie de Bayart*, le chevalier sans peur et sans reproche, que les éditions s'en multipliaient (1616, 1619, 1651). Or dans cette vie on lit une anecdote où se retrouvent les mêmes détails que dans le récit de Retz : le valet de chambre *tercero*, la vertu de la jeune fille, ses pleurs, la crainte de sa mère (voyez *Choix de Chroniques.... sur l'Histoire de France. Chronique de Bayart*, édition Buchon, p. 99 et 100); la seule différence est que Bayart donne à la jeune fille sept cents florins pour faire un honnête mariage, et que l'abbé de Gondi fait mettre dans un couvent celle qu'il n'a pu séduire. Tout bien considéré, on ne peut que se dire : il est possible que le fait soit vrai, mais bien possible aussi que ce soit une réminiscence littéraire et un vaniteux plagiat.

Voilà la première de ces deux aventures. La seconde ne fut pas de même nature ; mais elle ne fit pas un moindre effet dans l'esprit du Roi.

Un an[1] devant cette première aventure, j'étois allé courre le cerf à Fontainebleau, avec la meute de M. de Souvrai[2], et comme mes chevaux étoient fort las, je pris la poste pour revenir à Paris. Comme j'étois mieux monté que mon gouverneur et qu'un valet de chambre, qui couroient avec moi, j'arrivai le premier à Juvisy, et je fis mettre ma selle sur le meilleur cheval que j'y trouvai. Coutenan[3], capitaine de la petite compagnie de chevau-légers du Roi, brave, mais extravagant et scélérat[4], qui venoit de Paris aussi en poste, commanda à un palefrenier d'ôter ma selle et d'y mettre la sienne. Je m'avançai en lui disant que j'avois retenu le cheval ; et comme il me voyoit avec un petit collet uni et un habit noir tout simple, il me prit pour ce que j'étois en effet, c'est-à-dire pour un écolier, et il ne me répondit que par un soufflet, qu'il me donna à tour de bras, et qui me mit tout en sang. Je mis l'épée à la main et lui aussi ; et dès le premier coup que nous nous portâmes, il tomba, le pied lui ayant glissé ; et comme il donna de

1. Après *un an*, il y a une ligne biffée et illisible ; pour la remplacer, Retz a écrit, partie en interligne et partie à la marge : « devant cette première aventure. »

2. Jean seigneur de Souvré ou Souvray, marquis de Courtenvaux, fils aîné de Gilles maréchal de Souvré, ancien gouverneur de Louis XIII. Entre autres charges, Jean de Souvré avait celle de capitaine du château de Fontainebleau et de premier gentilhomme de la chambre. Il succéda à son père dans le gouvernement de Touraine, et mourut en 1656.

3. Coutenant ou Coustenan, dit M. Bazin. Timoléon de Bauves, sieur de Coutenant, marié à la fille naturelle de Mme de Gravelle et du marquis de Rosny.

4. Retz écrit : *chevaux légers*. — Les ms H, Ch, et toutes les anciennes éditions, omettent les mots « et scélérat. »

la main, en se voulant soutenir, contre un morceau de bois un peu pointu, son épée s'en alla aussi de l'autre côté. Je me reculai deux pas, et je lui dis de reprendre son épée ; il le fit, mais ce fut par la pointe, car il m'en présenta la garde en me demandant un million de pardons. Il les redoubla bien quand mon gouverneur fut arrivé, qui lui dit qui j'étois. Il retourna sur ses pas ; il alla conter au Roi, avec lequel il avoit une très-grande liberté, toute cette petite histoire. Elle lui plut, et il s'en souvint en temps et lieu, comme vous le verrez encore plus particulièrement à sa mort. Je reprends le fil de mon discours[1].

Le bon traitement que je recevois du Roi fit croire à mes proches que l'on pourroit peut-être trouver[2] quelque ouverture pour moi à la coadjutorerie[3] de Paris. Ils y trouvèrent d'abord beaucoup de difficulté dans l'esprit de mon oncle, très-petit, et par conséquent jaloux et difficile. Ils le gagnèrent par le moyen [de] Defita[4], son avocat, et de Couret, son aumônier ; mais ils firent en même temps une faute, qui rompit au moins pour ce coup leurs[5] mesures. Ils firent éclater, contre mon sentiment, le consentement de Monsieur de Paris, et ils souf-

1. Le fil de mon histoire. (Ms H, Ch, 1717 A, 1718 B, F.)
2. *Trouver* est au-dessus de la ligne.
3. Retz avait écrit d'abord : « à l'archevêché. »
4. Il nous semble que le texte du ms R est : *de Fita;* en tout cas, il n'y a pas deux fois *de*, et le *d* n'est point une majuscule. — Ce Defita est probablement celui qui, en 1666, acheta la charge de lieutenant criminel pour cinquante mille écus, par l'entremise de Talon. D'Ormesson parle de lui à plusieurs reprises (voyez le *Journal d'Olivier le Fèvre d'Ormesson*, publié par M. Chéruel, tome II, p. 418, 469, 482). En 1641, nous le voyons plaider pour l'Université, dans l'intérêt de ses messageries, contre les fermiers des postes (Charles Jourdain, *Histoire de l'Université de Paris au XVIIe et au XVIIIe siècle*, p. 140).
5. Il y a dans l'original *leur*, sans *s* : voyez le *Lexique*.

frirent même que la Sorbonne, les curés, le chapitre lui en fissent des remerciements. Cette conduite eut beaucoup d'éclat; mais elle en eut trop; et Messieurs cardinal[1] Mazarin, des Noyers et de Chavigny en prirent sujet de me traverser, en disant au Roi qu'il ne falloit pas accoutumer les corps à se désigner eux-mêmes des archevêques : de sorte que M. le maréchal de Schomberg[2], qui avoit épousé en premières noces ma cousine germaine, ayant voulu sonder[3] le gué, n'y trouva aucun jour. Le Roi lui répondit avec beaucoup de bonté pour moi; mais j'étois encore trop jeune[4], l'affaire avoit fait trop de bruit devant que d'aller au Roi, et autres telles choses*.

Nous découvrîmes, quelque temps après, un obstacle[5] plus sourd, mais aussi plus dangereux. M. des Noyers, secrétaire d'État, et celui des trois ministres qui paroissoit le mieux à la cour, étoit dévot de profession, et même jésuite secret, à ce que l'on a cru[6]. Il se mit en

1. Le ms R a ainsi : *cardinal*, sans article.
2. Charles de Schomberg, second maréchal du nom, avait épousé, en 1621, la fille de la marquise de Maignelais, tante de l'abbé de Retz. Demeuré veuf, sans enfants, en 1641, il épousa en secondes noces Mlle d'Hautefort, en 1646. Il avait grand crédit auprès de Louis XIII, avec lequel il avait été élevé. La mort de ce prince arrêta la fortune de Schomberg : il fut presque en disgrâce auprès d'Anne d'Autriche et de Mazarin, et mourut en 1656. Voyez *Madame d'Hautefort*, par M. Cousin, p. 104 à 133.
3. Avant *sonder*, le ms R a un mot biffé : *songer*.
4. Le Roi lui répondit, avec beaucoup de bonté pour moi, que j'étois encore trop jeune. (1717, 1718 C, D, E, 1719-1828.) La plupart de ces éditions omettent la suite de l'alinéa.
5. *Obstacle* est suivi d'*encore*, effacé.
6. Les *Mémoires de la Châtre* (tome XXVII, p. 274) confirment avec de curieux détails ce que dit Retz de la dévotion de des Noyers et de sa familiarité avec le Roi. Voyez aussi les *Mémoires de Montglat* (tome XXIX, p. 135). Quant à la qualification de « jésuite secret, » tout semble la justifier : des Noyers voulut être

tête d'être archevêque de Paris ; et comme l'on croyoit compter sûrement tous les mois sur la mort de mon oncle, qui étoit dans la vérité fort infirme, il crut qu'il falloit à tout hasard m'éloigner de Paris, où il voyoit que j'étois extrêmement aimé, et me donner une place qui parût belle et raisonnable pour un homme de mon âge. Il me fit proposer au Roi, par le P. Sirmond[1], jésuite et son confesseur, pour[2] l'évêché d'Agde[3], qui n'a que vingt-deux paroisses[4], et qui vaut plus de trente mille livres de rente. Le Roi agréa la proposition avec joie, et il m'en envoya le brevet le jour même. Je vous confesse que je fus embarrassé au delà de tout ce que je vous puis exprimer. Ma dévotion ne me portoit nullement en Languedoc. Vous voyez les inconvénients du refus, si grands que je n'eusse pas trouvé un homme qui me l'eût osé conseiller. Je pris mon parti de moi-même. J'allai trouver le Roi. Je lui dis, après l'avoir remercié, que j'appréhendois extrêmement le poids d'un évêché éloigné ; que mon âge avoit besoin d'avis et de conseils qui ne se rencontrent jamais que fort imparfaitement dans

inhumé dans l'église du Noviciat des jésuites (rue du Pot-de-Fer-Saint-Sulpice) qu'il avait fait bâtir ; et M. Aubineau, dans les *Mémoires du P. Rapin* (tome I, p. 40 et 41, note), dit : « De (*sic*) Noyers avait demandé à être reçu dans la Compagnie de Jésus, et le Père général l'avait refusé en répondant qu'il ferait plus de bien dans le monde. » Guy-Patin (*Lettres*, tome I, p. 283) l'appelle « grand fauteur des Loyolites. »

1. Jacques Sirmond, d'abord secrétaire du Père général des Jésuites, devint le confesseur du Roi après le renvoi du P. Caussin en 1637 ; renvoyé lui-même le 20 mars 1643, il fut remplacé par le P. Dinet, et mourut en 1651. Comme écrivain, il a rendu des services à l'histoire de l'Église, surtout par ses *Concilia antiqua Galliæ*, Paris, 1629, 3 volumes in-folio.

2. Après *pour*, Retz avait d'abord écrit *Laval*, qu'il a biffé.

3. Pour l'évêque d'Agde. (1718 F.)

4. Qui n'a guère que vingt-deux paroisses. (Ms H, Ch, 1717 A, 1718 B, F.) — Il y a : 22 *paroisse*, sans s, dans le ms R.

les provinces. J'ajoutai à cela tout ce que vous vous pouvez imaginer. Je fus plus heureux que sage. Le Roi ne se fâcha point de mon refus, et il continua à me très-bien traiter. Cette circonstance, jointe à la retraite de M. des Noyers, qui donna dans le panneau que M. de Chavigny lui avoit tendu[1], réveilla mes espérances de la coadjutorerie de Paris. Comme le Roi avoit[2] pris[3] des engagements assez publics de n'en point admettre, depuis celle qu'il avoit accordée à Monsieur d'Arles[4], l'on balançoit, et l'on se donnoit du temps avec d'autant moins de peine, que sa santé s'affoiblissoit tous les jours et que j'avois lieu de tout espérer de la régence.

1. Il avait proposé au Roi de laisser la régence absolue à la Reine; il fut disgracié, et se retira à sa terre de Dangu (10 avril 1643). La Châtre, qui a le mieux fait connaître les intrigues qui, pendant trois semaines, s'agitèrent autour de Louis XIII moribond, laisse tout au plus entendre que le conseil vint de Chavigny; il ajoute même qu'il croit, avec des personnes assez intelligentes, que cette conduite de des Noyers était le trait d'un « courtisan prévoyant et raffiné : » il pensait que « se retirant chez lui dans un temps où le Roi ne pouvoit plus guère durer, la Reine ne perdroit point le souvenir de ses services, et qu'étant justement aigrie contre les autres conseillers, à cause de la déclaration qui sembloit la mettre en tutelle, elle les éloigneroit sitôt qu'elle seroit en pouvoir, pour se servir principalement de lui, comme du plus instruit dans toutes les affaires. » (*Mémoires*, Collection Michaud, tome XXVII, p. 276.) La longue maladie du Roi déjoua ce calcul.

2. D'abord Retz a écrit : *il avoit;* puis il a biffé *il*, et ajouté : *le Roi*, moitié en ligne, moitié en interligne.

3. Après *avoit pris*, il y a dans le manuscrit R : *toutefois*, écrit de la main de l'auteur, puis effacé par lui.

4. Le coadjuteur dont il s'agit ici est François d'Adhémar de Monteil de Grignan, oncle du comte de Grignan (gendre de Mme de Sévigné); d'abord évêque de Saint-Paul-Trois-Châteaux, il fut nommé coadjuteur d'Arles le 23 avril 1643, et en devint archevêque dès le mois de juillet. Le titulaire de l'archevêché à cette époque se nommait Jean Jaubert de Barrault. — François de Grignan mourut le 9 mars 1689.

PREMIÈRE PARTIE. [1643]

Le Roi mourut[1]. M. de Beaufort[2], qui étoit de tout temps à la Reine, et qui en faisoit même le galant, se mit en tête de gouverner, dont il étoit moins capable que son valet de chambre. Monsieur l'évêque de Beauvais[3], plus idiot que tous les idiots de votre connoissance, prit la figure de premier ministre, et il demanda, dès le premier jour, aux Hollandois qu'ils se convertissent à la religion catholique, s'ils vouloient demeurer dans l'alliance de France[4]. La Reine eut honte de cette momerie de ministère[5]. Elle me commanda d'aller offrir, de sa part, la première place à mon père[6]; et voyant qu'il refusoit

1. Le 14 mai 1643. — « Il (*le Roi*) demeura six semaines et davantage, mourant tous les jours sans pouvoir achever de mourir. » (*Mémoires de Mme de Motteville*, tome I, p. 95.)
2. François duc de Beaufort, second fils du duc de Vendôme, né en 1616. Il jouera un grand rôle dans ces *Mémoires*. Il mourut au siége de Candie, en 1669.
3. Augustin Potier, évêque de Beauvais en 1617, grand aumônier de la reine Anne d'Autriche. M. Cousin, dans les *Carnets de Mazarin*, a confirmé, avec beaucoup de détails, empruntés à Mme de Motteville, à Montglat et à une lettre de Mazarin au cardinal Bichi, le jugement sévère porté par Retz (voyez le *Journal des savants*, 1856, note des pages 58 et 59). Potier mourut en 1650; il avait été exilé dans son diocèse en septembre 1643, et la demande faite pour lui au Pape du chapeau de cardinal avait été rétractée.
4. On peut douter que la proposition ait été faite officiellement; mais elle était dans la politique de ce qu'on appelait alors le *parti des dévots* ou *des saints*. Comme le saint-siége, il voyait avec peine la France en guerre contre l'Espagne et alliée de tant d'États protestants, qu'on s'efforçait, au congrès de Munster, de faire entrer dans le droit public européen.
5. Tel est le texte du ms R. Dans toutes les éditions antérieures à 1837 : « cette momerie du ministre; » dans les ms H et Ch et dans les éditions de 1837-1866 : « de ministre. »
6. Les *Mémoires de la Châtre*, sans aller aussi loin que Retz, témoignent de la confiance qu'Anne d'Autriche accordait au père de notre auteur : « (*La Reine*) envoyoit querir le père de Gondi et le président Barillon, nouvellement revenu de son exil d'Amboise, pour savoir leurs sentiments. » (Collection Michaud, 3ᵉ série, tome III,

obstinément de sortir de sa cellule des Pères de l'Oratoire, elle se mit entre les mains de M. le cardinal Mazarin.

Vous pouvez juger qu'il ne me fut pas difficile de trouver ma place dans ces moments, dans lesquels d'ailleurs l'on ne refusoit rien ; et la Feuillade[1], frère de celui que vous voyez à la cour, disoit qu'il n'y avoit plus que quatre petits mots dans la langue françoise : « La Reine est si bonne ! »

Mme de Maignelais et Monsieur de Lisieux demandèrent la coadjutorerie pour moi, et la Reine la leur refusa, en disant qu'elle ne l'accorderoit qu'à mon père, qui ne vouloit point du tout paroître au Louvre. Il y vint enfin une unique fois[2]. La Reine lui dit publiquement qu'elle avoit reçu ordre du feu Roi, la veille de sa mort, de me la faire expédier, et qu'il lui avoit dit, en présence de Monsieur de Lisieux, qu'il m'avoit toujours eu dans l'esprit, depuis les deux aventures de l'épinglière et de Coutenan. Quel rapport de ces deux bagatelles à l'archevêché de Paris ? et voilà toutefois comme la plupart des choses se font[3].

p. 280.) Cette confiance de la Reine était peut-être simulée. Peut-être aussi était-elle sincère et motivée par l'incertitude et l'irrésolution naturelles au premier moment d'une régence. Brienne et Mme de Motteville se taisent sur cette proposition du ministère faite à Gondi le père ; Mazarin, dans ses *Carnets*, regrette seulement que la Reine le voie trop souvent (*Journal des savants*, 1855, p. 32).

1. Léon d'Aubusson, comte de la Feuillade, premier chambellan du duc d'Orléans, tué devant Lens en 1647. Il était le frère du maréchal de la Feuillade, et était connu pour ses bons mots. Voyez Tallemant des Réaux, tome III, p. 176 et p. 184.

2. Le père de Gondi fut enveloppé dans la disgrâce du parti *des saints*, avec Monsieur de Lisieux, Vincent de Paul, etc.

3. M. Marius Topin, dans son *Étude sur Retz*, dévoile et expose fort bien toute la tactique dont usa le Coadjuteur en cette circonstance : « Mensonge que tout cela ! dit-il (p. 33), et Retz le sait bien

Tous les corps vinrent remercier la Reine. Lozières, maître des requêtes et mon ami particulier, m'apporta seize mille écus pour mes bulles[1]. Je les envoyai à Rome par un courrier, avec ordre de ne point demander de grâce, pour ne point différer l'expédition et pour ne laisser aucun temps au ministre de la traverser. Je la re-

lui-même. C'est en vain que, pour nous donner confiance en sa bonne fortune, et par un singulier raffinement d'amour-propre, il s'écrie : « Quel rapport de ces deux bagatelles à l'archevêché de Pa- « ris ? et voilà comment la plupart des choses se font. » Non, il n'a pas été choisi par Louis XIII pour deux aventures insignifiantes, mais parce que, depuis longtemps, ayant vu la santé de Richelieu s'affaiblir, et comprenant la grande importance donnée alors aux gens de l'Église dans l'État, il s'est précipité dans cette profession dont il ne voulait pas d'abord. Il a été nommé coadjuteur parce que, depuis que cette pensée a percé dans son esprit, tous ses actes, tous ses gestes ont tendu à la faire réussir ; parce qu'au lieu de commencer à prêcher dans les petits couvents, comme le lui conseillaient ses timides amis, qui ne le connaissaient pas, il a, du premier coup, débuté avec éclat aux Carmélites devant toute la cour ; parce qu'il a pu faire retentir au loin le succès obtenu dans ses discussions avec le protestant Mestrezat ; parce qu'ayant su mettre à profit l'influence d'une sainte femme, sa parente, sur les pauvres de Paris, il a pénétré avec elle, non chez les mendiants, car il avoue qu'ils ne pouvaient en rien lui être utiles, mais chez « les « demi-pauvres, qui peuvent bien plus, » et il a répandu parmi eux, pour se populariser, une somme énorme, empruntée à un de ses amis ; il a été nommé coadjuteur parce que ses ennemis désirant l'éloigner de Paris et le faire appeler au siége d'Agde, il fut assez adroit pour détourner le coup...; il a été nommé coadjuteur, non fatalement, comme il l'insinue, et parce qu'il était appelé à de grandes choses, mais parce qu'il l'a voulu, et parce qu'avec les qualités merveilleuses dont il était doué, il a pu neutraliser l'effet des antipathies de Richelieu et de la jalousie de son oncle, vaincre l'incertitude de Louis XIII, et faire commettre à la cour, par sa nomination, une faute qu'elle regrettera bientôt amèrement, et dont le puissant Louis XIV lui-même aura de la peine à réparer les conséquences. »

1. Ce détail est confirmé par Tallemant des Réaux (tome VI, p. 281 et 282), qui ajoute que cet argent n'est pas « prêt à être rendu. »

çus la veille de la Toussaints[1]. Je montai, le lendemain, en chaire dans Saint-Jean[2], pour y commencer l'Avent, que j'y prêchai. Mais il est temps de prendre un peu d'haleine.

Il me semble que je n'ai été jusques ici que dans le parterre, ou tout au plus dans l'orchestre, à jouer et à badiner avec les violons ; je vas monter sur le théâtre[3],

1. Retz écrit ainsi *Toussaints*, avec *s*. — Les bulles furent expédiées le 13 octobre 1643 ; mais on ne les avait pas attendues pour traiter Retz comme coadjuteur. Nous voyons dans la *Gazette* de Renaudot, p. 499, que, le 13 juin, « l'Archevêque (*de Paris*), et ensuite six députés du chapitre de Notre-Dame et huit autres députés du corps des curés de cette ville, ont été remercier la Reine de la coadjutorerie de cet archevêché, qu'il a plu à Sa Majesté d'accorder aux mérites de l'abbé de Rais, licencié en Sorbonne, neveu dudit archevêque, et le quatrième du nom de Gondi en cette prélature, suivant le désir de son oncle ; » et p. 796, à la date du 12 septembre, que l'abbé de Rais, comme coadjuteur, et en l'absence de son oncle indisposé, reçut le 8 du mois, jour de la nativité de la Vierge, la Reine parmi les membres « de la grande confrérie de Notre-Dame aux prêtres et bourgeois de Paris, estimée la plus ancienne et la plus noble du royaume » (le doyen de la confrérie était le président de Machault) ; enfin, le 19 octobre de la même année, « l'abbé de Rais, coadjuteur de l'Archevêque, dit toujours la *Gazette* (p. 920), reçut solennellement le bonnet de docteur en théologie de la maison de Sorbonne, par les mains du chancelier de l'Université, dans la salle de l'Archevêché, lieu destiné à de telles actions. »

2. L'église de Saint-Jean en Grève, située près de la place de Grève, dans la rue du Martroi (aujourd'hui supprimée), était un démembrement de la paroisse de Saint-Gervais. Cette église était célèbre par ses nombreuses reliques : peu de paroisses de Paris en possédaient autant. Voyez l'abbé Lebeuf, *Histoire de la ville et de tout le diocèse de Paris*, édition de M. Cocheris, Paris, 1863, tome I, p. 324-332.

3. « On peut observer, dit M. Sainte-Beuve (*Causeries du lundi*, tome V, p. 44 et 45), comme dans ses *Mémoires*, où il (*Retz*) parle de lui-même avec si peu de déguisement, il emploie perpétuellement ces mots et ces images de *théâtre*, de *comédie* ; il considère le tout uniquement comme un jeu, et il y a des moments où, parlant

où vous verrez des scènes, non pas dignes de vous, mais un peu moins indignes de votre attention.

des principaux personnages avec qui il a affaire, il s'en rend compte et en dispose absolument comme un chef de troupe ferait pour ses principaux sujets.... Il se montre ouvertement dans ses récits comme un auteur ou un *impresario* habile, qui monte sa pièce. Il était déjà de cette race de ceux qui, en fait d'agitations et de révolutions, aiment le jeu encore plus que le dénoûment, grands artistes en intrigues et en influences et s'y complaisant, tandis que les ambitieux plus vrais et plus positifs tendent au but et aspirent au résultat. Il y a des endroits vraiment où, quand on lit les *Mémoires de Retz*, en ces scènes charmantes et si bien menées sous sa plume, il ne nous paraît pas tant faire la guerre à Mazarin que faire concurrence à Molière. »

FIN DE LA PREMIÈRE PARTIE DE LA VIE
DU CARDINAL DE RETZ.

LA SECONDE PARTIE

DE LA VIE

DU CARDINAL DE RETZ[1].

Je commençai mes sermons[2] de l'Avent dans Saint-

---

1. Tel est, avec Rais pour Retz, le titre de la seconde partie dans le manuscrit original et dans les ms H et Ch; ces deux derniers ont seulement l'article de moins devant SECONDE; dans le ms Ch, SECONDE a été écrit au-dessus des mots : FIN DE LA PREMIÈRE, qui ont été biffés. — Parmi les anciennes éditions, celles de 1718 B, C, D, E, F n'ont aucun titre pour la seconde partie; celle de 1717 A porte : SECONDE PARTIE, tout court; les autres, y compris celle de 1717 : MÉMOIRES DE MONSIEUR LE (OU DU) CARDINAL DE RETZ, LIVRE II; ou bien : LIVRE SECOND OU LIVRE II, tout court.

2. Le département des Manuscrits à la Bibliothèque impériale possède, sous le n° 7050, un recueil des Sermons du Cardinal; ils doivent entrer dans cette première édition complète des OEuvres de Retz. Balzac parle avec admiration des sermons du jeune abbé : dans son Socrate chrétien (discours XI), il fait une longue comparaison de Retz avec saint Jean Chrysostome; ailleurs, dans le XIe livre de ses Lettres (lettre 16e), il le salue pour son éloquence dans l'Église comme « un autre fils du tonnerre[a]. » Cette lettre de Balzac, que nous donnerons dans la notice sur les Sermons, est tout entière sur le ton le plus élevé de l'admiration. « Retz, dit d'Argenson (Essais, p. 80), mettoit dans ses sermons, que mon oncle (Caumartin, évêque de Blois) m'a dit avoir souvent lus, de l'esprit et de l'érudition, suivant le goût de son siècle, et même un ton de piété et d'onction, qu'il tenoit sans doute de M. Vincent. Le peuple de Paris fut enchanté de voir en chaire son archevêque. » Voyez surtout Retz prédicateur, dans les Prédicateurs du XVIIe siècle avant Bossuet, par M. Jacquinet, p. 305.

[a] Voyez l'Évangile de saint Marc, chapitre III, verset 17.

Jean en Grève, le jour de la Toussaints, avec le concours naturel à une ville aussi peu accoutumée que l'étoit Paris à voir ses archevêques en chaire.

Le grand secret de ceux qui entrent dans les emplois est de saisir d'abord[1] l'imagination des hommes par une action que quelque circonstance leur rende particulière[2].

Comme j'étois obligé de prendre les ordres, je fis une retraite à Saint-Lazare[3], où je donnai à l'extérieur toutes les apparences ordinaires. L'occupation de mon intérieur fut une grande et profonde réflexion sur la manière que je devois prendre pour ma conduite. Elle étoit très-difficile. Je trouvois l'archevêché de Paris dégradé, à l'égard du monde, par les bassesses de mon oncle, et désolé, à l'égard de Dieu, par sa négligence et par son incapacité. Je prévoyois des oppositions infinies à son rétablissement; et je n'étois pas si aveuglé, que je ne connusse que la plus grande et la plus insurmontable étoit dans moi-même. Je n'ignorois pas de quelle nécessité est la règle des mœurs à un évêque. Je sentois que le désordre scandaleux de ceux de mon oncle[4] me l'im-

---

1. *D'abord* est en interligne, dans le ms R.

2. Le grand secret à ceux qui.... par une action que quelques circonstances peuvent leur rendre particulière. (Ms H, Ch, 1717 A, 1718 B, F.)

3. Les *Exercices des ordinands* étaient une institution alors toute nouvelle : fondée en 1628 à Beauvais par Potier, évêque de Beauvais, et par Vincent de Paul, elle avait été transportée, en 1631, à Paris, dans la maison de Saint-Lazare. Ce fut probablement à l'occasion de cette retraite de son neveu Retz que Mme de Maignelais donna, en 1643, « à Saint-Lazare une somme de dix-huit mille livres pour la nourriture des ordinands. » On trouvera des détails sur ces retraites dans *la Vie de saint Vincent de Paul* par M. l'abbé Maynard (tome II, p. 25-51).

4. Nous lisons dans le manuscrit original, après long examen : « de ceux de mon *oncle;* » tel est aussi le texte de toutes les anciennes éditions; seulement celles-ci, à cinq ou six exceptions près,

posoit encore plus étroite et plus indispensable qu'aux autres; et je sentois, en même temps, que je n'en étois pas capable, et que tous les obstacles[1] et de conscience et de gloire que j'opposerois[2] au déréglement ne seroient que des digues fort mal assurées. Je pris, après six jours de réflexion, le parti *de faire le mal par dessein, ce qui est sans comparaison le plus criminel*[3] devant Dieu, mais ce qui est sans doute le plus sage devant le monde : et parce qu'en le faisant ainsi l'on y met toujours des préalables, qui en couvrent une partie ; et parce que l'on évite, par ce moyen, le plus dangereux ridicule qui se puisse rencontrer dans notre profession, qui est celui de mêler à contre-temps le péché dans la dévotion[4].

Voilà la sainte disposition avec laquelle je sortis de Saint-Lazare[5]. Elle ne fut pourtant pas de tout point mauvaise ; car je pris une ferme résolution de remplir exactement tous les devoirs de ma profession, et d'être aussi homme de bien pour le salut des autres, que je pourrois être méchant pour moi-même.

ont, ainsi que les ms H et Ch, remplacé *ceux* par *celles*. Retz fait *mœurs* du masculin, à l'imitation du latin (voyez la fin de l'article consacré à ce mot dans le *Dictionnaire de M. Littré*). — M. Bazin, de même que les plus récents éditeurs (1837-1866), a lu : « de ceux de mon *ordre ;* » mais si l'on veut bien y réfléchir, c'est là une leçon qui n'a point de sens : pourquoi les désordres du clergé en général auraient-ils fait de la règle des mœurs un devoir plus étroit pour Retz que pour les autres prêtres ou évêques ?

1. Dans le ms R, il y a, après *obstacles*, un premier *que*, biffé.
2. Que j'opposois. (1837 et 1843.)
3. Ce passage est souligné dans le manuscrit original.
4. Le péché et la dévotion. (1837 et 1843.)
5. On reste confondu de l'étrange sans-façon avec lequel Retz fait cet aveu ; cette audace du vice fait penser involontairement au mot de Satan dans *le Paradis perdu* de Milton (chant I, vers 160) : *To do ill (will be) our.... delight*. « Faire mal sera notre volupté. »

Monsieur l'archevêque de Paris, qui étoit le plus foible de tous les hommes, étoit, par une suite assez commune, le plus glorieux. Il s'étoit laissé précéder partout par les moindres officiers de la couronne, et il ne donnoit pas la main, dans sa propre maison, aux gens de qualité qui avoient affaire à lui. Je pris le chemin tout contraire[1]. Je donnai la main chez moi à tout le monde; j'accompagnai tout le monde jusques au carrosse, et j'acquis par ce moyen la réputation de civilité à l'égard de beaucoup, et même d'humilité à l'égard des autres. J'évitai, sans affectation, de me trouver en lieu de cérémonie avec les personnes d'une condition fort relevée, jusques à ce que je me fusse tout à fait confirmé dans cette réputation; et quand je crus l'avoir établie, je pris l'occasion d'un contrat de mariage pour disputer le rang de la signature à M. de Guise[2]. J'avois bien étudié et fait étudier mon droit, qui étoit incontestable dans les limites du diocèse. La préséance me fut adjugée par arrêt du

[1]. Cette page des *Mémoires* confirme ce qui est dit dans le portrait de Retz attribué à Saint-Évremond : « Personne n'étoit plus honnête avec ses égaux et ses inférieurs; mais quand il se croyoit blessé par les procédés des gens plus élevés que lui, aucune considération ne pouvoit arrêter ni modérer ses hauteurs et ses ressentiments. » — L'abbé de Talleyrand faisait volontiers de même; il se montrait affable envers le clergé inférieur. « Pozzo di Borgo disait de lui : « Cet homme s'est fait grand en se rangeant tou- « jours parmi les petits et en aidant ceux qui avaient le plus besoin « de lui. » (Sainte-Beuve, dans le journal *le Temps*, du 12 janvier 1869.)

[2]. Tallemant des Réaux (tome V, p. 335) cite de notre abbé un autre trait d'indépendance à l'endroit du même personnage. M. de Guise, grand chambellan et archevêque de Reims, « quoique cadet,... le portoit si haut que, pour imiter les princes du sang, il se faisoit donner la chemise aux plus relevés qui se trouvoient à son lever. Il se trouva huit ou dix personnes qui firent cette sottise-là. Une fois, on la présenta comme cela à l'abbé de Retz, qui la laissa tomber dans les cendres et s'en alla. »

conseil, et j'éprouvai, en ce¹ rencontre, par le grand nombre de gens qui se déclarèrent pour moi, que² descendre jusques aux petits est le plus sûr moyen pour s'égaler aux grands. Je faisois ma cour, une fois la semaine, à la messe de la Reine, après laquelle j'allois presque toujours dîner chez M. le cardinal Mazarin, qui me traitoit fort bien, et qui étoit dans la vérité très-content de moi, parce que je n'avois voulu prendre aucune part dans la cabale que l'on appeloit des *Importants*³, quoique il y en eût d'entre eux qui fussent extrêmement de mes amis. Peut-être ne serez-vous pas

1. Les ms H, Ch, toutes les anciennes éditions, et même celle de 1843, ont changé *ce* en *cette*.
2. Retz avait voulu d'abord tourner ainsi la phrase : *que pour s'élever au-dessus des grands*, puis il a effacé cette première rédaction.
3. Tallemant des Réaux (tome V. p. 136 et 137) dit que ce nom appliqué aux partisans de Beaufort avait été trouvé par Mme Cornuel. Anne Bigot, mariée au financier Cornuel, réunissait chez elle un cercle de beaux esprits ; elle aimait à s'égayer aux dépens de Beaufort, le *roi des Halles*, l'*amiral du port au foin*. On lit dans les *Papiers de Conrart* (tome II, p. 631) que Mme Cornuel disait plaisamment : « Beaufort a raison de ne pas combattre, parce qu'étant *le père du peuple*, il laisserait trop d'orphelins s'il venait à être tué. » Dans un ancien recueil manuscrit, que possédait M. Monmerqué, se trouve la ballade suivante sur les *Importants*, citée dans une note sur Tallemant des Réaux (tome V, p. 140) :

Courir jour et nuit par la rue
Sans affaires et sans dessein,
Faire aux portes le pied de grue,
Trancher du petit souverain,
Avoir des brigands à sa suite,
Contrefaire les capitans,
Et des premiers prendre la fuite,
C'est ce que font les *Importants*.

Présider dans les lieux infâmes,

Mettre en jeu son plus grand bonheur,
Médire des plus sages dames,
Loin de défendre leur honneur ᵃ ;
Parler en politique grave,
Ayant à peine atteint vingt ans ;
En sa maison faire le brave,
C'est ce que font les *Importants*.

S'efforcer d'obscurcir la gloire
D'un prince admirable en ses faits,

ᵃ Allusion à la querelle de Mmes de Longueville et de Montbazon.

fâchée que je vous explique ce que c'étoit que cette cabale[1].

M. de Beaufort, qui avoit le sens beaucoup au-dessous du médiocre, voyant que la Reine avoit donné sa confiance à M. le cardinal Mazarin, s'emporta de la manière du monde la plus imprudente. Il refusa tous les avantages qu'elle lui offroit avec profusion[2]; il fit vanité de donner au monde toutes les démonstrations d'un

Qui par une double victoire[a]
Nous rend plus puissants que jamais;
Ne pouvoir de sa renommée
Souffrir les rayons éclatants,
Et n'oser paroître à l'armée,
C'est ce que font les *Importants.*

Fuir la vertu, suivre le vice,
Parler et rire à contre-temps,
Au Roi ne rendre aucun service,
C'est ce que font les *Importants.*

1. Retz, dont le but est d'écrire, non pas l'histoire de la Régence, mais les *Mémoires* de sa vie, s'arrête ici longuement à l'affaire des *Importants*, où il n'a cependant joué aucun rôle. Plus haut, ayant à mentionner la conspiration de Cinq-Mars, à laquelle il était demeuré étranger, c'est par un mot seulement qu'il la rappelle. La cause de cette différence est qu'ici il veut nous bien faire comprendre que la reconnaissance qui le liait à la cour l'a retenu, et fait résister aux plus pressantes sollicitations. De là son mot à Montrésor, qu'on verra plus loin (p. 223). Puis, cette reconnaissance solennellement constatée, Retz, selon une fine remarque de M. Topin (p. 43), prépare le lecteur à la grande page des Barricades, en l'entraînant dans une suite d'anecdotes toutes personnelles, où il se trouve en opposition avec la cour pour diverses questions d'étiquette, ayant constamment le bon droit de son côté et finissant toujours par l'emporter.

2. Mazarin, dans ses *Carnets* (*Journal des savants*, 1854, p. 689 et 690), nous apprend que la Reine, qui avait un certain goût pour Beaufort, lui confia, pendant les derniers instants de Louis XIII, la garde de ses deux fils, et, dans le commencement de la Régence, lui proposa la place de grand écuyer (vacante depuis la mort de Cinq-Mars), qui l'aurait chaque jour approché de sa personne. Beaufort eut la folie de refuser, « espérant davantage; » puis, se ravisant trop tard, il redemanda inutilement cette charge. Plus sa faveur diminuait, plus croissait son irritation, et bientôt il se mit à la tête des ennemis de Mazarin.

[a] Rocroi et Fribourg.

amant irrité ; il ne ménagea en rien Monsieur[1] ; il brava, dans les premiers jours de la Régence, feu Monsieur le Prince[2] ; il l'outra ensuite par la déclaration publique qu'il fit[3] contre Mme de Longueville[4], en faveur de Mme de Montbazon[5], qui véritablement n'avoit offensé la première qu'en contrefaisant ou montrant cinq des lettres que l'on prétendoit qu'elle avoit écrites à Coligny[6]. M. de Beaufort, pour soutenir ce qu'il faisoit contre la Régente, contre le ministre et contre tous les princes du

1. Gaston d'Orléans, oncle de Louis XIV.
2. Henri II, prince de Condé, premier prince du sang, père du grand Condé, né en 1588, mort en 1646.
3. Après *fit*, Retz avait d'abord mis ces mots : *en faveur de Mme de Montbazon*, qu'il a biffés pour les récrire plus loin.
4. Anne-Geneviève de Bourbon, sœur du grand Condé, née en 1619, morte en 1679, mariée le 2 juin 1642 au duc de Longueville, veuf depuis le 9 septembre 1637 de la sœur du comte de Soissons. Elle tiendra une grande place dans ces *Mémoires*. Avant son mariage, elle avait été recherchée inutilement par Beaufort, et ce fut sans doute autant un mouvement de dépit contre elle que d'amour pour Mme de Montbazon qui inspira à Beaufort sa conduite dans la circonstance dont il s'agit ici.
5. Marie d'Avaugour de Bretagne, née en 1612, seconde femme (1628) d'Hercule de Rohan, duc de Montbazon, père du prince de Guémené et de Mme de Chevreuse ; elle mourut en 1657. Le portrait que fait d'elle Mme de Motteville (tome I, p. 38 et 39) confirme celui de Retz. Tallemant (tome IV, p. 461 et suivantes) parle longuement de Mme de Montbazon, et dit sur elle des choses incroyables. On peut voir son portrait en buste à Versailles, dans la galerie de l'attique du Nord, n° 2030 : elle paraît avoir trente-cinq ans ; quoique un peu forte, elle est d'une grande beauté, mais sans beaucoup de distinction. Tallemant, qui exagère toujours lorsqu'il ne ment pas, a dit d'elle (tome IV, p. 462) : « C'étoit un colosse. »
6. Maurice comte de Coligny, fils aîné du maréchal de Châtillon. Le fait reproché ici à Beaufort est du mois d'août 1643. Les *Mémoires de Mademoiselle de Montpensier* donnent le texte même des lettres (édition Chéruel, tome I, p. 76-78). Mme de Motteville parle également de cette querelle (tome I, p. 136). M. Cousin s'y est longuement arrêté dans *la Jeunesse de Madame de Longueville*, p. 235-238, et l'a résumée dans *Madame de Chevreuse*, p. 242 et 243.

sang, forma une cabale de gens qui sont tous morts fous, mais qui, dès ce temps-là, ne me paroissoient guère sages : Beaupuy[1], Fontrailles[2], Fiesque[3]. Montrésor, qui avoit la mine de Caton, mais qui n'en avoit pas le jeu[4], s'y joignit avec Béthune[5]. Le premier[6] étoit mon parent proche, et le second étoit assez de mes amis. Ils obligèrent M. de Beaufort à me faire beaucoup d'a-

1. Le Dangereux, comte de Beaupuy ou Beaupuis, guidon des gendarmes du Roi. Son père portait le titre de comte de Maillé, pour avoir eu de sa mère cette terre, qu'il vendit au connétable de Luynes. Voyez M. Cousin dans *Madame de Chevreuse*, p. 256 et suivantes et *Appendice*, et dans les *Carnets de Mazarin* (*Journal des savants*, 1854, p. 700).

2. Louis d'Astarac, vicomte de Fontrailles, l'un des complices de Cinq-Mars; il prit la fuite à temps. Voyez Tallemant, tome II, p. 67; M. Avenel, *Dernier épisode de la vie de Richelieu;* et la propre *Relation* de Fontrailles dans la Collection Michaud, 3ᵉ série, tome III.

3. Charles-Léon comte de Fiesque, fils de la gouvernante de Mademoiselle. Tallemant (tome II, p. 67) parle de lui comme d'un des esprits forts du Marais. Mazarin le rappela bientôt de son exil, mais sans pouvoir le gagner. Adversaire constant des favoris, il était dans la noblesse ce que Barillon était dans le Parlement.

4. Retz fait allusion aux galanteries de Montrésor. Voyez ci-dessus, p. 140, note 3. — Mme de Motteville (tome I, p. 360) dit de lui qu'« il s'étoit fait connoître en tout temps pour être de ces Catons françois qui haïssent ce qu'ils appellent la tyrannie des favoris. »

5. Dans les éditions de 1837-1866 : « s'y joignit aux Béthune. » — Hippolyte de Béthune, né en 1603, fils d'un frère du duc de Sully. Il a légué à Louis XIV environ deux mille cinq cents manuscrits, qui composent le Fonds Béthune de la Bibliothèque impériale. Mazarin, dans une de ses lettres à la Reine, se moque de cette manie de collectionneur (*Lettres de Mazarin*, édition de M. Ravenel, p. 28). Voyez, au sujet de cette bibliothèque de Béthune, la *Rymaille sur les plus célèbres bibliotières de Paris en 1649*, publiée par M. Albert de la Fizelière (Paris, Aubry, 1869), p. 56.

6. C'est-à-dire, le premier des deux derniers nommés, Montrésor. Il était parent de Retz par André de Vivonne, dont les filles avaient épousé, l'une François de Bourdeille, bisaïeul de Montrésor, l'autre Claude de Clermont de Dampierre, de qui elle eut une fille mariée au duc de Retz, et qui fut l'aïeule du Cardinal.

vances. Je les reçus avec respect, mais je n'entrai à rien¹ ; je m'en expliquai même à Montrésor, en lui disant que je devois la coadjutorerie de Paris à la Reine, et que la grâce étoit assez considérable pour m'empêcher de prendre aucune liaison qui pût ne lui être pas agréable. Montrésor m'ayant répondu que je n'en avois nulle obligation à la Reine, puisqu'elle n'avoit rien fait en cela que ce qui lui avoit été ordonné publiquement par le feu Roi, et que d'ailleurs la grâce m'avoit été faite dans un temps où la Reine ne donnoit rien à force de ne rien refuser, je lui dis ces propres mots : « Vous me permettrez d'oublier tout ce qui pourroit diminuer ma reconnoissance et de ne me ressouvenir que de ce qui la doit augmenter². » Ces paroles, qui furent rapportées à M. le cardinal Mazarin par Goulas³, à ce que lui-même m'a dit depuis, lui plurent. Il les dit à la Reine le jour que M. de Beaufort fut arrêté⁴. Cette prison fit beaucoup d'éclat, mais elle n'eut pas celui qu'elle devoit produire ; et comme elle fut le commencement de l'établissement du ministre, que vous verrez dans toute la suite de cette histoire jouer le plus considérable rôle de la comédie, il est nécessaire, à mon opinion⁵, de vous en parler un peu plus en détail.

Vous avez vu ci-dessus que ce parti, formé dans la cour par M. de Beaufort, n'étoit composé que de quatre ou cinq mélancoliques⁶, qui avoient la mine de penser creux ;

1. Je n'entrai dans rien. (Ms H, Ch, 1717 A, 1718 B, F.) — En rien. (1718 C, D, E, 1719-1866.)
2. Les ms H et Ch et les anciennes éditions donnent : « ce qui la peut augmenter, » ou : « ce qui peut l'augmenter. »
3. Secrétaire des commandements du duc d'Orléans.
4. Le 2 septembre 1643.
5. Dans les ms H, Ch, et les anciennes éditions : « à mon sens. »
6. *Mélancoliques* est ici à peu près synonyme des mots *fous* et *guère sages,* employés plus haut (p. 222).

et cette mine, ou fit peur à M. le cardinal Mazarin, ou lui donna lieu de feindre qu'il avoit peur[1]. Il y a eu des raisons de douter de part et d'autre; ce qui est certain est que la Rivière[2], qui avoit déjà beaucoup de part dans l'esprit de Monsieur, essaya de la donner au ministre[3] par toute sorte d'avis, pour l'obliger de le défaire de Montrésor[4], qui étoit sa bête; et que Monsieur le Prince n'oublia rien aussi pour la lui faire prendre, par

[1]. M. Cousin, à l'occasion du doute exprimé ici par Retz, attaque la véracité des *Mémoires*; il reconnaît toutefois que les personnes qui fournirent à notre auteur ces renseignements sur le complot des Importants ont pu, de bonne foi, l'induire en erreur. Voyez *Madame de Chevreuse*, chapitres v et vi, et *la Jeunesse de Madame de Longueville*, chapitre iii.

[2]. Louis Barbier, dit abbé de la Rivière, l'un des principaux confidents du duc d'Orléans, sur lequel il eut la plus fâcheuse influence; il mourut évêque et duc de Langres en 1670. Une pièce du temps, *les Honny soit-il*, a donné son portrait (*Bulletin de la Société de l'Histoire de France*, tome I, 1834, 2de partie, p. 300):

> S'avancer et se méconnoître,
> Vendre deux ou trois fois son maître,
> Trahir son pays par argent,
> Mépriser avec insolence
> Ceux qui l'ont vu être indigent :
> Honny soit-il qui mal y pense !

Dans une Mazarinade, *la Conférence du Cardinal avec le Gazetier*, attribuée à Guy-Patin par M. Paulin Paris (note sur Tallemant, tome II, p. 99), il est dit que le nom de la Rivière fut donné au père de l'abbé, parce qu'il « étoit chargeur de gros bois en grève. Sa naissance vile n'a pas été suivie d'une meilleure éducation. Il n'y a point de collége dans l'Université qui ne retentisse encore de ses friponneries, et toute la cour sait par quels services il a mérité les bonnes grâces de son maître. »

[3]. Retz avait d'abord mis : *de la lui donner;* puis il a biffé *lui*, et écrit : *au ministre*, en interligne.

[4]. Montrésor, arrêté pour ce complot des Importants, dut sa liberté à l'intervention de Béthune (voyez une lettre de Mazarin du 24 juillet 1647, Fonds Dupuy, volume 646, p. 257) et à celle de Mlle de Guise (*Mémoires de Mme de Motteville*, tome I, p. 360).

l'appréhension qu'il avoit que Monsieur le Duc[1], qui est Monsieur le Prince d'aujourd'hui, ne se commît par quelque combat avec M. de Beaufort, comme il avoit été sur le point de faire[2] dans le démêlé de Mmes de Longueville et de Montbazon. Le palais d'Orléans et l'hôtel de Condé, étant[3] unis ensemble par ces intérêts, tournèrent en moins de rien en ridicule[4] la morgue qui avoit donné aux amis de M. de Beaufort le nom d'*Importants*[5] ; et ils

1. Le duc d'Enghien, depuis le grand Condé.
2. Ceci semble être encore une assertion légère de Retz : le duc d'Enghien ne revint de l'armée que le 15 septembre, après la prise de Thionville, et à ce moment Beaufort était déjà depuis treize jours en prison ; il est vrai qu'ils auraient pu se provoquer de loin par lettres, en différant le duel jusqu'au retour du prince.
3. *Étans*, avec une *s*, dans le manuscrit.
4. Après *ridicule*, Retz avait d'abord écrit les mots : *le nom*, qu'il a ensuite effacés.
5. Les portraits que la Rochefoucauld a tracés des Importants dans ses *Mémoires* sont très-connus ; nous y renvoyons le lecteur ; nous ajouterons seulement quelques lignes tirées du *Recueil de lettres* d'Alexandre de Campion (*lettre* LXXV) : « J'ai des amis, dit-il, qui n'ont pas toute la prudence qui seroit à desirer ; ils se font un honneur à leur mode, et donnent des habits si extraordinaires à la vertu qu'elle me semble toute déguisée, de sorte qu'en cas qu'ils aient toutes les bonnes qualités essentielles, ils s'en servent si mal que l'applaudissement qu'ils se sont attiré ne servira peut-être qu'à leur destruction. » L'*honneur* à la mode des Importants consistait « à être, a-t-on dit, fidèle à sa parole, dévoué à son parti et à ses amis, prêt à braver pour eux tous les périls, mais en même temps à être libre de tout scrupule et accoutumé à ne reculer devant aucune extrémité. » Montrésor en peut être regardé comme le type, et de Thou comme le héros. Les Importants, accusant surtout Mazarin de faire revivre Richelieu, avaient répandu dans Paris un rondeau imité de celui qu'on avait fait à la mort du grand cardinal : M. Cousin les a donnés tous les deux dans *Madame de Hautefort*, p. 118 et 119. Ils avaient aussi trouvé dans *Jules de Mazarin* l'anagramme : *Je suis Armand*. Le parti des évêques et des dévots s'était joint à eux, parce que les Importants, d'accord sur ce point avec Rome, détestaient l'alliance protestante et réclamaient l'alliance espagnole.

se servirent, en même temps, très-habilement des grandes¹ apparences que M. de Beaufort, selon le style de tous ceux qui ont plus de vanité que de sens, ne manqua pas de donner en toute sorte d'occasions aux moindres bagatelles. L'on tenoit cabinet mal à propos, l'on donnoit des rendez-vous sans sujet ; les chasses mêmes² paroissoient mystérieuses. Enfin l'on fit si bien que l'on se³ fit arrêter au Louvre par Guitaut, capitaine des gardes de la Reine. Les Importants furent chassés et dispersés, et l'on publia par tout le royaume qu'ils avoient fait une entreprise sur la vie de Monsieur le Cardinal. Ce qui a fait que je ne l'ai jamais cru, est que l'on n'en a jamais vu ni déposition ni indice, quoique la plupart des domestiques de la maison de Vendôme aient été très-longtemps en prison. Vaumorin et Ganseville, auxquels j'en ai parlé cent fois dans la Fronde, m'ont juré qu'il n'y avoit rien au monde de plus faux. L'un étoit capitaine des gardes, et l'autre écuyer de M. de Beaufort⁴. Le marquis de

1. *Grandes* a été ajouté en marge, à la place d'un mot écrit en interligne, qui est biffé et illisible.

2. *Mêmes* est au-dessus de la ligne.

3. Les ms H, Ch, et les éditions de 1717 A, 1718 B, F, 1817, 1820, 1828 portent *le*, au lieu de *se*.

4. Retz, qui imagine si facilement des complots où il se donne un rôle, admet plus difficilement ceux auxquels, de son aveu, il est demeuré étranger. L'existence de cette entreprise sur la vie de Mazarin est cependant confirmée par Henri de Campion, un des conjurés ; les autres étaient son frère Alexandre de Campion, Beaupuy, Lié, Brillet, d'Avancourt et de Brassy. Les autres domestiques de la maison de Vendôme n'étaient pas du secret, mais devaient servir, quand le moment serait venu, à l'exécution de l'assassinat. Parmi ces derniers, Henri de Campion nomme Ganseville, et il dit expressément qu'il n'était pas de ceux qu'on avait mis dans la confidence. Quant à Vaumorin, ce n'était pas lui, mais Lié, qui était, en 1643, capitaine des gardes de Beaufort ; Vaumorin n'était encore en 1648 qu'attaché à la maison du duc de Beaufort comme gentilhomme ; la part qu'il prit à son évasion du château de Vin-

Nangis[1], maistre de camp du régiment de Navarre ou de Picardie, je ne m'en ressouviens pas précisément, et enragé contre la Reine et contre le Cardinal pour un sujet que je vous dirai incontinent, fut fort tenté d'entrer dans la cabale des Importants, cinq ou six jours devant que M. de Beaufort fut arrêté ; et je le détournai de cette pensée, en lui disant que la mode, qui a du pouvoir en toutes choses, ne l'a si sensible en aucune qu'à être ou bien ou mal à la cour. Il y a des temps où la disgrâce est une manière de feu qui purifie toutes les mauvaises qualités et qui illumine toutes les bonnes ; il y a des temps où il ne sied pas bien à un honnête homme d'être disgracié. Je soutins à Nangis que celui des Importants étoit de cette nature ; et je vous marque cette circonstance pour avoir lieu de vous faire le plan de l'état où les choses se trouvèrent à la mort du feu Roi. C'est par où je devois commencer ; mais le fil du discours m'a emporté.

Il faut confesser, à la louange de M. le cardinal de Richelieu, qu'il avoit conçu deux desseins que je trouve presque aussi vastes que ceux des Césars et des Alexandres. Celui d'abattre le parti de la religion[2] avoit été projeté par M. le cardinal de Retz, mon oncle[3] ; celui d'atta-

cennes lui valut plus tard cette fonction de capitaine des gardes. Tous deux ont donc très-bien pu tout ignorer et dire à Retz pendant la Fronde ce que celui-ci leur fait dire. Voyez, pour les preuves tirées des *Carnets de Mazarin* et des *Mémoires d'Henri de Campion*, *Madame de Chevreuse*, par M. Cousin, p. 259 et suivantes.

1. François de Bréchanteau, marquis de Nangis, né en 1618, mestre de camp du régiment de Picardie en 1640 ; il fut tué le 15 juillet 1645, au siége de Gravelines ; il est plus connu sous le nom de Beauvais Nangis ; c'est à lui qu'Antoine de Bréchanteau, son père, adressait ses *Mémoires*, qui ont été publiés par MM. Monmerqué et Taillandier dans la Collection de la *Société de l'Histoire de France*.

2. D'abattre la religion. (Ms H, Ch, 1717, 1717 A, 1718 B, F.)

3. Les mots *mon oncle* sont en interligne. — Retz exagère ici l'im-

quer la formidable maison d'Autriche n'avoit été imaginé de personne[1]. Il a consommé le premier ; et à sa mort, il avoit bien avancé le second. La valeur de Monsieur le Prince, qui étoit Monsieur le Duc en ce temps-là, fit que celle du Roi[2] n'altéra point l'état des choses. La fameuse victoire de Rocroy[3] donna autant de sûreté au royaume qu'elle lui apporta de gloire ; et ses lauriers couvrirent le Roi qui règne aujourd'hui, dans son berceau. Le Roi, son père, qui n'aimoit ni n'estimoit la Reine, sa femme, lui donna, en mourant, un conseil nécessaire pour limiter l'autorité de sa régence ; et il y nomma M. le cardinal Mazarin, Monsieur le Chancelier[4], M. Boutiller[5] et

portance du rôle du cardinal Henri de Gondi, mort en 1622 ; il assistait en effet le Roi de ses conseils à l'époque de la guerre faite aux Réformés en 1621 et 1622 ; mais il y a loin du zèle belliqueux, de peu d'effet, qu'il put montrer alors, à un dessein formel, arrêté, suivi, comme celui de Richelieu.

1. On peut cependant dire que ce projet du cardinal-ministre n'était que la mise à exécution du grand projet formé par Henri IV vers la fin de sa vie. — L'académicien Jean Silhon, dans son livre intitulé : *Le Ministre d'État, avec le véritable usage de la politique moderne* (1631, 2 volumes in-8º), s'attache à démontrer la nécessité de s'opposer aux agrandissements de la maison d'Autriche (voyez surtout la seconde partie, *discours* xii). Silhon était un des familiers de Richelieu ; on peut supposer que le Ministre se servit de sa plume pour préparer l'opinion publique à cette grande lutte contre l'Autriche.

2 Fit que la mort du Roi. (Ms H, Ch, 1717 A, 1718 B, F.) — Dans le ms Ch, on lit *celle*, biffé, au-dessous de *la mort*.

3. 19 mai 1643.

4. Pierre Seguier, né en 1588, chancelier en 1635, mourut en 1672, ayant gardé les sceaux presque sans interruption ; il présida la commission qui jugea Foucquet et celles qui rédigèrent le *Code Louis*. Après la mort de Richelieu, il fut le protecteur de l'Académie française, qu'il réunissait dans son hôtel de la rue de Grenelle-Saint-Honoré, occupé aujourd'hui par l'imprimerie de M. Paul Dupont.
— Pour l'appréciation des membres de ce conseil, voyez les *Carnets de Mazarin*, par M. Cousin (*Journal des savants*, 1854, p. 611-614).

5. Retz écrit *Bouteiller*.

M. de Chavigny[1]. Comme tous ces sujets étoient extrêmement odieux au public, parce qu'ils étoient tous créatures de M. le cardinal de Richelieu, ils furent sifflés par tous les laquais, dans les cours de Saint-Germain, aussitôt que le Roi fut expiré[2]; et si M. de Beaufort eût eu le sens commun, ou si Monsieur de Beauvais[3] n'eût pas été une bête mitrée, ou si il eût plu à mon père d'entrer dans les affaires, ces collatéraux de la Régence auroient été infailliblement chassés avec honte, et la mémoire du cardinal de Richelieu auroit été[4] sûrement condamnée par le Parlement avec une joie publique.

La Reine[5] étoit adorée beaucoup plus par ses disgrâces que par son mérite. L'on ne l'avoit vue que persécutée, et la souffrance, aux personnes de ce rang, tient lieu d'une grande vertu. L'on se vouloit imaginer qu'elle avoit eu de la patience, qui est très-souvent figurée par l'indolence. Enfin il est constant que l'on en espéroit des merveilles; et Bautru[6] disoit qu'elle faisoit déjà des

---

1. Le père et le fils. Il faut doubler l'M qui précède ce nom.
2. Les éditions les plus récentes (1837-1866) portent : « dans la cour de Saint-Germain, aussitôt que le Roi eut expiré. »
3. Voyez ci-dessus, p. 209, note 3.
4. *Été* est biffé dans le manuscrit. Retz voulait, je pense, le récrire après *sûrement*.
5. « Il n'est pas, dit M. Sainte-Beuve (*Causeries du lundi*, tome V, p. 47 et 48), de plus beau et de plus véridique tableau (je dis véridique, car cela se sent comme la vie même) que celui du début de la Régence et de cet établissement presque insensible, et par voie d'insinuation, auquel on assista alors, de la puissance du cardinal Mazarin. Cette douceur et cette facilité des quatre premières années de la Régence, suivies tout d'un coup et sans cause apparente d'un mécontentement subit et d'un souffle de tempête, sont décrites et traduites dans ces pages de manière à défier et à déjouer tous les historiens futurs.... Notez que Retz en peignant explique, et que la raison politique et profonde des choses se glisse dans le trait de son pinceau. »
6. Guillaume de Bautru, comte de Serrant, de l'Académie

miracles[1], parce que les plus dévots avoient même oublié ses coquetteries.

M. le duc d'Orléans fit quelque mine de disputer la Régence, et la Frette, qui étoit à lui, donna de l'ombrage, parce qu'il arriva, une heure après la mort du Roi, à Saint-Germain, avec deux cents[2] gentilshommes qu'il avoit amenés de son pays[3]. J'obligeai Nangis, dans ce moment, à offrir à la Reine le régiment qu'il commandoit, qui étoit en garnison à Mantes[4]. Il le fit marcher à Saint-Germain ; tout le régiment des gardes s'y rendit ; l'on amena le Roi à Paris. Monsieur se contenta d'être lieutenant général de l'État ; Monsieur le Prince fut déclaré chef du conseil. Le Parlement confirma la régence de la Reine, mais sans limitation ; tous les exilés furent rappelés, tous les prisonniers furent mis en liberté, tous les criminels furent justifiés, tous ceux qui avoient perdu des charges y rentrèrent[5] : on donnoit

çaise, né en 1588, mort en 1665. Ce bel esprit fut honoré de la bienveillance de tous les puissants, Richelieu, Anne d'Autriche, Mazarin. Malgré son titre d'académicien, il ne reste de lui qu'une satire, imprimée dans le *Cabinet satyrique*, en 1666. Tallement des Réaux, dans l'*historiette* de Bautru (tome II, p. 314-322), cite beaucoup de ses propos piquants et de ses bons mots, admirés de Costar et de Ménage ; ses railleries lui attirèrent des querelles avec M. de Montbazon ; il reçut des coups de bâton de M. de Sourdis pour ses médisances sur la comtesse de Vertus, avec laquelle il avait eu, dit-on, commerce de galanterie.

1. Et Bautru disoit qu'elle faisoit deux miracles. (1837-1866.)
2. *Deux cent*, sans *s*, dans le ms R.
3. Il y a confusion dans la mémoire de Retz : ceci arriva plusieurs jours avant la mort du Roi.
4. Encore une inexactitude : le régiment de Picardie et son mestre de camp combattaient à Rocroy ; Nangis même fut fait maréchal de camp après la bataille, le 13 juin 1643, et servit en cette qualité au siége de Thionville : il ne put donc amener son régiment de Mantes à Saint-Germain.
5. Perdu des charges rentrèrent. (1837-1866.)

tout, on ne refusoit rien[1]; et Mme de Beauvais[2], entre autres, eut permission de bâtir dans la place Royale. Je ne me ressouviens plus du nom de celui à qui l'on expédia un brevet pour un impôt sur les messes. La félicité des particuliers paroissoit pleinement assurée par le bonheur public. L'union très-parfaite de la maison royale fixoit le repos du dedans. La bataille de Rocroy avoit anéanti pour des siècles la vigueur de l'infanterie d'Espagne; la cavalerie de l'Empire ne tenoit pas de-

1. On lit dans une mazarinade intitulée : *Réflexions consciencieuses des bons François sur la régence de la Reine* (1649, 42 pages) : « Anne d'Autriche est née les mains ouvertes, comme signifiant qu'elle naissoit avec un trésor de bonté, de grâces et de faveurs. »
2. Catherine-Henriette Bellier, femme de Pierre de Beauvais, seigneur de Gentilly, première femme de chambre de la Reine. Nous ne savons si le fait allégué par Retz est exact; mais la princesse Palatine (*duchesse d'Orléans*), dans une de ses lettres, datée du 6 août 1718 (*Correspondance complète de Madame, duchesse d'Orléans*, p. 440, tome I, édition Brunet), parle, à propos de la même Mme de Beauvais, d'un don incroyable que voulut lui faire Anne d'Autriche, et qui peut servir à caractériser cette époque de désordre et d'ignorance administrative : « Au commencement, la Reine ne savoit rien de rien. Elle donna un jour à sa première femme de chambre les *cinq grandes fermes* dont le produit fait vivre toute la cour. Lorsqu'elle vint au conseil et proposa la chose, tout le monde se mit à rire, et on demanda à la Reine avec quoi elle comptoit vivre. Lorsqu'on lui eut expliqué le fait, elle fut tout étonnée : elle croyoit n'avoir donné qu'une petite ferme qui s'appeloit les *Cinq-Fermes*. Cette anecdote est très-vraie : le vieux chancelier Letellier, qui assistoit à la séance du conseil où la Reine fit cette proposition, me l'a racontée; elle-même en a souvent ri depuis et a reconnu son ignorance. On a sur la régence d'Anne, ajoute Madame, bien d'autres historiettes de ce genre. » Nous avons nousmême, dans *la Misère au temps de la Fronde* (p. 78 et 79), rapporté, outre l'anecdote de Mme de Beauvais, plusieurs faits qui la rendent fort probable. Tallemant parle beaucoup de Mme de Beauvais dans ses *Historiettes* (voyez particulièrement tome VI, p. 436 et p. 438); Saint-Simon (tome I, p. 111) dit qu'elle fut la première aventure du jeune roi Louis XIV.

vant les Weymariens[1]. L'on voyoit sur les degrés du trône, d'où l'âpre et redoutable Richelieu avoit foudroyé plutôt que gouverné les humains, un successeur doux, bénin, qui ne vouloit rien, qui étoit au désespoir que sa dignité de cardinal ne lui permettoit pas de s'humilier autant qu'il l'eût souhaité devant tout le monde, qui marchoit dans les rues avec deux petits laquais derrière son carrosse. N'ai-je pas eu de raison de vous dire qu'il ne seyoit[2] pas bien à un honnête homme d'être mal à la cour en ce temps-là? Et n'eus-je pas encore raison de conseiller à Nangis de ne s'y pas brouiller, quoique, nonobstant le service qu'il avoit rendu à Saint-Germain, il fût le premier homme à qui l'on eût refusé une gratification de rien qu'il demanda? Je la lui fis obtenir.

Vous ne serez pas surprise[3] de ce que l'on le fut de la prison de M. de Beaufort[4], dans une cour où l'on venoit de les ouvrir à tout le monde sans exception[5];

1. Les anciens soldats du duc Bernard de Saxe-Weimar, qui avaient passé au service de la France après la mort de leur général (1639).

2. Retz a écrit *sioit*. Ailleurs il écrit *seoioit*: voyez p. 287.

3. Les copies H, Ch, et les éditions de 1717 A, 1718 F, ne tiennent pas compte ici de la dame à qui le discours s'adresse, et donnent *surpris*, au masculin.

4. Voyez sur cet emprisonnement les *Mémoires de Mme de Motteville*, tome I, p. 144 et suivantes; et sur les motifs de l'arrestation, les lettres de Louis XIV à Molé et au Parlement dans les *Mémoires de Mathieu Molé*, tome III, p. 87-93.

5. « (*Après la mort de Richelieu, Louis XIII*) envoya des abolitions aux criminels, fit ouvrir les prisons, permit aux exilés leur retour, et fit tout ce qui étoit nécessaire pour persuader à ses peuples que les cruautés passées n'avoient pas été faites par lui, et que ses inclinations en étoient fort éloignées. Les maréchaux de Vitri et de Bassompierre et le comte de Cramail sortirent de la Bastille. Vautier, médecin de la Reine mère, en sortit aussi.... Les princes de Vendôme, le père et ses enfants, revinrent de leur exil.... Le

mais vous le serez sans doute de ce que personne ne s'aperçut des suites. Ce coup de rigueur, fait dans un temps où l'autorité étoit si douce qu'elle étoit comme imperceptible, fit un très-grand effet[1]. Il n'y avoit rien de si facile que ce coup[2] par toutes les circonstances que vous avez vues, mais il paroissoit grand; et tout ce qui est de cette nature est heureux, parce qu'il a de la dignité et n'a rien d'odieux. Ce qui attire assez souvent je ne sais quoi d'odieux sur les actions des ministres, même les plus nécessaires, est que pour les faire ils sont presque toujours obligés de surmonter des obstacles dont la victoire ne manque jamais de porter avec elle de l'envie et de la haine. Quand il se présente une occasion[3] considérable dans laquelle il n'y a rien à vaincre, parce qu'il n'y a rien à combattre, ce qui est très-rare, elle donne à leur autorité un éclat pur, innocent, non mélangé, qui ne l'établit pas seulement, mais qui leur fait même tirer, dans les suites, du mérite de tout ce qu'ils ne font pas, presque également que de tout ce qu'ils font.

Quand l'on vit que le Cardinal avoit arrêté celui qui, cinq ou six semaines devant[4], avoit ramené le Roi à Paris avec un faste inconcevable, l'imagination de tous

---

duc d'Elbeuf, qui avoit été proscrit, revint, de même que quelques autres particuliers, dont le nombre seroit trop grand si on les vouloit nommer. » (*Mémoires de Mme de Motteville*, tome I, p. 91.)

1. Ici Retz avait d'abord ajouté ces mots, qu'il a ensuite effacés : « quoique cet effet fût aussi presque insensible. »

2. Les ms H, Ch, et toutes les anciennes éditions omettent les trois mots : « que ce coup. » Quelques-unes ont, à la suite, *pour*, au lieu de *par*.

3. Retz avait d'abord écrit : « une occasion dans, » puis il a biffé *dans*, pour ajouter l'épithète : *considérable*.

4. Du 15 mai, jour de la rentrée du Roi dans Paris, au 2 septembre, époque de l'arrestation de Beaufort, il y a plus de trois mois et demi, et non cinq ou six semaines.

les hommes fut saisie d'un étonnement respectueux; et je me souviens que Chapelain[1], qui enfin avoit de l'esprit[2], ne pouvoit se lasser d'admirer ce grand événement. L'on se croyoit bien obligé au Ministre de ce que, toutes les semaines, il ne faisoit pas mettre quelqu'un en prison, et l'on attribuoit à la douceur de son naturel les occasions qu'il n'avoit pas de mal faire. Il faut avouer qu'il seconda fort habilement son bonheur[3]. Il

1. Retz écrit *Chappelain*, avec deux *p*.
2. Cette phrase incidente a de l'intérêt pour l'histoire littéraire de cette époque, comme l'a très-bien remarqué M. Bazin : « La jeunesse de Retz avait dû être nourrie du respect le plus profond pour le mérite de Chapelain. La grande réputation de cet écrivain ne commença en effet à déchoir qu'en 1656, lors de la publication des premiers chants de *la Pucelle*, et une fois atteinte, elle tomba bien vite jusqu'au dernier degré du ridicule. Or le cardinal de Retz l'avait vue, l'avait laissée dans tout son éclat lorsqu'il quitta la France en 1654, et, à son retour, il trouvait que cet ancien objet de l'admiration publique était devenu le jouet de la moquerie : de là ce premier mouvement qui porte Retz à citer Chapelain comme une grande autorité d'autrefois, et cette réserve, assez généreuse, qu'il fait aussitôt contre l'injuste mépris du temps présent. » — Nous avons voulu vérifier dans la *Correspondance manuscrite* et encore inédite de Chapelain, qui commence à 1637 et finit à 1669 (5 volumes in-folio), ce qui est dit ici des sentiments manifestés par lui au sujet de l'arrestation de Beaufort. M. Sainte-Beuve, qui possédait cette correspondance et l'a léguée à la Bibliothèque impériale, avait bien voulu la mettre à notre disposition. Malheureusement, elle a une lacune, très-regrettable, qui va de l'an 1640 à l'an 1659, c'est-à-dire coïncide précisément avec l'époque qui fait le sujet des *Mémoires de Retz*.
3. M. Cousin, dans les *Carnets de Mazarin* (*Journal des savants*, 1856, p. 117-119), a bien fait ressortir le mélange d'adresse et de vigueur qui fit la fortune du cardinal-ministre : « Il (*Mazarin*) put se dire qu'en moins d'une année il était arrivé à un degré de puissance que Richelieu n'avait pas atteint au bout de la plus longue et de la plus pénible carrière, et cela sans avoir versé une seule goutte de sang, sans avoir relevé un échafaud; qu'il était plus maître du cœur de la Reine que son terrible devancier ne l'avait jamais été de celui du Roi; qu'avec cet appui, son génie et sa

donna toutes les apparences nécessaires pour faire croire que l'on l'avoit forcé à cette résolution ; que les conseils de Monsieur et de Monsieur le Prince l'avoient emporté dans l'esprit de la Reine sur son avis. Il parut encore plus modéré, plus civil et plus ouvert le lendemain de l'action. L'accès étoit tout à fait libre, les audiences étoient aisées, l'on dînoit avec lui comme avec un particulier ; il relâcha même beaucoup de la morgue des cardinaux les plus ordinaires. Enfin il fit si bien, qu'il se trouva sur la tête de tout le monde, dans le temps que tout le monde croyoit l'avoir encore à ses côtés. Ce qui me surprend, est que les princes et les grands du royaume[1], qui pour leurs propres intérêts devoient être plus clairvoyants que le vulgaire, furent les plus aveuglés. Monsieur se crut au-dessus de l'exemple ; Monsieur le Prince, attaché à la cour par son avarice, voulut s'y[2] croire ; Monsieur le Duc étoit d'un âge à s'endormir aisément à l'ombre des lauriers ; M. de Longueville ouvrit les yeux, mais ce ne fut que pour les refermer ; M. de Vendôme étoit trop heureux de n'avoir été que chassé[3] ; M. de

bonne étoile, le plus brillant avenir était devant lui ; que délivré des intrigues ténébreuses où jusqu'alors il lui avait fallu consumer ses forces, il pouvait enfin déployer ses ailes, comme il parle lui-même, porter à l'Espagne les derniers coups, et imposer à l'Autriche, à force de victoires, une paix aussi profitable que glorieuse à la France. »

1. « Et les grands du royaume » est ajouté en interligne.

2. C'est-à-dire, « se croire au-dessus de l'exemple. » — Retz a écrit *s'y* au-dessus de *le*, biffé. — Voulut s'y croire nécessaire. (Ms H, Ch, 1717 A, 1718 B, F.) — Voulut aussi s'y croire. (1717 et 1719-1828.) — Voulut s'y croire bien. (1718 C, D, E.) — Les copistes et éditeurs, ne comprenant pas le passage, l'ont modifié chacun à sa guise.

3. Après l'emprisonnement de Beaufort, le duc de Vendôme eut ordre de se retirer dans sa terre d'Anet. — Mme de Motteville (*Mémoires*, tome I, p. 101) dit de lui que c' « étoit un homme d'esprit sans réputation, sans bonté et sans fidélité. »

Nemours[1] n'étoit qu'un enfant ; M. de Guise, revenu tout nouvellement de Bruxelles, étoit gouverné par Mlle de Pons[2], et croyoit gouverner la cour ; M. de Bouillon croyoit de jour en jour que l'on lui rendroit Sedan[3] ; M. de Turenne étoit plus que satisfait de com-

1. La branche de la maison de Savoie établie en France sous François Ier avait acquis déjà, par trois générations, le droit de compter pour sa part d'influence dans les troubles de la cour et du royaume. Le dernier duc de Nemours, Henri Ier, petit-fils du premier prince de Savoie qui avait porté ce titre, l'avait pris lui-même après le décès de son frère aîné, mort sans enfants en 1595. Il mourut en 1632, laissant trois enfants mâles : le premier ne vécut que jusqu'en 1641 ; le second, dont il est question ici, Charles-Amédée, né en 1624, avait alors dix-neuf ans, et venait d'épouser Mlle de Vendôme ; le troisième, Henri II, né en 1625, était destiné à l'Église, et fut longtemps appelé *Monsieur de Reims;* il devint duc de Nemours par la mort de son frère, tué en duel par Beaufort. En lui finit cette branche des Savoie-Nemours.

2. Suzanne de Pons, fille d'honneur d'Anne d'Autriche, était de la maison de Pons en Saintonge, très-célèbre au quatorzième siècle, dans la guerre contre les Anglais, et sous François Ier. Fille de Jean-Jacques de Pons, marquis de la Caze, et de Charlotte de Parthenay, fille d'Arthus seigneur de Genouillé, elle mourut en 1668, fort âgée, et sans avoir été mariée. D'après une lettre de Balzac, du 7 février 1646 (livre XIII, *lettre* xxiii, tome I des Œuvres, p. 576 et 577), le marquis de la Caze semble avoir fait faire une généalogie de sa maison, qu'il envoya à son célèbre compatriote. Celui-ci l'en remercie, en faisant de grands éloges de la famille. On a souvent confondu Mlle de Pons avec Mme de Pons, qui, en 1649, épousa le jeune duc de Richelieu. Ces erreurs tiennent à ce que la terre dont la famille tirait son nom était passée dans une autre maison, qui plus tard attribua ce même nom à quelques-uns des siens. — Mme de Motteville, si indulgente d'ordinaire, juge sévèrement Mlle de Pons : voyez ses *Mémoires*, tome I, p. 160 et 161.

3. Il avait sauvé sa vie lors de la conspiration de Cinq-Mars en cédant sa principauté (voyez p. 142, note 4) ; mais il n'en gardait pas moins des espérances de rentrer dans ce patrimoine, puisqu'il avait appelé son fils aîné prince de Sedan.

mander les armées d'Allemagne[1] ; M. d'Espernon[2] étoit ravi d'être rentré dans son gouvernement et dans sa charge ; M. de Schomberg avoit toute sa vie été inséparable de tout ce qui étoit bien à la cour ; M. de Gramont en étoit esclave ; et MM. de Retz[3], de Vitry et de Bassompierre[4] se croyoient, au pied de la lettre, en faveur, parce qu'ils n'étoient plus ni prisonniers ni exilés. Le Parlement, délivré du cardinal de Richelieu, qui l'avoit tenu fort bas, s'imaginoit que le siècle d'or seroit celui d'un ministre qui leur disoit tous les jours que la Reine ne se vouloit conduire que par leurs conseils. Le clergé, qui donne toujours l'exemple de la servitude, la prêchoit aux autres sous le titre d'obéissance. Voilà comme tout le monde se trouva en un instant Mazarin[5].

1. Nommé maréchal de France le 16 novembre 1643, on l'avait envoyé en Allemagne remplacer le maréchal de Guébriant, qui venait de mourir.

2. Bertrand de Nogaret de la Valette et de Foix, fils du fameux duc d'Épernon, mort en 1643. Né en 1592, et appelé sous Louis XIII duc de la Valette, il avait été condamné à mort, par contumace, en 1639, pour avoir fait échouer, par jalousie contre Condé, le siége de Fontarabie ; il s'était enfui en Angleterre. Rentré en France après la mort de Louis XIII, il obtint, outre l'annulation de son jugement, les deux titres, possédés autrefois par son père, de gouverneur de Guyenne et de colonel général de l'infanterie ; il avait déjà le second lors de sa condamnation à mort. Il mourut en 1661.

3. Ce Retz est le frère de notre auteur. Voyez p. 92 et note 4.

4. Bassompierre (voyez ci-dessus, p. 158, note 6) était rentré dans sa charge de colonel des Suisses, par la disgrâce de la Châtre, enveloppé dans celle de la cabale des Importants. Ce dernier avait payé pour cette charge quatre cent mille francs, que Bassompierre oublia toujours de lui rendre ; et Tallemant dit (tome III, p. 342) que « la Châtre et sa femme, tous deux jeunes, moururent misérablement après cela. »

5. Voyez aussi, pour les causes de l'élévation de Mazarin, les *Mémoires de Mme de Motteville*, tome I, chapitre V, p. 115 et suivantes, et chapitre VI, p. 123, 124, 129 et suivantes. — M. Cousin a très-bien

Ce plan vous paroîtra peut-être avoir été bien long; mais je vous supplie de [1] considérer qu'il contient les quatre premières années de la Régence, dans lesquelles la rapidité du mouvement donné à l'autorité royale par M. le cardinal de Richelieu, soutenue par les circonstances que je vous viens de marquer[2], et par les avantages continuels remportés sur[3] les ennemis, maintint toutes les choses en l'état où vous les voyez. Il y eut, la troisième et la quatrième année, quelque petit nuage entre Monsieur et Monsieur le Duc pour des bagatelles[4];

fait sentir l'importance du changement de politique dû à l'influence de Mazarin sur Anne d'Autriche : « Elle semblait destinée en 1643 à devenir une autre Marie de Médicis. C'était le parti de la Reine mère qui avait combattu pour elle; et, après avoir partagé sa disgrâce, il comptait bien partager son crédit. La politique de ce parti était au dehors la paix, l'alliance espagnole, l'abandon de l'alliance protestante; au dedans, le rétablissement de l'anarchique autorité des princes et des grandes familles, la domination des évêques sous le manteau de la religion..., en un mot le retour à l'ordre de choses que Louis XIII et Richelieu avaient entrepris de faire cesser. » Mazarin sut faire prendre à la Reine d'autres pensées, lui faire voir les choses d'un autre œil : « Il ne lui pouvait déplaire d'être maîtresse absolue en France, de disposer à son gré des commandements et de toutes les grandes charges, au lieu de les remettre aux mains de grands seigneurs indépendants, ingrats, souvent rebelles. Et d'ailleurs, mère encore plus que sœur, elle devait aimer à voir la couronne de son fils s'accroître, même aux dépens de celle de son frère, le roi d'Espagne.... Voilà les soutiens naturels que Mazarin rencontra auprès de la Reine, et qu'il sut développer avec un art merveilleux. » (*Madame de Hautefort*, chapitre IV, p. 74 et suivantes; voyez aussi *Madame de Chevreuse*, chapitre V, p. 201 et suivantes.)

1. Après *de*, il y a dans le ms R : *bien*, biffé.

2. On lit ici dans l'original ces mots biffés : « maintint toute chose au même état, » idée rendue à la fin de la phrase.

3. Le ms R porte *par*, très-lisible; il faut évidemment le remplacer par *sur*, comme le font ou proposent de le faire les éditions modernes; *sur* est aussi la leçon des ms H, Ch, et de toutes les anciennes éditions

4. Mme de Motteville indique, entre autres choses, en 1646, le

il y en eut entre Monsieur le Duc et M. le cardinal Mazarin, pour la charge d'amiral, que le premier prétendit par la mort de M. le duc de Brézé, son beau-frère[1]. Je ne parle point ici de ce détail, et parce qu'il n'altéra en rien la face des affaires, et parce qu'il n'y a point de Mémoire de ce temps-là où vous ne le trouviez imprimé[2].

Monsieur de Paris partit de Paris*, deux mois après mon sacre[3], pour aller passer l'été à Angers, dans une

---

secret que le duc d'Enghien avait fait à Monsieur de son projet d'aller prendre Dunkerque. (*Mémoires*, tome I, p. 286.)

1. Armand de Maillé, fils du maréchal de Brézé et frère de la duchesse d'Enghien; il était devenu duc de Fronsac par le testament du cardinal de Richelieu, et avait encore reçu, dans cette succession de son oncle, la charge de grand maître et de surintendant de la navigation; il fut tué en mer devant Orbitello en juin 1646. Voyez une *Notice* sur cet Armand de Maillé-Brézé, par Ph. Béclard, dans le *Répertoire archéologique de l'Anjou*, publié par la Société d'agriculture, sciences et arts d'Angers (1861, p. 1-7). — On refusa au duc d'Enghien l'amirauté, pour ne pas le rendre trop puissant en France, et elle fut donnée, mais bien plus tard, au duc de Beaufort.

2. Ici se trouve dans le ms R cette phrase biffée, qui se termine par quelques mots illisibles : « J'ai hâte de revenir à ce qui me touche et de vous.... » — Les ms H, Ch, et toutes les éditions anciennes l'ont omise. Celles de 1837 et de 1843 donnent *honte*, au lieu de *hâte*.

3. Nommé archevêque de Corinthe *in partibus infidelium et hæreticorum*, le 22 janvier 1644, le Coadjuteur fut sacré le 31 janvier de la même année. La *Gazette de Renaudot* parle de la cérémonie dans le numéro du 6 février : « Le dernier du passé, l'abbé de Raiz, coadjuteur en l'archevêché de cette ville, fut sacré dans l'église Notre-Dame, sous le titre d'archevêque de Corinthe, par notre archevêque, son oncle, assisté des évêques d'Orléans et de Meaux, en présence des cardinaux Mazarin et Grimaldi et de plus de trente évêques, outre plusieurs princes, ducs et officiers de la couronne, qui furent tous ensuite magnifiquement traités. » — Il y a des détails plus circonstanciés dans les *Registres capitulaires de Notre-Dame* (LL 296) : à la suite de la page 26, sont trois pages, non numérotées, en tête desquelles on lit ces mots : *Lu au chapitre le mercredi 27 janvier 1644; Mémoire pour le sacre de Monseigneur le Coad-*

abbaye qu'il y 'avoit, appelée Saint-Aubin, et il m'ordonna, quoique avec beaucoup de peine, de prendre soin de son diocèse. Ma première fonction¹ fut la visite des religieuses de la Conception², que la Reine me força de faire, parce que n'ignorant pas qu'il y avoit dans ce monastère plus de quatre-vingts filles, dont il y en avoit plusieurs de belles et quelques-unes de³ coquettes, j'avois peine à me résoudre à y exposer ma vertu. Il le fallut toutefois, et je la conservai avec l'édification du prochain, parce que je n'en vis jamais une seule au visage, et je ne leur parlai jamais qu'elles n'eussent le voile baissé; et cette conduite, qui dura six semaines, donna un merveilleux lustre à ma chasteté⁴. Je crois que les leçons que je recevois tous les soirs chez Mme de Pommereux⁵ la fortifioient beaucoup pour le lendemain. Ce qui est d'admirable, est que ces leçons, qui n'étoient

juteur; puis sur la page 34, blanche, est l'intitulé : *Conclusions touchant la réception de Monsieur le Coadjuteur;* de la page 35 à la page 40 : *Bulles pour le coadjuteur de Paris;* aux pages 40 et 41, la formule du serment : *Forma sacramenti;* enfin, à la suite et hors pagination, un acte notarié du serment de Retz. Voyez à l'*Appendice*. — Le départ de l'Archevêque, son oncle, pour Angers est du 31 mars 1644.

1. Retz écrit *function*.
2. Les filles de l'immaculée Conception, qu'on appelait aussi les *Récollettes*, étaient venues s'établir à Paris depuis peu, en 1637. Leur couvent était dans la rue du Bac.
3. Retz a ajouté *de* en interligne.
4. A ma charité. (1718 C, D, E.) — Après *charité* ou *chasteté*, il y a dans toutes les anciennes éditions une lacune, indiquée dans les unes (1717, 1717 A, 1718 B, F, 1719, 1723, 1731, 1751, 1777) par une note marquant que sept ou huit lignes ont été effacées, dans d'autres (1817-1828) par des points; rien n'indique la lacune dans 1718 C, D, E, et elle y est plus considérable, le texte ne reprenant qu'à : « Je continuai à faire. » Dans les autres éditions, le récit reprend dix lignes plus haut : « La dame eût été bien fâchée. »
5. Voyez ci-dessus, p. 179 et note 4.

plus secrètes[1], ne me nuisirent point dans le monde[2]. La dame eût été bien fâchée que l'on ne les eût pas sues; mais elle les mêloit, et à ma prière et parce qu'elle-même y étoit assez portée, de tant de diverses apparences, où il n'y avoit pourtant rien de réel, que notre affaire, en beaucoup de choses, avoit l'air de n'être pas publique, quoiqu'elle ne fût pas cachée. Cela paroît galimatias; mais il est de ceux que la pratique fait connoître quelquefois et que la spéculation ne fait jamais entendre. J'en ai remarqué de cette sorte en tout genre d'affaires.

Je continuai à faire dans le diocèse tout ce que la jalousie de mon oncle me permit d'y entreprendre sans le fâcher[3]. Mais comme, de l'humeur dont il étoit, il y avoit peu de choses qui ne le pussent fâcher, je m'appliquai bien davantage à tirer du mérite de ce que je n'y faisois

---

1. Nous avons dit plus haut, p. 179, note 4, et p. 180, note 1, qu'on en parlait en vers et en prose.

2. Cette phrase et la précédente : *Je crois*, etc., ont été effacées; mais l'emploi des réactifs en a rendu la lecture assez facile; la suite, jusqu'à la fin du paragraphe, est seulement biffée par un trait de plume. — M. Champollion fait remarquer que Retz, malgré ses mœurs déréglées, était du conseil de conscience pour la collation des bénéfices, en même temps que Vincent de Paul. On sait par Tallemant (tome V, p. 158) qu'il y soutint l'abbé de Lavardin, accusé d'athéisme, contre le P. Vincent (comme dit le chroniqueur), qui vouloit lui faire refuser l'épiscopat. Du reste, dans la suite, ce conseil ne fut plus que très-rarement assemblé par Mazarin, qui y redoutait l'influence de Vincent de Paul. Voyez M. Cousin, *Carnets de Mazarin*, *Journal des savants*, 1856, p. 59.

3. Tallemant (tome IV, p. 76) confirme ce mauvais vouloir de l'Archevêque contre Retz : « A la Régence il fit son neveu coadjuteur; mais il s'en repentit bientôt, et eut une jalousie enragée contre lui. Un jour qu'en descendant de carrosse il se fut laissé tomber voulant s'appuyer sur Ménage : « Ah! dit-il, de quoi m'a-« visai-je aussi de me vouloir appuyer sur un homme qui est à mon « coadjuteur? »

pas que de ce que je faisois ; et ainsi je trouvai le moyen de prendre même des avantages de la jalousie de Monsieur de Paris, en ce que je pouvois, à jeu sûr, faire paroître ma bonne intention en tout : au lieu que si j'eusse été le maître, la bonne conduite m'eût obligé à me réduire purement à ce qui eût été praticable.

M. le cardinal Mazarin m'avoua, longtemps après, dans l'intervalle de l'une de ces paix fourrées que nous faisions quelquefois ensemble, que la première cause de l'ombrage qu'il prit de mon pouvoir à Paris fut l'observation qu'il fit de ce manœuvre[1], qui étoit pourtant, à son égard, très-innocent. Un autre rencontre lui en donna avec aussi peu de sujet.

J'entrepris d'examiner la capacité de tous les prêtres du diocèse, ce qui étoit, dans la vérité, d'une utilité[2] inconcevable. Je fis pour cet effet trois tribunaux composés de chanoines, de curés et de religieux, qui devoient réduire tous les prêtres en trois classes, dont la première étoit des capables, que l'on laissoit dans l'exercice de leurs fonctions ; la seconde, de ceux qui ne l'étoient pas, mais qui le pouvoient devenir ; la troisième, de ceux qui ne l'étoient pas et qui ne le pouvoient jamais être. On séparoit ceux de ces deux dernières classes : l'on les interdisoit de leurs fonctions ; l'on les mettoit dans des maisons distinctes, et l'on instruisoit les uns et l'on se contentoit d'apprendre purement aux autres les règles de la piété. Vous jugez bien que ces établissements devoient être d'une dépense immense ;

---

1. Les ms H, Ch, et toutes les éditions anciennes et récentes ont fait *manœuvre* du féminin ; en outre, les éditions de 1837-1866 mettent le mot au pluriel : *ces manœuvres*. — Partout aussi, excepté dans l'édition de 1837, on a mis *une*, au lieu d'*un*, devant *rencontre* à la ligne suivante.

2. D'abord : *nécessité*, biffé.

mais l'on m'apportoit des sommes considérables de tous côtés. Toutes les bourses des gens de bien s'ouvrirent avec profusion.

Cet éclat fâcha le Ministre, et[1] il fit que la Reine manda, sous un prétexte frivole, Monsieur de Paris, qui, deux jours après qu'il fut arrivé, me commanda, sous un autre encore plus frivole, de ne pas continuer l'exécution de mon dessein[2]. Quoique je fusse très-bien averti, par mon ami l'aumônier, que le coup me venoit de la cour, je le souffris avec bien plus de flegme qu'il n'appartenoit à ma vivacité. Je n'en témoignai quoi que ce soit, et je demeurai dans ma conduite ordinaire à l'égard de Monsieur le Cardinal. Je ne parlai pas si judicieusement sur un autre sujet, quelques jours après, que j'avois agi sur celui-là. Le bon homme M. de Morangis[3] me disant,

1. *Et* est en interligne, de même que deux lignes plus loin le mot *jours*, que l'auteur avait d'abord omis.
2. L'*Histoire des institutions d'éducation ecclésiastique*, par Augustin Theiner (traduction de J. Cohen, 2 volumes in-8°, 1841), et l'*Essai historique sur l'influence de la religion en France pendant le* XVIIe *siècle*, par Picot (2 volumes in-8°, 1824), ne font nulle mention de Retz dans les nombreux essais de réforme ecclésiastique qui datent de cette époque. Le tableau, tracé par le Coadjuteur, de l'ignorance du clergé, à la suite des guerres religieuses, est loin d'être exagéré; mais l'intervention de l'archevêché de Paris, pour corriger et instruire, ne paraît en rien. L'honneur des grandes améliorations d'alors doit être rapporté tout particulièrement à cinq hommes : Vincent de Paul, Bérulle, Bourdoise, Ollier et Eudes. Ajoutons que Retz était assez éclairé pour en avoir senti la nécessité, et n'eût été la jalousie de son oncle, peut-être il eût mérité, tout corrompu qu'il était dans sa vie privée, d'inscrire son nom à côté de celui des cinq pieux réformateurs de l'Église gallicane.
3. Antoine de Barillon, seigneur de Morangis, maître des requêtes, conseiller d'État, et plus tard directeur des finances, l'un des deux fidéicommissaires par l'entremise desquels Bernard de Sainte-Thérèse, évêque de Babylone, fonda en 1663 le séminaire des Missions étrangères. Il était ami de Vincent de Paul, qui eut une grande influence sur son neveu, Henri de Barillon, évêque de Lu-

dans la cellule du prieur des Chartreux¹, que je faisois trop de dépense, comme il n'étoit que trop vrai que je la faisois excessive², je lui répondis fort étourdiment : « J'ai bien supputé ; César, à mon âge, devoit six fois plus que moi. » Cette parole, très-imprudente en tout sens, fut rapportée par un malheureux docte³ qui se trouva là à M. de Servient⁴, qui la dit malicieusement à Monsieur le Cardinal. Il s'en moqua, et il avoit raison; mais il la remarqua, et il n'avoit pas tort.

*L'assemblée du clergé se tint en 1645⁵. J'y fus invité

çon, et l'un des prélats les plus recommandables de l'Église gallicane. Ces Barillon étaient aussi très-liés avec l'abbé de Rancé, réformateur de la Trappe.

1. Les ms H, Ch, et toutes les anciennes éditions donnent : « dans la cellule du prieur de *la* Chartreuse, » excepté 1751, 1777 et 1825, qui portent : « *sa* Chartreuse. » — Les Chartreux s'étaient établis à Paris sous le règne de saint Louis. Leur monastère, dont le portail était sur la rue d'Enfer, occupait un vaste terrain, qui, après la suppression des ordres religieux, fut en grande partie ajouté au jardin du Luxembourg.

2. Les ms H, Ch, et toutes les anciennes éditions, excepté celle de 1717, portent : « trop de dépense, ce qui n'étoit que trop vrai, car je la faisois excessive. » — Celle de 1717 donne : « trop de dépense, et il n'étoit que trop vrai que je, etc. »

3. Les ms H, Ch, et toutes les éditions, excepté 1718 C, D, E, donnent : « par un malheureux docteur. »

4. Abel Servien (Retz écrit *Servient*), marquis de Sablé, comte de la Roche des Aubieu, successivement secrétaire d'État de la guerre, surintendant des finances, etc., mourut en 1659, âgé de soixante-cinq ans. — Nous trouvons encore ici une de ces inexactitudes que nous avons si souvent occasion de relever chez notre auteur. Servien, parti dès le mois de décembre 1643, avant le sacre du Coadjuteur par conséquent, en qualité de négociateur pour la paix au congrès de Munster, ne revint en France qu'après le traité conclu, en 1648 : ce n'est donc pas lui qui a pu redire malicieusement à Mazarin la parole imprudente de Retz.

5. Elle s'ouvrit au couvent des Grands-Augustins, à Paris, le 26 mai 1645, et fut close le 28 juillet 1646. Les assemblées générales ou « états généraux de l'Église gallicane, composés des prélats les

comme diocésain, et elle se peut dire le véritable écueil de ma médiocre faveur.

M. le cardinal de Richelieu[1] avoit donné une atteinte cruelle à la dignité et à la liberté du clergé dans l'assemblée de Mantes[2], et il avoit exilé, avec des circonstances atroces, six de ses prélats les plus considérables[3].

plus éminents et des prêtres les plus distingués, étaient tout à la fois, dit M. Curnier, dans sa *Vie du cardinal de Retz* (tome I, p. 83), une cour des comptes à l'égard des agents financiers du clergé, une sorte de cour d'appel pour ceux de ses membres qui avaient à se plaindre de quelque abus de pouvoir, et comme un concile national pour les affaires religieuses du royaume, embrassant ainsi dans leurs attributions le spirituel et le temporel. Ils dépouillaient les cahiers où chaque province consignait ses réclamations et ses vœux, et en faisaient l'objet d'un examen sérieux, qui les amenait souvent à traiter les plus hautes questions. Ils adressaient de respectueuses remontrances au Roi, quand un acte de l'autorité civile, un arrêt de l'autorité judiciaire, portaient atteinte aux droits et aux priviléges qu'ils avaient mission de sauvegarder et de défendre. Ils votaient enfin, comme don volontaire, les subsides que le gouvernement leur demandait, aucun impôt ne pouvant être prélevé sur les revenus du clergé sans son consentement formel, et ils en opéraient la répartition entre toutes les provinces. »

1. M. le cardinal de Retz. (1718 C, D, E.)

2. L'assemblée de Mantes fut tenue en 1641. Voyez *l'Administration en France sous le cardinal de Richelieu*, par J. Caillet, tome I, p 140, et le tome III (p. 1 à 110) de la *Collection des Procès-verbaux des assemblées générales du clergé de France depuis l'an 1560 jusqu'à présent*, publiée par les abbés Duranthon, du Saulzet et Gaudin, sous la direction de M. Moreau, évêque de Mâcon, 1767-1780, 10 volumes in-folio. — Cette assemblée finit par consentir, le 27 mai 1641, à donner à Richelieu cinq millions et demi.

3. Les archevêques de Sens et de Toulouse, les évêques d'Évreux, de Maillezais, de Bazas et de Toulon. L'archevêque de Toulouse, Charles de Montchal, a laissé deux volumes de mémoires sur l'assemblée de 1641, *contenant*, dit le titre, *des particularités de la vie et du ministère du cardinal de Richelieu* (Rotterdam, 1718, 2 volumes in-12). Cet ouvrage avait été imprimé d'une manière fort incorrecte. L'*Europe savante* (novembre 1718, p. 3-42) en donne une analyse, suivie d'additions et de corrections tirées d'un manuscrit. — Pour les circonstances du congé ou exil des six prélats, voyez la note

On résolut, en celle de 1645, de leur faire quelque sorte de réparation, ou plutôt de donner quelque récompense d'honneur à leur fermeté, en les priant de venir prendre place dans la Compagnie, quoiqu'ils n'y fussent pas députés[1]. Cette résolution, qui fut prise d'un consentement général dans les conversations particulières, fut portée innocemment et sans aucun mystère

suivante. — A l'assemblée de 1645, Mazarin, pour arriver à ses fins, s'y prit autrement que n'avait fait Richelieu. Il « suspendit la collation des bénéfices et des abbayes, pendant tout le temps que dura l'Assemblée, pour la rendre paisible et soumise, grâce aux espérances qu'il prodigua à chacun de ses membres. » (M. Cousin, *Carnets de Mazarin, Journal des savants*, 1855, p. 27.)

1. Montchal, archevêque de Toulouse, l'un des exilés de 1641, fut un des prélats désignés pour présider, en l'absence des cardinaux de Lyon et Mazarin, l'assemblée de 1645, où il avait été, lui, député selon les formes, et où il défendit encore les immunités ecclésiastiques. — Le 1er juillet, il fut prié de raconter ce qui s'était passé en l'assemblée de Mantes. L'extrait suivant de son discours montre ce qu'il faut entendre par « les circonstances atroces » dont vient de parler notre auteur : « Quelques jours après, le commissaire du Roi étant revenu dans l'Assemblée, fit commandement de la part de Sa Majesté aux présidents et à quatre autres prélats étant en rochet et camail à la tête de la compagnie, d'en sortir à l'instant même, et de la ville dans le jour, et de se retirer dans leurs diocèses sans passer par Paris; je ne dirai rien des paroles ni des circonstances par lesquelles on tâcha d'augmenter la confusion qui, jetée sur nos personnes, rejaillissoit sur tout notre ordre. Je ne dirai rien encore des libelles diffamatoires publiés contre nous par toute la France.... Je ne puis omettre toutefois qu'il nous fut dit que nous répondrions par nos têtes des émotions qui arriveroient dans les provinces pour la levée des deniers accordés au Roi, comme si on ne se contentoit pas d'attenter sur le temporel de l'Église, mais que pour violer son immunité en tous ses chefs, on voulût encore entreprendre sur sa juridiction, et exposer à la puissance temporelle les têtes sacrées de ses prélats contre toutes les formes ordinaires. De quoi M. le nonce Grimaldy s'étant plaint, cette parole fut désavouée, et n'a pas été mise au procès-verbal. » (*Procès-verbal de l'assemblée générale du clergé de France, tenue à Paris.... en l'année mil six cent quarante-cinq*, Paris, Antoine Vitré, M.DC.XLV, in-folio, p. 79.)

dans l'Assemblée, où l'on ne songea pas seulement que la cour y pût faire réflexion ; et il arriva par hasard que lorsque l'on y délibéra, le tour, qui tomba ce jour-là sur la province de Paris, m'obligea à parler le premier[1].

J'ouvris donc l'avis, selon que nous l'avions tout concerté[2], et il fut suivi de toutes les voix[3]. A mon retour

1. Les *Procès-verbaux* parlent de la délibération qui suivit le discours de l'archevêque de Toulouse dont nous avons donné un extrait dans la note précédente; mais ils ne nomment ni Retz ni aucun des orateurs qui y prirent part. Le coadjuteur de Paris fut nommé commissaire, avec celui de Chartres, pour aller porter l'invitation de l'Assemblée à l'évêque de Toulon, un des six prélats, alors présent à Paris. Le 3 juillet, il prit la parole pour apprendre à la Compagnie que l'évêque de Toulon se rendrait avec reconnaissance à cette invitation. Voyez au tome III, p. 148 et 149, de la *Collection* citée plus haut (p. 245, note 2).

2. Les ms H, Ch, et toutes les anciennes éditions omettent le mot *tout;* les éditions modernes, depuis 1837, ont remplacé *tout* par *tous*, qui semble préférable; mais *tout* est très-lisible.

3. « Nous avons, dit M. Bazin, des *Mémoires* manuscrits sur la conduite ecclésiastique du cardinal de Retz, écrits avec une admirable naïveté, et qui témoignent de la considération que ce prélat, fort indigne, avait acquise et conservée dans le clergé. Ce sont ceux dont on a toujours publié un fragment à la suite des *Mémoires de Guy Joly*, en les attribuant à Claude Joly, chanoine de Paris, mort en 1700, quoique le manuscrit d'où ce fragment est tiré ait été au moins achevé après 1717. Nous nous en servirons pour suivre le Cardinal dans cette partie de sa vie, la seule dont semble s'être douté l'écrivain des *Mémoires*[a]. « La première résolution, « y est-il dit, qui fut prise par le clergé dans l'assemblée de 1645, « sur la proposition du coadjuteur de l'archevêque de Paris, comme « élu de la députation de sa province[b], fut, — pour se procurer à

(a) Ces *Mémoires* manuscrits attribués à Claude Joly appartenaient-ils à M. Bazin? Le catalogue de sa bibliothèque n'en fait point mention; ses héritiers, MM. Sallard, n'ont pu les retrouver, et n'en ont point connaissance; nous les avons vainement cherchés dans tous les dépôts publics de Paris

(b) Le 29 mai, l'abbé Charrier était venu dire à l'Assemblée « avoir charge de Monseigneur le coadjuteur de Paris de déclarer que ledit seigneur coadjuteur ne pouvoit accepter la députation faite de sa personne, pour de grandes considérations qui l'obligeoient d'en user ainsi. » Le 16 juin, la Compagnie envoya des députés à l'archevêque de Paris et à lui, pour les prier « de vouloir venir à l'Assemblée. » Le 20, Monseigneur de Seez rendit compte de la

chez moi, je trouvai l'argentier[1] de la Reine qui me portoit ordre de l'aller trouver à l'heure même. Elle étoit sur son lit, dans sa petite chambre grise, et elle me dit avec un ton de voix fort aigre, qui lui étoit assez naturel, qu'elle n'eût jamais cru que j'eusse été capable de lui manquer au point que je venois de le faire, dans une occasion qui blessoit la mémoire du feu Roi son seigneur. Il ne me fut pas difficile de la mettre en état de ne pouvoir que me dire sur mes raisons, et elle en sortit par le commandement qu'elle me fit de les aller faire connoître à Monsieur le Cardinal. Je trouvai qu'il les entendoit aussi peu qu'elle. Il me parla de l'air du monde le plus haut ; il ne voulut point écouter mes justifications, et il me déclara qu'il me commandoit, de la part du Roi, que je me rétractasse le lendemain en pleine assemblée. Vous croyez bien qu'il eût[2] été difficile de m'y résoudre. Je ne m'emportai toutefois nullement ; je ne sortis point du respect, et comme je vis que ma soumission ne gagnoit rien sur son esprit, je pris le parti d'aller trouver Monsieur d'Arles[3], sage et mo-

« lui-même la réparation de l'injure qu'on lui avoit faite en 1641,
« en la personne de six de ses plus illustres prélats, en leur fai-
« sant commander, au nom et de la part du Roi, de sortir des places
« qu'ils tenoient alors dans l'assemblée générale du clergé convoqué
« à Mantes, — d'inviter ceux d'entre eux que leurs provinces n'a-
« voient pas choisis ni nommés pour députés à l'assemblée tenant
« en 1645 à Paris, d'y venir reprendre leurs mêmes places. » On
voit qu'ici le témoignage est conforme au dire de Retz. »

1. L'argentier ou trésorier de l'argenterie était l'officier chargé de toutes les dépenses de la chambre et de la garde-robe.

2. Première rédaction : *meust*, pour *m'eût* (Retz omet les apostrophes) ; le pronom est biffé.

3. François d'Adhémar de Grignan, le coadjuteur de 1643.

visite faite aux deux prélats ; et le 21, Retz entra en l'Assemblée, et s'étant assis en son rang d'archevêque, exprima ses remercîments pour l'honneur qui lui avait été fait. Voyez la *Collection des Procès-verbaux*, tome III, p. 116, 122, 123 et 124.

déré, et de le prier de vouloir bien se joindre à moi pour faire entendre ensemble nos raisons à Monsieur le Cardinal. Nous y allâmes, nous lui parlâmes, et nous conclûmes, en revenant de chez lui, qu'il étoit l'homme du monde le moins entendu dans les affaires du clergé. Je ne me souviens pas précisément de la manière dont cette affaire s'accommoda[1]; je crois de plus que vous n'en avez pas grande curiosité, et je ne vous en ai parlé un peu au long que pour vous faire connoître et que je n'ai eu aucun tort dans le premier démêlé que j'ai eu avec la cour, et que le respect que j'eus pour M. le cardinal Mazarin, à la considération de la Reine, alla jusques à la patience[2].

J'en eus encore plus de besoin, trois ou quatre mois après, dans une occasion que son ignorance lui fournit d'abord, mais que sa malice envenima. L'évêque de Varmie[3], l'un des ambassadeurs qui venoient querir la

1. De la manière que cette affaire s'accommoda. (Ms H, Ch, 1717 A, 1718 B, F.) Ce *que*, au lieu de *dont*, pourrait bien être de Retz, dans une rédaction antérieure: — Nous ne voyons point ailleurs que cette première résolution du clergé soit devenue une affaire qui ait eu des suites et ait donné lieu à un accommodement
2. Nous avons déjà fait remarquer l'habile tactique du narrateur. Il ne néglige rien pour se concilier le lecteur, et, par la manière dont il présente les choses, il le dispose à prendre parti pour lui contre la cour au grand jour des barricades.
3. « *Ermeland*, en latin *Varmia*, petit pays de la Pologne, dans la Prusse royale, dont il est une des quatre parties, au palatinat de Marienbourg. Ceux du dehors l'appellent souvent Warmeland. Sa principale ville est Heilsberg, où est la résidence ordinaire des évêques de Varmie (ou *Warmie*). » (*Dictionnaire géographique.... de la Martinière.*) — L'évêque de Warmie était alors Wenceslas comte de Lesno, si nous nous en rapportons à une curieuse brochure intitulée : *Oratio ad Serenissimam et Potentissimam Polonorum et Suecorum reginam Aloysiam Mariam Mantuanam*. Dans cet écrit, la Pologne exhorte sa reine à venir en toute diligence dans son royaume (Bibliothèque impériale, Fonds français, 23 044, pièce 37; la traduction forme la pièce 38, et est suivie d'un sonnet et d'une ode à la même princesse, qui portent le numéro 39).

reine de Pologne[1], prit en gré de vouloir faire la cérémonie du mariage dans Notre-Dame[2]. Vous remarquerez, s'il vous plaît, que les évêques et archevêques de Paris n'ont jamais cédé ces sortes de fonctions dans leur église qu'aux cardinaux de la maison royale ; et que mon oncle avoit été blâmé au dernier point par tout son clergé, parce qu'il avoit souffert que M. le cardinal de la Rochefoucauld mariât la reine d'Angleterre[3].

Il étoit parti justement pour son second voyage d'Anjou la veille[4] de la Saint-Denis ; et le jour de la fête[5], Saintot, lieutenant des cérémonies, m'apporta, dans Notre-Dame même, une lettre de cachet, qui m'ordonnoit de faire préparer l'église pour Monsieur l'évêque de Varmie, et qui me l'ordonnoit dans les mêmes termes dans lesquels on commande au prévôt des marchands de préparer l'Hôtel de ville pour un ballet. Je fis voir la lettre

1. Marie-Louise de Gonzague, née vers 1612, fille de Charles, duc de Nevers en France, puis duc souverain de Mantoue, et de Catherine de Lorraine-Mayenne. Après avoir été courtisée par Gaston d'Orléans et par Cinq-Mars, elle venait d'être choisie pour femme par Wladislas VII, roi de Pologne, qui envoya au mois d'octobre 1645 trois ambassadeurs la chercher en France. Tallemant parle de ce mariage, tome III, p. 303. Cette princesse épousa en secondes noces, le 4 mars 1649, Jean-Casimir, roi de Pologne, son beau-frère. Chassée par les grands avec son second mari, elle l'empêcha d'abdiquer. Elle mourut en 1667.

2. Mme de Motteville (tome I, p. 252 et suivantes) décrit, dans les plus grands détails, les cérémonies de ce mariage et la toilette de la reine de Pologne. Voyez aussi les *Mémoires de Mademoiselle*, édition Chéruel, tome I, p. 129 et suivantes, et les *Mémoires de Michel de Marolles*, abbé de Villeloin, tome I, p. 302 et suivantes (Amsterdam, 1755).

3. Henriette-Marie de France, fille de Henri IV, mariée à Charles Ier, à Notre-Dame, le 11 mai 1625, le cardinal de la Rochefoucauld officiant.

4. Retz écrit : *veiulle*. Son orthographe est la même ci-après, p. 253, ligne 7.

5. Le 9 octobre.

SECONDE PARTIE. [1645]

de cachet au Doyen[1] et aux chanoines, qui étoient avec moi ; et je leur dis en même temps que je ne doutois point que ce ne fût une méprise de quelque commis de secrétaire d'État ; que je partirois, dès le lendemain, pour Fontainebleau, où étoit la cour[2], et pour éclaircir moi-même ce malentendu. Ils étoient fort émus, et ils vouloient venir avec moi à Fontainebleau. Je les en em-

1. Le doyen du chapitre était alors (1632-1651) Nicolas Tudert.
2. Les *Registres capitulaires de Notre-Dame* (Archives de l'Empire, LL 296, p. 517-538), tout en diminuant légèrement le rôle de Retz, confirment son récit. Le 7 octobre 1645, lettre du Roi à l'archevêque de Paris, « priant de donner toute liberté au sieur Saintot pour faire faire dans votre église et dans votre maison les accommodements qu'il trouvera à propos d'y être faits pour le mariage de la reine de Pologne. » En l'absence de l'Archevêque, Retz nomme une commission, composée des archidiacres de Paris et de Josas, et des chanoines Martineau et Bochart, pour s'entendre avec Saintot, tout en gardant les droits appartenant à l'Église (*pro conservatione jurium et rerum ad ecclesiam pertinentium, diligenter faciant cum domino Saintot*). L'accord n'ayant pu s'ensuivre, une députation du Chancelier et des chanoines Ladvocat, Parfait, de Bernage et Bochart, est nommée le 16 octobre pour accompagner à Fontainebleau le Coadjuteur : *ut quæ ad conservationem authoritatis et jurisdictionis præfati Domini Illustrissimi et Reverendissimi Coadjutoris, in celebratione dictarum nuptiarum per eum facienda, et aliarum rerum jura capituli spectantium fideliter juxta statum exhibitum exponant, contra eos qui eas celebrare prætenderent.* Le 23 octobre, la députation, étant de retour, fit son rapport au chapitre : *exposuerunt et retulerunt nihil adhuc certo determinatum fuisse in consilio Regis, super declaratione et determinatione præfati Domini Coadjutoris, nihil de jure et possessione celebrandi dictas nuptias remittere volentis, sed remissum esse hujus modi negotium ad colloquium quod super ea re cum legatis et episcopo de Varmie habebitur.* Des remercîments particuliers furent adressés à la députation, et surtout au Coadjuteur, pour sa fermeté à défendre les droits de l'Église devant la Reine, le cardinal Mazarin et les principaux ministres (*gratias referant ex parte capituli Illustrissimo et Reverendissimo Domino Coadjutori de singulari ejus erga capitulum et canonicos studio et in conservandis juribus ipsius capituli apud Reginam et ministros consilii Regis protectione*). Mention était faite de Mazarin en particulier un peu plus haut.

pêchai, en leur promettant de les mander si il en étoit besoin.

J'allai descendre chez Monsieur le Cardinal. Je lui représentai les raisons et les exemples. Je lui dis qu'étant son serviteur aussi particulier que je l'étois, j'espérois qu'il me feroit la grâce de les faire entendre à la Reine; et j'ajoutai assurément tout ce qui l'y pouvoit obliger.

C'est en cette occasion où je connus qu'il affectoit de me brouiller avec elle; car, quoique je visse clairement que les raisons que je lui alléguois le touchoient, au point d'être certainement fâché d'avoir donné cet ordre devant que d'en savoir la conséquence, il se remit après un peu de réflexion, et il l'opiniâtra[1] de la manière du monde la plus engageante et la plus désobligeante[2]. Comme je parlois au nom et de Monsieur l'Archevêque et de toute l'Église de Paris, il éclata comme il eût pu faire si un particulier, de son autorité privée, l'eût voulu haranguer à la tête de cinquante séditieux. Je lui en voulus faire voir, avec respect, la différence; mais il étoit si ignorant de nos mœurs et de nos manières, qu'il prenoit tout de travers le peu que l'on lui en vouloit faire entendre. Il finit brusquement et incivilement la conversation, et il me renvoya à la Reine. Je la trouvai sifflée et aigrie; et tout ce que j'en pus tirer fut qu'elle donneroit audience au chapitre, sans lequel je lui déclarai que je ne pouvois ni ne devois rien conclure.

Je le mandai à l'heure même. Le Doyen arriva le len-

---

1. Les ms H, Ch, et toutes les éditions anciennes et modernes donnent : « s'opiniâtra. »

2. Les ms H, Ch, et toutes les anciennes éditions n'ont mis qu'une épithète, qui varie même beaucoup : « la plus messéante » (ms H, Ch, 1717 A, 1718 B, F); « la plus extravagante » (1717, 1719-1828); « la plus engageante » (1718 C, D, E).

demain avec seize députés[1]. Je les présentai : ils parlèrent, et ils parlèrent très-sagement et très-fortement. La Reine nous renvoya à Monsieur le Cardinal, qui, pour vous dire le vrai, ne nous dit que des impertinences; et comme il ne savoit encore que très-médiocrement la force des mots françois, il finit sa réponse en me disant que je lui avois parlé la veille fort insolemment. Vous pouvez juger que cette parole me choqua. Comme toutefois j'avois pris une résolution ferme de faire paroître de la modération, je ne lui répondis qu'en souriant, et je me tournai aux députés, en leur disant : « Messieurs, le mot est gai. » Il se fâcha de mon souris, et il me dit d'un ton très-haut : « A qui croyez-vous parler ? Je vous apprendrai à vivre. » Je vous confesse que ma bile s'échauffa. Je lui répondis que je savois fort bien que j'étois le coadjuteur de Paris qui parlois[2] à M. le cardinal Mazarin; mais que je croyois que lui pensoit être le cardinal de Lorraine qui parloit au suffragant de Metz[3]. Cette ex-

1. Il a été dit plus haut, d'après les *Registres capitulaires* (voyez p. 251, note 2), que le Coadjuteur avait déjà avec lui le Chancelier et quatre chanoines.
2. Que c'étoit le coadjuteur de Paris qui parloit. (1837-1866.)
3. L'épiscopat de Metz fut comme la propriété de la maison de Lorraine, de 1484 à 1607. Six princes de cette famille, dont quatre cardinaux, l'occupèrent successivement. Le plus célèbre d'entre eux fut Charles I (fils de Claude premier duc de Guise), cardinal de Lorraine, et déjà archevêque de Reims. — *Suffragant*, dans un de ses sens, désigne un évêque qui fait les fonctions épiscopales dans le diocèse d'un autre évêque. Sous les princes lorrains, l'évêché de Metz fut souvent administré par des suffragants, soit parce que les titulaires étaient trop jeunes, soit parce qu'ils occupaient en même temps d'autres siéges (le cardinal Jean en eut jusqu'à dix). Très-souvent ils traitaient leurs suffragants avec fort peu d'égards. François de Beaucaire de Péguillon, en faveur de qui Charles I s'était démis de l'évêché de Metz, en se réservant les revenus, l'administration du temporel et le titre de légat apostolique dans les trois évêchés (Metz, Toul et Verdun), se plaignait que le puissant cardi-

pression, que la chaleur me mit à la bouche, réjouit les assistants, qui étoient en grand nombre.

Je ramenai les députés du chapitre dîner chez moi; et nous nous préparions[1] pour retourner aussitôt après à Paris, quand nous vîmes entrer M. le maréchal d'Estrées, qui venoit pour m'exhorter de ne point rompre, et pour me dire que les choses se pourroient accommoder. Comme il vit que je ne me rendois pas à son conseil, il s'expliqua nettement, et il m'avoua qu'il avoit ordre de la Reine de m'obliger à aller chez elle. Je ne balançai point; j'y menai les députés. Nous la trouvâmes radoucie, bonne, changée à un point que je ne vous puis exprimer. Elle me dit, en présence des députés, qu'elle avoit voulu me voir, non pas pour la substance de l'affaire, pour laquelle il seroit aisé de trouver des expédients, mais pour me faire une réprimande de la manière dont j'avois parlé à ce pauvre Monsieur le Cardinal, qui étoit doux comme un agneau, et qui m'aimoit comme son fils. Elle ajouta à cela toutes les bontés possibles, et elle finit par un commandement qu'elle fit au Doyen et aux députés de me mener chez Monsieur le Cardinal, et d'aviser ensemble ce qu'il y auroit[2] à faire. J'eus un peu de peine à faire ce pas, et je marquai à la Reine qu'il n'y auroit eu[3] qu'elle au monde qui m'y auroit pu obliger.

Nous trouvâmes le Ministre encore plus doux que la maîtresse. Il me fit un million d'excuses du terme *insolemment*[4]. Il me dit, et il pouvoit être vrai, qu'il avoit

nal ne lui eût donné aucun domicile dans la ville épiscopale. — Un fait à rapprocher de la parole de Retz, c'est que le cardinal Mazarin eut quelques années après (1653-1658) le titre d'évêque de Metz.

1. Préparâmes. (1837-1866.)
2. D'aviser.... à ce qu'il y avoit. (1837-1866.)
3. Qu'il n'y avoit. (1843-1866.)
4. Du terme *insolent*. (Ms H, Ch, 1717 A, 1718 B, F.)

cru qu'il signifiât *insolito*[1]. Il me fit toutes les honnêtetés imaginables, mais il ne conclut rien, et il nous remit à un petit voyage qu'il croyoit faire au premier jour à Paris. Nous y revînmes pour attendre ses ordres; et quatre ou cinq jours après, Saintot, lieutenant des cérémonies, entra chez moi à minuit, et il me présenta une lettre de Monsieur l'Archevêque, qui m'ordonnoit de ne m'opposer en rien aux prétentions de Monsieur l'évêque de Varmie, et de lui laisser faire la cérémonie du mariage. Si j'eusse été bien sage, je me serois contenté de ce que j'avois fait jusque-là, parce qu'il est toujours judicieux de prendre toutes les issues que l'honneur permet pour sortir des affaires que l'on a avec la cour; mais j'étois jeune, et j'étois de plus en colère, parce que je voyois que l'on m'avoit joué à Fontainebleau, comme il étoit vrai, et que l'on ne m'avoit bien traité en apparence que pour se donner le temps de dépêcher à Angers un courrier à mon oncle. Je ne fis toutefois rien connoître de ma disposition à Saintot : au contraire, je lui témoignai joie[2] de ce que Monsieur de Paris m'avoit tiré d'embarras. J'envoyai querir, un quart d'heure après, les principaux du chapitre, qui étoient tous dans ma disposition. Je leur expliquai mes intentions, et Saintot, qui, le lendemain au matin, les fit assembler, pour leur donner aussi, selon la coutume, leur lettre de cachet, s'en retourna à la cour avec cette réponse : « Que Monsieur l'Archevêque pouvoit disposer comme il lui plairoit de la nef; mais que comme le chœur étoit au chapitre, il ne le céderoit jamais

---

1. *Inusité, extraordinaire*, en italien. C'est là, en effet, un des sens, et le sens premier, du mot latin *insolens*, et ses dérivés *insolenter, insolentia* ont des significations analogues. Mais il n'en est pas de même dans la langue de Mazarin : en italien, *insolente, insolentemente* répondent bien au français *insolent, insolemment*.

2. Les ms H, Ch, et toutes les éditions antérieures à 1837 donnent : « je lui témoignai de la joie. »

qu'à son archevêque ou à son coadjuteur. » Le Cardinal entendit bien ce jargon, et il prit le parti de faire faire la cérémonie dans la chapelle du Palais-Royal, dont il disoit que le Grand Aumônier étoit évêque. Comme cette question étoit encore plus importante que l'autre, je lui écrivis pour lui en représenter les inconvénients. Il étoit piqué, et il tourna ma lettre en raillerie. Je fis voir à la reine de Pologne que si elle se marioit ainsi, je serois forcé, malgré moi, de déclarer son mariage nul; mais qu'il y avoit un expédient, qui étoit qu'elle se mariât véritablement dans le Palais-Royal, mais que l'évêque de Varmie vînt chez moi en recevoir la permission par écrit. La chose pressoit : il n'y avoit pas de temps pour attendre une nouvelle permission d'Angers. La reine de Pologne ne vouloit rien laisser de problématique dans son mariage, et la cour fut obligée de plier et de consentir à ma proposition, qui fut exécutée[1].

Voilà un récit bien long, bien sec et bien ennuyeux; mais comme ces trois ou quatre petites brouilleries que j'eus en ce temps-là ont eu beaucoup de rapport aux plus[2] grandes qui sont arrivées dans les suites[3], je crois

---

1. Le mariage eut lieu, en effet, le 5 novembre 1645, dans la chapelle du Palais-Royal, où la messe fut dite par l'évêque de Varmie. « Mme de Motteville, fait remarquer M. Bazin, ne paraît avoir rien su de ce grand débat avec le Coadjuteur, non plus que Mademoiselle. » La première dit seulement (tome I, p. 251) : « On eut quelque dessein de célébrer ce mariage avec les cérémonies requises en de telles occasions, afin de faire voir la grandeur de la France à cette barbare nation; mais comme les rangs n'y sont point réglés, et que chaque prince veut aller devant les autres, on s'arrêta sur cette difficulté, qui ne put se lever.... Tant d'anciennes disputes se renouvelèrent que la Reine jugea plus à propos d'en étouffer la suite en faisant cette cérémonie en particulier. »

2. *Plus* est écrit en interligne, de même que *petites*, deux lignes plus haut.

3. D'Ormesson confirme ce que dit Retz, et lui donne raison

qu'il est comme nécessaire de vous en parler, et je vous supplie, par cette raison, d'avoir la bonté d'essuyer encore deux ou trois[1] historiettes de même nature, après lesquelles je fais état d'entrer dans des matières et plus importantes et plus agréables.

Quelque temps après le mariage de la reine de Pologne, *M. le duc d'Orléans vint, le jour de Pâques[2], à Notre-Dame, à vêpres, et un officier de ses gardes, ayant trouvé, devant qu'il y fût arrivé, mon drap de pied à ma place ordinaire, qui étoit immédiatement au-dessous de la chaire de Monsieur l'Archevêque, l'ôta, et y mit celui de Monsieur. L'on m'en avertit aussitôt, et comme la moindre ombre de compétence avec un fils[3] de France a un grand air de ridicule, je répondis même assez aigre-

---

contre M. Bazin, qui, on vient de le voir, incline à conclure du silence de Mme de Motteville et de Mademoiselle de Montpensier que ce débat est encore une invention de notre auteur. Voici ce que d'Ormesson écrit à la date du 30 mars 1649, après la signature de la paix de Saint-Germain : « J'appris hier que l'origine de toute cette belle guerre (*la guerre de Paris*) venoit de ce que la Reine ayant prétendu faire faire la cérémonie du mariage de la reine de Pologne dans Notre-Dame par l'évêque de Varmie, qui étoit l'Ambassadeur, Monsieur le Coadjuteur prétendit que cela lui appartenoit; sur quoi s'étant pris de parole avec Monsieur le Cardinal, Monsieur le Cardinal lui dit : « Vous êtes un joli mignon de prétendre l'empêcher; » à quoi le Coadjuteur répondit que c'étoit lui qui étoit bien joli de lui parler de la sorte, et qu'il empêcheroit que la cérémonie ne se fît dans Notre-Dame; que de ce moment il résolut de se venger du Cardinal, et se joignit avec Mme de Longueville, qui étoit indignée du retour de M. de Longueville (*de la conférence de Munster*) et du peu de cas que le Cardinal en avoit fait; et tous deux ensemble ont commencé cette belle ligue entre les généraux, et se sont servis du mécontentement du Parlement, qu'ils ont allumé par leurs intrigues. » (*Journal d'Olivier d'Ormesson*, publié par M. Chéruel, tome I, p. 727 et 728.)

1. Les mots *deux ou trois* sont en interligne, au-dessus de *une*, biffé.

2. Le 1er avril 1646. — 3. Dans le ms R, *fis*, sans *l*.

ment à ceux du chapitre qui m'y voulurent faire faire réflexion. Le théologal[1], qui étoit homme de doctrine et de sens, me tira à part; il m'apprit là-dessus un détail que je ne savois pas. Il me fit voir la conséquence qu'il y avoit à séparer, pour quelque cause que ce pût être, le Coadjuteur de l'Archevêque. Il me fit honte, et j'attendis Monsieur à la porte de l'église, où je lui représentai ce que, pour vous dire le vrai, je ne venois que d'apprendre. Il le reçut fort bien, il commanda que l'on ôtât[2] son drap de pied, il fit remettre le mien. On me donna l'encens devant lui, et comme vêpres furent finies, je me moquai de moi-même avec lui, et je lui dis ces propres paroles : « Je serois bien honteux, Monsieur, de ce qui se vient de faire, si l'on ne m'avoit assuré que le dernier frère convers[3] des Carmes qui adora avant-hier la croix devant Votre Altesse Royale le fit sans aucune peine. » Je savois que Monsieur avoit été aux Carmes[4] à l'office du vendredi saint, et je n'ignorois pas que tous ceux du clergé vont à l'adoration tout[5] les premiers. Le mot plut à Monsieur, et il le redit le soir au cercle, comme une politesse.

1. Ce théologal était alors le chanoine Isaac Habert, docteur en Sorbonne, et depuis évêque de Vabres.

2. Dans le manuscrit : *óta (osta)*.

3. Les ms H, Ch, et toutes les anciennes éditions omettent le mot *convers*.

4. Il y avait en ce temps-là trois couvents de Carmes à Paris. Il s'agit ici sans aucun doute de celui des Carmes déchaussés établis, depuis 1611, dans la rue de Vaugirard, non loin du Luxembourg, alors palais d'Orléans, où habitait Gaston. Leur église, où l'on venait en foule de tous les quartiers de Paris, avait été dédiée solennellement à la fin de 1625. Marie de Médicis en avait posé la première pierre en 1613.

5. Il y a bien ainsi *tout*, sous forme adverbiale, dans le ms R. La plupart des éditions antérieures à la nôtre omettent le mot; cinq ou six, ainsi que les ms H et Ch, portent *tous;* celle de 1837 est la seule qui, comme nous, donne *tout*.

Il alla le lendemain à Petit-Bourg[1], chez la Rivière, qui lui tourna la tête, et qui lui fit croire que je lui avois fait un outrage public, de sorte que le jour même qu'il en revint, il demanda tout haut à M. le maréchal d'Estrées, qui avoit passé les fêtes à Cœuvres[2], si son curé lui avoit disputé la préséance. Vous voyez l'air qui fut donné à la conversation. Les courtisans commencèrent par le ridicule, et Monsieur finit par un serment qu'il m'obligeroit d'aller à Notre-Dame prendre ma place et recevoir l'encens après lui. M. de Rohan Chabot[3], qui se trouva à ce discours, vint[4] me le raconter tout effaré, et une demi-heure après, un aumônier de la Reine vint me commander de sa part de l'aller trouver. Elle me dit d'abord que Monsieur étoit dans une colère terrible, qu'elle en étoit très-fâchée, mais qu'enfin c'étoit Monsieur, et qu'elle ne pouvoit n'être pas dans ses senti-

1. Successivement possédé par un chanoine de Paris, par l'archevêque François de Gondi, par un greffier, le château de Petit-Bourg (aujourd'hui dans Seine-et-Oise) fut considérablement agrandi par l'abbé de la Rivière; il appartint plus tard à Mme de Montespan et au duc d'Antin, son fils.

2. Terre du maréchal, dans le Soissonnais; il avait longtemps porté le nom de marquis de Cœuvres.

3. Henri Chabot, marié, depuis le mois d'octobre 1645, à Mlle de Rohan, avec promesse du Roi, en date du 1er mai, de faire revivre en sa faveur le duché-pairie de Rohan. Il mourut en 1655. Voyez la *Lettre en vers sur le mariage de Mlle de Rohan avec M. de Chabot* (Paris, Aubry, 1862); les *Mémoires de Mme de Motteville*, tome I, p. 239 et suivantes; et ceux de *Mademoiselle de Montpensier*, tome I, p. 110-115. — Rohan Chabot était un des intimes de Retz; celui-ci l'aida dans sa contestation avec Tancrède, qui disputait à Chabot le titre de duc de Rohan. Tallemant (tome III, p. 440) rapporte que « Chabot, par le moyen du Coadjuteur, obligea le curé de Saint-Paul à donner l'extrait baptistaire » où l'on voyait que Tancrède, ce qui contrariait sa prétention, avait été inscrit, à son baptême, sous le nom de *Tancrède Bon* (ou *le Bon*, dit la lettre en vers).

4. M. de Rohan Chabot, à ce discours, vint. (1837-1866.)

ments; qu'elle vouloit absolument que je le satisfisse, et que j'allasse, le dimanche suivant[1], faire dans Notre-Dame la réparation dont je vous viens de parler. Je lui répondis ce que vous pouvez vous figurer, et elle me renvoya, à son ordinaire, à Monsieur le Cardinal, qui me témoigna d'abord qu'il prenoit une part très-sensible à la peine dans laquelle il me voyoit, qui blâma l'abbé de la Rivière d'avoir engagé Monsieur, et qui, par cette voie douce et obligeante en apparence, n'oublia rien pour me conduire à la dégradation que l'on prétendoit. Comme il vit que je ne donnois pas dans le panneau, il voulut m'y pousser : il prit un ton haut et d'autorité; il me dit qu'il m'avoit parlé comme mon ami, mais que je le forçois de me parler en ministre. Il mêla dans ses réflexions des menaces indirectes, et la conversation s'échauffant, il passa jusques à la picoterie toute ouverte, en me disant que quand l'on affectoit de faire des actions[2] de saint Ambroise[3], il en falloit faire la vie. Comme il affecta d'élever sa voix en cet endroit pour se faire entendre de deux ou trois prélats qui étoient au bout de la chambre, j'affectai aussi de ne pas baisser la mienne pour lui repartir : « J'essaierai, Monsieur, de profiter de l'avis que Votre Éminence me donne; mais je vous dirai qu'en attendant, je fais état d'imiter saint Ambroise dans l'occasion dont il s'agit, afin qu'il obtienne pour moi la grâce de le pouvoir imiter en toutes les autres. » Le discours finit assez aigrement, et je sortis ainsi du Palais-Royal.

1. Le 8 avril, par conséquent.
2. L'on affectoit des actions. (1859, 1866.)
3. Allusion à saint Ambroise interdisant à Théodose l'entrée de la cathédrale de Milan, après le massacre de Thessalonique. Voyez *l'Église et l'Empire romain au* IVe *siècle*, par M. Albert de Broglie, 3e partie, chapitre VII.

M. le maréchal d'Estrées et M. de Senneterre vinrent chez moi[1], au sortir de table, munis de toutes les figures de rhétorique, pour me persuader que la dégradation étoit honorable. Comme ils n'y réussirent pas, ils m'insinuèrent que Monsieur pourroit bien venir aux voies de fait, et me faire enlever par ses gardes, pour me faire mettre à Notre-Dame au-dessous de lui. La pensée m'en parut si ridicule que je n'y fis pas d'abord beaucoup de réflexion. L'avis m'en étant donné le soir par M. de Choisi[2], chancelier de Monsieur, je me mis de mon côté très-ridiculement sur la défensive ; car vous pouvez juger qu'elle ne pouvoit être en aucun sens judicieuse contre un fils de France, dans un temps calme et où il n'y avoit pas seulement apparence de mouvement. Cette sottise est, à mon opinion, la plus grande de toutes celles que j'ai faites en ma vie. Elle me réussit toutefois. Mon audace plut à Monsieur le Duc, de qui j'avois l'honneur d'être parent[3], et qui haïssoit l'abbé de la Rivière, parce qu'il avoit eu l'insolence de

1. Au petit Archevêché, si nous en croyons Tallemant des Réaux : « Après la mort du cardinal de Richelieu, dit-il (tome V, p. 193), Monsieur l'Archevêque trouva bon que, pour épargner un loyer de maison, il (*l'abbé de Retz*) se logeât au petit Archevêché, où il a toujours logé depuis. » — On appelait probablement *petit Archevêché* la maison canoniale que Pierre de Gondi, évêque de Paris (1569-1598), avait, en l'augmentant d'un corps de logis, ajoutée à son palais. Voyez le *Dictionnaire.... historique des rues de Paris et de ses monuments*, par F. et L. Lazare, p. 26, col. 2.

2. Voyez ci-dessus, p. 187, note 2. — Choisy mourut en 1660, à Blois, où il avait suivi Gaston dans sa disgrâce. Son fils est le célèbre abbé de Choisy, auteur de curieux *Mémoires*.

3. Le Coadjuteur était parent du duc d'Enghien par la mère de celui-ci, Charlotte-Marguerite de Montmorency, dont le bisaïeul avait épousé Anne Pot ; une fille de cette Anne et de Guillaume de Montmorency épousa le comte de Laval ; de ce mariage naquit une fille, Anne de Laval, mariée à Louis de Silly, comte de la Roche-Guyon, grand-père de la mère de Retz.

trouver mauvais, quelques jours auparavant, que l'on lui eût préféré M. le prince de Conti pour la nomination au cardinal[1]. De plus, Monsieur le Duc étoit très-persuadé de mon bon droit, qui étoit, dans la vérité, fort clair et justifié pleinement par un petit écrit que j'avois jeté dans le monde[2]. Il le dit à Monsieur le Cardinal, et il ajouta qu'il ne souffriroit, en façon quelconque, que l'on usât d'aucune violence; que j'étois son parent et son serviteur, et qu'il ne partiroit point pour l'armée qu'il ne vît cette affaire finie.

La cour ne craignoit rien tant au monde que la rupture entre Monsieur et Monsieur le Duc; Monsieur le Prince l'appréhendoit encore davantage. Il faillit à transir de frayeur quand la Reine lui dit le discours de Monsieur son fils. Il vint tout courant chez moi : il y trouva soixante ou quatre-vingts gentilshommes; il crut qu'il y avoit quelque partie liée avec Monsieur le Duc, ce qui n'étoit nullement vrai. Il jura, il menaça, il pria,

---

1. Tel est, bien lisiblement, le texte du manuscrit original. Mais n'y a-t-il point là un *lapsus calami?* et ne faut-il pas lire soit *de cardinal*, soit *au caramalat?* Les ms H, Ch, et toutes les éditions anciennes et modernes portent : « la nomination au cardinalat. » — Retz se trompe sur l'époque où la prétention de l'abbé de la Rivière au chapeau de cardinal fut une cause de rupture entre le duc d'Orléans et le frère du prince de Conti. Cela n'arriva que quelques années plus tard : au temps où nous sommes, le prince de Conti, né le 11 octobre 1629, achevait ses études, sans causer d'ombrage à personne. Si le duc d'Enghien détestait déjà la Rivière, c'étoit pour d'autres motifs que celui qu'indique ici Retz. — Armand de Bourbon, abbé de Saint-Denis, de Cluny et de Lérins, étoit le second fils de Henri de Bourbon et de Charlotte-Marguerite de Montmorency. Filleul de Richelieu, maladif et contrefait, il fut d'abord destiné à l'Église. Après la Fronde, il renonça à l'état ecclésiastique, épousa la nièce de Mazarin en 1654, et mourut en 1666.

2. Ce « petit écrit, » à supposer que Retz l'ait réellement publié, est-il parvenu jusqu'à nous? On ne l'a pas, que nous sachions, trouvé jusqu'ici.

il caressa[1], et dans ses emportements il lâcha des mots qui me firent connoître que Monsieur le Duc prenoit plus de part à mes intérêts qu'il ne me l'avoit témoigné à moi-même. Je ne balançai pas à me rendre à cet instant, et je dis à Monsieur le Prince que je ferois toutes choses sans exception, plutôt que de souffrir que la maison royale se brouillât à ma considération. Monsieur le Prince, qui m'avoit trouvé jusque-là inébranlable, fut si touché de voir que je me radoucissois à celle de Monsieur son fils, précisément dans l'instant qu'il me venoit d'apprendre lui-même que j'en pouvois espérer une puissante protection, qu'il changea aussi de son côté, et qu'au lieu qu'à l'abord il ne trouvoit point de satisfaction assez grande pour Monsieur, il décida nettement en faveur de celle que j'avois toujours offerte, qui étoit d'aller lui dire, en présence de toute la cour, que je n'avois jamais prétendu manquer au respect que je lui devois, et que ce qui m'avoit obligé de faire ce que j'avois fait à Notre-Dame étoit l'ordre de l'Église, duquel je lui venois rendre compte. La chose fut ainsi exécutée, quoique Monsieur le Cardinal et M. de la Rivière en enrageassent du meilleur de leur cœur. Mais Monsieur le Prince leur fit une telle frayeur de Monsieur le Duc, qu'il fallut plier[2]. Il me mena chez Monsieur, où toute la cour se trouva par curiosité. Je ne lui dis précisément que ce que je vous viens de marquer. Il trouva mes raisons admirables; il me mena voir ses médailles, et ainsi finit l'histoire,

1. Il jura, il menaça, il pria, il conjura. (1837, 1843.) — L'édition de 1859, 1866 ajoute à ces quatre verbes : *il cajola*.
2. Il y a dans l'original *ploier*, avec une tache sur l'*o* qui pourrait bien être une rature, ce qui donnerait *plier* (comme Retz a écrit, sans retouche, p. 256, et ailleurs); nous trouverons plus loin (p. 319) une sorte de correction toute semblable.

dont le fonds étoit très-bon, mais qu'il ne tint pas à moi de gâter par mes manières[1].

Comme cette affaire et le mariage de la reine de Pologne m'avoient fort brouillé à la cour, vous pouvez bien vous imaginer le tour que les courtisans y voulurent[2] donner. Mais j'éprouvai, en cette occasion, que toutes les puissances ne peuvent rien contre la réputation d'un homme qui la conserve dans son corps. Tout ce qu'il y eut de savant dans le clergé se déclara pour moi; et au bout de six semaines, je m'aperçus que la plupart même de ceux qui m'avoient blâmé croyoient ne m'avoir que plaint. J'ai fait cette observation en mille autres rencontres.

Je forçai même la cour, quelque temps après, à se louer de moi. Comme la fin de l'assemblée du clergé approchoit, et que l'on étoit sur le point de délibérer sur le don que l'on a accoutumé de faire au Roi, je fus bien aise de témoigner à la Reine, par la complaisance que je me résolus d'avoir pour elle en ce rencontre, que la résistance à laquelle ma dignité m'avoit obligé dans les deux précédents ne venoit d'aucun principe de méconnoissance. Je me séparai de la bande des zélés, à la tête desquels étoit Monsieur de Sens; je me joignis à Messieurs d'Arles et de Châlon[3], qui ne l'étoient pas

1. Nous n'avons trouvé nulle part trace de cette difficulté avec Monsieur; M. Bazin n'avait pas été plus heureux; faut-il en conclure que l'affaire ne fit pas grand bruit?

2. *Voulurent* est biffé, puis récrit en interligne; peut-être y avait-il d'abord *vouloient*.

3. L'archevêque de Sens était Octave de Bellegarde, qui mourut, avant la clôture de l'assemblée, le 26 juillet 1646; l'archevêque d'Arles, François de Grignan, déjà deux fois mentionné; et l'évêque de Châlons-sur-Marne, Félix Vialard de Herse. Outre l'évêque de Châlons-sur-Marne, nous trouvons dans la liste des membres de l'assemblée celui de Châlon-sur-Saône, qui était alors Jacques de

moins en effet, mais qui étoient aussi plus sages¹. Je vis même, avec le premier, Monsieur le Cardinal, qui demeura très-satisfait de moi, et qui dit publiquement, le lendemain, qu'il ne me trouvoit pas moins ferme pour le service du Roi que pour l'honneur de mon caractère. L'on me chargea de la harangue qui se fait toujours à la fin de l'assemblée, et de laquelle je ne vous dis point le détail, parce qu'elle est imprimée². Le clergé en fut content, la cour s'en loua, et M. le cardinal Mazarin me mena, au sortir, souper tête à tête avec

Neuchèze, oncle de Mme de Sévigné; mais dans cette liste *Châlons* tout court, comme ici dans le texte des *Mémoires*, désigne le siége du premier; celui du second est nommé *Châlon-sur-Saône*. — Pour ce nom de ville, l'orthographe du ms R, reproduite par les seules éditions de 1837 et de 1843, est *Chaalon*; toutes les autres, ainsi que les copies H et Ch, terminent le mot par *s: Chalons, Chaalons, Châlons.*

1. L'assemblée, après avoir offert trois millions six cent mille francs, consentit à élever le don à la somme de quatre millions. Le procès-verbal du 28 avril 1646 (tome III, p. 226) constate en ces termes l'intervention de Messieurs d'Arles et de Châlons : « Monseigneur de Châlons a rendu témoignage que Monseigneur d'Arles avoit agi avec toute la fermeté et toute l'adresse possible en une rencontre aussi difficile que celle-ci. » L'affaire du *don gratuit* ne fut cependant pas terminée en ce moment. Nous voyons dans la suite des procès-verbaux que la cour voulait bien, il est vrai, se contenter de la somme offerte, mais que les termes du payement, les frais de la levée donnèrent lieu encore à de longues difficultés et discussions, dans lesquelles le coadjuteur de Paris eut, en effet, l'occasion de montrer des dispositions conciliantes (p. 229). Le contrat du don se signa le 19 juillet seulement (p. 234).

2. On la trouvera dans les *OEuvres diverses*. — L'assemblée du clergé fut close le 28 juillet 1646; Retz prononça sa harangue à Fontainebleau, le lundi 30 juillet, et il « porta la parole, dit la *Gazette* du 4 août (p. 674), avec tant de grâce et d'éloquence, que tous en demeurèrent grandement satisfaits. » — Nous reviendrons, dans les *OEuvres diverses*, sur le rôle du Coadjuteur dans cette assemblée du clergé de France; Retz y prit une part plus importante, dans les affaires des huguenots, entre autres, qu'il ne le dit dans ses *Mémoires*.

lui. Il me parut pleinement désabusé des impressions que l'on lui avoit voulu donner contre moi, et je crois, dans la vérité, qu'il croyoit l'être. Mais j'étois trop bien à Paris pour être longtemps bien à la cour. C'étoit là mon crime dans l'esprit d'un Italien politique par livre[1]; et ce crime étoit d'autant plus dangereux que je n'oubliois rien pour l'aggraver par une dépense naturelle[2], non affectée, et à laquelle la négligence même donnoit du lustre ; par de grandes aumônes, par des libéralités très-souvent sourdes, dont l'écho n'en étoit quelquefois que plus résonnant[3]. Ce qui est de vrai est que je ne pris d'abord cette conduite que par la pente de mon inclination, et par la pure vue de mon devoir. La nécessité de me soutenir contre la cour m'obligea de la suivre, et même de la renforcer; mais nous n'en sommes pas encore à ce détail ; et ce que j'en marque en ce lieu n'est que pour vous faire voir que la cour prit de l'ombrage de moi dans le temps même où je n'avois pas fait seulement réflexion que je lui en pusse donner.

Cette considération est une de celles qui m'ont obligé de vous dire quelquefois que l'on est plus souvent dupe par la défiance que par la confiance. Enfin celle que le Ministre prit de l'état où il me voyoit à Paris, et qui l'avoit déjà porté à me faire les pièces que vous

---

1. Ou, comme disent quelques anciennes éditions (1718 C, D, E), « par méthode, » c'est-à-dire ayant étudié la politique comme une science, dans Machiavel, dans les historiens, etc., nourri des règles et des théories, sachant les raisons de se défier, pénétré, par exemple, de la vieille définition du factieux, qui est avide de popularité, s'endette, comme il est dit plus haut de César, pour se faire des partisans, etc. — Dans les ms H, Ch, et dans 1717 A, 1718 B, F, il y a *livres*, au pluriel.

2. Après *naturelle*, il y a, dans le ms R, *et*, biffé.

3. Le mot *résonnant* a été effacé, puis récrit par Retz à la suite.

avez vues ci-dessus, l'obligea encore, malgré[1] les radoucissements de Fontainebleau, à m'en faire une nouvelle trois mois après.

M. le cardinal de Richelieu avoit dépossédé Monsieur l'évêque de Léon, de la maison de Rieux, avec des formes tout à fait injurieuses à la dignité et à la liberté de l'Église de France. L'assemblée de 1645 entreprit de le rétablir[2]. La contestation fut grande : M. le cardinal

1. Les ms H, Ch, et toutes les anciennes éditions portent *après*, au lieu de *malgré*.

2. Cette affaire fut en effet la grosse question de l'assemblée de 1645, où Retz y prit un grand intérêt. S'il n'en parle qu'ici, après la clôture de l'assemblée, c'est sans doute parce que la conclusion, comme on va le voir, traîna quelque temps, et que les difficultés qu'il eut à ce sujet avec Mazarin furent postérieures à cette clôture. « René de Rieux, évêque de Saint-Pol-de-Léon, avait été, dit M. Bazin, privé de son évêché en 1635, en vertu d'un jugement rendu par quatre commissaires du pape Urbain VIII, suivant ses brefs de 1632 et de 1633. La cause du procès criminel était que cet évêque avait servi la Reine mère dans sa sortie hors du royaume ; mais on soutenait qu'il avait été jugé incompétemment et contre les libertés de l'Église gallicane. » Ce qui rendait l'affaire plus difficile encore, c'est que l'évêque Cupif, nommé à sa place, était sacré et en possession du siége épiscopal depuis 1639. « L'évêque dépossédé, ajoute M. Bazin, porta sa plainte à l'assemblée du clergé de 1645 ; le coadjuteur de Paris l'appuya. L'assemblée s'y intéressa chaudement : elle en fit parler à la Reine, qui en écrivit au Pape (22 octobre 1645). Celui-ci nomma, le 23 décembre, de nouveaux commissaires, pour statuer en la même forme, quoique elle eût été trouvée vicieuse, sur l'appel interjeté par l'Évêque. Des lettres patentes du 12 mars 1646 autorisèrent l'établissement du nouveau tribunal ; quelques-uns des membres de la commission étaient morts, il fallut les remplacer, et les choses en étaient là, quand l'assemblée du clergé fut close. Cet objet figurait dans la remontrance de clôture, et le coadjuteur de Paris eut charge de veiller à ce que l'affaire eût une prompte conclusion. » — Pour toute cette affaire, voyez, à la Bibliothèque impériale, la pièce intitulée : *Judicium episcoporum in causa Illustrissimi ac Reverendissimi D. Renati de Rieux, episcopi leonensis, quo priorum judicum sententia nulla et irrita declaratur, dictusque episcopus Ecclesiæ leonensis administrationi restituitur,*

Mazarin, selon sa coutume, céda après avoir beaucoup disputé. Il vint lui-même dans l'Assemblée porter parole de la restitution[1], et l'on se sépara sur celle qu'il donna publiquement de l'exécuter dans trois mois[2]. Je

et a criminibus, pœnis ac mulctis ei impositis absolutus et immunis pronunciatur.... Actum in.... majori conventu fratrum Augustinensium, die 12. septembris, anno 1646. Parisiis, A. Vitré, 1646, in-4° (L³d 187; sous le n° 186 se trouve la remontrance de Paul de Gondi). Voyez aussi, à la bibliothèque Mazarine, les *Considérations sur l'appel interjeté par Messire René de Rieux, évêque et comte de Léon, de la sentence rendue contre lui le dernier jour de mai 1635 par les Seigneurs commissaires délégués de N. S. P. le Pape, présentées à N. S. les Éminentissimes Cardinaux, Illustrissimes et Révérendissimes Archevêques et Évêques, et autres ecclésiastiques, assemblés à Paris pour les affaires du clergé de France*. Paris, 1645 (2255 A², 22 pages). Le prélat se justifie assez habilement des menées avec la Reine qu'on lui reprochait : il était allé à Notre-Dame de Liesse pour remercier la Vierge du gain d'un grand procès, et de là à la Capelle pour voir sa nièce la comtesse de Moret, gouvernante de cette ville; le marquis de Vardes fils lui emprunta, sous un prétexte supposé, son équipage, qu'il mit à la disposition de Marie de Médicis, s'enfuyant de Compiègne. Rieux ne sortit de France, pour aller dans les Pays-Bas, que par l'appréhension du courroux du Roi, que de Vardes père lui avait fait redouter. Pour justifier sa conduite et prouver son innocence, il alléguait qu'il n'avait pas mis de garnison dans l'importante île d'Oixant (*Ouessant*), qu'il avait laissé dans ses terres une année et demie de son revenu, qui lui était due, et cinquante mille écus de meubles dans sa maison de Paris. La bibliothèque Mazarine possède encore une autre pièce sur cette affaire : *Réfutation d'un écrit faux et schismatique publié contre les droits de Mgr René de Rieux, seul vrai et légitime évêque de Léon*. La *Réfutation* est suivie de l'*Écrit faux et schismatique* (2255 A², 26 pages). Voyez enfin les *Procès-verbaux* de 1645 (tome III, p. 279-291) et ceux de l'assemblée de 1650 (p. 592-596).

1. Le 11 juillet 1646, le cardinal Mazarin, « président en l'Assemblée, » dit « qu'il croyoit que la Reine n'avoit pas commencé cette affaire (*de l'évêque de Léon*) pour la laisser imparfaite, et qu'à son égard l'Assemblée devoit s'assurer qu'il y contribueroit toujours de tout ce qui pourroit dépendre de lui. » (*Procès-verbaux*, tome III, p. 291.)

2. Le jugement des commissaires fut en effet rendu dans les

fus nommé, en sa présence, pour solliciteur de l'expédition, comme celui de qui le séjour étoit le plus assuré à Paris. Il donna dans la suite toute sorte de démonstrations qu'il tiendroit fidèlement sa parole ; il me fit écrire deux ou trois fois aux provinces qu'il n'y avoit rien de plus assuré[1]. Sur le point de la décision, il changea tout à coup, et il me fit presser par la Reine de tourner l'affaire d'un biais qui m'auroit infailliblement déshonoré[2]. Je[3] n'oubliai rien pour le faire rentrer dans lui-même. Je me conduisis avec une patience qui n'étoit pas de mon âge ; je la perdis au bout du mois, et je me résolus de[4] rendre compte aux provinces de tout le procédé, avec toute la vérité que je devois à[5] ma conscience et à mon honneur. Comme j'étois sur le point de fermer la lettre circulaire que j'écrivois pour cet effet, Monsieur le Duc entra chez moi. Il la lut, il me l'arracha, et il me dit qu'il vouloit finir[6] cette affaire.

trois mois qui suivirent, le 6 septembre 1646 ; restait la difficulté de contenter le nouveau titulaire, Cupif, ce qui n'était pas du ressort des commissaires, et prit un assez long temps (voyez ci-après, p. 270, note 1).

1. Après *assuré*, il y a, dans le ms R, *et*, biffé.
2. Nous n'avons trouvé nulle part trace de cette proposition, ni de retards volontaires. Les *Procès-verbaux* de 1645 signalent l'intervention de Retz dans l'affaire de l'évêque de Léon ; mais dans la conclusion, son rôle, s'il en eut un, doit avoir été fort peu considérable, au moins officiellement : son nom n'est pas même prononcé dans la partie du *Procès-verbal* où l'assemblée du clergé, en 1650, se fait rendre compte de la « suite de l'affaire de Mgr de Rieux, évêque de Léon, contre M. Cupif, nommé à l'évêché de Dol. » (Tome III, p. 592-596.)
3. Cette phrase : « Je n'oubliai, etc., » est omise dans l'édition de 1859, 1866.
4. *Me résolus de* est en interligne au-dessus de : *rendis compte à*, biffé.
5. Après *je devois à*, sont ces deux mots biffés : *mon caractère*.
6. Au lieu de *finir*, qui est écrit en interligne, Retz avait mis d'abord *accommoder*, qu'il a ensuite effacé.

Il alla trouver à l'heure même Monsieur le Cardinal; il lui en fit voir les conséquences : j'eus mon expédition [1].

. . . . [2]

Il me semble que je vous ai déjà dit, en quelque endroit de ce discours [3], que les quatre premières années de la Régence furent comme emportées par ce mouvement de rapidité que M. le cardinal de Richelieu

1. Il lui en fit voir les conséquences par mon expédition. (Ms H, Ch, 1717 A, 1718 B, F.) — Après *expédition*, il y a, dans le ms R, un mot biffé. — René de Rieux ne fut rétabli en son évêché qu'à la fin de 1648; il mourut le 8 mars 1651. — Cette affaire de l'évêché de Léon tenait tant à cœur au clergé qu'il y revint encore, nous l'avons vu, dans l'assemblée de 1650, où l'on rédigea un acte de protestation contre toute cette procédure; cet acte fut signifié au nonce du Pape le 25 novembre 1650 : il exposait que le jugement d'un évêque appartient au concile provincial, sauf à appeler, si les évêques de cette province n'étaient pas en assez grand nombre, les évêques des provinces voisines, l'appel au Pape étant réservé.

2. Ici le ms R passe de la page 435 à la page 444, sans qu'il y ait dans le volume aucune autre trace de suppression ou de vide que la pagination. Dans les ms H et Ch, et dans plusieurs des anciennes éditions, une note signale cette lacune comme étant de cinq feuillets, et non pas, comme dit l'éditeur de 1837, de cinq pages. — Nous n'avons rien pour combler ce vide. M. Bazin parle, d'après son manuscrit introuvable de Claude Joly, de trois affaires, encore tout ecclésiastiques, où le Coadjuteur était intervenu par les trois actes suivants : « 1º une opposition qu'il avait été obligé de former à une déclaration qui autorisait les prêts usuraires en voulant la faire passer pour une loi du royaume; 2º la protection qu'il avait donnée à un des curés de Paris, qu'on voulait obliger de violer les statuts en admettant à la sainte communion un comédien des plus infâmes et des plus débordés; 3º celle qu'il avait donnée à la faculté de théologie de Paris pour maintenir la pureté de sa doctrine et de ses sentiments. » Si tels étaient les faits racontés dans les pages qui manquent, pourquoi Retz, à supposer que la lacune lui soit imputable, en aurait-il supprimé le récit, puisqu'il avait commencé à rendre compte de sa conduite ecclésiastique? Nous n'avons pas de réponse à cette question, et le plus sage est, croyons-nous, de s'abstenir ici de toute conjecture.

3. Voyez p. 238. — *Discours* est écrit au-dessus de *récit*, biffé.

avoit donné à l'autorité royale[1]. M. le cardinal Mazarin, son disciple, et de plus né et[2] nourri dans un pays où celle du Pape n'a point de bornes, crut que ce mouvement de rapidité étoit le naturel, et cette méprise fut l'occasion de la guerre civile. Je dis l'occasion ; car il en faut, à mon avis, rechercher et reprendre la cause de bien plus loin.

Il y a plus de douze cents ans que la France a des rois ; mais ces rois n'ont pas toujours été absolus au point qu'ils le sont. Leur autorité n'a jamais été réglée, comme celle des rois d'Angleterre et d'Aragon, par des lois écrites[3]. Elle a été seulement tempérée par des coutumes reçues et comme mises en dépôt[4], au commen-

---

1. « Après ces quatre premières années de la Régence, dit M. Sainte-Beuve (*Causeries du lundi*, tome V, p. 48), durant lesquelles le mouvement d'impulsion donné par le cardinal de Richelieu continua de pousser le vaisseau de l'État sans qu'il fût besoin d'imprimer de secousse nouvelle, après ces quatre années de calme parfait, de sourire et d'indulgence, on entre, sans s'en apercevoir d'abord, dans de nouvelles eaux, et un nouveau souffle peu à peu se fait sentir : c'est le souffle des réformes, des révolutions. D'où vient-il ? à quelle occasion ? quels furent les minces sujets qui amenèrent des secousses si violentes ? C'est ce que Retz excelle à nous rendre, et ces pages de ses *Mémoires*, qu'on pourrait intituler : *Comment les révolutions commencent*, tiennent à la fois, par leur hauteur et par leur fermeté, de Bossuet et de Montesquieu. »

2. Les mots *né et* ont été ajoutés après coup par l'auteur, en interligne.

3. La *Grande Charte*, signée par Jean sans terre, en 1215, et confirmée, en 1264, par son fils Henri III ; et les *fueros* de l'Aragon et d'autres provinces du nord de l'Espagne, droits et privilèges dont l'institution se perd dans les origines de la monarchie espagnole.

4. Le ms R a dans cette phrase plusieurs ratures, et les mots : « comme mises en dépôt, » puis « dans les mains, » et « dans celles, » ont été écrits après coup au-dessus des lignes. La première rédaction pouvait être, ce nous semble : *reçues et maintenues au commencement par les états généraux et depuis par les parlements*. — Dans les éditions de 1837 et de 1843, il y a *prises* (au lieu de *mises*) *en dépôt*.

cement dans les mains des états généraux, et depuis dans celles des parlements. Les enregistrements des traités faits entre les couronnes et les vérifications des édits pour les levées d'argent sont des images presque effacées de ce sage milieu que nos pères avoient trouvé entre la licence des rois et le libertinage[1] des peuples. Ce milieu a été considéré par les bons et sages princes comme un assaisonnement de leur pouvoir, très-utile même pour le faire goûter aux sujets; il a été regardé par les mal habiles et par[2] les mal intentionnés comme un obstacle à leurs déréglements et à leurs caprices. L'histoire du sire de Joinville nous fait voir clairement que saint Louis l'a connu et estimé; et les ouvrages d'Oresmieux[3], l'évêque de Lisieux, et du fameux Jean Juvénal des Ursins[4], nous convainquent que Charles V,

1. Le mot *libertinage* se disoit proprement alors du défaut de soumission et de respect en matière religieuse; Retz en étend le sens à la politique.
2. Ce second *par* est en interligne.
3. Le vrai nom est Nicole Oresme; mais nous trouvons aussi la forme *d'Oresmieux*, concurremment avec celle d'*Oresme*, dans les *Jugements des savants*, de Baillet (1685, 1686). Il se peut qu'on ait essayé de rattacher le célèbre conseiller de Charles V à une famille d'Oresmieux qui avait une certaine notoriété à Paris au dix-septième et au dix-huitième siècle. Le prénom de Nicole ou Nicolas a été porté par plusieurs membres de cette famille, et il paraît qu'elle était liée, ainsi que Retz, avec la famille de Caumartin. En 1622, la femme du garde des sceaux de ce nom, grand-père du fidèle ami du Cardinal, tint sur les fonts un fils de Nicolas d'Oresmieux. Voyez au cabinet des titres de la Bibliothèque impériale, boîtes de d'Hozier, au mot ORESMIEUX. — M. Wolowski a publié en 1864 un *Petit traictie de la premiere invention des monnoies*, par N. Oresme, qu'il nomme (p. LXII) un *grand économiste*. — Voyez l'*Essai sur la vie et les ouvrages de Nicole Oresme*, par M. Fr. Meunier (1857); et une dissertation de M. Roscher (1862), que M. Wolowski a traduite de l'allemand dans son *Introduction*.
4. L'épithète de *fameux* ne peut guère s'appliquer qu'au grand magistrat Jean Jouvenel ou Juvénal des Ursins; mais il n'a pas,

qui a mérité le titre de Sage, n'a jamais cru que sa puissance fût au-dessus des lois et de son devoir[1]. Louis onzième, plus artificieux que prudent, donna, sur ce chef, aussi bien que sur tous les autres, atteinte à la bonne foi[2]. Louis douze l'eût rétablie, si l'ambition du cardinal d'Amboise[3], maître absolu de son esprit, ne s'y fût opposée. L'avarice insatiable du connétable de Montmorenci[4] lui donna bien plus de mouvement à étendre l'autorité de François premier qu'à la régler[5]. Les vastes et lointains desseins de MM. de Guise ne leur permirent pas, sous François second, de penser à y donner des bornes[6].

que nous sachions, laissé d'*ouvrages*. Retz ici le confond sans doute avec celui de ses fils qui, nommé comme lui, *Jean*, fut archevêque de Reims, et composa une *Histoire de Charles VI;* cette histoire venait d'être publiée, en 1614, par Théodore Godefroy. Nous devons ajouter que, cette confusion même admise (e nous ne voyons pas d'autre supposition possible), l'assertion de notre auteur reste peu exacte. Rien de plus fondé que la *conviction* dont il est ici parlé au sujet de Charles V, mais nous ne trouvons rien dans l'*Histoire de Charles VI* d'où elle se puisse déduire. Nous doutons fort aussi qu'elle découle, sinon bien indirectement, d'aucun des ouvrages d'Oresme.

1. Mme de Motteville a placé, comme Retz, avant le récit des barricades de 1648, quelques pages d'histoire philosophique (voyez le tome II de ses *Mémoires*, p. 107 et suivantes). Elle y présente Charles V comme l'idéal du monarque et le nomme « le plus sage prince qui ait jamais été. »

2. On lit ici ces mots, biffés : *Le connétable de Montmorenci.*

3. Georges d'Amboise, premier du nom, cardinal et ministre d'Etat sous Louis XII, mort en 1510. Ses prétentions à la tiare furent très-funestes à la France, en la retenant mal à propos dans les guerres d'Italie, et en lui faisant conclure le désastreux traité de Blois.

4. Anne de Montmorency, ami d'enfance de François Ier, fait maréchal après le combat de la Bicoque, en 1522, et connétable à la suite de sa défense de la Provence contre Charles-Quint, en 1538. Il fut encore tout-puissant sous Henri II, et mourut en 1567.

5. D'abord : *lui donna bien plutôt le mouvement d'étendre l'autorité de François premier que de la régler.* Cette première rédaction a été biffée.

6. Ici deux lignes effacées et illisibles.

Sous Charles IX et sous Henri trois[1], la cour fut si fatiguée des troubles[2], que l'on y prit pour révolte tout ce qui n'étoit pas soumission[3]. Henri IV, qui ne se défioit pas des lois parce qu'il se fioit en lui-même, marqua combien il les estimoit par la considération qu'il eut pour les remontrances très-hardies de Miron[4], prévôt[5] des marchands, touchant les rentes de l'Hôtel de ville. M. de Rohan[6] disoit que Louis treizième n'étoit jaloux de son autorité qu'à force de ne la pas connoître.

1. Nous suivons le manuscrit, pour mettre après les noms de rois tantôt un chiffre (que nous changeons seulement d'arabe en romain), tantôt, en toutes lettres, soit le nombre cardinal, soit le nombre ordinal. Les différences : *Charles 9, Henri trois, Louis onzième, Louis douze*, etc., sont bien du fait de Retz.

2. Première rédaction, biffée : *l'on fut si fatigué des révoltes.* Tout en changeant le sujet, Retz a laissé *fatigué* au masculin.

3. Retz expliquera lui-même ce passage un peu plus bas (p. 276 et 277), en parlant des vertus des Miron, des Harlay, etc., qu'il nomme les « martyrs de l'État. »

4. François Miron, lieutenant civil et prévôt des marchands sous Henri IV. La ville de Paris lui doit une partie des embellissements qu'elle reçut à cette époque, entre autres la façade de l'Hôtel de ville. Ce furent ses remontrances qui détournèrent le Roi, en 1605, de réduire les rentes constituées sur l'Hôtel de ville. La protestation du Prévôt avait été si énergique que les courtisans conseillèrent à Henri IV de le faire enlever ; mais, au lieu de suivre ce conseil, le Roi « répondit qu'il prenait en bonne part ces remontrances. » Voyez pour cet épisode l'*Histoire du règne de Henri IV*, par M. Poirson, 3ᵉ édition, tome III, p. 31-34 et p. 148.

5. Le manuscrit porte : *provost*.

6. Henri duc de Rohan (1579-1638), gendre de Sully, fut le chef du parti protestant sous Louis XIII; après la paix d'Alais (1629), il se retira à Venise. Nous avons de lui des *Mémoires sur les choses advenues en France depuis la mort de Henry le Grand jusqu'à la paix faite avec les reformés au mois de juin 1629*, des *Discours politiques sur les affaires qui se passoient*, un ouvrage intitulé : *de l'Interest des princes et Estats de la Chrestienté*, sans parler de quelques autres écrits, comme *le Parfait Capitaine*, des *Mémoires et Lettres sur la guerre de la Valteline*, etc.

Le maréchal d'Ancre [1] et M. de Luines [2] n'étoient que des ignorants, qui n'étoient pas capables de l'en informer.

Le cardinal de Richelieu leur succéda, qui fit, pour ainsi parler, un fonds de toutes ces mauvaises intentions et de toutes ces ignorances des deux derniers siècles, pour s'en servir selon son intérêt. Il les déguisa en maximes utiles et nécessaires pour établir l'autorité royale; et la fortune secondant ses desseins par le désarmement du parti protestant en France [3], par les victoires des Suédois [4], par la foiblesse de l'Empire, par l'incapacité de l'Espagne, il forma [5], dans la plus légitime des monarchies, la plus scandaleuse et la plus dangereuse tyrannie qui ait peut-être jamais asservi un État. L'habitude, qui a eu la force, en quelques pays, d'accoutumer les hommes [6] au feu, nous a endurcis à des choses que nos pères ont appréhendées [7] plus que le feu même. Nous ne sentons plus la servitude, qu'ils ont détestée, moins pour leur propre intérêt que

---

1. Concino Concini, favori de Marie de Médicis, tué au Louvre en 1617.

2. Charles d'Albert, duc de Luynes, connétable de France, mort en 1621. M. Cousin a cherché à réhabiliter l'administration de ce favori de Louis XIII dans son livre de *Madame de Chevreuse* (p. 24 et suivantes), et dans une suite d'articles du *Journal des savants*, publiés en 1861. Le bref et dur jugement de Retz est plus conforme au souvenir que l'histoire a gardé, et, croyons-nous, a dû garder de lui.

3. A la suite de la prise de la Rochelle (1628) et de la paix d'Alais (1629).

4. Sous Gustave-Adolphe et ses généraux, pendant la troisième période de la guerre de Trente ans, dite *période suédoise* (1630-1635).

5. D'abord un mot effacé, peut-être *fonda*, et au-dessus, *forma*, en interligne. — Deux lignes plus loin, *asservi* est de même écrit au-dessus d'un mot biffé et illisible.

6. Il y a dans l'interligne *même*, biffé.

7. *Appréhendé*, sans accord, dans le ms R.

pour celui de leurs maîtres; et le cardinal de Richelieu a fait des crimes de ce qui faisoit, dans le siècle passé, les vertus des Mirons[1], des Harlays[2], des Marillacs[3], des

1. Voyez ci-dessus, p. 274, note 4.
2. Achille de Harlay (1536-1616), magistrat savant et intègre, célèbre par sa résistance au duc de Guise et aux Seize; mais sans doute Retz veut ici parler surtout de celle qu'en diverses occasions il opposa aux rois, par exemple des remontrances adressées par lui à Henri III, qui se terminaient par ces graves et fermes paroles : « Faites-nous cette grâce, Sire, de reprendre en vos mains les états dont il a plu à Votre Majesté et aux rois vos prédécesseurs de nous honorer, afin que vous soyez délivré des importunes difficultés que nous sommes contraints de faire sur de tels édits, et nos consciences déchargées de la malédiction que Dieu prépare aux mauvais magistrats et conseillers.... Il est plus expédient à Votre Majesté d'être sans cour de parlement que de l'avoir inutile comme nous sommes; et il nous est aussi plus honorable de nous retirer privés en nos maisons, et de pleurer, en notre sens, les calamités publiques avec le reste de nos concitoyens, que d'asservir la dignité de nos charges aux malheureuses intentions des ennemis de votre couronne. » Plus tard il montra une semblable fermeté envers Henri IV, à la fortune duquel il s'était dévoué pendant les mauvais jours, et lui tint en 1604 ce noble langage : « Si c'est désobéissance de bien servir, le Parlement fait ordinairement cette faute; et quand il trouve conflit entre la puissance absolue du Roi et le bien de son service, il juge l'un préférable à l'autre, non par désobéissance, mais par son devoir, à la décharge de sa conscience. » Voyez l'ouvrage intitulé : *la Magistrature française, son action et son influence sur l'état de la société aux diverses époques*, par Camoin de Vence, Paris, 1862, p. 91 et p. 100.
3. Charles de Marillac (1510-1560), archevêque de Vienne et habile diplomate. A l'assemblée des notables tenue à Fontainebleau en 1560, il s'éleva avec force contre les désordres de l'État, et en particulier contre ceux qui s'étaient introduits dans le sein de l'Église, pour la réforme desquels il demandait un concile national. Étroitement lié avec Michel de l'Hospital, « Marillac, dit M. Foisset dans la *Biographie universelle de Michaud*, était à la tête du petit nombre d'évêques français connus par leur tendance à l'esprit philosophique, que l'on traitait alors de penchant à l'hérésie.... Il laissa des mémoires manuscrits sur les événements de son temps. On trouve un grand nombre de ses dépêches dans le recueil de Fontanieu, conservé à la Bibliothèque du Roi. Elles se dis-

Pibracs[1] et des Fayes[2]. Ces martyrs de l'État[3], qui ont

tinguent par une sagesse de vues, une convenance de style, qui laissent bien loin les pièces du même genre écrites par ses contemporains. » — N'étaient les mots : « dans le siècle passé, » que du reste il ne faut pas trop prendre à la rigueur (nous avons vu, dans les notes sur Miron et sur Harlay, les dates de 1604 et de 1605), on pourrait sous le nom des Marillacs comprendre aussi l'honnête et pieux Michel de Marillac, neveu de Charles, garde des sceaux sous Louis XIII, qui prit, à tort, j'en conviens, mais courageusement le parti de la Reine mère contre le tout-puissant Richelieu.

1. Retz ne peut guère avoir en vue que Guy du Faur, seigneur de Pibrac, le célèbre auteur des *Quatrains*. Ce qui lui donne droit à figurer ici, ce n'est certes pas son apologie de la Saint-Barthélemy, qu'il eut la faiblesse de composer par l'ordre évidemment de Charles IX ou de sa mère. Je suppose que le Cardinal, en énumérant les auteurs de *remontrances*, a pensé à lui à cause du titre plus que du contenu du discours que Pibrac, en qualité d'avocat général, prononça à l'ouverture du parlement de Paris de 1569, et dont les *points principaux* furent publiés, sous ce nom de *Remontrances, avec quelques autres de différents auteurs*, en 1570. Ce discours traite des devoirs des avocats et des procureurs. — La mention faite, dans la phrase suivante, des « bonnes et saintes maximes » nous fait croire que Retz nomme aussi Pibrac en souvenir de certains de ses quatrains : les mémoires du temps nous apprennent, en effet, que les conseillers au Parlement en citaient pour appuyer leur opposition, ceux-ci entre autres (XCII et XCIII) :

> Changer à coup de loi et d'ordonnance
> En fait d'État est un coup dangereux ;
> Et si Lycurgue en ce point fut heureux,
> Il ne faut pas en faire conséquence.

> Je hais ces mots de puissance absolue,
> De plein pouvoir, de propre mouvement :
> Aux saints décrets ils ont premièrement
> Puis à nos lois la puissance tolüe (*enlevée*).

Voyez l'*Histoire du temps*, p. 123, séance du 15 juin 1648, et un article de M. Augustin Challamel sur *la Fronde*, dans la *Revue française* (1856, tome II, p. 241).

2. Faye est le nom de deux éminents magistrats, Barthélemy et Jacques Faye, sieurs d'Espeisses. Le second, qui était fils du premier, se distingua par sa fidélité à Henri III et à Henri IV et par sa fermeté contre les Guise.

3. Après les notes qui précèdent, nous n'avons pas besoin de

dissipé plus de factions par leurs bonnes et saintes maximes que l'or d'Espagne et d'Angleterre n'en a fait naître, ont été les défenseurs de la doctrine pour la conservation de laquelle le cardinal de Richelieu confina M. le président Barillon à Amboise[1]; et c'est lui qui a commencé à punir les magistrats pour avoir avancé des vérités pour lesquelles leur serment les oblige d'exposer leurs propres vies[2].

Les rois qui ont été sages et qui ont connu leurs véritables intérêts ont rendu les parlements dépositaires de leurs ordonnances, particulièrement pour se décharger d'une partie de l'envie et de la haine que l'exécution des plus saintes et même des plus nécessaires produit quelquefois. Ils n'ont pas cru s'abaisser en s'y liant eux-mêmes, semblables à Dieu, qui obéit toujours à ce qu'il a commandé une fois[3]. Les ministres, qui sont presque toujours assez aveuglés par leur fortune, pour ne se pas contenter de ce que ces ordonnances permettent, ne s'appliquent qu'à les renverser; et le cardinal de Richelieu, plus qu'aucun autre, y a travaillé avec autant d'imprudence que d'application[4]. Il n'y a que Dieu qui puisse subsister par lui seul. Les monar-

faire remarquer que notre auteur étend un peu à la légère à tous les noms contenus dans son énumération cette épithète de *martyrs de l'État*.

1. Voyez ci-dessus, p. 198, note 3.

2. Retz, nous aurions pu le dire depuis longtemps, écrit *leur*, au pluriel, tantôt avec et tantôt sans *s*. Ici, par exemple, on lit, dans le manuscrit original, *leur propres vies*, et, sept lignes plus haut, *leur bonnes.... maximes*, tandis qu'à la ligne suivante il y a *leurs véritables intérêts*. Voyez le *Lexique*.

3. C'est le mot de Sénèque : *Semper paret, semel jussit*, « il obéit toujours, il a ordonné une fois. » (*De Providentia*, chapitre v, 6.)

4. Ce pouvoir absolu que Richelieu exerça sous le nom de Louis XIII, et que Retz blâme avec tant de raison, est exalté en ces

chies les plus établies et les monarques les plus autorisés ne se soutiennent que par l'assemblage des armes et des lois; et cet assemblage est si nécessaire que les unes ne se peuvent maintenir sans les autres. Les lois désarmées tombent dans le mépris; les armes qui ne sont pas modérées par les lois tombent bientôt dans l'anarchie. La république romaine ayant été anéantie par Jules César, la puissance dévolue par la force de ses armes à ses successeurs subsista autant de temps qu'ils purent[1] eux-mêmes conserver l'autorité des lois. Aussitôt qu'elles perdirent leur force, celle des empereurs s'évanouit; et elle s'évanouit par le moyen de ceux mêmes qui s'étant rendus maîtres et de leur sceau et de leurs armes, par la faveur qu'ils avoient auprès d'eux, convertirent en leur propre substance celle de leurs maîtres, qu'ils sucèrent[2], pour ainsi parler, de ces lois anéanties[3]. L'empire romain mis à l'encan[4], et celui des Ottomans exposé tous les jours au cordeau[5], nous marquent, par des caractères bien sanglants, l'aveugle-

termes par un autre contemporain, qui en fait honneur, non au Ministre, mais au Roi : « Soixante-trois rois l'ont devancé dans son empire, mais lui seul l'a rendu absolu, et ce que tous ensemble n'ont su faire en douze siècles pour la grandeur de la France, il l'a exécuté en trente-trois ans pour la gloire des François. » Cette phrase déjà citée par nous, dans *la Misère au temps de la Fronde*, p. 79 et 80, est à la fin de l'*Épitaphe* qui accompagne l'*Oraison funèbre de Louis le Juste*, prononcée en 1643 par l'évêque d'Uzès, Nicolas Grillie.

1. Autant qu'ils purent. (1859, 1866.)
2. Retz écrit *succèrent*.
3. Pour ainsi parler, à l'abri de ces lois anéanties. (1717, 1719-1828.)
4. Par les prétoriens, après la mort de Pertinax. L'acquéreur, Didius Julianus, n'ayant pu payer le prix du trône, fut tué par ses soldats après deux mois de règne.
5. On sait en quels termes Joseph de Maistre a exprimé le contrat sommaire que les nations de l'Orient ont de tout temps, dit-il,

ment de ceux qui ne font consister l'autorité que dans la force.

Mais pourquoi chercher des exemples étrangers où nous en avons tant de domestiques[1]? Pepin n'employa pour détrôner les Mérovingiens, et Capet ne se servit pour déposséder les Carlovingiens, que de la même puissance que les prédécesseurs de l'un et de l'autre s'étoient acquise[2] sous le nom de leurs maîtres; et il est à observer et que les maires du palais et que les comtes de Paris[3] se placèrent dans le trône des rois justement et également par la même voie par laquelle ils s'étoient insinués dans leur esprit, c'est-à-dire par l'affoiblissement et par le changement des lois de l'État, qui plaît toujours d'abord[4] aux princes peu éclairés, parce qu'ils s'y imaginent l'agrandissement[5] de leur autorité, et qui, dans les suites, sert[6] de prétexte[7] aux grands et de motif au peuple pour se soulever.

Le cardinal de Richelieu étoit trop habile pour ne pas avoir toutes ces vues; mais il les sacrifia à son in-

passé tacitement avec leurs maîtres : « Faites tout ce que vous voudrez, et lorsque nous serons las, nous vous égorgerons. » (*Du Pape*, livre II, chapitre II.)

1. Mais pourquoi chercher des exemples étrangers, si nous en avons de domestiques? (Ms H, Ch, 1717 A, 1718 B, F.) — Des exemples étrangers? Nous en avons de domestiques. (1825.)

2. Dans le ms R, *acquis (acquist)*, sans accord.

3. Il y a ici près de deux lignes effacées et illisibles.

4. *D'abord* a été ajouté en interligne.

5. Parce qu'ils s'imaginent l'agrandissement. (1717). — Parce qu'ils s'imaginent y voir l'agrandissement. (1718 C, D, E, 1719-1828.) — S'imaginent y trouver. (Ms. H et Ch.) — S'imaginent toujours y trouver. (1717 A, 1718 B, F.)

6. Tel est bien le texte du ms R. La plupart des éditions, même les plus récentes, ont à *sert* substitué le pluriel *servent*, tout en laissant, trois lignes plus haut, *plaît* au singulier. Dans celles de 1717 et de 1825 il y a *plaisent* et *servent*.

7. Le mot *prétexte* a été biffé, puis récrit au-dessus de la ligne.

térêt. Il voulut régner selon son inclination, qui ne se donnoit point de règles, même dans les choses où il ne lui eût rien coûté[1] de s'en donner; et il fit si bien, que si le destin lui eût donné un successeur de son mérite, je ne sais si la qualité de premier ministre, qu'il a prise[2] le premier, n'auroit pas pu être, avec un peu de temps, aussi odieuse en France[3] que l'ont été, par l'événement, celles de maire du palais et de comte de Paris. La providence de Dieu y pourvut au moins d'un sens, le cardinal Mazarin, qui prit sa place, n'ayant donné ni pu donner aucun ombrage à l'État[4] du côté de l'usurpation. Comme ces deux ministres ont beaucoup contribué, quoique fort différemment, à la guerre civile[5], je crois qu'il est nécessaire que je vous en fasse le portrait et le parallèle.

Le cardinal de Richelieu avoit de la naissance. Sa jeunesse jeta des étincelles de son mérite : il se distingua en Sorbonne; on remarqua de fort bonne heure qu'il avoit de la force et de la vivacité dans l'esprit. Il prenoit d'ordinaire très-bien son parti. Il étoit homme de parole, où un grand intérêt ne l'obligeoit pas au contraire; et en ce cas, il n'oublioit rien pour sauver les apparences de la bonne foi. Il n'étoit pas libéral; mais il donnoit plus qu'il ne promettoit, et il assaisonnoit ad-

---

1. *Coûté* (*cousté*) est en interligne, au-dessus d'un autre mot effacé.
2. Il y a dans le manuscrit *pris*, sans accord.
3. Bien grande est déjà la haine du vivant même des deux cardinaux, comme on le voit dans les pamphlets et autres documents du temps. Le titre et la fonction de premier ministre sont décriés, dans quelques-uns, sous le nom de *ministériat* : voyez *la Misère au temps de la Fronde*, p. 80.
4. Après *l'État*, il y a, dans le ms R, *au moins*, biffé.
5. On lit ici, sous une rature : *de laquelle je vais vous rendre compte*.

mirablement les bienfaits. Il aimoit la gloire beaucoup plus que la morale ne le permet[1]; mais il faut avouer qu'il n'abusoit qu'à proportion de son mérite de la dispense qu'il avoit prise sur ce point de l'excès de son ambition. Il n'avoit ni l'esprit ni le cœur au-dessus des périls; il n'avoit ni l'un ni l'autre au-dessous; et l'on peut dire qu'il en prévint davantage par sa sagacité qu'il n'en surmonta par sa fermeté. Il étoit bon ami; il eût même souhaité d'être aimé du public[2]; mais quoiqu'il eût la civilité, l'extérieur et beaucoup d'autres parties propres à cet effet, il n'en eut jamais le je ne sais quoi, qui est encore, en cette matière, plus requis qu'en toute autre. Il anéantissoit par son pouvoir et par son faste royal la majesté personnelle du Roi; mais il remplissoit avec tant de dignité les fonctions de la royauté, qu'il falloit n'être pas du vulgaire pour ne pas confondre le bien et le mal en ce fait. Il distinguoit plus judicieusement qu'homme du monde entre le mal et le pis, entre le bien et le mieux, ce qui est une grande qualité pour un ministre. Il s'impatientoit trop facilement dans les petites choses qui étoient préalables des grandes; mais ce défaut, qui vient de la sublimité de l'esprit, est toujours joint à des lumières qui le suppléent. Il avoit assez de religion pour ce monde[3]. Il alloit au bien, ou par inclination ou par bon sens, toutefois[4] que son intérêt ne le portoit point au mal, qu'il connoissoit parfaitement quand il le faisoit. Il ne considéroit l'État que pour sa vie; mais jamais ministre n'a eu plus d'application à

---

1. Que l'exacte morale ne le permet. (Ms H, Ch, 1717 A, 1718 B, F.)

2. *D'être aimé du peuple*, dans les éditions de 1837-1866.

3. Pour le monde. (Ms H, Ch, 1717 A, 1718 B, C, D, E, F.)

4. Il y a ainsi *toutefois*, écrit en un seul mot, dans le manuscrit original.

faire croire[1] qu'il en ménageoit l'avenir. Enfin il faut confesser que tous ses vices ont été de ceux que la grande fortune rend aisément illustres, parce qu'ils ont été de ceux qui ne peuvent avoir pour instruments que de grandes vertus.

Vous jugez facilement qu'un homme qui a autant de grandes qualités[2] et autant d'apparences de celles même qu'il n'avoit pas, se conserve assez aisément dans le monde cette sorte de respect qui démêle le mépris d'avec la haine, et qui, dans un État où il n'y a plus de lois, supplée au moins pour quelque temps à leur défaut.

Le cardinal Mazarin étoit d'un caractère tout contraire. Sa naissance étoit basse et son enfance honteuse[3]. Au sortir du Colisée, il apprit à piper[4], ce qui lui attira des coups de bâtons d'un orfévre de Rome appelé Moreto. Il fut capitaine d'infanterie en Valteline ; et Bagni, qui

---

1. *Croire* est écrit à la marge, pour remplacer *connoître*, biffé.

2. Qui a eu d'aussi grandes qualités. (Ms H, 1717 A, 1718 B, F.) — Dans le ms Ch, *eu* est ajouté en interligne.

3. Et son éducation honteuse. (Ms H, Ch, 1717 A, 1718 B, F.) — Retz va beaucoup trop loin dans ses imputations. Il faut opposer à ce portrait, où il dénigre Mazarin avec passion, la peinture, plus proche, croyons-nous, de la vérité, que M. Cousin a tracée de lui en divers endroits et particulièrement dans son livre intitulé *la Jeunesse de Mazarin*, et dans *la Jeunesse de Madame de Longueville* (p. 214 et suivantes). Voyez aussi M. de Carné, dans *les Fondateurs de l'unité française* (tome II, p. 311-371, et surtout p. 341 et 342). — De ces graves accusations de notre auteur, reconnues fausses, Sénecé, dans sa dissertation (voyez ci-dessus la *Notice*, p. 11 et suivantes), conclut à tort, ce nous semble, que les *Mémoires* ne sont pas de Retz : Paul de Gondi se sert des bruits injurieux qui avaient couru contre son adversaire comme d'une arme de combat. Du reste, les Gondi eux-mêmes n'avaient pas été mieux traités, quant à leur origine, lors de la faveur du maréchal de Retz, grand-père du Coadjuteur.

4. Au sortir du collége, il apprit à tromper au jeu. (Ms H, Ch, 1717 A, 1718 B, F)

étoit son général, m'a dit qu'il ne passa dans sa guerre, qui ne fut que de trois mois[1], que pour un escroc. Il eut la nonciature[2] extraordinaire en France[3], par la faveur

1. En 1634, le marquis de Bagni commandait les troupes ecclésiastiques chargées d'occuper les forts de la Valteline; il devint plus tard nonce en France. Il était frère du cardinal Bagni, comme le montre une lettre de Letellier à Mazarin, du 20 avril 1650 (Bibliothèque impériale, Fonds français, 6882). Tallemant des Réaux (tome I, p. 383) confond le cardinal avec le marquis, lorsqu'il dit, en parlant du maréchal d'Estrées : « On lui donna à commander quelques troupes dans la Valteline; il battit le cardinal Bagni, qui commandoit les troupes du Pape. C'est ce Bagni qui étoit encore nonce ici il n'y a que deux ans. » M. Cousin, grâce à de nombreux documents nouveaux, trouvés en partie dans le palais des Barberini à Rome, a très-bien éclairé cette époque de la vie de Mazarin (p. 21-23 de *la Jeunesse de Mazarin*) : « Mazarin, dit-il, était jeune, plein d'ardeur et de courage; de tout temps il avait montré plus d'inclination pour le métier des armes que pour celui de la jurisprudence et de la littérature.... Il suivit à l'armée un Colonna, qui lui donna uue compagnie dans son régiment (*la lieutenance de la compagnie du régiment de trois mille hommes du prince de Palestrine*). Le nouveau capitaine n'avait aucune expérience de la guerre; mais là, comme ailleurs, il montra l'intelligence dont il était doué, et il se distingua surtout par l'ordre et la discipline qu'il établit dans sa compagnie.... Il se fit aimer et considérer de ses supérieurs par une vraie tenue de gentilhomme, que son talent et son bonheur au jeu lui permettaient de soutenir. Tout à coup, pendant qu'il était de garnison à Ancône, il apprend que sa mère bien-aimée est tombée gravement malade. A cette nouvelle, il oublie le jeu, son régiment, son devoir; il perd la tête, et au lieu de demander à ses chefs une permission qui ne lui aurait pas été refusée, sur-le-champ il monte à cheval, court à Rome chez sa mère, la soigne avec la plus vive tendresse; puis, reconnaissant la faute qu'il a commise contre la discipline, il va se jeter aux genoux du Saint-Père, s'accuse, et implore un pardon qui lui est gracieusement accordé. »

2. Retz écrit *nuntiature*.

3. En 1634. Retz ici encore altère les faits : ce fut Richelieu qui demanda pour Mazarin un emploi qui l'approchât de lui; on le nomma d'abord vice-légat d'Avignon; mais avant même qu'il eût quitté Rome pour se rendre à son poste, il fut nommé nonce extraor-

du cardinal Antoine[1], qui ne s'acquéroit pas, en ce temps-là[2], par de bons moyens. Il plut à Chavigni par ses contes libertins d'Italie, et par Chavigni à Richelieu, qui le fit cardinal[3], par le même esprit, à ce que l'on a cru, qui obligea Auguste à laisser à Tibère la succession de l'Empire[4]. La pourpre ne l'empêcha pas de demeurer valet sous Richelieu. La Reine l'ayant choisi faute d'autre[5], ce qui est vrai quoi qu'on en dise, il parut d'abord l'original de *Trivelino*[6] *Principe*. La fortune l'ayant ébloui

dinaire en France, avec mission d'intercéder pour le duc de Lorraine, dépouillé de ses États par Louis XIII. Reçu avec la plus grande distinction par Richelieu, qui le logea dans son palais, Mazarin sut aussi gagner la faveur de Louis XIII ; le Roi lui promit même de le présenter pour le cardinalat, s'il n'était pas prévenu par le Pape. Desservi par l'Espagne auprès du souverain pontife, Mazarin retourna à Rome en 1636, et y resta quelque temps dans une demi-disgrâce. Il s'attacha définitivement à Richelieu en 1639, après la mort du P. Joseph.

1. Le cardinal Antonio Barberini était neveu du pape Urbain VIII. On le nomme *il Giovane*, pour le distinguer d'un autre cardinal de même nom et prénom, dit *il Vecchio*, qui était son oncle et frère du Pape. Après la mort d'Urbain VIII, il se réfugia en France (1645), où il devint successivement évêque de Poitiers, grand aumônier, et archevêque de Reims. Voyez, sur ce cardinal *Antonio il Giovane*, les *Mémoires de Maucroix*, placés à la fin du tome II de ses *OEuvres diverses*, publiées par M. Louis Paris (Paris, 1854), et, en tête du tome I, la *Notice* de l'éditeur *sur la vie et les ouvrages de Maucroix* (p. CXLVIII).

2. C'est-à-dire au temps où il était tout-puissant à Rome sous le pontificat d'Urbain VIII.

3. En 1641.

4. On disait à Rome, au rapport de Tacite (*Annales*, livre I, chapitre x), qu'Auguste, en appelant Tibère à lui succéder, n'avait pas consulté le bien public, mais cherché de la gloire dans un odieux contraste : *Comparatione deterrima sibi gloriam quæsivisse*.

5. C'est-à-dire par suite de l'étourderie de Beaufort, de la bêtise de Potier, et sur le refus de mon père : voyez ci-dessus, p. 209 et p. 229. — Chavigny et Châteauneuf étaient alors en disgrâce.

6. « Dominique Locatelli, si célèbre au théâtre sous le nom de

et tous les autres, il s'érigea et l'on l'érigea en Richelieu ; mais il n'en eut que l'impudence de l'imitation[1]. Il se fit[2] de la honte de tout ce que [3] l'autre s'étoit fait de l'honneur. Il se moqua de la religion. Il promit tout, parce qu'il ne voulut rien tenir[4]. Il ne fut ni doux ni cruel, parce qu'il ne se[5] ressouvenoit ni des bienfaits ni des injures. Il s'aimoit trop, ce qui est le naturel des âmes lâches ; il se craignoit trop peu, ce qui est le caractère de ceux qui n'ont pas de soin de leur réputation. Il prévoyoit assez bien le mal, parce qu'il avoit souvent peur ; mais il n'y remédioit pas à proportion, parce qu'il n'avoit pas tant de prudence que de peur. Il avoit de l'esprit, de l'insinuation, de l'enjouement, des manières ; mais le vilain cœur paroissoit toujours au travers, et au point que ces qualités eurent, dans l'adversité, tout l'air du ridicule, et ne perdirent pas, dans la plus grande

---

Trivelin (*Trivelino*), paroit être venu, au plus tard, à Paris en 1645.... Il a été excellent dans le genre qu'il avoit choisi ; ce genre étoit celui d'un intrigant, tantôt valet et tantôt aventurier ; il jouoit sous l'habit et sous le masque d'arlequin, mais il ne portoit point de batte, comme ce dernier. » (*Histoire de l'ancien théâtre italien, depuis son origine en France jusqu'à sa suppression en l'année* 1697, Paris, 1767, 1 volume in-12, p. 26 et 27.) Parmi les canevas de pièces italiennes donnés par les frères Parfait, auteurs de cette *Histoire*, il s'en trouve deux (p. 284 et 405) qui ont pour titre, l'une : *Arlechino creduto principe* (« Arlequin cru prince ») ; l'autre : *Arlechino creato Re per ventura* (« Arlequin créé roi par hasard »). Outre que ce sont des *Arlequins*, et non des *Trivelins*, ces pièces sont d'un temps postérieur à celui dont parle ici Retz : la première de 1667, et la seconde de 1672.

1. Que l'imprudence et l'imitation. (1825.)
2. Que l'impudence. Il se fit. (Ms H, Ch, 1717 A, 1718 B, C, D, E, F.)
3. Le sens voudrait plutôt *dont* ; mais notre texte est bien celui du ms R et de nos deux copies et de toutes les éditions.
4. Il (*ou* Et) promit tout ce qu'il ne voulut pas tenir. (Ms H, Ch, 1717 A, 1718 B, C, D, E, F, 1825.) — Dans 1825 : *vouloit*.
5. Ici un mot biffé.

prospérité, celui de fourberie. Il porta le filoutage dans le ministère, ce qui n'est jamais arrivé qu'à lui ; et ce filoutage faisoit que le ministère, même heureux et absolu, ne lui seyoit[1] pas bien, et que le mépris s'y glissa, qui est la maladie[2] la plus dangereuse[3] d'un État, et dont la contagion se répand le plus[4] aisément et le plus promptement du chef dans les membres.

Il n'est pas malaisé de concevoir, par ce que je viens de vous dire, qu'il peut et qu'il doit y avoir eu beaucoup de contre-temps fâcheux dans une administration qui suivoit d'aussi près celle du cardinal de Richelieu, et qui en étoit aussi différente.

Vous avez vu ci-devant tout l'extérieur des quatre premières années de la Régence, et je vous ai déjà même expliqué l'effet que la prison de M. de Beaufort fit d'abord dans les esprits[5]. Il est certain qu'elle y imprima du respect pour un homme pour qui l'éclat de la pourpre n'en avoit pu donner aux particuliers. Ondedei[6] m'a dit que le Cardinal s'étoit moqué avec lui, à ce propos, de la légèreté des François ; mais il m'ajouta en même temps qu'au bout de quatre mois il s'admira lui-même ; qu'il s'érigea[7], dans son opinion, en Richelieu, et qu'il se crut même plus habile que lui. Il faudroit des

1. Ici Retz a écrit *seoioit*. Voyez ci-dessus, p. 232, note 2.
2. Retz avait d'abord mis : « comme une maladie. »
3. Qui est le mal le plus dangereux. (1837-1866.)
4. Première rédaction, biffée : *et qui se répand le plus*.
5. Voyez ci-dessus, p. 223, et p. 232 et suivantes.
6. Joseph Zongo Ondedei, l'un des confidents et des auxiliaires les plus actifs de Mazarin pendant la Fronde. Il fut nommé en 1654 évêque de Fréjus, et mourut en 1674. — M. P. Clément va prochainement nous faire bien connaître cet agent de la politique du cardinal-ministre, dans un volume intitulé : *Zongo Ondédeï*. — Dans le ms Ch, *Ondedei* est écrit au-dessus des mots : *Un d'eux*, effacés.
7. Après *s'érigea*, il y a dans le ms R : *même*, biffé.

volumes pour vous raconter toutes ses fautes, dont les moindres étoient d'une importance extrême, par une considération qui mérite une observation particulière.

Comme il marchoit sur les pas du cardinal de Richelieu, qui avoit achevé de détruire toutes les anciennes maximes de l'État, il suivoit un chemin qui étoit de tous côtés bordé de précipices ; et comme il ne voyoit pas ces précipices, que le cardinal de Richelieu n'avoit pas ignorés[1], il ne se servoit pas des appuis par lesquels le cardinal de Richelieu avoit assuré sa marche. J'explique[2] ce peu de paroles, qui comprend beaucoup de choses, par un exemple.

Le cardinal de Richelieu avoit affecté d'abaisser les corps, mais il n'avoit pas oublié de ménager les particuliers[3]. Cette idée suffit pour[4] vous faire concevoir tout le reste. Ce qu'il y eut de merveilleux fut que tout contribua à le tromper et à se tromper soi-même[5]. Il y eut toutefois des raisons naturelles de cette illusion ; et vous en avez vu quelques-unes dans la disposition où je vous

---

1. Dans le ms R : *ignoré*, sans accord. — Les ms H, Ch, et toutes les éditions antérieures à 1837 portent : « il suivoit son chemin, qui étoit de tous côtés bordé de précipices, que le cardinal de Richelieu n'avoit pas ignorés ; mais il ne se servoit. » Les éditions de 1718 C, D, E n'ont pas *mais*.

2. Première rédaction, biffée : *Je m'explique*, locution dont Sénecé reproche à Retz le fréquent retour : voyez ci-dessus la *Notice des Mémoires*, p. 13.

3. Les particuliers de chaque corps. (Ms H, Ch, 1717 A, 1718 B, F.)

4. Ici une ligne biffée et illisible.

5. Ne comprenant pas cette fin de phrase, grammaticalement assez hardie : « à se tromper soi-même, » c'est-à-dire « à produire cet effet, qu'il se trompât soi-même, » les copistes et les anciens éditeurs (avant 1837) ont retranché l'un des deux *tromper*: « contribua à le tromper soi-même » (1717) ; « contribua à le tromper lui-même » (Ms H, Ch, 1717 A, 1718 B, D, E, F, 1719, 1723, 1731, 1751, 1777, 1817, 1820, 1825, 1828) ; « à se tromper lui-même » (1718 C).

ai marqué ci-devant qu'il avoit trouvé les affaires, les corps et les particuliers du royaume; mais il faut avouer que cette illusion fut très-extraordinaire, et qu'elle[1] passa jusques à un grand excès[2].

Le dernier point de l'illusion, en matière d'État, est une espèce de léthargie, qui n'arrive jamais qu'après de grands symptômes. Le renversement des anciennes lois, l'anéantissement de ce milieu qu'elles ont posé entre les peuples et les rois, l'établissement de l'autorité purement et absolument despotique, sont ceux qui ont jeté originairement la France dans les convulsions dans lesquelles nos pères l'ont vue[3]. Le cardinal de Richelieu la vint traiter comme un empirique, avec des remèdes violents, qui lui firent paroître de la force, mais une force d'agitation qui en épuisa le corps et les parties. Le cardinal Mazarin, comme un médecin très-inexpérimenté, ne connut point son abattement. Il ne le soutint point par les secrets chimiques de son prédécesseur; il continua de l'affoiblir par des saignées : elle tomba en léthargie, et il fut assez malhabile pour prendre ce faux repos pour une véritable santé. Les provinces, abandonnées à la rapine des surintendants[4], demeuroient abattues et assoupies sous la pesanteur de leurs maux, que les secousses qu'elles s'étoient données de temps en temps, sous le cardinal de Richelieu, n'avoient fait qu'augmenter et qu'aigrir[5]. Les parlements, qui avoient tout fraîchement

---

1. *Qu'elle* est en interligne.
2. Et qu'elle alla jusqu'à un grand excès. (Ms H, Ch, 1717 A, 1718 B, F.)
3. Ici Retz a mis, par inadvertance, *vues*, au pluriel.
4. Des intendants. (Ms H, Ch, 1717 A, 1718 B, F.) — Les faits justifient également les deux leçons.
5. Allusion aux diverses révoltes qui agitèrent quelques provinces pendant l'administration de Richelieu. La plus importante fut celle des *nu-pieds* de Normandie; on désignait le chef, demeuré inconnu,

gémi sous sa tyrannie[1], étoient comme insensibles aux misères présentes[2], par la mémoire encore trop vive et trop récente des passées. Les grands, qui pour la plupart avoient été chassés du royaume, s'endormoient paresseusement dans leurs lits, qu'ils avoient été ravis de retrouver. Si cette indolence générale eût été ménagée, l'assoupissement eût peut-être[3] duré plus longtemps ; mais comme le médecin ne le prenoit que pour un doux sommeil, il n'y fit aucun remède. Le mal s'aigrit ; la tête s'éveilla : Paris se sentit, il poussa des soupirs ; l'on n'en fit point de cas : il tomba en frénésie. Venons au détail.

Émery[4], surintendant des finances, et à mon sens

de cette *armée de souffrance* (c'était ainsi qu'on appelait les révoltés) par le nom de *Jean-nu-pieds* ou *Jean-va-nu-pieds*. Il y en eut aussi dans le Périgord, et en général dans tout le pays entre la Garonne et la Charente. Voyez pour les détails le *Diaire* ou *Journal du voyage du chancelier Seguier*, envoyé avec Gassion pour réprimer la révolte de Normandie ; il a été publié par le savant M. Floquet (Rouen, 1842) ; voyez aussi l'*Histoire des Paysans* de M. Eugène Bonnemère, 1856, tome II, p. 30-33, et une étude sur cet ouvrage que j'ai insérée dans la *Revue de Paris* du 1er mai 1857, p. 49-62.

1. Cette phrase incidente : *qui avoient.... sa tyrannie*, est écrite tout entière à la marge. Les ms H, Ch, et toutes les anciennes éditions donnent : « qui avoient tout nouvellement gémi. »

2. « Aux mesures présentes, » dans les éditions de 1837-1866.

3. *Peut-être* est en interligne.

4. Le ms Ch porte à la marge : « Il s'appeloit Particelli. » — Michel Particelli, seigneur d'Émery, dont le père avait fait à Lyon le commerce de la banque, s'était attaché à la fortune de Mazarin. Il fut d'abord secrétaire du conseil, puis en 1631 intendant du Languedoc, et ambassadeur en Savoie de 1625 à 1630 ; on le voit comme commissaire du Roi à l'assemblée du clergé en 1640 ; intendant des finances en 1643, il devint contrôleur général en novembre de la même année. Le comte d'Avaux et le président de Bailleul se partageaient alors le titre de surintendant, qu'on donna enfin à Émery, le 18 juillet 1647 ; il fut renversé en juillet 1648, par suite des troubles qu'avaient excités ses plans financiers et surtout les fameux *édits* du *tarif* et du *toisé*. Après avoir été rappelé aux

l'esprit le plus corrompu de son siècle, ne cherchoit que des noms pour trouver des édits. Je ne vous puis mieux exprimer le fond de l'âme du personnage, qui disoit[1] en plein conseil (je l'ai ouï), que la foi n'étoit que pour les marchands, et que les maîtres des requêtes qui l'alléguoient pour raison dans les affaires qui regardoient le Roi méritoient d'être punis; je ne vous puis mieux expliquer le défaut de son jugement. Cet homme, qui avoit été condamné à Lyon à être pendu, dans sa jeunesse, gouvernoit, même avec empire, le cardinal Mazarin, en tout ce qui regardoit le dedans du royaume. Je choisis cette remarque entre douze ou quinze que je vous pourrois faire de même nature, pour vous donner à entendre l'extrémité du mal, qui n'est jamais à son période que quand ceux qui commandent ont perdu la honte, parce que c'est justement le moment dans lequel ceux qui obéissent perdent le respect; et c'est dans ce même moment où l'on revient de la léthargie, mais par des convulsions.

Les Suisses paroissoient[2], pour ainsi parler, si étouffés sous la pesanteur de leurs chaînes, qu'ils ne respiroient plus, quand la révolte de trois de leurs paysans[3] forma

---

finances en novembre 1649, il fut de nouveau disgracié, et mourut le 25 mai 1650, exilé dans ses terres.

1. Retz a écrit *fonds;* il avait d'abord mis *la nature* ou *le naturel;* ces deux mots, biffés, sont peu lisibles; au-dessus il a remis en interligne : *le fonds de l'âme.* — Le fond de l'âme du personnage qu'en rapportant ce qu'il disoit. (Ms H, Ch, 1717 A, 1718 B, F.)

2. *Paroissoient* est en interligne, au-dessus de *étoient*, biffé. — Plus loin, devant *étouffés*, *si* est également au-dessus de la ligne.

3. Werner Stauffacher, Arnold de Melchthal et Walther Fürst, dont le serment au Rütli parait bien être, ainsi que l'histoire de Guillaume Tell, plutôt légendaire qu'historique. Les trois vraies libératrices, qui délivrèrent et préservèrent les cantons helvétiques de la domination de l'Autriche, ce furent les victoires de Morgarten (1315), de Sempach (1386) et de Næfels (1388).

les Ligues[1]. Les Hollandois se croyoient subjugués par le duc d'Albe[2] quand le prince d'Orange[3], par le sort réservé aux grands génies[4], qui voient devant tous les autres le point de la possibilité, conçut et enfanta leur liberté. Voilà des exemples; la raison y est. Ce qui cause l'assoupissement dans les États qui souffrent est la durée du mal, qui saisit l'imagination des hommes, et qui leur fait croire qu'il ne finira jamais. Aussitôt qu'ils trouvent jour à en sortir, ce qui ne manque jamais lorsqu'il est venu jusques à un certain point, ils sont si surpris, si aises et si emportés, qu'ils passent tout d'un coup à l'autre extrémité, et que bien loin de considérer les révolutions comme impossibles, ils les croient faciles; et cette disposition toute seule est quelquefois capable de les faire. Nous avons éprouvé et senti toutes ces vérités dans

1. Ce pluriel *Ligues*, qui traduit, ce semble, l'allemand *Bundesstaaten*, « états de la Ligue, de la Confédération, » s'employait surtout dans la locution *les Ligues grises*, qui désignait les Grisons; mais on l'appliquait aussi à tout l'ensemble des Cantons suisses qui s'étaient alliés entre eux et réunis par des ligues successives. « Ces vieilles ligues d'Allemaigne, dit Commines (livre V, chapitre 1), qu'on appelle Suysses. »

2. Ferdinand Alvarez de Tolède, duc d'Albe, lieutenant du roi d'Espagne, Philippe II, dans les Pay-Bas révoltés, où il établit le terrible *tribunal du sang*, qui décima la population. N'ayant pu parvenir à étouffer la révolte, il demanda son rappel, et tomba bientôt dans la disgrâce. Il mourut en 1582.

3. On lit ici sous une rature ces mots, récrits plus bas : « conçut et enfanta leur liberté. » — Guillaume I de Nassau, prince d'Orange, dit *le Taciturne*. En 1579, il fit signer aux sept provinces bataves l'*union d'Utrecht*, origine de la république des Provinces-Unies. Sa tête ayant été mise à prix par Philippe II, Balthasar Gérard l'assassina en 1584. Ses deux fils, Maurice, puis Henri-Frédéric, continuèrent la grande œuvre de l'affranchissement des Pays-Bas. Le dernier mourut (1647) à la veille du jour où l'Espagne elle-même allait reconnaître (1648) l'indépendance des Provinces-Unies.

4. « Aux grands guerriers, » dans les éditions de 1837-1866.

notre dernière révolution. Qui eût dit, trois mois devant la petite pointe des troubles, qu'il en eût pu naître dans un État où la maison royale étoit parfaitement unie, où la cour étoit esclave du Ministre, où les provinces et la capitale lui étoient soumises, où les armées étoient victorieuses, où les compagnies paroissoient de tout point impuissantes : qui l'eût dit eût passé pour insensé, je ne dis pas dans l'esprit du vulgaire, mais je dis entre les Estrées et les Senneterres[1]. Il paroît un peu de sentiment, une lueur, ou plutôt une étincelle de vie, et ce signe de vie[2], dans les commencements presque imperceptible, ne se donne point par Monsieur, il ne se donne point par Monsieur le Prince[3], il ne se donne point par les grands du royaume, il ne se donne point par les provinces : il se donne par le Parlement, qui jusques à notre siècle n'avoit jamais commencé de révolution, et qui certainement auroit condamné par des arrêts sanglants celle qu'il faisoit lui-même, si tout autre que lui l'eût commencée.

Il gronda sur[4] l'édit du tariff[5] ; et aussitôt qu'il eut seu-

1. C'est-à-dire les plus habiles, les plus clairvoyants des courtisans, les plus occupés à flairer de loin le vent de la cour et de l'opinion. — Retz écrit *Senetaires;* nous avons vu plus haut (p. 114, note 3) que la forme première du nom était *Saint-Nectaire.*

2. *De vie* est en interligne.

3. Ici la répétition du mot *Monsieur* a donné lieu à une omission dans les ms H, Ch, et dans 1717 A et 1718 B, F, qui portent après *imperceptibles* (au pluriel, excepté dans 1718 B) : « ne se donne point par Monsieur le Prince. »

4. Après *sur*, il y a *laf*, biffé ; probablement Retz avait voulu écrire : *l'affaire.*

5. Ce mot, dans le ms R, est écrit *tariffe*, comme dans *l'Histoire du temps* que nous allons citer. — Cet édit du tarif (22 septembre 1646) établissait un impôt sur toutes les marchandises qui entraient dans Paris par eau ou par terre. Il en est question dans *l'Histoire du temps*, p. 5 et suivantes, et dans tous les mémoires de l'époque : voyez particulièrement les *Mémoires d'Omer Talon*, année 1647 ; le

lement murmuré, tout le monde s'éveilla. L'on chercha en s'éveillant, comme à tâtons, les lois : l'on ne les trouva plus ; l'on s'effara, l'on cria, l'on se les demanda ; et dans cette agitation les questions que leurs explications firent naître, d'obscures qu'elles étoient et vénérables par leur obscurité, devinrent problématiques[1] ; et dès là, à l'égard de la moitié du monde, odieuses. Le peuple entra dans le sanctuaire : il leva le voile qui doit toujours couvrir tout ce que l'on peut dire, tout ce que l'on peut croire du droit des peuples et de celui des rois, qui ne s'accordent jamais si bien ensemble que dans le silence. La salle du Palais profana ces mystères. Venons aux faits particuliers, qui vous feront voir à l'œil[2] ce détail[3].

Journal d'Olivier d'Ormesson, publié par M. Chéruel, tome I, p. 392 ; *le Parlement et la Fronde*, par M. de Barante, p. 94 ; les *Mémoires de Mathieu Molé*, publiés par M. Aimé Champollion-Figeac, tome III, p. 168. Ce n'était pas une imposition nouvelle : on voulait, dans un intérêt fiscal, il est vrai, répartir avec plus d'égalité entre toutes les marchandises un impôt qui en grevait fort un certain nombre seulement, et faire payer par tous ce que quelques-uns seuls payaient jusque-là ; cette réforme eût diminué les charges des consommateurs, en même temps qu'elle accroissait les ressources de l'État.

1. Les questions que l'explication de ces lois saintes et vénérables par leur obscurité firent naître, devinrent problématiques. (Ms H, Ch, 1717 A, 1718 B, F.)

2. Retz écrit *œiul* : voyez ci-dessus, p. 250, note 4.

3. « Ce sont là, dit M. Sainte-Beuve (*Causeries du lundi*, tome V, p. 53), des exordes qui comptent dans l'histoire. L'homme, qui sous Louis XIV, vers 1672(?), âgé de cinquante-huit ans, écrivait ces choses dans la solitude, dans l'intimité, en les adressant, par manière de passe-temps, à une femme de ses amies (?), avait certes dans l'esprit et dans l'imagination la sérieuse idée de l'essence des sociétés et la grandeur de la conception politique ; il l'avait trop souvent altérée et ternie dans la pratique ; mais plume en main, comme il arrive aux écrivains de génie, il la ressaisissait avec éclat, netteté et plénitude. » — M. de Saint-Aulaire, dans son *Histoire de la Fronde*, a remarqué de même qu'à travers toutes les infractions de

Je n'en choisirai d'une infinité que deux, et pour ne vous pas ennuyer, et parce que l'un est le premier qui a ouvert la plaie, et que[1] l'autre l'a beaucoup envenimée. Je ne toucherai les autres qu'en courant[2].

---

détail, la conduite de Retz ne fut pas uniquement guidée par une ambition frivole ou factieuse : « Bien qu'en écrivant son livre, dit-il dans la citation que lui emprunte M. Sainte-Beuve (p. 5o), il n'ait pas échappé aux influences que je viens de signaler (*les influences régnantes et les changements introduits dans l'opinion depuis le solide établissement de la royauté de Louis XIV*), on y trouve cependant la preuve qu'il avait tout vu, tout compris ; qu'il mesurait les dangers auxquels le despotisme allait exposer la monarchie, et qu'il cherchait à les prévenir. Mon admiration pour ce grand maître s'est accrue en recopiant les tableaux tracés de sa main. » — « Si ce jugement favorable, ajoute M. Sainte-Beuve, trouve sa justification, c'est surtout à l'origine des *Mémoires*, et dans la partie qui nous occupe. » — A la suite de ces éloges, très-justes et très-mérités, nous placerons une critique qui, à nos yeux, l'est beaucoup moins. M. Bazin reproche à Retz de trop négliger quelques grands événements de son époque: « la guerre avec l'Empire et l'Espagne, sur terre et sur mer, en Allemagne, en Catalogne, en Italie et en Flandre, des victoires comme celles de Fribourg, de Nordlingen, la prise de Dunkerque, cette espérance de paix, négociée à Munster, mais toujours ajournée, et par cela même plus vive, et devenue la grande préoccupation publique. L'intérieur même non plus n'était pas sans émotion ; et sans parler de la grande querelle théologique à propos de Jansénius, dès 1644 il y avait eu sédition sur la place publique, dès 1645 on avait mis en prison un président aux enquêtes, Barillon, » que l'on venait de transporter à Pignerol, sous le vent glacé des Alpes, où il mourut. — Nous reconnaissons, avec M. Bazin, que tout cela, sous la plume de Retz, eût pu être fort intéressant ; et nous croyons, comme lui, que la largeur de son cadre lui eût permis de retracer en quelques pages ces divers événements, qui « n'auraient pas trop mal rempli ce vide de quatre années où le Cardinal affecte de ne rien voir, parce qu'il n'y a en effet rien mis. » Mais, tout en partageant le regret du critique, nous ajouterons que regret n'est point reproche et que pouvoir n'implique point devoir : des mémoires ne sont pas une histoire complète, et le narrateur a le droit de choisir.

1. *Que* est en interligne.
2. Les mots : *Je ne toucherai les autres qu'en courant*, forment

296   MÉMOIRES DU CARDINAL DE RETZ.

* Le Parlement, qui avoit souffert et même vérifié une très-grande quantité d'édits ruineux et pour les particuliers et pour le public, éclata enfin, au mois d'août de l'année 1647[1], contre celui du tarif, qui portoit une imposition générale sur toutes les denrées qui entroient dans la ville de Paris. Comme il avoit été vérifié en la

une ligne très-rapprochée de la précédente, et pourraient avoir été ajoutés après coup.

1. Retz a copié ce qui suit, en l'abrégeant un peu, dans un livre que nous avons eu déjà l'occasion de mentionner et de citer, et qui est intitulé : *l'Histoire du temps* ou *le Véritable récit de ce qui s'est passé dans le parlement de Paris depuis le mois d'août* 1647 *jusques au mois de novembre* 1648 (sans lieu, 1649 [a]). Rédigé au temps même de la lutte, cet ouvrage se sent des passions de l'époque, et renferme naturellement bien des inexactitudes ou volontaires ou involontaires. Il a paru sans nom d'auteur. L'épître dédicatoire, à *Nosseigneurs du Parlement*, est signée, dans l'in-4°, L. P. R. ; dans l'in-12, I. P. R. M. Leber (article 4389 de son Catalogue) dit que l'auteur du livre est « Nicolas-Johannes du Portail, bailli de Saint-Denys en France. » (Voyez M. Moreau, *Bibliographie des Mazarinades*, tome II, p. 54 et 55.) A ce nom de Portail, nous nous demandons si ce ne pourrait pas être aussi bien un autre Portail, Paul, avocat, puis conseiller au Parlement, que Retz (tome III, p. 94, édition de 1859) appelle un « habile homme, » et qui fit, en 1651, un pamphlet, « la Défense du Coadjuteur, qui est d'une grande éloquence. » En tout cas, nous ne serions pas surpris que ce récit, où les événements sont présentés tout à l'honneur du Parlement, eût été inspiré par le Coadjuteur, que peut-être même il y eût mis la main, et tout au moins qu'il l'eût çà et là animé de son souffle. On comprendrait alors que plus tard il s'en fût servi sans scrupule, en reprenant pour ainsi dire son bien. — Dans le passage qui nous occupe, les emprunts vont jusqu'aux mots : « …. la salle que l'on appelle de Saint-Louis » (ci-après, p. 309); dans *l'Histoire du temps* (édition in-12), le morceau s'étend de la page 5 à la page 77. Ces sortes de plagiats de notre auteur avaient été signalés par Sénecé dès que parurent les *Mémoires :* voyez ci-dessus la *Notice*, p. 13 et note 2.

a Il y a une édition in-4° et une autre in-12 de *l'Histoire du temps*. Elles sont toutes deux de 1649. L'édition in-12 est augmentée d'une *Seconde partie qui vient jusques à la Paix* (dite de *Saint-Germain*, avril 1649).

cour des aides¹, il y avoit plus d'un an, et exécuté en vertu de cette vérification, Messieurs du Conseil s'opiniâtrèrent beaucoup à le soutenir. Connoissant que le Parlement étoit sur le point de faire défenses de l'exécuter, ou plutôt d'en continuer l'exécution, ils souffrirent qu'il fût porté au Parlement pour l'examiner, dans l'espérance d'éluder, comme ils avoient fait en d'autres rencontres², les résolutions de la Compagnie. Ils se trompèrent : la mesure étoit comble, les esprits étoient échauffés, et tous alloient³ à rejeter l'édit. La Reine manda le Parlement; il fut par députés au Palais-Royal⁴. Le Chancelier prétendit que la vérification appartenoit à la cour des aides; le Premier Président la contesta pour le Parlement. Le cardinal Mazarin, ignorantissime en toutes ces matières, dit qu'il s'étonnoit qu'un corps aussi considérable s'amusât à des bagatelles⁵; et vous pouvez juger si cette parole fut relevée.

1. Le 15 décembre 1646. Cet impôt ressortissait en effet à la juridiction de la cour des aides; mais le Parlement prétendit qu'il y avait eu empiétement d'autorité de la part de cette cour.
2. Comme ils avoient fait plusieurs fois. (Ms H, Ch, 1717 A, 1718 B, F.) — Comme ils avoient fait en tant d'autres rencontres. (1717.)
3. Les ms H, Ch, et toutes les éditions anciennes et modernes donnent : « et tout alloit à. »
4. La Reine, alors absente de Paris, avait d'abord voulu faire venir le Parlement auprès d'elle ; mais celui-ci représenta que ce déplacement interromprait le cours de la justice; et on attendit le retour de la cour. L'audience fut solennelle (28 août 1647). Voyez les détails dans *le Parlement et la Fronde*, par M. de Barante, p. 94-98. Toute l'affaire est racontée dans les *Mémoires d'Omer Talon* (la Haye, 1732), tome IV, p. 136-194; elle l'est aussi dans les *Mémoires de Mathieu Molé* (tome III, année 1647, p. 168-188), jusques et y compris la séance du 29 août, où le Premier Président rend compte à la Compagnie de la conférence qui a eu lieu au Palais-Royal le 28; ils ont ensuite une lacune, et ne reprennent qu'à l'année 1648.
5. Nous n'avons trouvé ce mot prêté par Retz à Mazarin, et si

Émery ayant proposé une conférence particulière[1] pour aviser aux expédients d'accommoder l'affaire, elle fut proposée, le lendemain, dans les chambres assemblées. Après une grande diversité d'avis, dont plusieurs alloient à la refuser comme inutile et même comme captieuse, elle fut accordée; mais vainement : l'on ne put convenir[2]. Ce que voyant le Conseil, et craignant que le Parlement ne donnât arrêt de défenses, qui auroient été infailliblement exécutées par le peuple, il envoya une déclaration[3] pour supprimer le tarif, afin de sauver au moins l'apparence à l'autorité[4] du Roi. L'on envoya, quelques jours après, cinq édits[5] encore plus onéreux que celui du tarif, non pas en espérance de les faire recevoir, mais en vue d'obliger le Parlement à revenir à celui du tarif. Il y revint[6] effectivement, en refusant les

propre à blesser le Parlement, que dans *l'Histoire du temps* (p. 11), suivie par notre auteur, aveuglément, ce semble, dans toute cette narration.

1. Le 29 août 1647.
2. La réunion eut lieu le 31, au Palais-Royal; mais, comme il est dit, on ne put s'entendre.
3. Le 2 septembre 1647.
4. Sauver au moins l'apparence et l'autorité. (Ms H, Ch, 1717, 1717 A, 1718 F.) — L'apparence de l'autorité. (1718 B, 1817-1820, 1828, 1859, 1866.)
5. Il s'agissait de créer une multitude d'agents, contrôleurs des poids et mesures; ils auraient acheté leurs charges à un prix déterminé et auraient perçu, comme intérêts et comme honoraires, le montant de l'impôt. On se procurait ainsi de l'argent comptant, et l'on avait même la possibilité de diminuer la taille, qui pesait sur la campagne. Le projet comprenait aussi un emprunt forcé sur les gens *aisés* de Paris, moyennant une création de cent cinquante mille livres de rentes qui leur auraient été attribuées. Tous ces moyens financiers étaient réglés dans cinq édits. Voyez pour les détails les *Mémoires d'Omer Talon*, tome IV, p. 166 et suivantes, et *l'Histoire du temps*, p. 15 et 16.
6. A recevoir celui du tarif. Il y revint. (Ms H, Ch, 1717 A, 1718 B, F.)

autres¹, mais avec tant de modifications, que la cour ne crut pas s'en² pouvoir accommoder, et qu'elle donna, étant à Fontainebleau au mois de septembre, un arrêt³ du Conseil d'en haut, qui cassa l'arrêt du Parlement et qui leva toutes ces modifications. La chambre des vacations y répondit par un autre, qui ordonna que celui du Parlement seroit exécuté⁴.

Le Conseil, voyant qu'il ne pouvoit tirer aucun argent de ce côté-là, témoigna au Parlement que puisqu'il ne vouloit point de nouveaux édits, il ne devoit pas au moins s'opposer à l'exécution de ceux qui avoient été vérifiés autrefois dans la Compagnie; et sur ce fondement, il remit sur le tapis une déclaration qui avoit été enregistrée il y avoit deux ans, pour l'établissement de la chambre du domaine, qui étoit d'une charge terrible pour le peuple et d'une conséquence encore plus grande⁵. Le Parlement l'avoit accordée⁶ ou par surprise ou par foiblesse*. Le peuple se mutina, alla en troupe au Palais, maltraita de paroles le président de Thoré⁷, fils

1. Le Parlement se refusa à la création de nouveaux offices, et déclara qu'il préférait accorder le *tarif* pour deux années ; des remontrances furent faites sur l'emprunt forcé ; les autres édits furent vérifiés avec quelques amendements, du 7 au 11 septembre.
2. Dans le manuscrit, par inadvertance : *sans*.
3. Le 25 septembre.
4. Retz écrit toujours : *exequté*.
5. Par cet établissement de la chambre du domaine, « le Roi mettoit tous les héritages qui étoient dans sa censive en francalleu, moyennant une année de loyer et du revenu qui lui seroit payée par les propriétaires. » (*Histoire du temps*, p. 23.) Selon la même *Histoire* (p. 24-26), cet impôt n'allait pas à moins que de prendre « une année de revenu de tout le monde, que l'on eût fait payer en deux ou trois ans..., » et l'on ôtait aux propriétaires « les moyens de se faire payer des loyers de leurs maisons, par les saisies qu'on en avoit déjà faites. »
6. Dans le manuscrit : *accordé*.
7. Il se faisait appeler ainsi du nom d'une seigneurie qui avait

d'Émery; le Parlement fut obligé de décréter contre les séditieux[1]. La cour, ravie de le commettre avec le peu-

appartenu à la maison de Montmorency. Il était président de la troisième chambre des enquêtes et avait épousé la fille du président à mortier Lecoigneux, un des magistrats les plus hostiles à la cour. L'affaire de Thoré (8 janvier 1648) est très-controversée dans les mémoires de l'époque. D'après *l'Histoire du temps* (p. 26 et 27), les bourgeois s'adressaient avec respect au fils du Surintendant, lorsqu'une personne de la suite de ce magistrat « leur dit de mauvaises paroles; » les bourgeois alors ripostèrent, lui rompirent son épée sur le dos, et lui baillèrent « quelques coups de pied et quelques gourmades. » Selon un manuscrit inédit de la Bibliothèque impériale, intitulé : *Remarques journalières et véritables de ce qui s'est passé dans Paris.... durant l'année* 1648 [a] (Fonds français, n° 10 273, p. 5 et 6), ces bourgeois, au nombre de deux ou trois cents, se rendirent quatre ou cinq jours de suite au Palais, « à l'entrée et à la levée de la cour, criant insolemment et tumultuairement : *Main levée, main levée!* à quoi ils ajoutèrent beaucoup d'autres paroles séditieuses et punissables en tout autre temps. Leur audace passa jusques à ce point qu'arrêtant tout court M. d'Émery (*le président de Thoré*),... ils lui dirent mille injures, lui poussèrent même quelques coups de poing dans l'estomac, ce qui donna sujet à l'un de ses domestiques de mettre l'épée à la main pour le défendre et repousser cette violence par une autre; mais il fut aussitôt saisi au collet, son épée rompue, battu et chassé par cette populace. » Le président de Thoré devint fou peu après; du reste, Tallemant des Réaux (tome IV, p. 24 et suivantes, et p. 33 et note 4) nous dit que sa tête ne fut jamais très-saine. — Ces mouvements séditieux sont confirmés par un autre manuscrit, également inédit, conservé à la bibliothèque Mazarine (H, 1765, in-folio) et contenant les *Mémoires* ou *Journal des guerres civiles pendant les années* 1648, 49, 50, 51, 52, par M. Dubuisson Aubenay. On y lit à la page 1 : « L'après-dîner aucuns d'eux (*des bourgeois*) allant par le pont Notre-Dame crioient : « Messieurs, ne souffrons plus de monopole, on nous a « trop fait souffrir. »

1. Le Parlement ordonna prise de corps contre un nommé Cadeau, marchand de draps de la rue Saint-Denis, au Marteau d'or, qui s'était fait remarquer comme un des plus échauffés parmi les séditieux. D'après le *Journal inédit de Paris* (10 273, p. 10), les huis-

[a] Ce manuscrit est désigné généralement par le titre de *Journal de Paris*; c'est celui qu'il a au catalogue, et, au dos, sur la reliure.

ple, appuya le décret des régiments des gardes, françois et suisses[1]. Le bourgeois s'alarma, monta dans les clochers des trois églises[2] de la rue Saint-Denis, où les

siers du Parlement semblent s'être arrangés de manière à ne pas le rencontrer chez lui. On trouve son nom dans les *Registres de l'hôtel de ville pendant la Fronde*, tome II, p. 255, comme celui d'un des *mandés* du quartier de la rue Saint-Denis. Selon Guy Joly (tome I, p. 4, Genève, 1751; voyez aussi *l'Histoire du temps*, p. 27), il s'agissait d'enlever, outre Cadeau, « Croiset (*ou Croisettes*), procureur au Châtelet de Paris, et quelques autres bons bourgeois qui poursuivoient avec chaleur au Parlement une requête qu'ils avoient présentée contre l'édit du Domaine. »

1. Appuya le décret par des régiments des gardes françoises et suisses. (1837-1866.) — Les gardes françaises, et les gardes suisses, composant la maison militaire du Roi et de la Reine, formaient deux régiments, chacun de cinq ou six mille hommes. Partout où était le Roi, ils occupaient les avenues de sa résidence. Le colonel des gardes françaises était le maréchal de Grammont, courtisan et militaire, agréable à tous, et à tous assez fidèle, ami particulier du prince de Condé et fort bien avec le Ministre. Les gardes suisses avaient eu longtemps à leur tête le maréchal de Bassompierre. Lorsqu'il fut mis à la Bastille, Richelieu l'avait remplacé dans le commandement des Suisses par un de ses parents, le marquis de Coislin, gendre du chancelier Seguier, qui mourut en 1641. A la mort de Richelieu, Bassompierre sortit de sa longue prison et espéra que le Roi lui rendrait sa charge. Mais Louis XIII ne voulut pas faire cette offense à la mémoire du Cardinal, et, cédant au crédit naissant de la future Régente, il donna cet important commandement à Henri de la Châtre. Il ne fut rendu à Bassompierre qu'après la disgrâce de la Châtre, enveloppé dans celle des Importants. Voyez ci-dessus, p. 237, note 4.

2. Au lieu d'*églises*, Retz avait d'abord écrit *paroisses;* mais ensuite il a biffé ce mot. Des trois églises de la rue Saint-Denis dont nous supposons qu'il parle : Saint-Sauveur, Saint-Leu-Saint-Gilles, le Saint-Sépulcre, il n'y avait que la première et la seconde (la seule encore existante aujourd'hui) qui fussent paroisses. Le Saint-Sépulcre était une collégiale, non paroisse, sur le territoire de Saint-Merri. Voyez l'*Histoire de la ville et de tout le diocèse de Paris*, par l'abbé Lebœuf (nouvelle édition publiée par M. H. Cocheris, 1865), tome II, chapitres VII et VIII, et le *Plan de Paris* de Gomboust, 1652, feuilles IV et V.

gardes avoient paru. Le prévôt des marchands avertit le Palais-Royal que tout est sur le point de prendre les armes. L'on fait retirer les gardes[1] en disant que l'on ne les avoit posées que pour accompagner le Roi, qui devoit aller en cérémonie à Notre-Dame. Il y alla effectivement en grande pompe, dès le lendemain[2], pour couvrir le jeu[3] ; et le jour suivant[4], il monta au Parlement, sans l'avoir averti que la veille extrêmement tard. Il y porta cinq ou six édits tous plus ruineux les uns que

1. D'Ormesson, p. 415, raconte que les marchands s'étaient armés le dimanche (12 *janvier*), et toute la nuit avaient tiré des mousquets (*plus de quatre mille coups*) ; « l'après-dînée, les gardes avoient été levés à onze heures pour éviter la sédition, tous les soldats voulant se joindre avec les marchands. » *L'Histoire du temps* (p. 31) parle aussi d'un nombre *infini* de mousquetades. « Ces petites apparences de guerre, dit Mme de Motteville (tome II, p. 9), ressembloient déjà à quelque révolte de conséquence. »

2. Ce fut le même jour, dimanche 12 janvier, et non le lendemain.

3. Cette supposition de Retz, que c'était « pour couvrir le jeu, » est peut-être gratuite ; elle ne peut s'appliquer, en tout cas, qu'au choix du jour. Le Roi avait été attaqué, le 11 novembre 1647, d'une petite vérole fort dangereuse ; il entra en convalescence à la fin de novembre, mais son visage était encore bouffi et presque rouge aux visites officielles du 1er janvier 1648, comme l'atteste Dubuisson Aubenay (p. 1). Mme de Motteville (tome II, p. 9) dit expressément que depuis huit jours la Reine avait pour sa première sortie formé ce projet d'une messe d' « action de grâces et de reconnoissance envers celui qui avoit redonné la vie au Roi. » L'auteur de *l'Histoire du temps* mentionne lui-même cette maladie du Roi, dans un discours du Premier Président, qu'il rapporte d'une manière sommaire, p. 36 : « la maladie du Roi qui avoit défiguré ce beau visage.... On le voyoit revivre par un miracle. »

4. Ce fut seulement trois jours après, le 15 janvier. Le Roi, dit Dubuisson Aubenay (p. 2), ne parla pas : « il avoit oublié ce qu'on lui avoit appris pour dire, et il en pleura de honte. » Voyez, pour la harangue de Molé, ses *Mémoires*, tome III, p. 195-199. Talon, avocat général, parla aussi avec beaucoup d'énergie ; son discours se trouve dans ses *Mémoires*, à la date du 15 janvier. Voyez également, su cette séance, le *Journal de d'Ormesson*, tome I, p. 417.

les autres, qui ne furent communiqués aux gens du Roi que dans l'audience. Le Premier Président parla fort hardiment contre cette manière de mener le Roi au Palais, pour surprendre et pour forcer la liberté des suffrages.

Dès le lendemain, les maîtres des requêtes[1], auxquels

1. Les maîtres des requêtes étaient depuis longtemps déjà en querelle avec le Ministre et la cour. Le 9 janvier, dit d'Ormesson (tome I, p. 407), Gaulmin, l'un d'eux, avait dit au Chancelier que « dans la Chine il y avoit un poisson qui mangeoit les autres ; mais qui le mangeoit en crevoit ; que les maîtres des requêtes étoient ce poisson, que c'étoit un friand morceau, mais que qui en mangeroit en crèveroit ; » et s'adressant au Surintendant, il lui avait dit que « parmi les maîtres des requêtes, il y en avoit de très-gens de bien, de très-habiles et de très-méchants, et qu'il devoit craindre tous les trois ; qu'il devoit plutôt obliger toute une compagnie dont il pouvoit avoir besoin que de se mettre soixante-douze familles puissantes sur les bras. » Ces querelles des maîtres des requêtes remplissent tous les mémoires de la magistrature de cette époque. Pour venir à bout de leur opposition, la cour avait résolu de faire une nouvelle fournée de douze ; et, dit-on, pendant la lecture de l'édit qui les créait, « la Reine avoit ri, témoignant la satisfaction d'être vengée. » Quoique ils n'appartinssent pas au Parlement par leurs fonctions (la principale était de rapporter les requêtes des parties dans le conseil du Roi présidé par le Chancelier), les maîtres des requêtes étaient regardés comme faisant corps en quelque sorte avec la Compagnie ; quatre d'entre eux avaient même droit de siéger à la grand'chambre. Cette création de douze charges fournit au Parlement un nouveau sujet de résistance ; si les maîtres des requêtes étaient seuls directement intéressés dans cette augmentation de nombre, les autres magistrats étaient inquiétés par cet exemple. « Cette affaire, dit Mme de Motteville (tome II, p. 12 et 13),... devoit être la cause et le commencement de beaucoup de grands événements ; ce petit remède, bien loin de guérir le mal, l'aigrit entièrement, et eut des suites qui nous firent voir que Dieu, quand il lui plaît, donne à la fourmi la force de l'éléphant. » Le manuscrit 10 273 de la Bibliothèque impériale, *Journal de Paris*, déjà cité plus haut, dit de même (p. 18) : « De ce différend funeste et malheureux sont sortis tous nos désordres domestiques. »

un de ces édits vérifiés par la présence du Roi avoit donné douze collègues, s'assemblent dans le lieu où ils tiennent la justice, que l'on appelle des requêtes du Palais[1], et prennent une résolution très-ferme de ne point souffrir cette nouvelle création. La Reine les mande, les appelle de belles gens[2] pour s'opposer aux volontés du Roi; elle les interdit des conseils. Ils s'animent[3] au lieu de s'étonner; ils entrent dans la Grande Chambre[4],

1. Que l'on appelle les requêtes de l'Hôtel. (Ms H, Ch, 1717 A, 1718 B, F.) Le ms Ch donne très-lisiblement : *du Palais*, biffé, au-dessous des mots : *de l'Hôtel*. — Les *Requêtes du Palais* et les *Requêtes de l'Hôtel* étaient deux tribunaux différents, sur lesquels on peut voir le *Dictionnaire historique des Institutions.... de la France*, par M. Chéruel, aux articles Requêtes et Maîtres des requêtes.

2. Ce sont exactement les termes que rapporte dans son *Journal* (tome I, p. 419) Olivier d'Ormesson, qui lui-même était alors, depuis 1643, maître des requêtes : « Vraiment, dit-elle d'un ton aigre, vous êtes de *belles gens* pour douter de mon autorité. Je l'apprendrai bien à quiconque en voudra parler; continuez, Monsieur le Chancelier. » — Mme de Motteville dit presque la même chose (tome II, p. 14) : « Qu'ils étoient de *plaisantes gens* de vouloir borner l'autorité du Roi, et qu'elle leur montreroit bien qu'il pouvoit créer de nouveau telles charges qu'il lui plairoit. »

3. Ils s'irritent. (1837-1866.)

4. Ici, et pour la suite des *Mémoires*, quelques mots sur l'organisation du parlement de Paris ne seront pas, croyons-nous, inutiles. Cette compagnie se divisait en *Enquêtes*, *Requêtes* et *Grand'Chambre*, sans parler de la *Chambre de la Tournelle*, composée de magistrats extraits des autres chambres et établis pour connaître des causes criminelles. Les *Enquêtes* étaient chargées des enquêtes nécessaires et de tout le travail préparatoire. Elles jugeaient les appels contre les sentences rendues par les tribunaux inférieurs en matière civile et en matière correctionnelle. Comme elles portaient le plus grand fardeau des affaires, elles comprenaient un grand nombre de membres et les plus jeunes; c'était d'ordinaire le début des carrières parlementaires. Elles étaient divisées en cinq chambres, chacune de vingt-cinq conseillers avec deux présidents. Les *Requêtes* formaient deux chambres, ayant chacune trois présidents et quinze conseillers; elles jugeaient en première instance les procès de tous ceux, laïques ou ecclésiastiques, qui avaient obtenu le privilége de

et ils demandent qu'ils soient reçus opposants à l'édit de création de leurs confrères [1] ; et l'on leur donna acte de leur opposition [2].

Les chambres s'assemblent le même jour pour examiner les édits que le Roi avoit fait vérifier en sa présence. La Reine commanda à la Compagnie de l'aller trouver par députés, au Palais-Royal, et elle leur témoigna être surprise de ce qu'ils se prétendoient [3] toucher à ce que

cette juridiction spéciale. Au-dessus était enfin la *Grand'Chambre*, où siégeaient vingt-cinq conseillers, de sept à dix présidents, dits présidents à mortier, et le Premier Président. Cette chambre connaissait des plus grandes causes. On n'y arrivait qu'avec le temps ; en elle résidait principalement l'expérience, la dignité, la majesté de la compagnie, comme dans les Enquêtes et les Requêtes, la force ardente et hardie. A ces vingt-cinq conseillers de la Grand'Chambre se joignaient un certain nombre de conseillers clercs, l'archevêque de Paris et d'autres dignitaires ecclésiastiques, quelques conseillers d'État et maîtres des requêtes, quelques conseillers d'honneur et les ducs et pairs, ainsi que les grands officiers de la couronne, qui avaient le titre de premiers conseillers, et prenaient rang après les présidents. Le Roi y était représenté par un procureur général assisté d'un substitut, et par deux avocats généraux. — On peut voir, pour plus de détails, les *Treize livres des parlements de France*, par la Roche-Flavin (Genève, 1621); les *Éloges des premiers présidents du parlement de Paris* (1645, in-folio); *les Présidents à mortier du parlement de Paris* (1647, in-folio), ouvrage ayant pour auteurs, ainsi que le précédent, François Blanchard et Jean-Baptiste l'Hermite Souliers ; enfin une *Histoire des maîtres des requêtes* jusqu'en 1678, par le même Blanchard ; et les *Carnets de Mazarin*, par M. Cousin (*Journal des savants*, 1854, p. 755 et suivantes), auxquels nous avons emprunté la plus grande partie de cette note.

1. Ceci se passa le vendredi 17 janvier. Les maîtres des requêtes se fondaient sur ce que des offices ne pouvaient être créés pendant la minorité des rois. — Pour toute cette affaire des maîtres des requêtes, voyez le *Journal de d'Ormesson*, tome I, p. 421 et 422.

2. Cet acte authentique d'opposition à la création des nouveaux offices, ainsi reçu par la Grand'Chambre, était fort important : l'opposition ne pouvait plus être levée que par toutes les chambres assemblées.

3. Tel est bien le texte du ms R. Les ms H, Ch, et toutes les

la présence du Roi avoit consacré : ce furent les propres paroles du Chancelier. Le Premier Président repartit que telle étoit la pratique du Parlement, et il en allégua les raisons, tirées de la nécessité de la liberté des suffrages. La Reine témoigna être satisfaite des exemples que l'on lui apporta[1] ; mais comme elle vit, quelques jours après,

éditions anciennes et récentes omettent *se*, et donnent : « de ce qu'ils prétendoient. »

1. Le *Journal du Parlement*, conservé aux Archives de l'Empire (ms U 336, f⁰ˢ 29-31), nous donne un de ces exemples, très-propre en effet à *satisfaire* la Reine, et en même temps un curieux échantillon de ce qu'était alors l'éloquence parlementaire : « M. de Broussel, dans un docte, puissant et éloquent raisonnement, a confirmé la pensée de M. le Meusnier touchant le terme ancien de parler aux rois par remontrances, puis s'est étendu sur ces belles maximes de ne flatter point les rois et d'observer les formalités prescrites par nos ancêtres : sur quoi il a rapporté cette notable délibération du Parlement pendant la prison du roi François I⁽ᵉʳ⁾, dans laquelle il s'agissoit de séparer le roi d'Angleterre d'avec l'Empereur par un traité, dans lequel il y avoit clauses expresses qu'il seroit approuvé par la cour de parlement : ce que ce roi (*le roi d'Angleterre*) desiroit expressément, ne voulant entendre à aucun traité, s'il n'étoit approuvé par cette grande compagnie sous ces mots : *lecta, publicata et approbata*. A quoi néanmoins le Parlement apporta la dernière résistance, sous ce seul prétexte, que ce n'étoit la forme ordinaire d'en user ; qu'il étoit du devoir de parlement de s'opposer aux volontés injustes des princes, telles qu'elles ont ordinairement paru dans leurs lits de justice...; que ce n'étoit point détruire leur autorité, mais au contraire la soutenir, ainsi que l'on voit dans les édifices, où les arcs-boutants semblent leur résister, quoique néanmoins ils les soutiennent ; que cette autorité du Parlement de s'opposer à la volonté des rois ne pouvoit pas diminuer leur puissance, puisqu'elle étoit émanée d'eux-mêmes;... que le Parlement ressembloit à la lune, laquelle, bien qu'elle tire toute sa lumière du soleil, ne paroît jamais à nos yeux si resplendissante que lorsqu'elle lui est le plus opposée ; ou au contraire on ne la voit seulement pas lorsqu'elle en est le plus approchée ; mais qu'il ne falloit jamais paroître dans cette opposition, sinon lorsque les actions des rois étoient contraires au bien de l'État et aux commandements de Dieu, comme étoient les édits proposés, non-seulement pour contenir en soi des clauses préjudiciables à l'État, mais pour

que les délibérations alloient à mettre des modifications aux édits[1] qui les rendoient presque infructueux, elle défendit, par la bouche des gens du Roi, au Parlement de continuer à prendre connoissance des édits jusques à ce qu'il lui eût déclaré en forme si il prétendoit donner des bornes à l'autorité du Roi[2]. Ceux qui étoient à la cour[3] dans la Compagnie se servirent adroitement de l'embarras où elle se trouva pour répondre à cette question ; ils s'en servirent, dis-je, adroitement pour porter les choses à la douceur, et pour faire ajouter aux arrêts qui portoient les modifications que le tout seroit exécuté sous le bon plaisir du Roi. La clause plut pour un moment[4] à la Reine ; mais quand elle connut qu'elle n'em-

---

avoir été apportés contre les formes et les ordres de cette compagnie, qui doit toujours être dans la liberté de ses suffrages. » — Voyez aussi le *Journal de d'Ormesson*, tome I, p. 437 et 438, 4 et 5 février.

1. *Édits* est à la marge, à côté du mot *arrêts*, biffé.

2. C'est le 16 février que la Reine avait mandé auprès d'elle les gens du Parlement, et leur avait interdit toute délibération jusqu'à ce qu'ils lui eussent envoyé le libellé d'un arrêt qui, croyait-elle, blessait l'autorité royale. Le Parlement ayant envoyé cet arrêt le 17, la Reine, par un écrit, lui fit demander de déclarer catégoriquement s'il prétendait avoir le pouvoir de toucher et modifier les édits vérifiés en présence du Roi. Cette demande, comme le dit Retz, embarrassait fort les parlementaires : ils sentaient bien qu'avec un *non* ils se liaient les mains, et que dès lors toutes les fantaisies financières les plus ruineuses passeraient ; et que, d'un autre côté, ils ne pouvaient avoir l'air de régler l'autorité du Roi. Longtemps on espéra éluder la réponse ; les délibérations confuses traînèrent en longueur, et ce fut le 3 mars que l'on ajouta à l'arrêt : *sous le bon plaisir du Roi*; c'était, comme dit quelquefois d'Ormesson, répondre par galimatias.

3. Ceux qui étoient pour la cour. (Ms H, Ch, 1717, 1717 A, 1718 B, F.) — Pour l'intérêt de la cour. (1718 C, D, E, 1719-1828.)

4. Par ces mots : « pour un moment, » il faut entendre ici : *pour quelque temps*, c'est-à-dire, pendant environ six semaines, jusque vers la fin d'avril, où il y eut des séances très-orageuses, et où

pêchoit pas que presque tous les édits ne fussent rejetés par le commun suffrage du Parlement, elle s'emporta, et elle leur déclara qu'elle vouloit que tous les édits, sans exception, fussent exécutés pleinement et sans modification aucune.

Dès le lendemain[1], M. le duc d'Orléans alla à la chambre des comptes, où il porta ceux qui la regardoient; et M. le prince de Conti, en l'absence de Monsieur le Prince, qui étoit déjà parti pour l'armée, alla à la cour des aides pour y porter ceux qui la concernoient.

J'ai couru jusques ici à perte d'haleine sur ces matières, quoique nécessaires à ce récit, pour me trouver plus tôt sur une autre sans comparaison plus importante, et qui, comme je vous ai déjà dit ci-dessus, envenima toutes les autres. Ces deux compagnies que je vous viens de nommer ne se contentèrent pas seulement de répondre à Monsieur et à M. le prince de Conti avec beaucoup de vigueur, par la bouche de leurs premiers présidents[2];

---

comme nous l'apprennent les lignes suivantes, le dissentiment éclata de nouveau.

1. Le 28 avril.

2. Antoine de Nicolaï, premier président de la chambre des comptes, termina sa harangue énergique par ces mots : « Qu'il nous soit donc permis, Monsieur, de jeter les yeux de ce côté-là (*vers le ciel*) et d'implorer son assistance, vous priant toutefois de vous ressouvenir que notre silence n'est point un aveu ni un consentement aux édits qu'on vous fait apporter aujourd'hui, afin que tout le monde sache que nous n'avons jamais favorisé les voleries et les déréglements de l'État. » (*L'Histoire du temps*, p. 69.) — A la cour des aides, le premier président Jacques Amelot tenait le même langage, et concluait en disant : « Tout ce discours ne sera pas un consentement à la vérification des édits, mais au contraire une protestation formelle que nous nous y opposerons toujours avec vigueur, afin de faire voir qu'il y a encore dans le royaume de bons et fidèles sujets du Roi. » (*L'Histoire du temps*, p. 73 et 74; les deux discours sont rapportés en entier aux pages 65-74.)

mais aussitôt après[1], la cour des aides députa vers la chambre des comptes, pour lui demander union avec elle pour la réformation de l'État. La chambre des comptes l'accepta. L'une et l'autre s'assurèrent du grand conseil, et les trois ensemble demandèrent la jonction[2] au Parlement, qui leur fut accordée avec joie, et exécutée à l'heure même au Palais, dans la salle que l'on appelle de Saint-Louis[3].

1. Dès le lendemain. Le 29 avril, en effet, le bruit se répandit qu'un édit allait être publié par lequel on retenait pour quatre ans les gages ordinaires attribués à la chambre des comptes, à la cour des aides et au grand conseil; le Parlement proprement dit était exempté de cette mesure : on espérait par là le gagner. C'était une modification arbitraire d'un impôt établi sous Henri IV, et nommé la *Paulette*, du nom du financier Paulet, qui l'avait imaginé. Par cette Paulette, les membres des corps de magistrature, pour assurer l'hérédité des offices, étaient assujettis à payer un impôt annuel du soixantième du prix de leurs charges. La cour des aides s'alarma la première, et demanda l'*union* des diverses compagnies; la cour des comptes et le grand conseil s'empressèrent d'accéder à cette demande, dès le 30 avril. Au Parlement, quelques membres furent d'abord gagnés par la dispense; mais la majorité s'en trouva offensée, et, après qu'on eut trouvé dans les registres, et particulièrement en 1618, des exemples d'union, un arrêté du 13 mai prononça la jonction à la cause des autres compagnies. Retz eût dû mentionner, ce semble, cette hésitation partielle dont nous venons de parler, mais il la passe à dessein sous silence (*l'Histoire du temps* ne l'indique aussi qu'à peine, p. 78 et 79) : il ne veut pas trop faire ressortir ce qu'il entrait d'intérêt personnel dans les motifs de résistance de la magistrature.

2. Retz écrit *junction* (*iunction*).

3. Voyez ci-après, p. 316, note 1. — Voici le texte même de l'arrêt d'union, tel qu'il se lit à la page 3 du livre appelé généralement *Journal du Parlement*, et dont le vrai titre est : *Journal contenant tout ce qui s'est fait et passé en la cour de parlement de Paris, toutes les chambres assemblées, sur le sujet des affaires du temps présent* (Paris, chez Gervais Aliot, 1649, in-4°) : « Du treizième mai 1648. Ce jour, la cour, toutes les chambres assemblées, ayant délibéré sur le rapport fait par les conseillers d'icelle comme de ce qui a été dit par les députés du grand conseil, chambre des comptes et cour des

La[1] vérité est que cette union, qui prenoit pour son motif la réformation de l'État, pouvoit avoir fort natu-

aides, *sur le retranchement des gages et déclaration du Roi pour le payement du droit annuel*, a arrêté l'union et adjonction avec lesdites compagnies ; qu'à cette fin deux conseillers de chacune chambre de ladite cour seront députés pour conférer avec les députés d'icelles compagnies, pour, ce fait et rapporté à ladite cour, être ordonné ce qu'il appartiendra ; et cependant, suivant l'arrêt fait en l'année 1613, aucun ne sera reçu ès offices qui vaqueront que du consentement des veuves et héritiers. » — *L'Histoire du temps*, en transcrivant cet arrêt (p. 80), a soin de supprimer les mots relatifs au retranchement des gages, que nous avons extraits, avec le reste de l'arrêt, du *Journal du Parlement*, et imprimés en italique. Retz, de son côté, altère aussi la vérité, en présentant, à la suite de son récit, comme naturel et seulement probable, non comme certain et avoué, le motif d'intérêt personnel énoncé à la fin même de l'arrêt. — Le *Journal* de Dubuisson (p. 12), sans citer le texte de l'arrêt d'union, l'analyse d'une façon qui met aussi en relief la conduite intéressée du Parlement : « Arrêt que très-humbles remontrances seroient faites au Roi sur le sujet *de la rétention de leurs gages et de ceux des autres cours souveraines, pour le payement du droit annuel*, et que si cependant il meurt quelqu'un d'eux, il ne sera reçu en sa place aucun..., que la veuve et les héritiers du défunt ne soient remboursés de la charge vacante. » — La cour, on le voit, était fondée dans ses accusations ; mais cela n'empêche point que la résistance du Parlement, quelles qu'en aient été l'occasion, et, au début, la cause décisive, allait donner un point d'appui à l'opinion publique, lasse d'un gouvernement sans politique et qui ne vivait que d'expédients. — Un manuscrit inédit de la bibliothèque de la Sorbonne (ms h. 1-5, 9 volumes in-folio) donne (f⁰ˢ 1 v⁰ et 2 r⁰) les noms des magistrats députés par les diverses chambres pour former l'union. Ce manuscrit, intitulé : *Recueil de tout ce qui s'est passé au Parlement depuis le 13ᵉ de mai 1648*, et qui s'étend jusqu'à la fin de la Fronde, a une réelle importance ; M. Avenel (*Bulletin des sociétés savantes*, tome III, p. 75) l'attribue, avec vraisemblance, à Pierre Lallemant, censeur pour les livres et conseiller au Parlement.

1. Ici notre auteur cesse de puiser presque textuellement dans *l'Histoire du temps* ; mais nous le verrons lui faire plus loin de nouveaux emprunts du même genre ; il continue d'ailleurs à s'en inspirer visiblement.

rellement celui de l'intérêt particulier des officiers, parce que l'un des édits dont il s'agissoit portoit un retranchement considérable de leurs gages; et la cour, qui se trouva étonnée et embarrassée au dernier point de l'arrêt d'union, affecta de lui donner, autant qu'elle put, cette couleur, pour le décréditer dans l'esprit des peuples.

La Reine ayant fait dire, par les gens du Roi, au Parlement, que comme cette union n'étoit faite que pour l'intérêt particulier des compagnies, et non pas pour la réformation de l'État, comme on le lui avoit voulu faire croire d'abord, qu'elle[1] n'y trouvoit rien à redire, parce qu'il est toujours permis à tout le monde de représenter au Roi ses intérêts, et qu'il n'est jamais permis à personne de s'ingérer du gouvernement de l'État : le Parlement ne donna point dans ce panneau; et comme il étoit aigri par l'enlèvement[2] de Turcan[3] et d'Argouges[4], conseillers au grand conseil, que la cour

---

1. Notre texte est bien conforme au ms R; la conjonction y est ainsi répétée : « que comme..., qu'elle n'y trouvoit, etc. »

2. On ne lit pas bien *l'enlèvement;* il semble plutôt qu'il y ait *l'enlevant.*

3. Jean Turquant ou Turcan, sieur d'Aubeterre, conseiller au grand conseil en 1634, maître des requêtes en 1650. Il avait épousé Anne Laubépin, fille d'un intendant du duc de Guise qui était en même temps président au bureau des finances de Moulins. Les *Historiettes* de Tallemant des Réaux (tome V, p. 495-500) contiennent plus d'une histoire scandaleuse sur son compte. — Ce nom est défiguré dans diverses éditions : *Turau, Tureau, Turgot.*

4. Olivier d'Ormesson, tome I, p. 500, nomme *M. du Tiluau,* au lieu de *d'Argouges;* ce doit être, comme le fait remarquer M. Chéruel, le même personnage, désigné tantôt par le nom de famille, tantôt par celui d'une terre. Cette conjecture nous paraît très-probable : les détails de l'arrestation sont à peu près les mêmes dans d'Ormesson pour du Tiluau, et dans *l'Histoire du temps* pour d'Argouges. Voici comme celle de d'Argouges est racontée dans ce dernier ouvrage (p. 87 et 88) : « M. d'Argouge père ayant entendu entre

fit prendre la nuit, l'avant-veille de la Pentecôte[1], et par celui[2] de Lotin, Dreux et Guérin, que l'on arrêta aussi incontinent après[3], il ne songea qu'à justifier et soutenir son arrêt d'union par des exemples. Le président de Novion[4] en trouva dans les registres, et l'on étoit sur le

minuit et une heure qu'il y avoit des gens à sa porte qui la vouloient enfoncer, il descendit incontinent, et après avoir appris du comte de Charault (*Charost*), qui avoit l'ordre, que c'étoit à son fils à qui l'on en vouloit, il le supplia de ne faire pas plus de bruit, parce que la femme de son fils, qui étoit fort malade, pourroit mourir de déplaisir si elle voyoit enlever son mari dans l'extrémité où elle étoit, mais qu'il lui promettoit de lui mettre son fils entre les mains dès six heures du matin, lorsqu'on lui auroit pu faire savoir adroitement la volonté du Roi, et sans que sa femme en eût connoissance. Ce pauvre père affligé monta dans la chambre de son fils dès les quatre ou cinq heures, et après lui avoir dit ces tristes nouvelles, et la parole qu'il avoit donnée de le conduire au lieu qu'il avoit été arrêté, le fils, aussi généreux que le père, fut se rendre prisonnier, et satisfaire à la promesse qui avoit été faite au comte de Charault. » Turcan et d'Argouges étaient les deux membres du grand conseil députés par leur compagnie pour représenter l'Union. Guy Joly (p. 9) parle d'un Turgot, au lieu de Turcan, et dit que les prisonniers furent conduits au mont Olympe (près de Charleville).

1. La nuit du 28 au 29 mai. — Voyez dans les *Mémoires de Mathieu Molé*, tome III, p. 219, note 1, un extrait du registre du Parlement qui raconte l'accueil sévère et menaçant fait par la Reine, le jeudi 28 mai, au Premier Président et aux conseillers députés vers elle.

2. Les mots *par celui* ont été ajoutés en marge. — Les éditions de 1718 C, D, E ont changé *Lotin* en *Cotin*.

3. Ceux-ci furent arrêtés dans la nuit qui précéda le jour de la Pentecôte (30-31 mai). La liste donnée par Retz est incomplète : il faut au président du grand conseil, Lotin, au conseiller Dreux le jeune, et à Guérin de la cour des aides, ajouter de Chezelles, collègue de ce dernier ; on avait aussi voulu arrêter Passart, Chouart, du Thuy-Hallé, Pussort, Amelot, Chaillou le jeune et Bretignier ; mais ils étaient parvenus à s'échapper. Les magistrats arrêtés avaient été conduits, Lotin et Dreux à Pont-à-Mousson, Guérin et Chezelles à Nancy.

4. Nicolas Potier de Novion, neveu de l'évêque de Beauvais, président à mortier en 1645 ; il fut depuis premier président du

SECONDE PARTIE. [1648] 313

point de délibérer sur l'exécution, quand le Plessis Guénégaut[1], secrétaire d'État, entra dans le parquet, et mit entre les mains des gens du Roi un arrêt du conseil d'en haut[2] qui portoit, en termes même[3] injurieux, cassation de celui d'union des quatre compagnies[4]. Le Parlement, ayant délibéré, ne répondit à cet arrêt du conseil que par un avis, donné solennellement aux députés des trois autres compagnies[5], de se trouver le lendemain, à deux heures de relevée, dans la salle de Saint-Louis; la cour[6], outrée de ce procédé, s'avisa de l'ex-

---

parlement de Paris. Il mourut en sa maison de Grignon, près de Villepreux, le 1er septembre 1697, âgé de soixante-quinze ans. Il avait été nommé de l'Académie française en 1681.

1. Henri de Guénégaud, seigneur du Plessis, de Blancy et de Fresne, comte de Montbrison, secrétaire d'État en 1643, garde des sceaux en 1656, mort le 16 mars 1676, âgé de soixante-seize ans.

2. Le conseil d'en haut était distinct du conseil d'État; il ne comptait qu'un petit nombre de membres, ministres ou princes. On y traitait les affaires politiques, et il jugeait les appels du conseil d'État; ses arrêts étaient contre-signés par un secrétaire d'État.

3. *Mêmes*, dans le ms R.

4. L'arrêt est du 10 juin 1648 (le *Journal du Parlement*, p. 4, en donne le texte); il fut apporté au Parlement le 12, d'après Omer Talon (tome V, p. 44), le 11, d'après Dubuisson Aubenay (p. 16), et le 10, d'après le manuscrit de la Sorbonne (folio 8). — Voici en quels termes il était conçu: « Le Roi étant en son conseil casse l'arrêt du treizième mai comme pernicieux à son autorité royale, et ordonne que la minute dudit arrêt dudit jour treizième mai sera tirée du registre, et celui rendu audit conseil, mis en son lieu et place. » Voyez aussi le manuscrit de la Sorbonne, folio 8.

5. Le 15 juin. Le manuscrit de la Sorbonne dit seul le 13; Molé (*Mémoires*, tome III, p. 221), d'Ormesson (tome I, p. 516), Talon (tome V, p. 63), Dubuisson Aubenay (p. 16) disent le 15.

6. Tout ce passage, depuis *la cour* jusqu'à la fin de l'alinéa, se rapproche beaucoup du texte de *l'Histoire du temps* (p. 108 et 109); mais il se trouve aussi confirmé succinctement par Joly, et en dé-

pédient du monde le plus bas et le plus ridicule, qui fut d'avoir la feuille de l'arrêt. Du Tillet, greffier en chef, auquel elle l'avoit demandée, ayant répondu qu'elle étoit entre les mains du greffier commis, le Plessis Guénégaut et Carnavalet[1], lieutenant des gardes du corps, le mirent dans un carrosse, et l'amenèrent au greffe pour la chercher. Les marchands s'en aperçurent ; le peuple se souleva, et le secrétaire et le lieutenant furent très-heureux de se sauver.

Le lendemain[2], à sept heures du matin, le Parlement eut ordre d'aller au Palais-Royal, et d'y porter l'arrêté du jour précédent, qui étoit celui par lequel le Parlement avoit ordonné que les autres compagnies seroient priées de se trouver, à deux heures, dans la chambre de Saint-Louis[3]. Comme ils furent arrivés au

---

tail par Olivier d'Ormesson, si exact sur tout ce qui se rapporte à la magistrature; seulement, au lieu des marchands dont parlent Retz, et Joly (p. 9), d'Ormesson (p. 517) fait intervenir les clercs, les procureurs et les huissiers.

1. Il appartenait probablement à la famille bretonne de Kernevenoy (à la cour on prononçait *Carnavalet*) qui a donné son nom à l'hôtel rendu célèbre par Mme de Sévigné. Voyez les *Lettres de Mme de Sévigné*, tome V, p. 314, note 7.

2. Le 16 juin : voyez d'Ormesson, Dubuisson Aubenay, Molé, le manuscrit déjà cité de la bibliothèque de la Sorbonne, et le *Journal du Parlement*.

3. Voici cet arrêt, qui fit tant de bruit ; nous le donnons d'après d'Ormesson (tome I, p. 517) : « Cejourd'huy, la cour, toutes les chambres assemblées, ayant délibéré sur ce qui a été dit par les gens du Roi, de la part dudit seigneur, au dernier jour, et sur l'arrêt du conseil d'Etat du 10 juin dernier, et vu ledit arrêt et les conclusions du procureur général, a été arrêté et ordonné qu'exécutant l'arrêt du 13 mai dernier, présentement l'un des secrétaires de ladite cour ira de la part d'icelle vers les autres compagnies souveraines de cette ville les avertir d'envoyer leurs députés demain, deux heures de relevée, en la chambre Saint-Louis, pour conférer avec les députés de ladite cour et chacune chambre, et cependant toutes les chambres demeureront assemblées, et a été maître René

Palais-Royal, M. le Tellier[1] demanda à Monsieur le Premier Président si il avoit apporté la feuille; et le Premier Président lui ayant répondu que non, et qu'il en diroit les raisons à la Reine, il y eut dans le conseil des avis différents. L'on prétend que la Reine étoit assez portée à arrêter le Parlement; personne ne fut de son avis[2], qui, à la vérité, n'étoit pas soutenable, vu la disposition des peuples. L'on prit un parti plus modéré. Le Chancelier fit à la Compagnie une forte réprimande en présence du Roi et de toute la cour, et il fit lire en même temps un second arrêt du conseil[3], portant cassation du dernier arrêté, défenses de s'assembler sur peine[4] de

Radigue (*on trouve dans d'autres documents :* Radiques *et* Radignes), secrétaire de ladite cour, chargé d'avertir lesdites compagnies. » (15 juin 1648.) — Une injure faite au président de Mesmes, surveillé minutieusement par une sorte de police, quoiqu'il fût du parti de la cour, et l'arrestation de six trésoriers de France, mis à la Bastille parce qu'ils étaient allés, avec dix autres, demander au Surintendant qu'on leur payât au moins une partie de leurs gages, que le Surintendant voulait saisir pour quatre années, avaient encore animé les esprits.

1. Michel le Tellier, nommé secrétaire d'État, en 1643, à la place de Sublet des Noyers; il mourut chancelier de France, en 1685. M. Jung, capitaine d'état-major, prépare en ce moment une étude importante sur ce personnage, d'après les documents inédits du ministère de la guerre.

2. D'Ormesson (tome I, p. 518) dit que c'était aussi l'avis de MM. de Chavigny et d'Émery; mais que le Chancelier représenta que les chambres étant assemblées, et un nombre infini de peuple étant répandu dans les rues (dix ou douze mille hommes selon *l'Histoire du temps*, p. 112), ce serait mettre le feu partout; on se rendit à son avis.

3. Rendu la veille, le 15 juin, immédiatement après celui du Parlement; on peut le lire dans le *Journal du Parlement* (p. 5). — Le manuscrit de la bibliothèque de la Sorbonne est le document où nous avons trouvé le plus de détails sur cette importante journée : voyez de la feuille 9 à la feuille 13.

4. Dans les ms H et Ch, et dans toutes les anciennes éditions « sous peine. »

rébellion, et ordre d'insérer dans les registres cet arrêt, en la place de celui de l'union.

Cela se passa le matin. Dès l'après-dînée, les députés des quatre compagnies se trouvèrent dans la salle de Saint-Louis[1], au très-grand mépris de l'arrêt du conseil[2] d'en haut. Le Parlement s'assembla de son côté, à l'heure ordinaire, pour délibérer de ce qui étoit à faire à l'égard de l'arrêt du conseil d'en haut, qui avoit cassé celui de l'union, et qui avoit défendu la continuation des assemblées. Et vous remarquerez, s'il vous plaît, qu'ils y désobéissoient même en y délibérant, parce qu'il leur avoit été expressément enjoint de n'y pas délibérer[3]. Comme tout le monde vouloit opiner avec pompe et avec éclat

1. On appelait *salle* ou *chambre de Saint-Louis*, parce qu'elle avait, dit-on, été autrefois la chambre à coucher de Louis IX, la grand'chambre, la chambre dorée, située au premier étage du palais de la Cité, qui sert aujourd'hui de salle d'audience pour les affaires civiles de la cour de cassation, après avoir également servi aux séances du tribunal révolutionnaire. Pendant trois siècles, c'est là que se tinrent, sous l'ancienne monarchie, les grandes réunions politiques, les fêtes et les réceptions solennelles. Parisiens et étrangers ne se lassaient pas d'admirer la vaste étendue de cette chambre, son pavé de mosaïque de marbre blanc et noir, sa belle charpente couleur d'azur et enrichie de dorures. Avant les derniers travaux, faits de nos jours, on trouvait encore, au fond de la galerie qui servait en quelque sorte de *salle des pas perdus* à la cour de cassation, une statue de saint Louis portant le livre des *Établissements*. Voyez l'*Histoire de Paris* par Dulaure, tome II, p. 376 et 377; celle de Meindre, tome I, p. 428, et l'*Histoire du Palais de justice et du Parlement* par Rittiez, 1 volume in-8°, 1863, p. 71 et 72.

2. Se trouvèrent dans la salle de Saint-Louis : autre grand mépris du conseil. (1717 A, 1718 B, F.) — Dans les ms H et Ch, on avait d'abord mis *autre*, puis, sans couper *autre* en deux mots, on a ajouté une *s* à la fin et un accent sur l'*e*.

3. Selon d'Ormesson (tome I, p. 525), la Reine, apprenant cette désobéissance, « vouloit que deux compagnies des gardes les allassent arrêter prisonniers (*les députés qui se réunissaient dans la chambre de Saint-Louis*). On la détourna sur ce que c'étoit faire une sédition, et elle fut conseillée de le souffrir ; elle se mit à pleurer. »

sur une matière de cette importance, quelques jours se passèrent devant que la délibération pût être achevée, ce qui donna lieu à Monsieur, qui connut que le Parlement infailliblement n'obéiroit pas, de proposer un accommodement.

Les présidents au mortier[1] et le doyen de la grande chambre se trouvèrent au palais d'Orléans[2], avec le cardinal Mazarin et le Chancelier. L'on y fit quelques propositions, qui furent rapportées au Parlement, et rejetées avec d'autant plus d'emportement[3] que la pre-

1. L'Académie, dans la première édition de son *Dictionnaire* (1694), dit, comme Retz : « président *au* mortier; » à partir de la seconde (1718), elle écrit, de même que Furetière (1690) : « président *à* mortier. » — On sait qu'on nommait ainsi les présidents de la grande chambre; ils tiraient ce nom de leur coiffure, qui était un bonnet rond de velours noir, bordé de galon d'or. Le mortier du Premier Président avait deux galons d'or, l'un en haut et l'autre en bas.

2. Le 25 juin. — Nous avons dit plus haut que le palais d'Orléans était situé rue de Vaugirard. C'est le palais que, depuis la fin du seizième siècle, on n'a cessé d'appeler communément *le Luxembourg*.

3. D'Ormesson (tome I, p. 527), de même que le manuscrit de la Sorbonne (f° 15), ne prête au Parlement, en cette occasion, nul emportement; il nous le montre votant des remercîments à Monsieur pour son intervention, puis se décidant, avec résolution, mais sans violence aucune, à travailler aux remontrances sur les désordres des finances, les impositions, les tailles. Le motif évident de cette conduite était, comme Retz va le dire lui-même, de ne point paraitre agir dans un intérêt purement personnel. D'Ormesson fait, sur les mobiles qu'on était disposé à attribuer au Parlement, un aveu significatif : « Chacun, dit-il, étoit étonné de voir la force de Messieurs de la Grand'Chambre pour maintenir l'intérêt public, chacun croyant qu'ils embrasseroient les propositions faites, sans songer aux autres. » — Il faut remarquer que ce n'est qu'après cinq semaines de discussions pour des intérêts particuliers, que la Compagnie s'occupe enfin de la réformation de l'État. Ce que, dès l'origine, elle eût dû demander, c'était la convocation des états généraux, c'est-à-dire l'appel à la nation. L'échec du Parlement,

mière, qui concernoit le droit annuel, accordoit aux compagnies tout ce qu'elles pouvoient souhaiter pour leur intérêt particulier. Le Parlement affecta de marquer qu'il ne songeoit qu'au public, et il donna enfin arrêt[1] par lequel il fut dit que la Compagnie demeureroit assemblée, et que très-humbles remontrances seroient faites au Roi pour lui demander la cassation des arrêts du conseil. Les gens du Roi demandèrent audience à la Reine, pour le Parlement, le soir même. Elle les manda, dès le lendemain[2], par une lettre de cachet. Le Premier Président parla avec une grande force[3] : il exagéra la nécessité de ne point ébranler ce

et plus tard de la Fronde, est en germe dans cette usurpation politique d'un corps judiciaire, impuissant contre des abus comme ceux qu'il s'agissait de réformer.

1. Le 26 juin. C'est la confirmation de l'arrêt du 13 mai. Deux avis furent émis dans la discussion qui précéda : l'un, un peu plus modéré, celui de Menardeau, réunit cent et une voix; l'autre, plus bref et plus ferme, celui de Broussel, en obtint quatre-vingt-quinze ; tous deux concluaient au maintien de la chambre de Saint-Louis, formée des députés des diverses compagnies, qui se réunissaient dans la salle de ce nom, c'est-à-dire au maintien de l'Union. — Voici l'arrêt même, d'après *l'Histoire du temps* (p. 134) : « Ce jour, toutes les chambres assemblées, a été arrêté qu'on députera présentement à la Reine, pour lui faire entendre la justice de notre arrêté du 23e mai[a] et de notre procédé, et que rien ne se passera en la conférence avec les compagnies souveraines contre le service du Roi, et la supplier très-humblement de révoquer et retirer les arrêts du conseil; qu'on députera aussi vers M. le duc d'Orléans pour le remercier de ses bons offices, et le supplier de les continuer à la Compagnie, laquelle demeurera cependant assemblée; et sera envoyé présentement un secrétaire de la cour aux députés des autres compagnies, pour les avertir de notre délibération. »

2. Le 27 juin.

3. Son discours se trouve dans les *Mémoires de Mathieu Molé*,

a Il faut lire « 13 mai : » voyez ci-dessus, p. 309, note 3, l'arrêt même du Parlement. Le 13 est bien aussi la date indiquée par le *Journal du Parlement* (p. 6), qui donne l'arrêt du 26 juin, avec quelques légères variantes.

milieu[1] qui est entre les peuples et les rois ; il justifia par des exemples illustres et fameux la possession où les compagnies avoient été, depuis si longtemps, et de s'unir et de s'assembler[2]. Il se plaignit hautement de la cassation de l'arrêt d'union, et il conclut, par une instance très-ferme et très-vigoureuse, à ce que les contraires, donnés par le conseil d'en haut, fussent supprimés. La cour, beaucoup plus émue par la disposition des peuples que par les remontrances du Parlement, plia[3] tout d'un coup, et fit dire par les gens du Roi à la Compagnie[4] que le Roi lui permettoit d'exécuter l'arrêt d'union, de s'assembler et de travailler avec les autres compagnies à ce qu'elle jugeroit à propos pour le bien de l'État[5].

Jugez de l'abattement du cabinet ; mais vous n'en jugerez pas assurément comme le vulgaire, qui crut que la foiblesse du cardinal Mazarin, en cette occasion, donna le dernier coup à l'affoiblissement de l'autorité royale. Il ne pouvoit faire en ce rencontre que ce qu'il fit ; mais il est juste de rejeter sur son imprudence ce que nous n'attribuons pas à sa foiblesse ; et il est inex-

tome III, p. 225-230, et, avec quelques différences peu importantes, dans le manuscrit de la Sorbonne (f⁰ˢ 16-19), et dans le *Journal du Parlement*, p. 6 et suivantes. Il est aussi analysé dans *l'Histoire du temps*, p. 136-142. Cette fermeté, comme nous l'apprend un autre contemporain (voyez le manuscrit 10273 de la Bibliothèque impériale, p. 51), étonna extrêmement S. M. et toute l'assistance.

1. Nous avons déjà vu deux fois la même façon de parler : voyez ci-dessus, p. 272 et 289.

2. Molé appuya principalement sur un précédent assez récent : en 1618, toutes les chambres s'étaient également assemblées pour la révocation d'un droit annuel.

3. Retz avait écrit : *ploia ;* mais il y a une tache sur l'*o* : il semble qu'il ait voulu effacer cette lettre. Voyez ci-dessus, p. 263, note 2.

4. Le 28 juin.

5. Le manuscrit de la Sorbonne donne encore cette fois (f⁰ 21 v⁰) les noms des députés des diverses chambres réunis dans la salle de Saint-Louis.

cusable de n'avoir pas prévu et de n'avoir pas prévenu les conjonctures dans lesquelles l'on ne peut plus faire que des fautes. J'ai observé que la fortune ne met jamais les hommes en cet état, qui est de tous le plus malheureux, et que[1] personne n'y tombe que ceux qui s'y précipitent par leurs fautes. J'en ai recherché la raison et je ne l'ai point trouvée; mais j'en suis convaincu par les exemples. Si le cardinal Mazarin eût tenu ferme dans l'occasion dont je vous viens de parler, il se seroit sûrement[2] attiré des barricades et la réputation d'un téméraire et d'un forcené. Il a cédé au torrent : j'ai vu peu de gens qui ne l'aient accusé de foiblesse. Ce qui est constant est que l'on en conçut beaucoup de mépris pour le Ministre, et que bien qu'il eût essayé d'adoucir les esprits par l'exil d'Émery, à qui il ôta la surintendance[3], le Parlement, aussi persuadé de sa propre force que de l'impuissance de la cour, le poussa par toutes les voies qui peuvent anéantir[4] le gouvernement d'un favori.

La chambre de Saint-Louis fit sept propositions, dont la moins forte étoit de cette nature[5]. La première sur

---

1. *Que* est en interligne. — A la ligne suivante, Retz, par inadvertance, a écrit : *ai recherchai*.

2. Retz avait écrit : *très-sûrement*; mais *très* paraît biffé.

3. Le 9 juillet. Il fut remplacé par le maréchal de la Meilleraye, auquel on adjoignit deux directeurs, conseillers d'État, Antoine de Barillon, seigneur de Morangis, et d'Aligre. D'Émery reçut en même temps l'avis d'emmener avec lui son fils, le président de Thoré, à Tanlay, où il eut ordre de se retirer. Voyez, sur les causes de sa disgrâce, les *Mémoires du P. Rapin* (tome I, p. 216) : il avait songé, avec l'aide de la princesse de Guémené, à remplacer Mazarin comme premier ministre, et Marion de Lorme, à laquelle il s'était confié, parla indiscrètement de cette ambitieuse visée.

4. Première rédaction : *affoiblir*.

5. Voici ce que d'Ormesson (tome I, p. 531) rapporte au sujet de

SECONDE PARTIE. [1648]   321

laquelle le Parlement délibéra fut la révocation des intendants. La cour, qui se sentit touchée à la prunelle de l'œil, obligea M. le duc d'Orléans d'aller au Palais[1], pour en[2] représenter à la Compagnie les conséquences, et la prier de surseoir seulement pour trois mois[3] l'exé-

cette première journée de l'union (30 juin). Après avoir dit que les députés étaient « au nombre de trente-deux, savoir quatorze du Parlement et six de chacune des autres compagnies, » il ajoute que les propositions furent : « la révocation des intendances de justice et de toutes les commissions extraordinaires non vérifiées ès cours souveraines, la levée des deniers des tailles faite par les officiers ordinaires avec la réduction du quart pour l'avenir et la remise entière des arrérages du passé ; ce faisant, les traités des tailles révoqués, les trésoriers de France et élus rétablis en la fonction de leurs charges, gages et droits vérifiés ès cours souveraines, les deniers des tailles portés à l'Épargne pour être employés à la guerre (*contre l'Espagne et l'Empire*), sans pouvoir être divertis à autre usage, nonobstant toutes assignations, traités, prêts et empêchements, à peine de répétition contre les ordonnateurs. » Les propositions de la chambre de Saint-Louis se trouvent rassemblées dans plusieurs recueils, et entre autres dans les *Anciennes lois françaises d'Isambert*, tome XVII, p. 72 et suivantes, et dans le *Journal du Parlement*, p. 9 et suivantes.

1. Le 6 juillet.
2. *En* est en interligne.
3. M. Bazin croit ici à une erreur de Retz, et dit qu'il faut lire : *pour deux ou trois jours seulement*, comme dans *l'Histoire du temps* (p. 183). Nous ne sommes pas de cet avis : Retz, selon nous, a eu raison de corriger le livre qu'il suit d'ordinaire. Qu'auraient été pour la cour *deux ou trois jours seulement*, dans les circonstances difficiles où elle se trouvait et que d'Ormesson (p. 537) nous fait bien comprendre? Avant que le duc d'Orléans s'expliquât dans la conférence qu'il demandait qu'on tînt chez lui, les gens du Roi avaient été chargés de préparer les voies. « M. Talon dit que la Reine leur avoit commandé de leur dire qu'elle avoit appris leur arrêté du dernier jour, qu'elle le trouvoit bon et l'approuvoit ; mais qu'elle prioit Messieurs du Parlement de considérer la nécessité pressante d'avoir de l'argent ; il exagéra ensuite l'ordre de toutes les armées, pour donner au Parlement des ouvertures que la Reine embrasseroit volontiers. » Un autre contemporain (manuscrit de la Bibliothèque impériale 10 273, fos 58 et 59) est encore plus for-

cution de son arrêt, pendant lesquels il avoit des propositions à faire, qui seroient certainement très-avantageuses au public. L'on lui accorda trois jours de délai, à condition qu'il n'en fût rien écrit dans le registre et que la conférence se fît incessamment. Les députés des quatre compagnies se trouvèrent au palais d'Orléans[1]. Le Chancelier insista fort sur la nécessité de conserver les intendants dans les provinces, et sur l'inconvénient qu'il y auroit à faire le procès, comme l'arrêt du Parlement le portoit, à ceux d'entre eux qui auroient malversé, parce qu'il seroit impossible que les partisans[2] ne se trouvas-

mel dans le sens de Retz : « L'intention des ministres étoit de faire surseoir l'exécution de l'arrêt du Parlement contre les intendants de justice jusques à *la fin de l'année*, ou du moins pour *un mois* (on espérait sans doute une victoire comme celle de Lens, qui arriva en effet dans le mois suivant et qui décida la paix). A quoi les députés des compagnies ayant résisté fortement, S. A. R. se leva prestement, et remit la conférence au 10ème du mois. » Par suite, le Parlement, sans consentir, pour l'exécution, au sursis demandé, en accorda forcément un de trois jours pour la publication de l'arrêt, afin d'attendre les propositions que devait faire la cour pour soulager le peuple sans causer la ruine de l'État ; de ce sursis, il ne fut pas fait écriture : on l'appela une *surséance mentale*. Ce fut entre les deux séances du 6 et du 10 qu'eut lieu le renvoi du surintendant d'Émery, comme première satisfaction donnée au public, et l'adjonction de deux hommes de robe, en qualité de directeurs, au maréchal de la Meilleraye, grand maître de l'artillerie, assez étranger aux finances : c'était une avance des plus évidentes faite au Parlement.

1. Le 8 et le 10 juillet.
2. « Ce mot, dit M. Chéruel dans son *Dictionnaire historique des Institutions.... de la France*, désignait dans l'ancienne monarchie les financiers qui prenaient les impôts à *partis*, c'est-à-dire d'après des conventions arrêtées. » M. Littré rend autrement raison de l'étymologie : on nommait *partisan*, dit-il, « celui qui faisait des *partis* ou sociétés pour la levée de certains impôts. » Le mot *partisan*, dans ce sens, parait dater du règne de Henri III. MM. Chéruel et Littré citent l'un et l'autre ce passage d'Estienne Pasquier (*Lettres*, tome I, p. 801) : « La malignité du temps produisit une vermine

sent engagés dans ces procédures, ce qui seroit ruiner les affaires du Roi, en obligeant à des banqueroutes ceux qui les soutenoient par leurs avances et par leur crédit. Le Parlement ne se rendant point à cette raison, le Chancelier se réduisit à demander que les intendants ne fussent point révoqués par arrêt du Parlement, mais par une déclaration du Roi, afin que les peuples eussent au moins l'obligation de leur soulagement à Sa Majesté. L'on consentit avec peine à cette proposition; elle passa toutefois au plus de voix. Mais lorsque la déclaration fut portée au Parlement, elle fut trouvée défectueuse, en ce qu'en révoquant les intendants, elle n'ajoutoit pas que l'on recherchât leur gestion.

M. le duc d'Orléans, qui l'étoit venu porter au Parlement, n'ayant pu la faire passer[1], la cour s'avisa d'un expédient, qui fut d'en envoyer une autre, qui portoit l'établissement d'une chambre de justice, pour faire le procès aux délinquants[2]. La Compagnie s'aperçut bien facilement que la proposition de cette chambre de justice, dont les officiers et l'exécution seroit[3] toujours à la disposition des ministres, ne tendoit qu'à tirer les voleurs de la main du Parlement; elle passa toutefois encore au plus de voix[4], en présence de Monsieur d'Orléans, qui en fit vérifier une autre le même jour, par

---

de gens que nous appelâmes, par un mot nouveau, *partisans*, qui avançoient la moitié ou le tiers du denier pour avoir le tout. »

1. Le 11 et le 13 juillet.
2. D'Ormesson (tome I, p. 542) et le manuscrit de la Sorbonne (f° 40) placent la proposition de cette chambre de justice au 14 juillet; le journal manuscrit de la Bibliothèque impériale (p. 63 et 64) la met au 15.
3. Il y a bien *seroit*, au singulier, dans le ms R.
4. Le 17 juillet, selon d'Ormesson (tome I, p. 543) et selon le manuscrit de la Sorbonne (f° 46).

laquelle le peuple étoit déchargé du huitième des tailles, quoique l'on eût promis au Parlement de le décharger du quart[1].

Monsieur d'Orléans y vint encore, quelques jours après, porter une troisième déclaration[2], par laquelle le Roi vouloit[3] qu'il ne se fît plus aucune levée d'argent qu'en vertu de déclarations vérifiées en Parlement. Rien ne paroissoit plus spécieux; mais comme la Compagnie savoit que l'on ne pensoit qu'à l'amuser et qu'à autoriser pour le passé toutes celles qui n'y avoient pas été vérifiées, elle ajouta la clause de défense que l'on ne lèveroit rien en vertu de celles qui se trouveroient de cette nature. Le Ministre, désespéré du peu de succès de cet artifice, de l'inutilité des efforts qu'il avoit faits[4] pour semer de la jalousie entre les quatre compagnies, et d'une proposition sur laquelle on étoit prêt de délibérer, qui alloit à la radiation de tous les prêts faits au Roi sous des usures immenses, le Ministre, dis-je, outré de rage et de douleur, et poussé par tous les courtisans[5], qui avoient mis presque tout leur bien dans ces

1. « Cette vérification donna grande joie, étant nécessaire de régler promptement les levées de la campagne, personne ne voulant plus rien payer, » dit d'Ormesson (tome I, p. 544).
2. Cette déclaration avait été apportée quelques jours auparavant, le 14 juillet, mais il n'en fut délibéré que le 20 juillet.
3. *Vouloit* remplace *déclaroit*, biffé.
4. Dans le ms R, *fait*, sans accord.
5. Parmi les courtisans intéressés dans les prêts et qui excitèrent la Meilleraye et Mazarin à agir contre le Parlement, en leur promettant tout l'argent dont ensuite ils auraient besoin, Olivier d'Ormesson (tome I, p. 555) nomme Bautru, Senneterre, le commandeur de Jars, le maréchal d'Estrées. Aux courtisans on peut ajouter, comme poussant vivement le Ministre, les partisans Catelan, Tabouret, Lefebvre, et autres, contre lesquels le Parlement avait, le 22 août, donné ordre d'informer. Dubuisson Aubenay, attaché à la personne du secrétaire d'État du Plessis Guénégaud, et par conséquent devant être fort au courant de ce qui se passait à la

prêts, se résolut à un expédient qu'il crut décisif, et qui lui réussit aussi peu que les autres. Il fit monter le Roi au Parlement, à cheval et en grande pompe¹, et il y porta une déclaration remplie des plus belles paroles du monde, de quelques articles utiles au public et de beaucoup d'autres très-obscurs et très-ambigus.

La défiance que le peuple avoit de toutes les démarches de la cour fit que cette entrée ne fut pas accompagnée de l'applaudissement ni même des cris accoutumés². Les suites n'en furent pas plus heureuses. La

cour, confirme le fait sans donner les noms des courtisans. M. Chéruel, dans son édition du *Journal d'Olivier d'Ormesson* (tome I, p. 559, note 1), cite le passage suivant d'André d'Ormesson : « Tous les gens d'affaires l'allèrent trouver (*la Meilleraye*), et lui dirent qu'il ne manqueroit point d'argent, si la Reine pouvoit rabattre et réprimer l'autorité du Parlement, qui ruinoit toutes leurs affaires. Et les personnes d'importance qui avoient mis leur grand argent dans les avances et les prêts.... mirent en la tête du conseil d'en haut qu'il falloit faire taire le Parlement et que l'on ne pouvoit plus subsister autrement. »

1. Il fit monter le Roi à cheval pour aller au Parlement et en grande pompe. (1837, 1843.) — Il fit monter le Roi au Parlement, et en grande pompe. (1859, 1866.) — Il y a ici une confusion sans importance : le 29, le Roi alla à cheval à Notre-Dame, à un *Te Deum* chanté pour la prise de Tortose en Catalogne ; puis il alla au Parlement, le 31, non plus à cheval, mais en carrosse. — Au sujet de cette séance, on peut voir, dans les manuscrits de la bibliothèque du Louvre (*Miscellanées* F 191, pièce 103), les *trois harangues prononcées le 31 juillet 1648 au Parlement*, l'une par Monsieur le Chancelier, la seconde par Monsieur le Premier Président, et la troisième par M. Talon, avocat général ; les deux premières sont analysées et la dernière imprimée en entier, mais avec des différences assez notables, dans les *Mémoires de Talon*, tome V, p. 131-141. Voyez aussi le manuscrit de la Sorbonne (f°s 66-84) et le *Journal du Parlement* (p. 45-49).

2. *L'Histoire du temps* (p. 50) rapporte divers faits qui montrent avec quelle sympathie le public accueillait la tentative de réformes du Parlement. Un prédicateur est emprisonné pour avoir exhorté ses auditeurs à redoubler de prières pour la gloire et l'honneur des compagnies ; un trésorier de France, de Poitiers, fonde une messe

Compagnie commença, dès le lendemain[1], à examiner la déclaration et à la contrôler presque en tous ses points, mais particulièrement en celui qui défendoit aux compagnies de continuer les assemblées de la chambre de Saint-Louis. Elle n'eut pas plus de succès dans la chambre des comptes et dans la cour des aides[2], dont les premiers présidents firent des harangues très-fortes à Monsieur et à M. le prince de Conti. Le premier vint quelques jours de suite au Parlement, pour l'exhorter à ne point toucher à la déclaration. Il menaça[3], il pria; enfin, après des efforts incroyables, il obtint[4] que l'on surseoiroit à délibérer jusques au 17 du mois, après quoi l'on continueroit incessamment à le faire, tant sur la déclaration que sur les propositions de la chambre de Saint-Louis.

L'on n'y manqua pas. L'on examina[5] article par article, et l'arrêt donné par le Parlement sur le troisième, désespéra la cour. Il portoit, en modifiant la déclaration, que toutes les levées d'argent ordonnées par déclarations non vérifiées n'auroient point de lieu. M. le

qui se dit tous les jours pour la prospérité de ceux qui avaient travaillé pour le service du Roi et de l'État

1. Le lendemain, 1er août, on voulut au Parlement commencer la discussion, et on demanda qu'il fût donné lecture de la déclaration; le Premier Président ne le trouva pas à propos; il s'ensuivit une contestation qui fit rejeter la discussion au lundi 3 août, d'après Dubuisson Aubenay (f° 27), dont le témoignage est confirmé par le manuscrit de la Sorbonne (f° 85, v°) et par le *Journal du Parlement* (p. 49 et 50).

2. Le même jour qu'au Parlement, le 3 août.

3. Dubuisson Aubenay dit, à la date du 4 août : « Conseil secret au soir chez la Reine, portant résolution d'emprisonner le lendemain ceux du Parlement qui n'auroient pas donné consentement. »

4. Le 5 août, selon Dubuisson Aubenay et selon le *Journal du Parlement* (p. 54).

5. La discussion dura les 17, 18, 19, 20 et 21 août.

duc d'Orléans ayant encore été au Parlement pour l'obliger à adoucir cette clause, et n'y ayant rien gagné, la cour se résolut à en venir aux extrémités, et à se servir de l'éclat que la bataille de Lens[1] fit justement dans ce temps-là, pour éblouir les peuples et pour les obliger de consentir à l'oppression du Parlement.

Voilà un crayon très-léger[2] d'un portrait[3] bien sombre et bien désagréable, qui vous a représenté, comme dans un nuage et comme en raccourci, les figures si différentes[4] et les postures si bizarres[5] des principaux corps de l'État. Ce que vous allez voir est d'une peinture plus égayée, et les factions et les intrigues y donneront du coloris.

1. La nouvelle de la victoire de Lens, remportée le 20 août, arriva à Paris le matin du 22, mais d'une manière vague, par des voyageurs venus d'Arras. Il y a aux Archives de l'Empire (K 117, n° 40) deux pièces qui regardent cette campagne : l'une, du 18 mars 1648, contient le pouvoir donné au prince de Condé pour l'armée de Flandre; l'autre, un récit de la bataille de Lens, que nous croyons être du prince lui-même. A la fin du récit se trouve cette note : « M. Chastillon a apporté cette nouvelle en cour le 22ᵉ août à deux heures après minuit. » Nous avons publié ces deux pièces dans la *Revue des sociétés savantes des départements*, 4ᵉ série, tome V, 1867, p. 85-88.

2. *Très* est en interligne, au-dessus de *bien*, biffé.

3. Retz avait écrit d'abord : *d'une peinture*.

4. On lit ici ces mots, biffés, que Retz a récrits plus loin : *des principaux corps de l'État*.

5. Retz écrit *biscarres*. L'Académie (1694) admet les deux formes *bizarre* et *bigearre*.

APPENDICE

APPENDICE.

I. — Page 178, note 1.

RETZ ET LES GENS DE LETTRES.

Nous réunissons ici, comme nous l'avons promis, divers hommages, en prose et en vers, très-propres à mettre en relief le grand rôle de patron et de Mécène que jouait Retz dans le monde des lettrés, et à montrer le haut prix qu'on attachait à sa faveur et jusqu'où l'on poussait, pour se la concilier, les formules de l'admiration et de la flatterie. Pour les détails anecdotiques sur les rapports de Paul de Gondi avec les gens de lettres, voyez notre *Notice biographique*.

1° *Épître de Ménage à Chapelain* [1].

Ad Joannem Capelanum, de Joanne Paulo Gondio, illustrissimo Corinthiorum archiepiscopo, elegidion.

Ille ego qui, fugiens magnatum limina, magno
    Parthorum vixi Principe liberior,
Nunc mihi servitium video dominumque ferendum,
    Et mihi libertas excidit illa prior.
Servitium sed dulce mihi, Capelane, paratur,
    Quo neque libertas dulcior ipsa fuit.
Sed datur ante alios dominus gratissimus omnes,
    Quo neque vel socius gratior esse potest.
Mille meæ patriis errant in vallibus agnæ,
    Mille paterna secant jugera mille boves.
Quod si paupertas miserum me sæva domaret,
    Contemptus possem non ego ferre Jovis.
Sit Crœsus, non individeo, fastidia læto
    Qui procerum vultu ferre superba potest.
Non est GONDIADÆ nativa superbia, non est

---

[1] C'était Chapelain qui avait donné Ménage à Retz, lorsque celui-ci, nommé coadjuteur de l'archevêque de Paris, avait formé sa maison.

Principibus fastus qui solet esse viris.
Ludere quæ volumus versu permittit agresti,
　　Qui nostros aliquid credidit esse jocos.
Integra libertas superest : quid enim imperat? aut quid
　　Non mihi vel totas annuit ante preces?
O mihi servitium jucundum! o vincula grata !
　　Vincula non ullo dissoluenda die.
Ille meos et habet et semper habebit amores ;
　　Lydia, tu longum, tuque Neæra, vale.
Ejus ero dum fata sinent, dum vita manebit ;
　　Pallida quum mihi mors venerit, ejus ero.
Tam validis vinctum me detinet usque catenis,
　　Ut non, si libeat, dissoluisse queam.
Sed quoque tam grata religatum compede nectit,
　　Ut non, si liceat, dissoluisse velim.

　　　　(*Ægidii Menagii Miscellanea.* Parisiis, 1652, in-4°.
　　　　　Silva variorum carminum, p. 39 et 40.)

2° *Extrait d'une épître de Ménage à Sarasin.*

　　Ad Joannem Franciscum Saracenum[1].

　　.... Quam diligis urbem
Linque, precor, magnoque tui qui flagrat amore
Menagium veterem festinus vise sodalem.
Non, o dulce caput, non, o suavissime rerum,
Ignotus venies : Saraceni nomen et ipsi
Gondiaci norunt colles, et flumina norunt.
Tam mihi dilectum cunctis et amabile nomen
Ipse ego Gondiacæ colles et flumina villæ
Edocui, blandis, heu ! te dum, dulcis amice,
Longius absentem compello vocibus absens.
. . . .
Mentiar ut venias : aderit quem suspicis unum,
Gondiades, columen rerum et tutela mearum,
Francigenum sublime decus, spes magna senatus
Purpurei, nostri rarissima gloria sæcli.
　　　　　　　　(*Ibidem,* p. 55 et 56.)

1. Ménage, dans cette épître, invite son ami Sarasin à venir le voir dans la maison de campagne des Gondi, à Saint-Cloud.

3° *Extrait d'une églogue de Ménage.*

Dans l'aimable contrée où le dieu de la Seine
Du superbe Gondi va côtoyant la plaine,
Et par mille détours dont il charme les yeux,
Témoigne qu'à regret il quitte ces beaux lieux,
Lycidas et Ménalque [1], à l'ombrage des haîtres (*sic*),
Gardoient soigneusement les troupeaux de leurs maîtres,
En ces aimables lieux l'un et l'autre bergers,
Et dans ces mêmes lieux l'un et l'autre étrangers.
. . . .
Depuis quatre moissons Ménalque avoit pour maître
L'adorable Gondi, du grand Pan le grand prêtre,
Le support des humains, l'amour des Immortels,
Et de qui les vertus méritent des autels,
Gondi, dont les aïeux, qui prirent leur naissance
Du noble sang des dieux de la belle Florence,
Sur les rives de Seine, en ces lieux pleins d'appas,
De la grande Arténice (*Catherine*) accompagnant les pas,
A ces fameux jardins, honneur de la contrée,
Donnèrent leur beau nom d'éternelle durée.

(*Ibidem, Poésies françaises*, p. 96 et 97.)

Dans une partie de ses *Mélanges*, intitulée *Liber adoptivus*, Ménage a fait imprimer diverses pièces de quelques autres poëtes : Balzac, le P. Mambrun, de la Lane, qui exaltent comme lui le nom de Gondi.

4° *Poésie de Balzac* [2].

Joannis Ludovici Balzacii carmen ad nobilissimum, illustrissimum, eruditissimum, eloquentissimum Gondium.

Vidi ego mentis opes altæ, chartasque disertas
Miratus, socio invidi, cui talia credis
Pignora, nascentesque datur cognoscere curas
Gondiadis. Felicem operum sub principe tanto

[1]. Voyez ci-après, p. 335, 5°.
[2]. Nous ne parlons pas ici d'une lettre de Balzac à Paul de Gondi, écrite à propos de sa prédication; nous la donnerons à l'occasion des *Sermons* de Retz, ainsi qu'un passage du *Socrate chretien*, sur le même sujet : nous avons déjà cité ces deux témoignages : voyez ci-dessus, p. 215, note 2.

Artem Menagi, et faustos quoscumque labores!
Ille potest veri cæcas aperire latebras,
Et Graios censere sophos et mascula scripta
Æneadum, par Scaligeris ; æquare Muretos,
Dicendi virtute potest, et condere carmen
Quod Christina probet, priscæ virgo æmula Romæ.
Auspice te quid non possit, quæve ardua tentet
Infaustis avibus? Præsens responsa petenti
Semper ades, dubiumque regens, dux artis et idem es
Exemplum : non ipse esset mihi pluris Apollo,
Aut fratres Medicæi, aut major Apolline Picus,
Phœnicem quem sæpe Remi dixere nepotes,
  Quam te avide, sacri solventem ænigmata juris,
Audisset Roma illa, et patrum docta senectus!
Credo equidem, tibi cuncta patent arcana Deorum,
Nilque sibi, quod non habeas, servavit Olympus,
Dives opum ignotarum, et fons pulchrique bonique;
Nec sol tanta facit, flammis opera omnia lustrans
Terrarum, alternis sed qui apparetque latetque;
Lucet enim nox atra tibi, rerumque tenebræ
Sidereos fugiunt oculos, longeque recedunt,
Adventante novo, sic jam diceris, Eoo.
  Ut florere jubes multoque nitescere cultu
Horrentes logicæ saltus, sine gramine campos,
Fœcundasque rubis, ubi late regnat, arenas!
Ut casta Venere, et nostræ dulcedine Pithus,
Austeros lenis mores atque aspera dicta
Ingratosque sonos Nymphæ cui jurgia cordi,
Insidiæque dolique, et acutæ spicula linguæ!
Quidquid Gondiadis tangat manus, haud mora, fiet
Hoc aliud : vilis tactu splendescet ab ipso
Materia, insolitosque afflabis rebus honores.
Se schola formosam mirabitur : aurea per te
Vix poterit proprias mutata agnoscere sordes,
Duritiemque suam et veteris vestigia ferri.
Occanos Scotosque duces, tua signa secuta,
Deseret, ac toto discedent monstra Lyceo,
Quæ, victrix populorum, indignos passa hymenæos,
Mista Gotho, genuit monstra et portenta loquendi.
  Dicam iterum : quamvis animæ pars maxima nostræ
Sit socius, tantum vidisse heroa dederunt
Cui propius Superi, et curas laudare recentes,
Invideo laudanti. Inamœna fluenta Carentæ,
Deformesque voco jucundi littoris oras

(Santonica ignoscat Thetis mihi), et omnia rumpens
Quæ me vincla tenent, clamo : « Dilecta valete
Arva olim, fatis liceat melioribus uti,
Sequana Parisias qua circum labitur arces,
Ponteque marmoreo et gemmarum mole superbus,
Oceano Patri volvit jactantior undas.
GONDIADEM visuri illum qui fulmina torquet
In sobolem Calvini et Christo perfida castra,
Quem regum officia et populi de more docentem
Suspicit aula frequens, et cujus pendet ab ore
Plebs et eques, digna hæc primis spectacula sæclis
Visuri, jamjam dominam properemus ad urbem. »

(*Menagii Miscellanea. Liber adoptivus*, p. 70-72[1].)

5° *Extrait d'une églogue du P. Mambrun.*

La scène se passe dans les jardins de Gondi, à Saint-Cloud,

.... *Qua Sanclovii felicia pagi
Culmina* Gondiaci *saltus ædesque coronant.*

Les personnages sont : *Ménalque* (Ménage),

Gloria Gondiaci *saltus cultorque* Menalcas,

Damon (Chapelain), *Lycidas* (Sarasin), et *Amyntas* (Balzac). Ménalque, prenant à témoin les Nymphes du lieu (*Gondiades Nymphæ*), veut dire adieu aux Muses et suspend ses chalumeaux à un arbre; mais il entend une voix qui lui ordonne de les reprendre pour célébrer son patron, que Rome vient de décorer de la pourpre :

Hos inter gemitus medio lenissima venit
Vox nemore, et clare pastorum allabitur aures.
« At non hæc dederas olim promissa, Menalca,
Quum tibi se primum Clio permisit habere.
Nonne vides quanto tollat se gloria plausu
GONDIADUM, rubroque insignem ut Roma galero
Pana dedit. Recipe hos calamos ; silvasque per omnes,
Perque omnes ripas illum celebrare memento. »

(*Ibidem. Ecloga Petri Mambruni*, p. 58-61.)

---

1. Cette pièce a été omise dans le recueil de vers latins qui est au tome II des *OEuvres complètes de Balzac* (2 volumes in-folio, 1665).

6° *Extraits de deux poésies de la Lane.*

La Lane, veuf de la belle Marie de Roche, dont il est parlé dans les *Mémoires* (voyez ci-dessus, p. 102, note 2; p. 103, note 1; p. 104, note 5), adresse à Ménage des stances où il l'invite à venir partager son agréable solitude, dont le calme et « les plaisirs purs et doux » commencent à le consoler de la perte de sa femme, de cette

> *Amarante*, qui fut si belle
> Que l'on n'a rien vu sous les cieux
> Qui ne fût moins aimable qu'elle.

A la manière dont le poëte parle de Retz dans ces stances, il semble que, sûr de l'affection de sa femme, il n'a pris aucun ombrage ou du moins gardé nul ressentiment de l'amitié que le jeune abbé avait pu lui témoigner autrefois, et qu'entre eux les bonnes relations n'ont pas cessé ou se sont renouées. La pièce commence ainsi :

> Affranchis-toi, romps tes liens,
> Quelque légers qu'ils puissent être;
> Viens, Ménage, en ce lieu champêtre,
> Où, content de tes propres biens,
> Tu n'auras que toi pour ton maitre.
>
> Non que le maître que tu sers
> Ne soit un homme incomparable,
> Qu'il n'ait un mérite adorable,
> Et que la douceur de tes fers
> Ne soit charmante et desirable.
>
> Lui-même viendroit dans ces bois
> Jouir au murmure de l'onde
> D'une félicité profonde,
> Si les oracles de sa voix
> N'étoient point le salut du monde....
>
> (*Ibidem*, p. 110-113.)

Dans une églogue où la Lane figure sous le nom de *Daphnis*, il se représente venant pleurer son Amarante avec *Ménalque* (Ménage), *Lycidas* (Sarasin et *Damon* (Chapelain), dans le séjour même de Gondi, à Saint-Cloud :

> Sous les arbres sacrés de ce fameux vallon
> Où le divin Gondi représente Apollon,
> Daphnis, renouvelant ses fortunes passées,

Erroit à la merci de ses tristes pensées,
Et par les sons plaintifs de sa mourante voix
Attendrissoit le cœur des nymphes de ces bois.
. . . .
.... Sa chère Amarante apparut à son âme,
Lançant de ses beaux yeux une subtile flamme,
Qui flattant son amour d'un plaisir imparfait,
Accrut de sa douleur le véritable effet :
« O toi, s'écria-t-il, fugitive Amarante,
Écoute le récit des peines que je sens,
Toi qui mènes mon ombre après la tienne errante,
Toi dont la cendre froide embrase tous mes sens,
Quand tu voyois le jour et que ta belle vie
Remplissoit tous les cœurs ou d'amour ou d'envie,
Je fus le seul choisi pour être aimé de toi,
Et seul je méritai les gages de ta foi.
. . . .
Mais de quoi, malheureux, osé-je discourir ?
Puis-je, ô mon Amarante, y songer sans mourir ?
Que fais-je de ma vie après t'avoir perdue ?
Qu'as-tu fait de ta flamme au tombeau descendue ?
. . . .

(*Ibidem*, p. 115-117.)

7° *Dédicace du* Traité des plus belles bibliothèques publiques et particulières qui ont été et qui sont à présent dans le monde, *par le P. Louis Jacob (de Saint-Charles), religieux carme*[1].

A MONSEIGNEUR PAUL-FRANÇOIS DE GONDY, ARCHEVÊQUE
DE CORINTHE ET COADJUTEUR DE PARIS.

MONSEIGNEUR,

J'ai cru que je ne pouvois mieux adresser ce discours des plus fameuses bibliothèques du monde qu'à celui de qui l'esprit est une

---

1. Le P. Louis Jacob de Saint-Charles, devenu bibliothécaire de Retz vers 1644, est auteur de curieux recueils bibliographiques. C'est par l'un d'eux que nous avons connu l'existence de l'ouvrage de du Teil dont nous donnons ci-après (p. 342, n° 10) l'*Épître dédicatoire*, et d'un Éloge du Coadjuteur, qui fut composé à l'occasion de son sacre, et dont on trouvera le titre à la fin de la première partie de l'*Appendice*, p. 346.

bibliothèque vivante. La connoissance parfaite que vous avez des belles choses, la profession glorieuse que vous faites de les mettre en pratique, cette profonde doctrine dont vous avez étonné toute la Sorbonne[1] et qui a tiré des louanges et des acclamations de ces hommes sages, qui nous dispensent les vérités éternelles, et ces actions éclatantes de qui les ardentes lumières ont éclairé les entendements et échauffé les volontés et qui vous ont fait admirer dans les plus célèbres chaires de Paris, enfin ces conférences publiques et particulières où vous persuadez et gagnez les cœurs de si bonne grâce, sembloient exiger de moi ce juste hommage que je vous rends et que je vous supplie très-humblement d'avoir agréable. On dit que la première fois qu'Alexandre le Grand ouït le son des flûtes de Timothée, il en fut ému de telle sorte que, comme s'il eût été transporté d'une nouvelle fureur guerrière, il courut aussitôt aux armes, tant cette mélodie étoit puissante, ou plutôt tant l'esprit de ce grand monarque avoit inclination à la guerre. Aussi j'espère que ce discours des bibliothèques que je prends la liberté de vous présenter réveillera bientôt en vous ce noble et ardent desir que vous avez d'en dresser une qui soit digne de la grandeur de votre naissance et du rang notable que vous tenez dans l'Église. C'est un emploi qui n'est pas seulement utile, mais qui est absolument nécessaire à un grand prélat comme vous, qui doit savoir par les bons livres tout ce que les autres savent et même tout ce qu'ils ignorent. C'est une curiosité la plus innocente et la plus louable de toutes celles qui la sont. C'est le vrai moyen d'obliger également les vivants et les morts, puisque par là l'on réveille la mémoire des uns et que l'on instruit l'esprit des autres. Si cette nouvelle production a le bonheur de causer un effet si solide et si louable, elle me donnera le courage de mettre au jour quelques autres ouvrages que je garde dans mon cabinet. Et comme j'ai mis au rang de mes bonnes fortunes la haute approbation de ce grand cardinal[2] qui travaille si glorieusement pour le salut de la France, je me réjouirai d'avoir eu le bien de vous plaire en quelque sorte, à vous qui marchez si dignement sur ses traces précieuses et de qui je fais vœu d'être toute ma vie,

Monseigneur,

Le[3] très-humble, très-obéissant et très-affectueux serviteur,

F. Louis Jacob de Saint-Charles, *carme indigne.*

De Paris, ce 16. juillet 1644.

---

1. Allusion probable au doctorat en théologie de Retz : voyez ci-après, p. 340, note 1.
2. Mazarin, à qui le P. Jacob a aussi adressé plusieurs dédicaces.
3. On a imprimé, dans le texte de 1644, *votre*, au lieu de *le*.

8° Dédicace des huit livres d'Histoire de France d'Adrien de Valois[1].

Illustrissimo ac Reverendissimo Domino Joanni Francisco Paullo Gondio, Corinthiorum archiepiscopo, in Ecclesia Parisiaca patrui coadjutori, Hadrianus Valesius S. P. D.

Plerisque auctoribus ac fere omnibus semper curæ admodum fuit scripta sua viris clarissimis et doctissimis nuncupare, ut et eorum examinarentur judicio, et si quando opus esset, patrocinio defenderentur. Idem ego facturus, ANTISTES ILLUSTRISSIME, diu cunctari non potui, quin unum ex omnibus te potissimum eligerem cui hos rerum Francicarum libros dedicarem. Etsi enim tuæ me doctrinæ dignitatisque contemplatio aliquantisper timidiorem fecit, tamen notitia innatæ tibi comitatis facile confirmavit : quam tu virtutem hæreditariam atque domesticam sic colis, ut proprium et peculiare tibi insigne esse videatur. Mirati sunt proavi nostri Gondios, majores tuos, Parisiorum episcopos...; mirati sunt et amaverunt; nec magnitudini eorum adhærere ausa est invidia, quorum virtutes nobilitatis vitium, superbia, non fœdabat. Eamdem nos in te nunc dotem, multo illustriorem spectatioremque, velut gentilem atque naturalem notam agnoscimus, quam Latini scriptores merito comitatem appellavere, quod ceteris virtutibus sit ornamento. Hæc fastigium tuum, ut altius extollat, inclinat; hæc, si ita dicere licet, magno tamen cum hominum delectu, te publicat; hæc quotidie eruditos viros in contubernium tuum et familiaritatem admittit; hæc blanda quadam vi uniuscujusque tibi amicitiam gratiamque conciliat; hæc denique ingentia animi tui bona, vigorem ingenii, scientiam rerum humanarum divinarumque pæne incredibilem, sermonis facilitatem, suavitatem sanctitatemque morum, notiora fecit atque clariora, ne quantus esses ignoraremus. Quo magis factum Illustrissimi patrui tui laudare convenit, qui quum melius quoquam dotes tuas nosset, probato christianissimæ ac prudentissimæ Reginæ consilio, tandem vota omnium nostrum implevit, et collegam te ac episcopalium onerum adjutorem cooptavit : ut facile appareret optimum et sapientissimum archiepiscopum ea in re meritorum magis

---

1. C'est un ouvrage considérable sur les premiers temps de la monarchie française. Il a ce double titre : *Gesta veterum Francorum* et *Rerum francicarum libri VIII*. Paris, 1646-1658, 3 volumes in-folio. — Nous ne trouvons rien nulle part qui nous apprenne quelles furent et comment naquirent les relations de Retz avec Adrien de Valois, seigneur de la Mare. Peut-être s'étaient-ils connus, malgré la différence d'âge de sept années, au collége de Clermont, où ils étudièrent tous deux chez les jésuites. Peut-être est-ce Ménage, ami des deux frères Valois, Henri et Adrien, qui les mit en rapport.

quam sanguinis habuisse rationem. Quem enim alium digniorem honoris consortione et capaciorem tanti ministerii pius senex extra domum suam invenire potuisset? aut quantum Ecclesiæ intererat in cathedra a tribus patruis magna laude insessa te collocari, qui jam moribus atque doctrina episcopum præferebas! qui a puero liberalibus disciplinis eruditus, adolescentiam in studia profanæ sacræque sapientiæ tam feliciter impendisti, ut, plaudentibus et mirantibus cunctis quorum ea propria professio est, in Doctorum collegium fueris cooptatus[1]; qui partem ætatis ad voluptates maxime proclivem sic exegisti, ut in civitate curiosa atque maledica, et de proceribus non modo vera dicere, sed etiam falsa fingere gestiente, ne suspicioni quidem intemperantiæ locum, nedum sermonibus, dederis[2]; qui postea semper inter libros vel in basilicis versatus, aut animum tuum lectione, aut populum salubribus præceptis et hortationibus instruxisti. Vidimus principes viros ex tuo concionantis ore pendentes. Vidimus patruum tuum manantibus lacrimis gaudium sui de te judicii testantem. Vidimus immensam multitudinem cum admiratione et delectatione silentem ac intentam. Quantum in inventione acuminis! quantus ordo in dispositione! quantus et quam non affectatus in verbis ornatus apparebat! quam acriter in vitia invehebare! qua arte et auctoritate persuadebas! qui motus erant auditorum tuorum! Quæ eo libentius cuncta perstringo, atque aliis relinquo exornanda, quod sub oculis civitatis acta neminem latent; et quod, infantiæ meæ mihi conscius, intelligo me sine temeritate conari non posse summum ac disertissimum oratorem, qualem te mente concipio, verbis exprimere. Jam vero illa eximia, omnibus quoque similiter nota, sed non ab omnibus æque perpensa, aut pro merito laudata, cujus ingenium et eloquentia enarrare possit? Curam Ecclesiæ tibi commissæ sollicitudinemque pervigilem; pro ejusdem pace salubres dispositiones; clericorum contumacium et in cathedris bellicum canentium coercitionem; episcopalem in jure Ecclesiæ tuendo constantiam, quorumlibet precibus invictam et inexpugna-

---

1. Nous ne connaissons pas la date exacte de la réception de Retz comme docteur en théologie : il l'était déjà le 30 janvier 1644, comme le témoignent les félicitations des membres du chapitre de Notre-Dame à l'abbé de Gondi, nommé Coadjuteur ; ils se réjouissent de ce que trois Gondi ont été successivement élevés du rang de chanoine à l'épiscopat, et surtout de ce que le dernier (le Coadjuteur) est docteur en théologie : *Quod infulis pontificiis junxisset lauream doctoralem, velut basim, ex mente Apostoli dicentis : « Oportet episcopum esse doctorem*[a]. » (*Registre capitulaire de Notre-Dame de Paris*, p. 32. Archives de l'Empire, LL 296.) Voyez aussi l'*Histoire de l'Université de Paris*, par M. Jourdain, p. 170, note 3.

2. Voyez ci-dessus, p. 124, note 2.

[a] *Ire épître de saint Paul à Timothée*, chapitre III, verset 2.

bilem; singulare studium hæreticos ad fidem catholicam adducendi; ceterasque convenientes antistiti occupationes atque virtutes. Quarum ne relatio pudori tuo sit gravis, malo alia ratione te tibi ostendere, in locum epistolæ Opus meum substituendo. Quod si legere dignaberis, quotiescumque in egregium aliquem episcopum incideris (incides autem sæpissime), toties ibidem aliquam de tuis eminentissimis dotibus es agniturus. Te rogo ut, pro summa illa humanitate et comitate tua, hoc Opus, qualecumque est, tanquam observantiæ meæ certissimum pignus accipias eo vultu quo studiosos viros excipere consuevisti. Vale, Antistes Illustrissime.

Data v Idus apriles, anno Christi CIƆIƆCXLVI. Luteciæ Parisiorum.

(*Hadriani Valesii Rerum Francicarum libri VIII.* Paris, 1646, tome I.)

9° *Dialogue sur la lecture des vieux romans* [1].

Vous vous plaignez, Monseigneur, de n'avoir pas été de la conversation que nous eûmes ces jours passés, M. Ménage, M. Sarasin et moi, sur la lecture de nos vieux romans, et vous témoignez du regret qu'on y ait dit, sans vous, des choses qu'il n'étoit pas vraisemblable que dût produire un si misérable sujet. Que peut-on répondre à cela, sinon qu'il n'y eut jamais de plus légitime plainte? car, en effet, ce divertissement-là vous étoit dû par mille raisons, et entre autres, parce qu'il commença, ou du moins qu'il fut conçu en votre présence, au voyage que nous fîmes l'automne passé avec vous. Mais, Monseigneur, permettez-nous de nous plaindre à notre tour que vous nous ayez manqué en cette occasion : moi principalement, qui ayant été, je ne sais comment, engagé à y parler le plus, avois un particulier intérêt que vous y fussiez, pour me régler, pour me redresser et pour éclairer mes ténèbres. Vous ignorez si peu de choses, vos lumières sont si grandes, vous avez le jugement si net, vous vous expliquez si clairement, si fortement, si éloquemment, que si vous vous y fussiez rencontré, c'eût été alors qu'on eût pu dire qu'il n'auroit rien manqué à la question pour être véritablement bien agitée. Que si c'est une faute que vous n'y ayez pas assisté, c'est une faute que

1. Ce dialogue, entre Chapelain, Ménage et Sarasin, que nous venons de publier à la librairie d'Auguste Aubry (in-8°), est l'œuvre de Chapelain (voyez ci-dessus, p. 178, note 1). Il l'a adressé au Coadjuteur vers le même temps où Adrien de Valois lui dédiait son *Histoire*. Nous en donnons ici le commencement, qui est une sorte de dédicace.

la Fortune a faite et que nous sommes tout prêts à réparer. Nous vous pouvons encore donner le plaisir de cet entretien; les images n'en sont pas tout effacées, et je me fais fort de ma mauvaise mémoire, qu'elle les rappellera facilement et les représentera assez fidèlement pour vous satisfaire. Toutefois, parce que vous n'êtes pas maître de toutes vos heures, et que ce récit ne pourroit se différer sans courre risque d'être moins exact et perdre beaucoup de ses parties essentielles, il vaut mieux en charger le papier, afin que vous en puissiez avoir le passe-temps, sans être obligé de vous contraindre, et que, sans se faire tort, il puisse attendre votre loisir. Je vous en rapporterai les propres paroles, comme elles furent proférées par chacun de nous, sans y apporter d'autre ornement que celui qu'elles doivent à leur matière, et qui accompagne quelquefois la naïveté d'un discours où il n'y a rien de prémédité.

Si je parlois à un autre qu'à vous, Monseigneur, il seroit nécessaire que je vous dépeignisse l'humeur et les qualités des personnes qui le firent, et vous instruisisse de la bonté, de la doctrine et de l'esprit qui excellent en M. Ménage, et des belles et diverses connoissances que M. Sarasin s'est acquises, jointes à la facilité de son génie, et fortifiées par l'expérience des affaires du monde. Il faudroit que je vous fisse une légère peinture de mes inclinations et de mon entreprise, et qu'en vous découvrant mes défauts, je vous découvrisse aussi ma témérité de m'être embarqué dans un ouvrage si mal proportionné à mes forces. Mais le premier ayant l'honneur d'être à vous depuis si longtemps, le second occupant une si avantageuse place en votre estime, et pour ce qui me regarde, étant, à ma honte, si fort connu de vous, je ne m'amuserai point à vous en faire un portrait, qui ne seroit bon qu'à nous faire rougir tous trois d'une différente manière. Je vous dirai seulement, Monseigneur, sans autre préface, que ces deux Messieurs m'étant venus visiter ensemble, il y a quelques jours, etc.

10° *Dédicace du* Catéchisme des savants *de du Teil.*

A MONSEIGNEUR MONSEIGNEUR L'ARCHEVÊQUE DE CORINTHE
ET COADJUTEUR DE PARIS.

Monseigneur,

Je ne me suis point trouvé en peine lorsque j'ai voulu faire porter à mon ouvrage le nom de quelque personne extraordinaire, et je ne crois pas que jamais écrivain ait moins délibéré que moi dans une pareille rencontre. Le dessein de faire un livre, où la religion fût accompagnée de la doctrine et la foi du raisonnement, fut incontinent suivi du dessein de vous l'offrir, et je n'avois garde de songer à autre qu'à vous, puisqu'il me falloit un savant et un vertueux. En effet, Monseigneur, vous êtes l'un et l'autre, et vous possédez toutes les belles habitudes intellectuelles et morales si avantageusement, qu'il seroit malaisé à résoudre par laquelle vous avez le plus justement acquis l'amour des gens de bien et l'estime de tout le monde. Vous êtes ce digne prélat dont saint Paul nous a laissé plusieurs descriptions en divers passages, et qu'il a toutes rangées en une lorsqu'il a dit qu'il devoit être sans reproche[1]. Quand votre naissance, qui est des plus illustres du royaume, ne vous auroit pas facilité la coadjutoirerie (sic) d'un archevêché que Paris rend incomparable, vos vertus toutes seules étoient capables de vous la faire donner aussi bien que le reste de vos dignités. Je pourrois, Monseigneur, m'étendre infiniment sur vos louanges sans être soupçonné même d'une légère complaisance, et c'est de vous que l'on peut dire ce qu'un meilleur panégyriste que moi disoit d'un empereur, que l'on pouvoit le louer hardiment sans craindre qu'il s'imaginât que les louanges de ses perfections fussent les reproches de ses défauts[2]. Sans doute je serois avoué de tout le monde, si je disois que vous êtes généreux, magnanime, charitable, dévot, modeste, spirituel, docte, tempérant, et que dans l'âge même où le peu d'expérience laisse ignorer beaucoup de choses, et la chaleur du sang en fait faire qui ne sont pas conformes à la raison, vous étiez déjà parvenu à une connoissance universelle et à une sagesse consommée. Mais comme je ne me suis rien proposé que de court dans ce livre, j'ai cru que je ne vous devois pas faire une longue épître, qui sans doute vous seroit ennuyeuse, d'autant que c'est une de vos vertus que de n'en vouloir pas ouïr parler.

Je finirai donc, Monseigneur, par où j'ai commencé, et je vous dirai qu'outre une passion extraordinaire d'avoir l'honneur d'être connu de vous et de faire éclater la secrète admiration avec laquelle je vous regarde il y a longtemps, il s'est quasi trouvé de la nécessité dans mon choix; car s'agissant de la cause de Dieu, je ne pouvois presque m'adresser qu'à vous, qui la soutenez si bien dans un siècle où il a tant d'ennemis, qu'il semble que les criminels veuillent en-

---

1. Voyez l'*Épître à Titus*, chapitre I, versets 7-9; et la Ire *épître à Timothée*, chapitre III, versets 1-7. Dans le second de ces passages, il est dit, entre autres choses : *Oportet.... episcopum irreprehensibilem esse.*

2. Voyez le *Panégyrique de Trajan*, par Pline le jeune, chapitre III.

core faire le procès à leur juge, et le condamner à une seconde mort. C'est par là que je me suis persuadé que vous daigneriez regarder de bon œil mon ouvrage, et qu'ayant toujours appuyé l'empire de Dieu par la force de vos discours et de vos exemples, vous ne refuseriez pas votre protection à un livre qui porte un titre si glorieux[1], et que même en sa faveur vous agréeriez qu'avec tous les respects imaginables je prisse la qualité,

MONSEIGNEUR,

De votre très-humble et très-obéissant serviteur,

DU TEIL[2].

11° *Épître dédicatoire du* Roman comique *de Scarron*[3].

AU
COADJUTEUR,
C'EST TOUT DIRE.

Oui, MONSEIGNEUR,

Votre nom seul porte avec soi tous les titres et tous les éloges que l'on peut donner aux personnes les plus illustres de notre siècle. Il fera passer mon livre pour bon, quelque méchant qu'il puisse être; et ceux mêmes qui trouveront que je le pouvois mieux faire seront contraints d'avouer que je ne le pouvois mieux dédier. Quand l'honneur que vous me faites de m'aimer, que

---

1. Le livre porte, dans l'approbation ecclésiastique du 28 novembre 1647, le titre suivant : *l'Empire de Dieu sur l'homme*, et dans l'Extrait du privilége du Roi (5 juillet 1649) celui de *l'Empire de Dieu sur l'homme, fondé sur des raisons théologiques, physiques et morales*. Il semble, d'après la *Bibliographia parisina* du P. L. Jacob (p. 7 de l'année 1650), qu'il ait paru sous ce dernier titre à Paris, chez J. B. Loyson, au Palais, en la salle Dauphine, à la Croix d'or, 1649. Nous ne l'avons trouvé avec ce titre dans aucune bibliothèque de Paris; à la bibliothèque Sainte-Geneviève (n° 4030 D, in-12), nous l'avons rencontré sous celui-ci : *Catechisme des scavans, tres-necessaire aux theologiens et predicateurs, generalement à tous ceux qui desire* (sic) *vivre en la grace de Dieu et de la religion chrestienne*, chez le même libraire, mais avec la date de 1651. C'est à cet exemplaire que nous avons emprunté cette épître dédicatoire.

2. Ce du Teil est-il le même que le traducteur de Suétone, le traducteur des *Déclamations* de Quintilien, et l'auteur de poésies mentionné par Brunet au tome II du *Manuel du libraire*, colonne 921 ? Nous le croirions volontiers; ces divers ouvrages ont paru chez le même libraire, J. B. Loyson, de 1641 à 1658.

3. Cette dédicace est de 1651, date de la publication de la première partie du *Roman comique*. Voyez l'excellente édition de ce roman donnée en 1857, dans la Collection Jannet, par M. Victor Fournel.

vous m'avez témoigné par tant de bontés et tant de visites, ne porteroit pas mon inclination à rechercher soigneusement les moyens de vous plaire, elle s'y porteroit d'elle-même. Aussi vous ai-je destiné mon roman, dès le temps que j'eus l'honneur de vous en lire le commencement, qui ne vous déplut pas. C'est ce qui m'a donné courage de l'achever plus que toute autre chose, et ce qui m'empêche de rougir en vous faisant un si mauvais présent. Si vous le recevez pour plus qu'il ne vaut, ou si la moindre partie vous en plaît, je ne me changerois pas au plus dispos homme de France. Mais, Monseigneur, je n'oserois espérer que vous le lisiez : ce seroit trop de temps perdu à une personne qui l'emploie si utilement que vous faites et qui a bien d'autres choses à faire. Je serai assez récompensé de mon livre si vous daignez seulement le recevoir, et si vous croyez sur ma parole, puisque c'est tout ce qui me reste, que je suis de toute mon âme,

Monseigneur,

Votre très-humble, très-obéissant et très-obligé serviteur,

Scarron.

12° *Lettre de félicitation de Scarron à Retz, nommé cardinal* (février 1652).

A SON ÉMINENCE MONSEIGNEUR LE CARDINAL DE RETZ.

Monseigneur,

Vous m'avez fait riche en dépit de la fortune, en vous faisant cardinal en dépit de tous vos envieux. J'ai hasardé tout mon bien à parier que vous le seriez bientôt. Il faut qu'il augmente de moitié, si j'ai affaire à des gens d'honneur. Je prie Dieu que le vôtre en fasse de même, de la manière que sa providence le trouvera plus à propos. Il y a apparence qu'il n'en fera pas à deux fois ; et votre nouvelle dignité sera bientôt soutenue de tout ce qui lui manque, pour faire voir à toute la terre que la main qui a fait les cardinaux d'Amboise et de Richelieu, n'avoit pas encore montré tout ce qu'elle savoit faire. J'espère que nous en aurons bientôt le plaisir. Cependant, Monseigneur, je vous prie de croire qu'en France, aux Indes, ou en quelque part que mon malheureux destin me mène, je serai toujours passionnément,

De Votre Éminence,

Le très-humble et très-obéissant serviteur,

Scarron.

(*Les dernières OEuvres de M. Scarron*, Paris, 1668, tome I, p. 26 et 27.)

Aux noms, qui précèdent, des écrivains clients ou amis de Retz, nous pouvons joindre celui de Gassendi. Nous voyons dans une de ses lettres (*pridie nonas octobres* 1645, tome VI des *OEuvres de Gassendi*, p. 236) que le Coadjuteur l'assista, comme arbitre, avec l'évêque de Séez, dans une discussion d'intérêt que Gassendi eut avec un certain abbé Guillaume d'Hugues, neveu de l'archevêque d'Embrun. Une autre lettre (tome VI, p. 238) nous montre Retz présent, le 23 novembre 1645, à la leçon d'ouverture du cours de Gassendi, professeur de mathématique au Collége de France.

Dans la *Bibliographia parisina* (voyez ci-dessus, p. 337, note 1), nous trouvons mentionné (p. 82) un éloge composé à l'occasion du sacre du Coadjuteur, et publié sous ce titre : *Illustrissimo Ecclesiæ principi D. D. Paulo Francisco de Gondi, Corinthiorum archiepiscopo, Illustrissimi D. D. Parisiorum archiepiscopi coadjutori designato, etc. Panegyricus in solemni ejus auguratione dedicatus, auctore Bono de Merbes, regiæ Navarræ professore classico*, in-folio. Nous n'avons pu découvrir dans aucune bibliothèque, soit publique, soit particulière, ce *Panégyrique* de Bon de Merbes; nous avons vu du même auteur, à la bibliothèque Sainte-Geneviève (D 724), 2 volumes in-folio intitulés : *Summa christiana seu Orthodoxa morum disciplina*, Boni Merbesii, diœceseos Ambianensis presbyteri, prædicatoris et doctoris theologi, 1683.

II. — Page 239, et note 3.

PIÈCES RELATIVES A LA COADJUTORERIE DE PARIS.

Nous voulions placer en tête de ces pièces relatives à la Coadjutorerie de Paris les Bulles d'Urbain VIII, ainsi datées : *Datum Romæ, apud Sanctum Petrum, anno Incarnationis dominicæ millesimo sexcentesimo quadragesimo tertio, tertio nonas octobres, pontificatus nostri anno vigesimo primo*. Mais la copie de ces bulles contenue dans le *Registre capitulaire de Notre-Dame* est trop négligée, trop fautive, pour que nous puissions essayer de la rectifier et réussir à en donner un texte à peu près clair et correct. Nous nous sommes adressé à Rome, à la secrétairerie des bulles, et avons demandé à M. l'Official de vouloir bien, sur la pièce originale ou sur une bonne copie, nous corriger ou faire corriger notre texte défectueux. Mais notre demande a été vaine : nous n'avons pu savoir si on avait trouvé le document désiré, ni même si on l'avait cherché.

APPENDICE.

1º *Forma juramenti* [1].

Ego[2] Paulus Franciscus de Gondi, Corinthiorum archiepiscopus et Parisiensis coadjutor, juro ad hæc sancta Dei Evangelia me servaturum jura, libertates, immunitates, privilegia, exemptiones et consuetudines Ecclesiæ Parisiensis, et compositiones alias habitas inter episcopos Parisienses, necnon Illustrissimum D. archiepiscopum nunc sedentem, et decanum et capitulum Ecclesiæ Parisiensis prædictæ, et omnia contenta in instrumento declarationis coram Dupuys et Leboucher, notariis regiis, per me hodie factæ. Sic signatum : FRANCISCUS PAULUS DE GONDY, *Coadjutor parisiensis*.

(Archives de l'Empire, *Registres capitulaires de Notre-Dame*, LL 296, p. 40 et 41.)

2º *Acte notarié du serment*.

Par devant les notaires et garde-notes du Roi, notre Sire, en son châtelet de Paris, soussignés, est comparu très-Révérend père en Dieu Messire François-Paul de Gondy, archevêque de Corinthe, coadjuteur de l'archevêché de Paris, abbé des abbayes de Buzé et de Quimperlay, demeurant à Paris, en son hôtel, au cloître de l'Église de Paris, lequel, suivant la déclaration faite par Illustrissime et Révérendissime Messire Jean-François de Gondy, premier archevêque de Paris, le seizième février mil six cent vingt-trois, a déclaré et déclare par ces présentes, tant pour lui que pour les successeurs à l'archevêché de Paris, à MM. les doyen et chanoines de l'Église de Paris, en la présence de Messires Nicolas de Thudert, doyen, Michel Lemasle, chantre, Louis Dreux, archidiacre de Paris, chambrier, Jean-Jacques Vieillart, sous-chantre, Jean-Baptiste de Contes, chancelier, Jacques Charton, pénitencier, Ythier-François Chastellain, Jacques Fournier, François Lavocat, Jacques Feydeau, Fiacre Rivière, Jean Lemaistre, Samuel Martineau, Claude Thevenin, Louis de Guyard, Robert Hinselin, Pierre Fournier, Charles de Gamaches, Nicolas Parfaict, Guillaume Leroy, Louis de Bernage, Jean Granger, Paul Chevallier, Claude Joly, François de

---

1. A la page 240 (note 3 de la page 239), on a par erreur imprimé *sacramenti*, au lieu de *juramenti*, qui est la leçon de la pièce des Archives.
2. On lit après *Ego*, dans le manuscrit, le nom *Joannes*, écrit au-dessus de la ligne et d'une autre main.

Thombes, Marc Bochart, Claude Frouart, Léonard de Labarde, Jean Dreux, Claude Belot, Claude Biet, François Citoys, Simon Charles et Guillaume Dreux, tous chanoines de l'Église de Paris, stipulants et acceptants pour le chapitre de ladite Église, que par ses bulles de coadjutorerie audit archevêché de Paris, portant clause de future succession, ni par autres bulles adressantes audit chapitre de ladite Église, données à Rome le troisième des nones d'octobre mil six cent quarante-trois, ni par les clauses insérées en l'une et en l'autre d'icelles Bulles, il n'entend prendre sur l'Église de Paris, doyen, chanoines, bénéficiers et officiers, Églises en dépendantes, ni sur les bénéficiers et officiers desdites Églises, soit en général ou en particulier, ni sur tout le corps dudit chapitre membres et personnes en dépendants tant de ladite Église que[1] chapitres, plus de droits que les prédécesseurs évêques auparavant que l'évêché de Paris fût érigé en archevêché, ni que ledit seigneur Archevêque son oncle, à présent séant et tenant ledit archevêché de Paris, ont eu sur ladite Église, chapitre et personnes en dépendantes. Ains consent que lesdits sieurs du chapitre soient conservés et maintenus en l'ancienne possession de leurs droits, jurisdiction, franchises, libertés, priviléges, immunités, exemptions, coutumes et usages dont ils ont ci-devant joui et jouissent encore à présent, sans que les clauses qui sont apposées ès susdites bulles, et même en celles d'érection d'évêché en archevêché, soit dérogatoires ou autres, desquelles il n'entend s'aider ni prévaloir, puissent nuire ni préjudicier à ladite Église, chapitre et membres en dépendants, desquelles bulles d'érection d'évêché en archevêché auroient été obtenues lettres patentes en forme de chartres, du mois de février mil six cent vingt-trois, vérifiées au Parlement le huitième août suivant; et outre ledit sieur Coadjuteur a promis et promet de réitérer la présente déclaration et de faire le serment accoutumé, lorsqu'il prendra possession dudit archevêché et qu'il sera installé par lesdits sieurs doyen et chapitre en la manière accoutumée : ce qu'il promet faire incontinent qu'il y aura lieu et ouverture de ce faire, suivant et aux cas portés par lesdites bulles de coadjutorerie avec future succession. Et ont lesdits sieurs du chapitre protesté que lesdites bulles de coadjutorerie ne puissent être tirées à conséquence pour les obliger de recevoir à l'avenir un coadjuteur ni faire aucun préjudice aux droits et jurisdiction dudit chapitre, quand il y aura vacance dudit archevêché ou autrement, en quelque sorte et manière que ce soit : dont et de tout ce que dessus lesdits sieurs doyen et chapitre ont requis et demandé acte auxdits notaires, qui leur ont octroyé les présentes, pour leur

---

[1]. Après *que*, il y a dans le manuscrit le mot *par*, biffé.

servir et valoir en temps et lieu ce que de raison. Ce fut fait et passé au chapitre de ladite Église tenu le samedi avant midi, trentième et pénultième jour de janvier, l'an mil six cent quarante-quatre. Ledit seigneur Coadjuteur a signé, comme aussi lesdits sieurs de Thudert, doyen, et Dreux, chambrier, pour tous lesdits sieurs du chapitre, ont signé la minute des présentes, suivant l'arrêt de la cour de Parlement du trentième mars et conclusion capitulaire dudit chapitre du deuxième avril, le tout de l'année mil cinq cent soixante-dix-neuf. Sujet au scel. Ainsi signé en ladite minute : François-Paul de Gondy, coadjuteur de l'archevêché de Paris, de Tudert, Dreux, Dupuys et Leboucher. Sur laquelle minute, qui est par devers Leboucher, l'un des notaires soussignés, les notaires garde-notes du Roi notre Sire en son châtelet de Paris ont fait et collationné la présente copie, ce vingt-troisième jour d'août mil six cent cinquante-trois.

LOYSEAU. LEBOUCHER.

(*Registres capitulaires de Notre-Dame*, hors pagination, entre les pages 42 et 43.)

ADDITIONS ET CORRECTIONS.

Page 6, ajoutez à la note 2 : « A cet exemple de la lecture des *Mémoires de Retz* dans les couvents, nous pouvons en joindre un autre. M. Claude, attaché au département des manuscrits de la Bibliothèque impériale, et que nous ne pouvons nommer ici sans le prier d'agréer les remercîments que nous lui devons pour son infatigable obligeance, possède un exemplaire de la même édition des *Mémoires* (Nancy-Amsterdam, 1717); sur le revers de la couverture se trouve un écusson gravé aux armes de l'abbé de Prémontré, à qui le livre appartenait; au bas, on lit l'inscription suivante : *Joann. Bapt. L'Ecuy, abbatis Præmonstratensis.* »

Page 13, note 2, dernière et avant-dernière lignes, lisez : *Histoire du temps*, et non : *Histoire de mon temps*.

Page 45, lignes 6 et 7 de la note 2, lisez : « la lettre furieuse qu'il adressa, au sujet de son chapeau de cardinal, à l'abbé Charrier, à Rome, pour qu'il la montrât. Voyez les *Mémoires de Retz*, édition de 1859-1866, tome III, p. 337 et 338. La lettre même a été publiée par M. de Chantelauze dans son mémoire intitulé : *Le Cardinal de Retz et les Jansénistes*, et insérée par M. Sainte-Beuve dans l'*Appendice* du tome V de *Port-Royal*, p. 545-549 (édition de 1867). »

Page 46, ligne 4, ajoutez en note : « Un passage des *Mémoires de Retz*, biffé par lui, mais que nous croyons avoir déchiffré sous la rature, nous fait penser que ces mémoires pourraient bien avoir été adressés à Mme de Sévigné, à qui, si nous avons bien lu, il parle de Livry, où elle a, dit-il, vu Blancménil. Voyez notre tome II, p. 58, et note 3. »

Page 178, note 1, ligne 21, supprimez les mots : « qui était, croyons-nous, inédit, et ». Nous venons d'apprendre que le dialogue de Chapelain : *de la Lecture des vieux romans*, a déjà été imprimé, en 1728, dans la *Continuation des Mémoires de littérature et d'histoire*, tome VI, 2ᵉ partie, p. 281-342.

Page 208, à la fin de la note 1, ajoutez : « On consultera encore avec fruit sur ces premiers temps de la Régence le *Mémoire confidentiel adressé à Mazarin* par Gabriel Naudé après la mort de Richelieu. Il vient d'être publié par M. Alfred Franklin (Paris, Léon Willem, 1870), d'après un manuscrit autographe de Naudé, conservé à la Bibliothèque impériale (fonds français 10222). Jugeant la position de Mazarin très-peu sûre, Naudé, alors bibliothécaire de ce cardinal, lui conseilla, dans une conversation, de quitter la France, pour se retirer en Italie et y briguer la tiare; puis, sur la demande de Mazarin, il rédigea cette conversation sous forme d'un mémoire. L'opuscule se rapporte donc à ce court moment qui sépare la mort de Richelieu (4 décembre 1642) de la disgrâce de des Noyers, relégué dans son château de Dangu, près de Gisors (10 avril 1643). »

Page 210, ligne 9, après les mots : « La Reine est si bonne ! » ajoutez en note : « Ces mots, que tous alors répétaient proverbialement, se lisent aussi dans une chanson de Blot, insérée au tome XXII, p. 7, du *Recueil Maurepas* (Bibliothèque impériale, fonds français 22637).

Chanson sur l'air de *Mais*.

Un mort causoit notre réjouissance;	(Louis XIII.)
Des gens de bien vivoient en espérance;	
Mais	
Je crains que dans la Régence	
On ne soit pis que jamais[1].	
On va disant que *la Reine est si bonne*,	
Qu'elle ne veut faire mal à personne;	
Mais	
Si un étranger ordonne	(Mazarin.)
Ce sera pis que jamais. »	

Page 217, note 5, ajoutez : « ou à ce passage du chant IV (vers 109-111), dont la fin est devenue comme proverbiale en Angleterre.

So farewell, hope; and with hope, farewell, fear;
Farewell, remorse. All good to me is lost :
Evil, be thou my good.

« Ainsi adieu, espérance; et avec l'espérance, adieu, crainte; adieu, remords. Tout bien est perdu pour moi : *Mal, sois mon bien.* »

Page 234, rectifiez et complétez ainsi ce qui, à la fin de la note 2, concerne le legs de M. Sainte-Beuve : « D'après une note publiée au

---

1. Nous omettons une variante sans intérêt à laquelle avait donné lieu ce premier couplet.

Journal officiel par l'administration de la Bibliothèque impériale, la *Correspondance de Chapelain*, composée de cinq volumes, s'étend de l'année 1632 au 22 octobre 1673, avec une lacune de dix-huit ans (de 1641 à 1658); aux cinq volumes de correspondance est joint un sixième volume, renfermant des poésies imprimées de Chapelain, et des poésies inédites de sa main. »

Page 259, note 1, fin, ajoutez : « On voit dans *le Peintre-graveur français* de Robert Dumesnil (tome V, p. 233, n° 541) qu'il existe du graveur Albert Flamen une gravure de l'époque portant ce titre : *Vue du château de Sennemon, dict Petitbourg, du côté de Soisy*. »

Page 262, note 1, fin, ajoutez : « D'Ormesson, au tome I de son *Journal* (p. 351 et 352), nous donne sur l'acte que soutint, à la fin de ses études, le prince de Conti un curieux renseignement, que nous rapportons ici pour la mention qui est faite de Retz comme présidant à la thèse : « Le mardi 10 juillet (1646), je fus en Sor-
« bonne à la tentative de M. le prince de Conty. Il étoit sur un
« haut dais, élevé de trois pieds à l'opposite de la chaire du
« président, sous un dais de velours rouge, dans une chaire à
« bras avec une table ; il avoit la soutane de tabis violet, le rochet
« et le camail comme un évêque. Il fit merveilles avec grande vi-
« vacité d'esprit. Ce que l'on y pouvoit trouver à redire, c'est qu'il
« insultoit à ceux qui disputoient contre lui, comme soutenant la
« doctrine des jésuites, en Sorbonne, avec ostentation. Il y avoit
« quantité de jésuites en bas, auprès de lui. Monsieur le Coadju-
« teur présidoit, qui disputa fort bien et avec grande déférence.
« Tous les évêques s'y trouvèrent, dont Messieurs de Bourges,
« le coadjuteur de Montauban, et Lescot, évêque de Chartres,
« disputèrent couverts; mais les bacheliers qui disputèrent étoient
« nu-tête. Pour lui, il fut toujours couvert. Monsieur le Prince
« étoit vis-à-vis du Président, adossé contre le haut dais de son
« fils. A sa droite étoit Monsieur le Chancelier, à sa gauche étoient
« M. le duc d'Aumale, Monsieur le Surintendant, M. le président
« de Nesmond.... La principale dispute fut touchant la grâce.
« M. le cardinal Mazarin n'y vint point. » — Ce fut, comme le dit M. Jourdain dans son *Histoire de l'Université de Paris*, tome I, p. 166, une vraie fête pour l'Université : « Un prince de la maison de Bour-
« bon comparaissait comme écolier devant la faculté de théologie
« pour conquérir un grade académique.... Le Recteur avait accordé
« un congé extraordinaire, afin.... que chacun pût se livrer à la
« joie et aux applaudissements qui devaient signaler cette heureuse
« journée. » — Ne pourrait-on pas conclure du rôle joué par Retz dans le passage de d'Ormesson, que le Coadjuteur ne devait pas encore avoir rompu tout à fait avec les jésuites, puisqu'il présidait à la réception d'un de leurs élèves les plus illustres; ou bien était-ce

ADDITIONS ET CORRECTIONS.

son rang dans le clergé de Paris qui, malgré la rupture, l'appelait à la présidence de cet examen extraordinaire ? — Voyez aussi de longs détails dans *la Jeunesse de Mme de Longueville*, par M. Cousin, p. 289-291.

Pages 285 et 286, ajoutez à la note 6 : « On lit dans une chanson de la *Collection Maurepas* (tome I, folio 333) :

> Devant la reine Mazarin
> A fait une trivelinade ;
> Il sauta comme arlequin
> Devant la Reine, Mazarin.

Ces vers, dit M. de Laborde, faisaient allusion à une preuve de galanterie et de souplesse donnée par Mazarin lorsqu'il sauta « pardessus la portière du carrosse de la Reine, un jour que le valet de service se faisait attendre pour l'ouvrir. » (*Palais Mazarin*, p. 190, note 84.) — Nous le voyons encore traité de Trivelin dans une autre pièce satirique de la même collection Maurepas, tome XXII. folio 401.

TABLE DES MATIÈRES

CONTENUES DANS LE PREMIER VOLUME.

Avertissement.................................... 1
Notice biographique sur le cardinal de Retz........ ix

MÉMOIRES.

    Notice....................................... 3
    Première partie des Mémoires.................. 79
    Seconde partie des Mémoires................... 215

Appendice.

    I. Retz et les gens de lettres................. 331
    II. Pièces relatives à la Coadjutorerie de Paris.. 346

Additions et corrections......................... 350

FIN DE LA TABLE DES MATIÈRES.

10624. — IMPRIMERIE GÉNÉRALE. — LAHURE
Rue de Fleurus, 9, à Paris

www.ingramcontent.com/pod-product-compliance
Lightning Source LLC
Chambersburg PA
CBHW070846170426
43202CB00012B/1966